本书由
中央高校建设世界一流大学（学科）
和特色发展引导专项资金
资助

中南财经政法大学"双一流"建设文库

创 | 新 | 治 | 理 | 系 | 列

公司与非公司企业法
基本问题研究

雷兴虎　著

长江出版传媒

湖北人民出版社

图书在版编目(CIP)数据

公司与非公司企业法基本问题研究/雷兴虎著.
武汉:湖北人民出版社,2020.8
ISBN 978 - 7 - 216 - 09992 - 9

Ⅰ.公…　Ⅱ.雷…　Ⅲ.企业法—研究—中国　Ⅳ.D922.291.914

中国版本图书馆 CIP 数据核字(2020)第 118217 号

责任编辑:陈　兰
封面设计:陈宇琰
　　　　　张　弦
责任校对:范承勇
责任印制:王铁兵

公司与非公司企业法基本问题研究
GONGSI YU FEIGONGSI QIYEFA JIBEN WENTI YANJIU

雷兴虎 著

出版发行:湖北人民出版社	**地址**:武汉市雄楚大道 268 号
印刷:武汉首壹印务有限公司	**邮编**:430070
开本:787 毫米×1092 毫米 1/16	**印张**:28.25
字数:473 千字	**插页**:2
版次:2021 年 6 月第 1 版	**印次**:2021 年 6 月第 1 次印刷
书号:ISBN 978 - 7 - 216 - 09992 - 9	**定价**:98.00 元

本社网址:http://www.hbpp.com.cn
本社旗舰店:http://hbrmcbs.tmall.com
读者服务部电话:027 - 87679656
投诉举报电话:027 - 87679757
(图书如出现印装质量问题,由本社负责调换)

总　序

　　"中南财经政法大学'双一流'建设文库"是中南财经政法大学组织出版的系列学术图书，是学校"双一流"建设的特色项目和重要学术成果的展现。

　　中南财经政法大学源起于1948年以邓小平为第一书记的中共中央中原局在挺进中原、解放全中国的革命烽烟中创建的中原大学。1953年，以中原大学财经学院、政法学院为基础，荟萃中南地区多所高等院校的财经、政法系科与学术精英，成立中南财经学院和中南政法学院。之后学校历经湖北大学、湖北财经专科学校、湖北财经学院、复建中南政法学院、中南财经大学的发展时期。2000年5月26日，同根同源的中南财经大学与中南政法学院合并组建"中南财经政法大学"，成为一所财经、政法"强强联合"的人文社科类高校。2005年，学校入选国家"211工程"重点建设高校；2011年，学校入选国家"985工程优势学科创新平台"项目重点建设高校；2017年，学校入选世界一流大学和一流学科（简称"双一流"）建设高校。70年来，中南财经政法大学与新中国同呼吸、共命运，奋勇投身于中华民族从自强独立走向民主富强的复兴征程，参与缔造了新中国高等财经、政法教育从创立到繁荣的学科历史。

　　"板凳要坐十年冷，文章不写一句空。"作为一所传承红色基因的人文社科大学，中南财经政法大学将范文澜和潘梓年等前贤们坚守的马克思主义革命学风和严谨务实的学术品格内化为学术文化基因。学校继承优良学术传统，深入推进师德师风建设，改革完善人才引育机制，营造风清气正的学术氛围，为人才辈出提供良好的学术环境。入选"双一流"建设高校，是党和国家对学校70年办学历史、办学成就和办学特色的充分认可。"中南大"人不忘初心、牢记使命，以立德树人为根本，以"中国特色、世界一流"为核心，坚持内涵发展，"双一流"建设取得显著进步：学科体系不断健全，人才体系初步成型，师资队伍不断壮大，研究水平和创新能力不断提高，现代大学治理体系不断完善，国际交流合作优化升级，综合实力和核心竞争力显著提升，为在2048年建校百年时，实现主干学科跻身世界一流学科行列的发展愿景打下了坚实根基。

　　习近平总书记指出："当代中国正经历着我国历史上最为广泛而深刻的社会变革，也正在进行着人类历史上最为宏大而独特的实践创新。……这是一个需要理论而且一定能够产生理论的时代，这是一个需要思想而且一定能够产生思想的时代。"①坚持和发展中国特色社会主义，统筹推进"五位一体"总体布局和协调推进"四个全面"战略布局，实现"两个一百年"奋斗目标、实现中华民族伟大复兴的中国梦，需要构建中国特色哲学社会科学体系。市场经济就是法治经济，法学和经济学是哲学社会科学的重要支撑学科，是新时代构建中国特色哲学社会科学体系的着力点、着重点。法学与经济学交叉融合成为哲学社会科学创新发展的重要动力，也为塑造中国学术自主性提供了重大机遇。学校坚持财经政法融通的办学定位和学科学术发展战略，"双一流"建设以来，以"法与经济学科群"为引领，以构建中国特色法学和经济学学科、学术、话语体系为己任，立足新时代中国特色社会主义伟大实践，发掘中国传统经济思想、法律文化智慧，提炼中国经济发展与法治实践经验，推动马克思主义法学和经济学中国化、现代化、国际化，产出了一批高质量的研究成果，"中南财经政法大学'双一流'建设文库"即为其中部分学术成果的展现。

文库首批遴选、出版两百余册专著，以区域发展、长江经济带、"一带一路"、创新治理、中国经济发展、贸易冲突、全球治理、数字经济、文化传承、生态文明等十个主题系列呈现，通过问题导向、概念共享，探寻中华文明生生不息的内在复杂性与合理性，阐释新时代中国经济、法治成就与自信，展望人类命运共同体构建过程中所呈现的新生态体系，为解决全球经济、法治问题提供创新性思路和方案，进一步促进财经政法融合发展、范式更新。本文库的著者有德高望重的学科开拓者、奠基人，有风华正茂的学术带头人和领军人物，亦有崭露头角的青年一代，老中青学者秉持家国情怀、述学立论、建言献策，彰显"中南大"经世济民的学术底蕴和薪火相传的人才体系。放眼未来、走向世界，我们正以习近平新时代中国特色社会主义思想为指导，砥砺前行，凝心聚力推进"双一流"加快建设、特色建设、高质量建设，开创"中南学派"，以中国理论、中国实践引领法学和经济学研究的国际前沿，为世界经济发展、法治建设做出卓越贡献。为此，我们将积极回应社会发展出现的新问题、新趋势，不断推出新的主题系列，以增强文库的开放性和丰富性。

"中南财经政法大学'双一流'建设文库"的出版工作是一个系统工程，它的推进得到相关学院和出版单位的鼎力支持，学者们精益求精、数易其稿，付出极大辛劳。在此，我们向所有作者以及参与编纂出版工作的同志们致以诚挚的谢意！

因时间所囿，不妥之处还恳请广大读者和同行包涵、指正！

中南财经政法大学校长

---

① 习近平：《在哲学社会科学工作座谈会上的讲话》，2016 年 5 月 17 日。

序　言

在现代社会生活中，公司已经成为一种最为典型、最为重要、最富有代表性和最具世界意义的企业组织形式，但并没有形成公司组织形式一统天下的格局，就世界范围而言，没有任何一个国家和地区选择公司作为唯一的企业组织形式。个人独资企业、合伙企业等非公司企业虽然属于最早出现的传统的企业组织形式，但发展到现代并没有被时代所淘汰、被公司所替代，数量不仅没有减少反而有所增加，依然具有广阔的生存空间和顽强的生命力。因此，在经济全球化和一体化的背景下，各市场经济国家和地区的企业组织形式日益呈现多元化的发展趋势，不仅适应了市场经济自由竞争与全面发展的客观需要，而且有利于满足不同投资者选择企业组织形式的自身偏好与差异化需求，更有利于塑造市场经济多元化的微观基础。

公司在国民经济中处于支配地位，个人独资企业、合伙企业等非公司企业能够提供个性化的商品与服务，为社会提供更多的就业岗位，有利于满足社会和消费者的多种需求，在经济社会协调发展中有着不容忽视和不可或缺的地位与作用。因此，可以说，公司与非公司企业均系国民经济的细胞或基本单位、市场经济的脊梁或微观基础、经济生活中最为积极或最为活跃的因素，它们共同为工商业的兴旺发达和人类社会的文明进步立下了汗马功劳。

从历史沿革来看，公司是在非公司企业的基础上逐步发展演变而形成的一种企业组织的高级形式，没有非公司企业的出现，也就没有公司的诞生与形成，公司与非公司企业之间具有必然的逻辑联系，它们之间既有理念共性，也有制度差异。它们之间的差异主要体现在企业出资人的性质、出资人与企业之间的关系、企业财产结构、企业治理模式以及企业对外责任等方面，需要通过比较分析予以协调，以满足不同出资人的差异化需求。由此可见，公司是企业的基本组织形式，非公司企业经过长期的发展演变，已经具备了现代企业的基本特征与构成要素，因此，非公司企业无疑是与公司并列的企业基本组织形式，我们决不能顾此失彼，更不能忽视非公司企业的存在价值与制度特色。

从世界各国来看，具有代表性的企业法律形态主要是个人独资企业、合伙企业和公司，法律对这三种企业划分的基本标准就是企业的资本构成、企业的责任形式以及企业的法律地位。从我国企业法律形态的实然情况来看，既有依据"所有制标准"形成的传统企业法律形态，也有依据"出资责任标准"形成的现代企业法律形态。前者如国有企业和集体企业等，后者如个人独资企业、合伙企业和公司等。笔者认为，改革开放四十多年来，随着市场经济体制的建立健全，依据所有制形成的企业法律形态，在未来应该通过改革改组融入现代企业法律形态之中或被现代企业法律形态所吸收、所取代，确实无法融入或者被吸收、被取代的，则需纳入特别企业类型，由相关法律予以特别规范。公司与个人独资企业、合伙企业等非公司企业应成为我国未来企业基本的法律形态。

我国民法典在民商事立法模式方面秉持"民商合一"的立法传统与格局，既调整一般民事关系，也调整相应的商事关系。在民事主体制度设计中，民法典也确认了商事主体的相应法律地位，如在第二章自然人中规定了个体工商户，在第三章法人中专节规定了营利法人（包括公司和其他企业法人等），在第四章非法人组织中规定了个人独资企业和合伙企业。民法典关于商事关系的法律调整，特别是关于商事主体的法律规范，对我国现行商事立法，特别是对公司与非公司企业立法产生了重大而又深远的影响。

面对挑战层出不穷、风险日益增多的新时代，面对世界大发展大变革大调整的新形势，面对民法典时代的新契机，我国现行公司与非公司企业立法必须积极应对并适时进行现代化改革，使其更具实效性。在此背景下，本专著紧跟国外企业立法的发展趋势，针对我国企业立法存在的问题，立足我国公业立法现代化改革的需求，吸收国内外企业法学的最新研究成果，较为全面、系统和深入地研究公司与非公司企业法的基本概念、基本理论与基本制度，主要包括公司与非公司企业法的基本范畴、公司法的基础理论、公司的法律地位、公司的权利样态、公司的基本制度、公司的设立变更与终止、有限责任公司法律制度、股份有限公司法律制度、合伙企业法律制度和个人独资企业法律制度等内容，以期为我国商法学的繁荣尽绵薄之力，对我国公司与非公司企业法的现代化改革有所裨益。由于才疏学浅、成书仓促，本人尽管历尽艰辛，但书中错漏在所难免，敬祈各位专家、学者和同仁不吝赐教。

　　本专著参考和借鉴了国内外学者许多有价值的研究成果，由于篇幅所限，未能在参考文献中一一列出，在此谨向有关作者、译者表示衷心的感谢。本书在写作出版过程中，承蒙中南财经政法大学法学院同事们的热忱关怀和鼎力支持，本人十分感激。另外，湖北大学法学院教授蔡科云博士和中南财经政法大学法学院民商法学专业的博士生赵丹、黄绍坤、裴显鹏，在资料收集、观点讨论和文字校对等方面也贡献了自己的智慧并付出了辛勤的汗水。在此，一并致以最诚挚的谢忱。

雷兴虎

2020年5月于文治楼

目　录

第一章
公司与非公司企业法的基本范畴

第一节　商事主体的历史演进

一、商事主体的法理释义

（一）主体的词源考察

"主体"一词在不同的场合有不同的含义。根据《辞海》的解释，针对"主体"主要有三种含义：第一，主体是指事物的主要部分；第二，主体在哲学上是与客体相对应的概念，指实践活动和认识活动的承担者；第三，主体在法学上通常是"法律关系主体"的简称。①由此看来，"主体"一词从文学、哲学和法学诸方面的诠释都不相同。从字义上看，对"主体"最朴素的认识是：事物的主要性质、地位和主流。而哲学上对主体一词的界定更加深入而深刻。西方语境中与"主体"一词相对应的是"subject"，它有两层意思："主体"与"主观"。现代性主体哲学正是通过"主观"而建立了"主体"的范畴，与此相应，20 世纪对主体哲学的拯救或批判就有了两条思路：一是以反方法论为旗帜的反认识论的"本体论转向"，二是拉康的精神分析和法国后结构主义对作为实体存在的绝对"主体"的解构。从上述两层含义对"subject"的哲学角度的考察，我们可以看出："主体"是"主观"的产物，"主体间性"是"主观"的认识论哲学的最高成就，但同时"主体间性"在内涵与外延上的模糊性和不确定性，则意味着我们必须修正现代认识论或者在它之外另辟蹊径。②因此，"主体"一词从哲学上讲，它根源于人类对自身的认识，我们对它的界定是一个不断深入和升华的过程。

传统法理论认为，法主体是指在"法律关系中权利的享有者和义务的承担者"，"凡是法律关系的主体，都应具有能够依法享有权利和履行义务的法律资

---

① 《辞海》，上海辞书出版社 2000 年版，第 1452 页。
② 金惠敏：《从主体性到主体间性——对西方哲学发展史的一个后现代性考察》，《陕西师范大学学报》（哲学社会科学版）2005 年第 1 期。

格，即权利义务能力"①。但也有学者认为这种表述与现实是不相符的："在现实生活中，构成法主体的条件主要应包括，存在上的独立实体、意识上的独立利益、行为上的独立目标、结果上的独立责任和形式上能够得到法的承认。"②由此看来，法主体存在上的独立实体条件，要求其存在形式上必须是现实生活中实际存在的，具有相对独立性的主体。如果不是实际存在的或者不能够相对独立存在的，则不能成为法主体。此外如果没有自身的独立利益要求，不具有自我意识，则也不能成为法主体。因为"人得到最多样化的发展具有绝对且本质的重要性"。法学研究中对一些复杂现象在术语上作相应的技术处理本是无可非议的，问题在于所采用的术语需要贴切地反映事物的本质，如果所采用的术语不符合甚至扭曲了客观事实，则极易对实践造成误导。其实"主体"概念最早与民事主体相联系。在西罗马时代，随着罗马帝国对世界的征服，在法律上出现了市民法与万民法并存的局面。只有罗马市民才具有完全的民事权利主体资格。在这一时期，主体理论建立在自然人的基础上。而民事主体扩展到法人是在18世纪以后。法人作为制定法上的概念，首先在1794年普鲁士邦普通法典中出现，当被1896年德国民法典采用时，其影响即扩大到全世界。法人要件的基本点就是保障团体达到相当高的组织程度，能够如同自然人一样参与生活、介入市场。民事主体的本质特征是其具有相应的民事能力。从学理上讲，民事能力包含了权利能力、行为能力和责任能力。法学中的主体一般是指具有认识判断能力和行为能力的公民个人和社会组织。法律对公民个人和社会组织共同属性的高度概括，即形成了主体这一概念。因此，不同的法律部门各有自己所确认的特定主体。主体理论是法学理论研究中的重要组成部分。在民法中，民事主体是指平等享有民事权利和承担民事义务的自然人、法人和非法人组织，其本质是具有民事权利能力，民事主体之间形成的是平等主体之间的人身关系和财产关系；在行政法中，行政主体是享有行政职权，能够独立对外管理并能独立承担责任的组织。③其本质是具有行政权利能力，行政主体与行政相对人形成的是垂直监管关系。

　　而我们通常所说的"法律关系的主体"，是指依法享有权利和承担义务的法律关系的参加者。法律关系是各种社会关系经过法律调整后形成的思想意识关

---

① 张文显：《法哲学范畴研究》，中国政法大学出版社2001年版，第100~101页。
② 刘少军：《论法主体的地位与本质属性》，《社会科学论坛》（学术研究卷）2006年第4期。
③ 薛刚凌：《行政主体之再思考》，《中国法学》2001年第2期。

系。各种社会关系上升为法律关系后，其客观内容并没有改变，所改变的只是它的表现形式。各种社会关系都是其特定主体在社会活动过程中所形成的物质关系。当这种关系经过法律调整，上升为法律关系时，该社会关系的主体则变成了法律关系的主体。需要特别说明的是，任何主体，当其没有被法律所设定时，它便是社会关系中具有自然意义的主体，而当这种主体被法律设定时，它便成为法律关系中具有权利义务规定的主体。

（二）商事主体的法律特征

传统的商事主体被称为"商人"，但"商人"的概念带有明显的传统印痕，在我国《民法典》奉行"民商合一"立法体例的背景下，从法理上，将商事法律关系的主体称为"商事主体"，可以说更为科学、合理与准确。

所谓商事主体是指依照商法的规定，具有商事权利能力和商事行为能力，能够以自己的名义参加商事法律关系，并在其中享有商事权利、承担商事义务的自然人、法人和非法人组织。商事主体问题是商法的基础理论之一，也是商法同其他法律部门相区别的重要方面。但我们在涉及传统商法时，由于法制传统和语言习惯的原因，仍然需要使用"商人"这个概念。

商事法律关系是特定商事关系的法律反映。商事法律关系的特殊性决定了商事主体即商事法律关系主体的特殊性。商事主体同其他法律关系主体相比，具有以下四个法律特征。

1. 商事主体在商事法律关系中处于中心地位

任何法律关系都包含着主体、内容和客体三个方面的要素，商事法律关系也不例外，它是商事主体、商事内容和商事客体三个构成要素的有机统一体，缺少其中任何一个要素都无法构成商事法律关系，如果其中任何一个要素变更，都必然改变原来的商事法律关系。但在这三个要素中，商事主体则是全部商事法律关系的关键环节，在整个商事法律关系中处于中心地位。因为，商事法律关系的内容——商事权利和商事义务，要靠商事主体来享有和履行，商事法律关系的客体——商事行为，也必须从属于特定的商事主体，才能成为商事法律关系的构成要素。

2. 商事主体的资格必须为商法所确认和规定

商事主体参加商事活动，并在其中享有权利、承担义务的资格是由商事法律、法规直接确认和赋予的。商法是公民个人和社会组织具有商事主体资格的法律依据。若无商法的规定，便不能成为商事主体，即既不能享有商法所赋予的商事权利，也不会承担商法所设定的商事义务。确定某个公民或社会组织能够成为何种法律关系主体，必须具体分析他们所实际参加的法律关系的种类。如果他们依照民法规定，参加民事法律关系，则属于一般民事主体，如果他们依照商法规定，参加商事法律关系，则属于商事主体。否则，就可能是别的法律关系主体。

3. 商事主体必须具有商事权利能力和商事行为能力

商事权利能力是指商法所赋予的、商事主体能够参加商事法律关系，并在其中享有商事权利和承担商事义务的资格或能力。简言之，商事权利能力就是商事主体依法可以享受权利、承担义务的资格。而商事行为能力则是指商事主体在法律规定的范围内，通过自己的意志独立进行商事活动，并取得商事权利和承担商事义务的一种资格或能力。简言之，商事行为能力就是商事主体能够通过自己的行为取得权利和承担义务的资格。商事主体既有商事权利能力，也有商事行为能力。如果某个公民和组织依照商法的规定，不具有商事权利能力和商事行为能力。那么，它就不能成为商事主体。如依照我国《公司法》第64条第2款的规定，国有独资公司，是指国家单独出资、由国务院或者地方人民政府授权本级人民政府国有资产监督管理机构履行出资人职责的有限责任公司。也就是说，只有国家才具有单独投资设立国有独资公司的商事权利能力和商事行为能力。国有独资公司的章程的制定、组织机构的设立由国有资产监督管理机构确定，或者由董事会制订报国有资产监督管理机构批准。唯其如此，设立的国有独资公司才是法律所认可的合法的商主体。

4. 商事主体是商事活动的经营者

商事主体与其他的法律关系主体的根本区别，就在于商事主体是从事商事活动的经营者，它必须以商事经营活动为其存在宗旨。所谓商事经营活动是指以营利为目的的、有组织、有计划、有控制地进行的商品生产、流通或服务性活动。营利性是商事主体的本质特性。商事主体从事经营活动的目的旨在营利。所谓以营利为目的是指商事主体必须通过其经营活动获得经济上的利益，它必须讲究成本核算，降低消耗，充分合理地利用其资本，生产出物美价廉、适销对路的商品，为用户和消费者提供优质的服务，从而以最小的物质消耗获得最大限度的经济利益，取得盈利并将其回馈给出资人。商事主体从事商事经营活动是其基本的社会职能和活动方式，这就将商事主体同从事公共管理活动的国家机关，从事党务活动的党组织，从事文化、教育、卫生、体育活动的事业单位和从事社会公益活动的社会团体区别了开来。商事主体从事的经营活动必须具有连续性，即经营活动应是连续不断的，它不是指一次性或偶然性的经营活动；经营活动必须在登记的范围内进行，而经营范围则要依法登记。商事主体的经营范围中属于法律、行政法规限制的项目，应当依法经过批准。要改变其经营范围，必须依照法定程序并经商事登记机关进行变更登记；商事主体的经营活动还应具有自主性，在国家宏观调控下，商事主体有权按照市场需求自主组织生产经营，不受他人的非法干预。

二、传统的商事主体：商人

（一）商人概念的法定化过程

1. 国外商人概念的法定化

商事主体在西方传统商法上被称为"商人"。随着欧洲 11 世纪城市的兴盛，经商的人逐渐增多，于是产生了商人这一特定的社会阶层。商人在形成之初，曾遭受到封建法和寺院法的种种限制和歧视。如当时的封建法否认无因交付行为、规定连带债务分别偿还、允许卖主因卖价低于市价过半而撤销其买卖行为，使商人阶层难以忍受。寺院法则不仅严禁放贷生息、借本经商，而且将未经加工货物转手获利的行为视为违法，也使商人阶层难以接受其约束。这就使得代表商人利益的商会不得不自立规则，从而形成了中世纪的商人习惯法。在商人习惯法中，作为一个社会历史概念的商人，是指一个特定的社会阶层，享有经商权的特殊身份者，并不具有确切的法律含义。19 世纪以后，随着社会的普遍商化，商人已不是社会上的特定阶层，商人的特权受到了根本动摇并被禁止。在这种历史条件下，各国商法才将商人作为一个法律概念固定了下来。

2. 我国商人概念的法定化

"一个社会究竟赋予其制度什么样的内容，只能由该社会成员根据自己的经验和价值观来决定，它只能通过渐进的、演化性的试错过程来发现。"[1]在我国重农抑商传统的影响下，商人在某种意义上成了贬义词，现实生活中人们鄙视

---

[1] 柯武刚、史漫飞：《制度经济学》，商务印书馆 2000 年版，中文版序言，第 2 页。

商人的心态，严重抑制了商品经济的发展。我国西周时的法律把商人当成奴隶，不仅限制参与流通的商品，而且限制参与商品交易活动的人。从坐市到贩卖者都是商业奴隶，贵族们不能作为顾客同商人接触。如果贵族进入市场参加交易则被认为是违法行为，要给予相应的处罚。

商人作为奴隶和"由命士以上不入市"的规定，使我国商人阶层的发展速度极为缓慢。据考察，我国的商人正式产生于夏末商初。

商朝建立后，农业、畜牧业等均有发展，特别是手工业发展更快，有酿酒、丝织、制陶、骨器、玉石器及青铜器铸造等。商代末年，辅佐周文王的吕望就是大商人出身。在当时，"肇牵牛车、运服贾"的小商人更是不乏其人。到周朝商人逐渐分成行商和坐商，坐商是行商的对称，即设有店铺或有固定经营场所的商人。在汉朝，商人的概念进一步发展，出现了"居货待买者曰贾，贩卖物货者曰商"的说法。唐代的长安城有东西两市，成为当时的商业中心，东市经营的门类有220行，西市有麦行、笔行、肉行、鱼行、金银行、铁行、衣肆、煎饼团子店等。明清时代，自然经济逐步解体，商品经济不断发展，商人阶层进一步扩大。随着1904年《大清商律》的颁行，商人在我国也成了一个法律概念。

（二）商人的法定概念与构成要件

1. 商人的法定概念

商人作为商事主体，作为一个法律概念，在各国商法典中都有明确的界定。各国商法在对商人进行界定时，往往并不注重商人的外部特征，而是更加关注商人的实质性条件，即以是否持续从事营利性商行为作为商人的基本条件。

《法国商法典》第L121-1条规定："实施商事行为并以其作为经常性职业的人是商人。"《德国商法典》第1条规定："（1）本法典所称的商人，指经营商事营利事业的人。（2）商事营利事业系指任何营利事业经营，但企业依其性质和规模不要求以商人方式所设置的营业经营的，不在此限。"《日本商法典》第4条规定："本法中商人，指以自己名义从事商行为并以此为职业者。"

《美国统一商法典》第2-104条定义了"商人"、"商人之间"和"融资机构"。"商人"是指从事某类货物交易业务或因职业关系以其他方式表明其对交易所涉及的货物或作法具有专门知识或技能的人，也指雇佣因职业关系表明其具有此种专门知识或技能的代理人、经纪人或其他中介人的人。"商人之间"指交易的当事双方均可被视为具有商人之专门知识或技能。"融资机构"指任何银行、融资公司或其他人，只要它在正常业务中以货物或所有权凭证为凭提供贷款，或只要它依据与卖方或买方达成的协议以正常方式参与支付或收取买卖合同中已到期或已规定的款项，如购买或支付卖方的汇票，或为购买或支付该汇票提供贷款，或为收款单纯取得汇票，而不论汇票是否同时附有所有权凭证。"融资机构"还包括以同样方式介入就货物处于卖方和买方地位之当事方（第2-707条）之间的银行或其他人。

2. 商人的构成要件或标准

从各国立法对商人的定义来看，商人是指以自己的名义持续实施商行为并以其为经常职业或营业的公民和组织。由此看来，商人必须具备相应的实质性要件，关于商人标准的界定，需要奉行主观主义为主、客观主义为辅的方式来确定商人的构成要件，也就是说，"法律明确规定商事主体的定义与范围，而对于某些特定的'绝对商行为'（如票据行为、证券交易、期货交易等），再规定即使非商事主体的人从事，也受商法规制。"[①]归纳起来讲，要取得商人身份必须具备以下四个实质性要件或标准。

（1）行为标准。所谓行为标准就是指商人须实施某种特定的商行为（营利性行为）。不实施任何一种商行为的公民或组织不能作为商人。营利性调节机制是商法独特的调节机制之一，营利性是商事主体的本质属性，因此要成为商法所调整规范的对象——商人，就其本身的本质属性而言必须实施的是营利性行为。

（2）职业标准或营业标准。所谓职业标准就是商人须以实施商行为作为习惯性职业，商人必须持续地实施同一性质的商行为，偶尔实施以营利为目的的行为，而不以实施商行为作为职业的公民或组织不属于商人。关于营业标准，这里特别说明一下德国关于商人营业标准的法律界定。从实然状态来看，德国的商法是以商人特别法而存在的，故《德国商法典》开宗名义第1条采用"多层级"的定义方式来解释商人。首先，第1条第1款为总括性规定：商人是经营商事营业的人，接着第2款补充说明：商事营业系指任何营业行为，但是企业依其性质和范围不要求以商人的方式进行经营的除外。因此，第一层级的定义为经营营业者为商人，第二层级的定义是如何认定"商事营业"。商事营业是指一种独立的、有偿的、持续的、反复进行的、向外公示的行为，但是艺术、科学的活动和那些其成果需要高度人身性的自由职业者不包括在内。

---

① 杨继：《商法通则统一立法的必要性和可行性》，《法学》2006年第2期。

（3）名义和利益标准。所谓名义和利益标准就是商人须以自己的名义并且是为了自己的利益而实施商行为。商人要有自己独立的利益诉求，能够以自己的名义行使权利和承担义务，如果不是以自己的名义并不是为了自己的利益实施商行为也不应算作商人。

（4）知识或技能标准。所谓知识或技能标准就是商人须对交易所涉及的标的或交易惯例具有专门知识或者技能，该标准主要体现在《美国统一商法典》之中。

（三）商人的法律资格

1. 商人资格的含义

具有民事主体资格的人，并不必然具有商人资格，如未成年人可以成为民事主体，但是不能成为商人。所谓商人资格就是指商人能够以自己的名义从事商事活动，享有商事权利和承担商事义务的能力。法律之所以规定商人的资格，主要是基于两个方面的考虑：一是为了保护准备经商人的利益。因为从事商事活动面临的风险很大，事实上，并不是任何人都可以经商。二是为了保护社会整体利益。因为，无诚信人经商、不得经商的人经商，会导致公众利益的损害，甚至会造成社会秩序的破坏。

2. 商人资格的类型

在现代商法中，商人的资格一般可分为积极的商人资格与消极的商人资格。

积极的商人资格是指行为人依法取得商人资格必须具备的"能力要件"。消极的商人资格则是行为人依法不能取得商人资格的条件。商人的积极资格与消极资格在法律效果上并不相同。如果行为人不具备积极要件，则该行为人不能取得商人身份，不得从事商事活动；如果行为人具备消极要件，则行为人不得经商，但是违反法律规定从商，有时可以获得商人身份，有时则不能。

3. 商人资格的基本内容

（1）成年人具有完全的商人资格。法国与意大利先后于 1974 年 7 月 5 日和 1975 年 3 月 8 日颁布法律，将成年人的年龄由 21 周岁降到了 18 周岁。在法国年满 18 周岁的人是成年人，具有完全的商人资格。

（2）未成年人原则上不能取得商人资格。在我国，未满 8 周岁的人是无行为能力人，未满 18 周岁的人为未成年人。而在法国，16 周岁以下属于"尚未解除亲权（监护权）的未成年人"，16 周岁以上则属于"已经解除亲权的未成年人"。无论何种情形，未成年人在法国均没有商人资格。未成年人即使从事了商行为，也不能在商事法院进行诉讼，另外，由未成年人订立的商事合同无效，该无效只能由未成年人或其法定代理人提出，相对方则不能援引此种无效以摆脱其承担的义务。这是为了切实保护未成年人，因为通常情况下，未成年人并未完全成熟，仍然不具备商人的要件。比利时、葡萄牙也有类似规定。

但在意大利，一旦未成年人结婚，则该人即被解除监护关系，经法院许可也可以成为商人。在德国、日本，未成年人可以成为商人，则必须由法定代理人进行代理或履行了商事登记义务即可。

（3）公务员不得经商。如法、德、日、英、美等国。

（4）精神病患者或智能障碍患者不能取得商人资格，因为他们不可能与竞争对手平等地进行竞争，同时也禁止无诚信的人经商，如法国等。

（5）商事营业者的商人资格认定。德国认定的商事营业者具有商人资格的范围主要是：①在代理中，被代理人具有商人资格；②公司机关以及经理人并非为自身"经营"营业，不具有商人资格；③独立的代理商由于本身属于商事营业，故具有商人资格；④以自己的名义从事商行为，行为者具有商人资格，如某商人企业的用益承租人以及自己继续经营该企业的用益权人，信托中的受托人均被视为具有商人资格；⑤商事组织本身是经营营业者具有商人资格，但普通商事合伙的合伙人和有限商事合伙中的普通合伙人也具有商人资格。

4. 商人资格的取得与终止

（1）商人资格的取得。取得商人资格的时间是一个较为复杂的问题，主要有以下三种情形：①以实施商行为而取得商人资格，如实际商人（必然商人）、小商人、法定商人；②以登记而取得商人资格，如公司、企业；③以实施为营业做准备的行为而取得商人资格。

（2）商人资格的终止。商人资格的终止主要有以下四种情形：①因自动终止营业、解散而终止；②因被吊销营业执照、责令关闭或者被撤销而终止；③因被司法强制解散而终止；④因注销登记、缴销营业执照而终止。

（四）商人的分类

商人外延的确定与各国立法或学理上对商人的分类是分不开的。传统商法的主体制度是建立在商人概念的基础之上的，并且回应"人的普遍商化"以及商品经济、市场经济时代对经营性主体的"效率"与"秩序"价值要求，于是商法所界定的商事主体，主要是从登记注册手续的必要程度不同、责任的承担方式不同或者经营规模的大小等标准，进行相应的分类。

1. 免登记商人、应登记商人、自由登记商人

"近代以后的商人身份只是意味着商人营业能力与资格获得了确认，而并非特权。毕竟任何人只要依法办理了有关手续，即可获得商主体资格。"[1]依据是否办理登记注册手续，商人可分为免登记商人、应登记商人和自由登记商人三种类型。

（1）免登记商人。指以绝对商行为作为经营标的、不以在商事登记机关进行登记为成立要件的商人。该种商人只要从事法定经营业务，依法自动取得商人资格。在德国，免登记商人主要是指从事以下业务的商事经营者，如动产或票据的购置与转售、为他人加工或处理货物、有偿保险业务、银行及货币兑换业务、海上客货运输业务、行纪、运输行纪或仓库经营业务、代理或居间业务、出版业以书籍或艺术品交易业务、印刷业务等。

（2）应登记商人。指以相对商行为作为经营标的，依法应在商事登记机关办理登记注册手续，并以核准的经营范围从事商行为的商人。该种商人有义务根据商人商号登记的有关规定，履行登记手续。注册登记为其成立要件，只有在注册登记后才能取得商事资格。在德国，应登记商人主要是指从事手工业或其他行业经营而不被看作商事经营，但根据其经营的种类和范围，这类经营需以商人方式进行时，就应依法办理注册登记手续。只要该商人的商号已在商事登记簿上登记，即被视为商人。

（3）自由登记商人。指依法由其自主决定是否办理登记注册手续的商人。该种商人有登记的权利，但无登记的义务，如果履行了登记注册手续，即应遵守有关商人商号登记之规定。在德国，自由登记商人主要是指农业或林业方面的经营者。

我国对商事主体的基本态度是只有依法进行相应的商事登记，才能取得商事主体资格。根据我国《民法典》第 54 条、第 77 条、第 103 条的规定，只有经过依法核准登记才能具有个体工商户、营利法人和非公司企业等商事主体的法律资格，营业执照则是其依法成立并可以开展经营活动的证明文件。从立法者看来，核准登记就如公民的出生一样，旨在解决某一私法组织的主体资格问

---

[1]　范健、王建文：《商法的价值、源流及本体》，中国人民大学出版社 2004 年版，第 188 页。

题。[①]因此，在我国商事主体是指经过商事登记或依法被豁免登记而以自己的名义从事生产经营活动的公民个人或社会组织。民事主体与商事主体的关系是，任何民事主体均依法享有进行商事活动的自由，但并不是任何民事主体就是商事主体，并非任何民事主体均可直接从事生产经营活动。商事能力与民事能力是两个不同的概念，商事能力的取得还需要具有商事登记的法定形式要件，否则就不能成为商法上的主体，而仅仅是一般民事主体。

2. 营业商人、要式商人、拟制商人

（1）营业商人。 营业商人包括实际商人或必然商人、小营业任意商人或自由登记商人、农林业任意商人或自由登记商人和公法人商人等。

（2）要式商人。 要式商人专指公司，公司基于其法律形式而取得商人身份。

（3）拟制商人。 拟制商人是指已经登记了商号的人。如商号已登记，则对援用该登记的人，不得主张该商号名下的营业非为商事营业。至于如何取得登记，则在所不问。（无行为能力或未成年人）仅仅具有私法和民诉法意义，不具有公法和刑法意义。

3. 商自然人、商合伙、商法人

依据组织形态的不同，商事主体可以分为商自然人、商合伙和商法人。这是依照商事主体的投资者之责任承担形式以及商事主体本身所表现出的组织形态的不同，而进行的分类。

（1）商自然人。又称商个人或个体商人。它是指依照商法规定，独立从事营利性行为，并享有商事权利和承担商事义务的公民个人。按照我国现行法的规定，商自然人主要有公民个人、个体工商户和个人独资企业等类型。公民个人除法律、行政法规禁止经商者外，原则上都有商事权利能力和商事行为能力，都可从事商事经营活动。个体工商户和个人独资企业均可以商事登记机关核准的商号，独立从事商事经营活动。商自然人从事商事经营活动所发生的债务，个人经营的，以个人财产承担责任，家庭经营的，以家庭共有财产承担责任。

（2）商合伙。商合伙是介于商自然人和商法人之间的一种商人形态。传统理论认为，合伙只是合伙人之间的一种法律关系，而并非独立的法律关系主体。但是，随着社会经济的发展，合伙在不少国家立法中成了与自然人和法人并列的

---

① 蒋大兴：《公司法的展开与评判——方法、判例、制度》，法律出版社 2001 年版，第 343~345 页。

另一种独立的法律主体。商合伙在我国称为合伙企业，是指自然人、法人和其他组织依照合伙企业法在中国境内设立的普通合伙企业和有限合伙企业。普通合伙企业由普通合伙人组成，合伙人对合伙企业债务承担无限连带责任。当然对特殊的普通合伙人承担责任的形式依照合伙企业法有特别规定的，从其规定。有限合伙企业由普通合伙人和有限合伙人组成，普通合伙人对合伙企业债务承担无限连带责任，有限合伙人以其认缴的出资额为限对合伙企业债务承担责任。商合伙有相对独立的人格、相对独立的财产和相对独立的责任能力，虽不完全具备法人的条件和特征，属于非法人组织，但却是独立的商事主体。

（3）商法人。商法人是指具有商事权利能力和商事行为能力，能够独立进行商事经营活动，并享有商事权利和承担商事义务的社会组织。"法人作为制定法上的概念，首先在1794年普鲁士邦普通法典中出现，当被1896年德国民法典采用时，其影响即扩大到全世界。"[1]商法人不同于商自然人和商合伙之处主要在于：商法人是依照法定条件和程序设立的营利法人，拥有自己独立的财产、有自己的名称、组织机构和场所，能够独立承担法律责任。我国目前的商法人主要有公司法人、国有企业法人和集体企业法人等。商法人在我国《民法典》中被称为"营利法人"，包括有限责任公司、股份有限公司和其他企业法人等。[2]

4. 大商人、小商人

依照经营规模的不同，商事主体可分为大商人和小商人。这是某些大陆法系国家商法实践中对商事主体是否规范地适用商法进行注册、建立机构进行的分类。

（1）大商人。又称为"完全商人"，是指以法律规定的商行为为经营范围，完全符合法定标准的商人。大商人通常从事法定的某种营利性行为，其设立必须符合法定条件和程序。其形式一般为企业组织，其规模则多为大中型企业。因此，大商人是完全符合法定标准的典型商人。

（2）小商人。又称为"不完全商人"，是指营业规模小、设备简单、资本金较少、经营范围比较狭窄的商人。采用小商人这一概念的国家和地区主要有德国、日本、意大利和我国台湾地区。小商人的经营规模一般较小，其资本金往往在法定标准额以下，如在日本，资本金未满50万日元的商人称为小商人。小商人一般不适用商法中有关商业登记、商号和商业账簿的规定，不需要履行登记

---

[1]　张俊浩：《民法学原理》，中国政法大学出版社1997年版，第163页。
[2]　参见《中华人民共和国民法典》第76条的规定。

程序，在我国台湾地区，小商人主要是指沿门沿街叫卖者，在市场外设摊营业者，家庭农、林、渔、牧业者，家庭手工业者和其他小规模经营者。

三、现代的商事主体：企业

（一）企业作为现代商事主体的理论主张与立法实践

人类进入 20 世纪末 21 世纪初以来，大陆法系国家的众多学者开始倾向于将"企业"界定为现代商事主体，用以替代"商人"这一传统的商事主体。在法国，人们研究商法首先会遇到关于商法的名称或称谓的不同主张问题，但现代商法学者更愿意将"商法"称为"商务法"或者"企业法"。因为，现代商人已经企业化了，今天人们在企业管理方面所遇到的问题更加纷繁多样，现代商法唯一追求的目的就是给予商人或企业以实现其商务的手段。[1]在德国，依照现在十分流行的观点，商法将由商人特别私法发展为"企业的对外私法"，这一观点的核心概念是企业经营者，即商法规范的承担者。[2]在日本，学者关于商法调整对象的探讨十分广泛与深入，但商法的"企业法说"逐渐占据了主导地位，成为日本法学界的通说或主流观点，该学说认为，现代商法是规范企业之法，是与企业相关的法律规范的总称，作为企业法的商法包括企业组织法、企业交易法和调整企业组织与交易活动共通规范的企业法总则。[3]

从商事立法实践来看，有些国家和地区目前已降低乃至废弃了"商人"在商法中的支配地位，转而引入了"企业"概念，构建了以"企业"作为立法基础的新型商法体系，这就是学者所称的"商法的企业法化"趋势。如奥地利废弃了原来的商法典，单独制定了《奥地利企业法典》。[4]我国《澳门商法典》将"商业企业"确定为商法典的基本概念，并以此建立了商业活动之整套新规则，从而使《澳门商法典》立足于最现代化的商法体系之列。因此，在我国澳门特别行政区，"商业企业"概念作为现代商事主体的基本形式，已经取代了商人在商法典中的核心概念与基础地位。[5]

---

① ［法］伊夫·居荣：《法国商法》，罗结珍、赵海峰译，法律出版社 2004 年版，第 1~3 页。
② ［德］C. W. 卡纳里斯：《德国商法》，杨继译，法律出版社 2006 年版，第 11 页。
③ ［日］落合诚一：《公司法概论》，吴婷等译，法律出版社 2011 年版，第 4~11 页。
④ 叶林：《企业的商法意义及"企业进入商法"的新趋势》，《中国法学》2012 年第 4 期。
⑤ 赵秉志总编：《澳门商法典》，中国人民大学出版社 1999 年版，第 2 页。

我国部分学者①认为，现代商法规范的商事主体就是企业，现代商法是以企业为本位之法，主张将"企业"作为现代商事主体的基本形式。王保树教授认为，商法是规定商人和商事行为的法，而商人则包括商自然人与商事组织。其中，商事组织无一例外地采用了企业形式。商法规则大多是规范企业组织与企业行为的，商法是保护企业权利和规定企业义务的法。因此，商法是以企业为本位的法。"商法企业法说"不仅抓住了近代以来商事活动最活跃的因素——企业，也较好地揭示了商事关系的两个要件——商事主体和商行为的本质特征，因而被多数学者肯定，甚至成为一些国家的通说。②范健、王建文教授主张将"企业"概念作为商法的立法基础，用现代商事主体的"企业"概念取代传统商事主体的"商人"概念。③叶林教授认为，我国商法实乃关于企业之主体地位、组织和运行的法律体系，以"企业"（主体性企业）为核心概念整合我国商法体系，回避了"商人"自古以来带有的阶级色彩，含义更趋中性，不仅符合我国现行商事立法的实际情况，也符合现代商法规范商事主体的演进发展规律。④蒋大兴教授则反对以"企业"概念作为整合我国商法体系的基础，认为"企业"只是经济学的概念，含义不清，不足以替代"商人"在商法中的主导地位，我国仍应坚持传统的"商人"概念，作为商事主体的基本形式。⑤

（二）企业的法律含义

企业（Enterprise）一词是源自日本的一个外来语，其本原意思为企图冒险从事某项事业，后来特指经营组织或经营体。企业概念最早属于经济学的范畴，大约从 20 世纪以后最终进入法学领域，成为一个法学概念。⑥在经济学中，企业一般是指从事生产经营活动，以营利为目的的经济组织。在法学中，企业则是指由一定数量的生产要素所组成的以营利为目的的，从事生产经营或服务性活动的具有一定法律主体资格的经济组织。⑦关于企业的含义与本质，国外一般认为，企业是现代经济社会系统中，以有计划、持续地取得利润，并将该利润分配给自身及团体构成人员为目的，进行交易活动的经济组织。而且企业也被视为由各

① 主要以王保树、范健、叶林、王建文等教授为代表。
② 王保树：《商事法的理念与理念上的商事法》，《商事法论集》第 1 卷。
③ 范健、王建文：《商法基础理论专题研究》，高等教育出版社 2005 年版，第 159 页。
④ 叶林：《企业的商法意义及"企业进入商法"的新趋势》，《中国法学》2012 年第 4 期。
⑤ 蒋大兴：《商人，抑或企业？——制定商法通则的前提性疑问》，《清华法学》2008 年第 4 期。
⑥ 赵旭东：《企业与公司法纵论》，法律出版社 2003 年版，第 5 页。
⑦ 张士元：《企业法》（第三版），法律出版社 2005 年版，第 3 页。

种各样的利害相关方为实现自己的利益而形成的平台。因此，作为企业必须同时具备两个基本特征：一是功能特征，即企业是在社会实践中从事经济活动的社会组织；二是目的特征，即企业成立的目的是有计划、持续地取得利润，并将其分配给企业的构成人员。[①]

关于企业与公司的关系问题，中外学者的认识不尽相同，归纳起来，主要有两种观点，一是"相同关系说"，认为企业与公司的概念是相同的，不过，一家公司往往由若干家企业构成。二是"种属关系说"，该学说是法学界之通说，认为企业与公司的概念之间具有种属关系，企业是公司的上位概念，从组织形式来看，企业的外延要比公司广泛，公司属于企业的组织形式，个人独资企业和合伙企业等也属于企业的组织形式。[②]

作为商事主体的企业是一个大类范畴，从大的方面来看，可分为个体企业和团体企业，团体企业则包括合伙和公司，[③]从历史沿革来看，可分为个人独资企业、合伙企业和公司，从所有制来看，可分为国有企业、集体企业、私营企业、联营企业和外商投资企业，从法律地位来看，可分为法人企业与非法人企业，从组织形式来看，可分为公司制企业与非公司制企业。

（三）企业的历史沿革

1. 企业形成的基本过程

公司与个人独资企业、合伙企业都是企业的组织形式，公司就是在个人独资企业、合伙企业的基础上逐步演变而形成的一种企业组织的高级形式。因此，研究企业的形成必须从个人独资企业和合伙企业的分析入手。个人独资企业是最早出现的企业形式，也是迄今为止最为古老、最为简便的一种企业形式。合伙企业是在个人独资企业的演变中形成的，当个人独资企业为数个继承人共同继承，企业财产为数个继承人共同所有时，由于各继承人仍需原企业继续存在，所以在彼此之间便形成了一种合伙关系，原有的个人独资企业也就发生了性质的变化，形成了合伙企业。后来，社会上的人们也纷纷仿效，使合伙企业由家族、家庭逐步进入了社会。公司就是在合伙企业的基础上形成的。因此，没有个人独资企业，就没有合伙企业，没有合伙企业，也就没有公司的诞生和形成。

---

① ［日］落合诚一：《公司法概论》，吴婷等译，法律出版社 2011 年版，第 4~5 页。
② 郑立、王益英：《企业法通论》，中国人民大学出版社 1993 年版，第 11 页。
③ ［日］落合诚一：《公司法概论》，吴婷等译，法律出版社 2011 年版，第 23 页。

　　公司之所以形成，是由合伙企业的进一步发展及其局限性和法人制度的逐步确立而决定的。从企业发展的历史来看，最早出现的个人独资企业，由于出资人源于一个自然人，资金十分有限，因而企业的规模也不大，这就决定了它难以适应商品经济和社会化大生产的客观需要，于是，形成了在一定程度上能弥补这种缺陷的合伙企业。合伙企业的形成对于经济的繁荣起到了积极的推动作用，随着合伙企业的发展，其固有的局限性也暴露了出来。首先，合伙人势单力薄，集中资本有限，而社会化大生产则需要有大量的雄厚的资本去从事生产和经营。其次，合伙人对合伙企业债务负无限连带清偿责任，风险很大，在充满竞争的商品经济中，很容易破产。最后，合伙企业的经营决策由各合伙人协商一致通过方能作出，这种决策方式既费时，又不容易协调统一，难以适应瞬息万变的市场情况和激烈的市场竞争。为了适应商品经济和社会化大生产的发展需要，作为以赋予一定条件的社会组织独立法律人格为己任的法人制度也逐步确立了起来，于是，一种新的企业组织形式——公司便应运而生了，公司就是由股东共同出资兴办的具有独立人格的法人组织。

　　2. 外国公司的产生和发展

　　公司作为现代企业的一种组织形式，作为社会的经济细胞，有着比较悠久的历史，它是人类在社会经济实践中所创造的一种文明成果，属于全人类的共同财富。它是随着生产手段的进步、生产规模的扩大和社会需求的增长而逐步产生和发展起来的一种现代企业制度。简而言之，公司是商品经济发展的必然产物，它产生和形成于资本主义时期。19 世纪末 20 世纪初，随着资本主义由自由竞争向垄断经济的过渡，公司这种企业组织得到了长足的发展，并呈现出十分广阔的前景和积极的社会效用，成为市场经济条件下最为普遍和最为重要的企业形态。

　　（1）公司的萌芽时期。公司虽是资本主义商品经济发展的产物，但它早在中世纪时就已经开始萌芽了。大多数学者认为，公司起源于欧洲中世纪的意大利及地中海沿岸商业城市的家族经营团体和海运组织康曼达。公元 476 年西罗马帝国的灭亡，标志着欧洲奴隶社会的解体和封建社会的开始。中世纪的欧洲封建社会，虽然自给自足的自然经济占主导地位，但随着商品经济的产生和商业贸易活动的繁荣，地处交通要塞的许多地方都发展为城市。随着城市的兴起，意大利及地中海沿岸的商业城市首先出现了家族经营团体，这就是无限公司的萌芽状态。当时，城市兴盛、商业繁荣，经商逐渐成为一项置产兴业的恒久职业。

作为经商业主的家长死亡后，其家庭成员或家族成员便继承了上辈的遗业，从而形成了家族经营团体。由于子孙共同继承了上辈遗业，仍然沿用原有的商号，且在商号之前，又冠以全体股东或者其中数人之姓名，以示区别，各继承人对于经营团体必须承担无限连带责任，因此，这种家族经营团体又被称为"面包团体""兄弟公司"，这就孕育了无限公司的萌芽。因为，在此以后，一般人亦多援用这一制度而共同经商，致使家族观念日趋淡化，终于演变为公司这一企业组织形式。

随着航海业的迅速发展，作为世界上第一批殖民者的葡萄牙和西班牙开始向非洲、亚洲、美洲进行殖民掠夺和奴隶贸易。从事这种活动，不仅需要发达的航海船舶，而且需要筹集大量的资本，并要承担相当大的风险。于是，船舶共有制及康曼达（Commenda）组织便应运而生。所谓船舶共有是指从事商业贸易活动的人们为了筹措航海贸易所需的巨额资金，并尽量减少海上运输所遇到的巨大风险，以共同拥用船舶的形式来分享航海贸易所获得的收益，并分担因此而出现的一切风险。康曼达组织是航海者与资本家依照康曼达契约而进行海上贸易合作的一种商事组织。从事海上贸易虽有很高的利润，但风险也很大，而从事海上贸易的人往往资金有限，康曼达组织便为那些拥有丰厚资金但又不熟悉海上贸易的人提供了获利的可能和机遇。按照康曼达契约，由资本家将金钱和实物作为投资委托给那些熟悉海上运输和贸易的航海者，航海者则以自己的名义独立从事海上贸易，盈利时按出资额分成，亏损或遇到风险时，则由航海者以出资的财产和自己的全部个人财产负无限责任，而资本家仅在其出资额范围内负有限责任。这种形式的合作，既可以鼓励资本家出资，又可以为航海冒险者筹到足够的资金，借以从事海上贸易。康曼达组织最初发端于海上贸易，后来又推广到陆上贸易。康曼达组织的出现，同家族经营团体相比，又前进了一步，它意味着家族经营团体的人身关系日渐淡化，而资本家和航海者之间的结合越来越占重要地位。一般认为，两合公司就是起源于 10 世纪地中海沿岸盛行的这种康曼达组织。因为资本家只履行出资义务，不执行海上贸易业务，只承担有限责任，而航海者则受资本家之托执行海上贸易业务，且要承担无限责任，这就为有限责任和无限责任结合的两合公司的萌芽提供了必要的土壤和条件。因此，康曼达组织就是两合公司的萌芽状态。同时，资本家仅以其出资额为限对商事组织承担责任，这又为有限责任公司和股份有限公司的形成奠定了基础。

（2）公司的形成时期。在所有组织形式的公司中，形成最早的是无限公司。

一般认为，无限公司最早在 13 世纪就已经形成了，但将无限公司首次纳入规范对象的成文法却是 1673 年法国路易十四颁发的《商事条例》，不过当时不叫无限公司，而是称为"普通公司"。1807 年的法国《商法典》又把这种公司称为"合名公司"，此后各国纷纷效法。之所以称为"合名"是指这种公司的商号上必须冠以所有股东的姓名。将股东的姓名明确标出，是为了让股东负无限连带责任，并使债权人知悉债务责任的最终承担者。随着无限公司股东人数的增多，已经无法将各股东的姓名冠于公司商号之首，于是，德国又称这种公司为"开名公司"，所谓"开名"是指这种公司将各股东姓名予以公开，而不必将其姓名冠于公司名称之前。1914 年我国公布的《公司条例》正式启用"无限公司"这一称谓。

两合公司形成于无限公司之后，它是一人以上的无限责任股东与一人以上的有限责任股东所组成的，其无限责任股东对公司债务负无限连带清偿责任，而有限责任股东仅以其出资额为限对公司负责的公司。一般认为，两合公司形成于 15 世纪。两合公司与有限合伙企业极为相似，但也有明显的区别。有限合伙企业的出资人为合伙人，而两合公司的出资人则为股东；有限合伙企业不具备法人资格，而两合公司则是一种法人型企业；有限合伙企业的成立基础是合伙契约，而两合公司的成立基础则是公司章程。

无限公司和两合公司的形成在公司历史长河中并没有产生什么划时代的意义，因为它们同普通合伙企业和有限合伙企业的责任形式并没有多大区别，只是采用了公司的独立人格和较为严密的组织结构。而股份有限公司的形成却在公司的演进过程中，起到了极为深远的历史作用。

随着生产力水平的迅速提高、企业经营规模的日益扩大和对资金需求的不断增长，公司的性质发生了质的变化，人合性逐渐发展为资合性，于是形成了股份有限公司这一现代公司形式。关于股份有限公司的形成，始于何时，众说纷纭。但通说认为，股份有限公司形成于 17 世纪初叶。英国于 1600 年成立的东印度公司和荷兰于 1602 年成立的东印度联合公司被认为是最早形成的股份有限公司。其中，英国的东印度公司是经伊丽莎白女王以特许状形式批准的，其正式名称为"伦敦商人对印度贸易公司"。该公司资本雄厚，设立时的总资本为 68372 英镑，股东达 198 个，到 1617 年股本达 162 万英镑，股东增加到 954 人。它从 1600 年成立到 1858 年撤销一共存在了 258 年，统治了印度达 100 多年，几乎垄断了英国对东南亚和中国的一切贸易，并行使了殖民地政府的部分职能。从

1757 年到 1815 年，他们从印度搜刮的财富约为 10 亿英镑。从法律上讲，它已完全具备了股份有限公司的基本特征。荷兰的东印度联合公司，设立时资本总额为 650 万荷兰盾，根据荷兰法律，该公司由 5000 盾以上大股东组成"股东协议会"，选举 60 个大股东为董事，而且享有政府授予的特权，拥有自铸货币和武装力量的特权，垄断了远于好望角和麦哲伦海峡的贸易。

尽管这两个公司都是为了殖民扩张的需要而成立的，在对殖民地国家的掠夺中，留下了臭名昭著的历史，但就其组织形式而言，毕竟是开了股份有限公司的先河。继英国、荷兰组建东印度公司后，法国、瑞士、丹麦等国也相继仿效，成立了许多海外贸易公司。这些新成立的股份有限公司为西方国家的殖民掠夺和扩张、资本主义的原始积累奠定了雄厚的物质基础，也为国际商贸活动的繁荣和发展起到了一定的作用。

股份有限公司的形成，大大加速了社会资本的集中过程，为市场经济的飞速发展立下了汗马功劳。正是由于在它问世之后，资本主义进入了发展的巅峰时期，在不到 100 年的时间内，创造了比以往一切世代的总和还要强大的生产力。所以，国外的一些经济学家和法学家便把股份有限公司的形成说成是新时代的伟大发明，认为它的重要性远远超过了蒸汽机和电力，没有它，大规模的现代化生产和经营是不可想象的。正如马克思所说：假如必须等到积累去使某些单个资本增长到能够修建铁路的程度，那么恐怕直到今天世界上还没有铁路。但是，通过股份公司转瞬之间就把这件事完成了。

股份有限公司的形成在公司的演进过程中产生了划时代的历史意义。西方国家进行的"产业革命"实现了由工场手工业向机器大工业的过渡，在这历史的转折时期，股份有限公司扮演了举足轻重的角色，它为资本主义生产关系的发展，为实现生产者与生产资料的分离，提供了一种理想的企业经营组织方式。在此过程中，股份有限公司自身也得到了迅速发展，其内部管理体制日臻成熟。到了现代，虽然它在绝对数上并未居各类公司的首位，但就其在各国国民经济中的地位而言，已经成为西方国家占主导地位的公司形式，制造业、采掘业、运输业、保险业、银行业和证券业中的许多大型企业大都采用了股份有限公司的组织形式。第二次世界大战以后，它的数量越来越多、规模越来越大，已经成为具有世界意义的企业形式。股份有限公司之所以在社会经济生活中有如此重要的地位，主要是由它筹资能力强、投资风险分散和适合大型企业采用的优越性所决定的。

4

初期的股份有限公司，带有较为浓厚的公法色彩，必须依据国家、政府的特许或批准才能成立。因为当时的统治者认为，股份有限公司的完全有限责任制会对社会公众利益造成威胁，而特许和批准就是对其消极作用的一种限制。由于成立股份有限公司必须经过特许和核准，因此，要组建股份有限公司颇不自由和方便。为了规避国家的特许和核准程序，于是，股份两合公司便于18世纪末在法国产生和形成了。

无限公司是典型的人合公司，股份有限公司是典型的资合公司。曾经试图把人合公司的凝聚力强与资合公司的集资力强结合起来而形成的两合公司、股份两合公司，经实践的检验，没有多少生命力。因为负无限责任的股东收益少、风险大，两种负不同责任的股东在一起经营的结果不是吸收了两类公司的优点，而是失去了两类公司的优点。于是一种股东人数有限、股东均负有限责任、不发行股票、股东联系较为密切的公司形式——有限责任公司便应运而生了。有限责任公司形成最晚，它产生于19世纪末期的德国。这种公司并非在实践中产生，而是由1892年4月20日德国颁发的《有限责任公司法》所创制的。有限责任公司是取无限公司和股份有限公司之所长，舍其所短，并使人合公司与资合公司之优势熔为一炉的公司形式。它既吸收了股份有限公司专由有限责任股东组成的一元性的长处，又在组织结构、设立程序上吸收了无限公司之简便性的优点。因而，它十分适合中小型企业采用。

（3）公司的发展时期。公司产生和形成的历史比较悠久，但公司的充分发展却是从19世纪末20世纪初资本主义由自由竞争向垄断过渡时期开始的。因为在自由资本主义时期，社会奉行的是以个人为本位的原则，就连体现自由资本主义时期商品交换本质特征的《法国民法典（1804年）》，也没有关于法人制度的规定。垄断产生以后，生产的集中、资本的积累，使公司这种企业形式得到了空前规模的飞速发展，公司已经成了资本主义市场经济条件下占主导地位的企业形式，成为资本主义世界的经济脊梁。特别是股份有限公司和有限责任公司得到了迅猛的发展，对于资本的聚积集中和社会生产力的发展起到了十分重大的推动作用，使公司进入了充分发展的黄金时期。

特别需要明确的是，公司立法的完善和法人制度的最终确立为公司的发展提供了更为有利的条件和环境。1892年德国率先颁布了《有限责任公司法》后，葡萄牙、奥地利、波兰、捷克等国相继效法，有限责任公司如雨后春笋般涌现，在欧陆各国得到了飞速的发展。1896年德国颁布的《德国民法典》破天荒第一次系统地确立了较为完备的法人制度，该法典在第一编总则中，将法人列为专章，共 69 个条文。1897 年德国颁布了新的《德国商法典》，该法于 1900 年 1 月 1 日施行，第二编专门规定了商事公司的种类，如无限公司、两合公司、股份有限公司和股份两合公司等，许多国家纷纷仿效，使公司进入了规范化、法制化的健康发展时期。甚至不少独资企业、合伙企业也纷纷改组为公司，使公司进入了更加辉煌的历史时期。归纳起来公司在现代资本主义市场经济条件下的发展具有以下五个明显的特征。

第一，公司的规模越来越大。随着筹资功能的进一步发挥，公司的规模越来越大，资本越来越雄厚。据统计，美国上亿股的股份有限公司就有几百家。就拿美国的埃克森石油公司来说，1981 年，该公司的销售额高达 1081 亿美元，相当于一个中等国家一年的国民生产总值，它的资本总额达到了 623 亿美元，雇用的职工人数超过 18 万人，子公司有 500 余家，遍布于 100 多个国家，它参与开采的世界各地的石油井有 13500 个，拥有 56 家炼油厂和 49 家石化工厂，拥有总吨位 2400 万吨的一支世界上最大的油船队，销售网密布整个西方世界，被称为"一个真正的日不落石油帝国"。

第二，公司的业务范围越来越广泛。随着资本的聚积、规模的扩大、信誉的提高，公司的业务范围越来越广泛。据统计，早在 20 世纪 70 年代初，美国最大的 200 家公司经营的范围就涉及 2200 个部门，平均每家大公司跨 11 个行业。如美国的电报电话公司，本来是从事电器器材业务的，如今的经营范围已涉及面包、旅馆、木质化纤、建筑、军火、汽车零件、食品、地产、保险、信贷、医院、书籍出版等五花八门的业务。日本三菱公司最得意的广告词是"从方便面到导弹"，它们经营的商品有 25000 种之多，从狗粮、鸡蛋、方便面到火箭、喷气飞机、原子能反应堆等。越来越多的大型公司把经营范围扩展到多种部门、多种产品，成为经营多样化的混合型公司。

第三，公司的股东越来越多、越来越分散。由于股份有限公司依法可以向社会公开招募股份，再加上证券市场的活跃和广大公众投资意识的增强，股东呈现了多元化、分散化的发展趋势。据统计，在美国股东超过 100 万个的就有 9 家公司，美国电报电话公司的股东达 300 万个，美国通用汽车公司的股东也有 199 万个。在美国占人口 60% 以上的人都是公司的股东。

第四，跨国公司获得了长足发展。第二次世界大战后，在新科技革命的带动下，社会生产力空前发展，生产和资本的国际化形成了许多跨国公司。据统计，目前全世界的跨国公司共有 3.7 万家母公司和 20 万家国外子公司，遍布于发达国家和发展中国家。

第五，法人之间相互持股、参股的现象十分普遍。公司之间为了相互控制、相互协作，求得共同发展，便相互持股、参股。股份有限公司的持股者主要是法人，股份有限公司大多又以法人身份参与和持有其他股份有限公司的股份。在日本，1949 年法人持股率为 28.1%，个人持股率为 69.1%，到了 1986 年法人持股率上升到 68.7%，个人持股率则下降为 23.9%。在股份有限公司的股权中，法人持股比重的上升，使资本更加社会化，法人之间相互持股、参股，也使公司之间形成了相互制约的机制。

3. 我国公司的产生和发展

（1）旧中国公司的产生和发展。1840 年鸦片战争以前，中国的封建社会延续了两千多年，在这漫长的历史长河中，自给自足的自然经济一直占据主导地位，商品生产和商品交换很不发达。历代封建王朝大多奉行重农轻商、重农抑商和闭关锁国的政策，而且许多重要的产品的生产和销售，则多由政府专营买卖，如冶铁、制盐和铸器物等均由官方经营，禁止民间经营。尽管在明朝后期，中国已经出现了资本主义的萌芽，但这样的国策严重抑制了我国工商业的发展。由于商品生产和商品交换没有很好地繁荣起来，所以，作为现代企业组织形式的公司便无从产生和发展。

1840 年鸦片战争以后，西方资本主义国家用炮舰强行打开了中国闭关自守的大门，西方的一些新事物、新制度随同其商品一道传入了中国，于是西方的公司制度，也在中国诞生了。西方列强强迫清政府与之签订了《南京条约》《望厦条约》《马关条约》和《辛丑条约》等一系列不平等条约，西方各国依据这些不平等条约，一方面向中国倾销商品，另一方面也竞相在中国开矿、办厂、设公司，对我国进行掠夺性投资。许多先辈看到了中国和西方两端的贫富差距，立志图强，决心向西方学习，以拯救沦陷之中国。据说，当时有一位南通状元叫张謇，破天荒首次向清政府申请设立公司，经核准，他创办了中国历史上的第一个公司——通海垦牧公司。后来，国人纷纷仿效，成立了一些公司。如 1878 年的中兴煤矿公司、1890 年的汉冶萍煤矿有限公司和 1894 年的张裕酿酒公司等。

1904 年 1 月 21 日（光绪二十九年十二月五日）清王朝制定了《钦定大清商律·公司律》，1914 年 1 月 13 日北洋政府制定了《公司条例》，1929 年 12 月 26 日南京国民政府制定了《公司法》，并于 1931 年 7 月 1 日起实施，这就为旧中国公司的产生和发展提供了立法依据。随着这些立法的实施，截至 1949 年 10 月，在我国登记注册的公司有 11298 家，其中，股份有限公司 8108 家，占公司总数的 75.33%，无限公司 1250 家，占 11.73%，有限责任公司 1195 家，占 11.12%，两合公司 158 家，占 1.48%，股份两合公司 36 家，占 0.34%。这五种公司的比重，同世界各国相比，情况大致相同。两合公司和股份两合公司的比重极小，说明它的生命力非常有限，股份有限公司的数量最多，说明它的生命力十分强大。

（2）新中国公司的产生和发展。中华人民共和国成立后，人民政府将原来官僚资本办的公司收归国有，在工业、商业、运输业、建筑业等领域组建了一批国有公司，如鞍山钢铁公司、中国轻工业进出口公司和中国长春铁路公司等。由于中华人民共和国成立初期，我国存在不少的私营公司，为了规范这些公司的组织和行为，发挥它们在国民经济恢复时间的积极作用，我国政府分别于 1950 年和 1951 年颁布了《私营企业暂行条例》和《私营企业暂行条例实施办法》，把私营公司的组织形式规定为无限公司、有限公司、两合公司、股份有限公司和股份两合公司，这就为不同形式公司的存在和发展提供了立法依据。但随着 1956 年对资本主义工商业进行社会主义改造任务的完成，公司这种企业形式便退出了我国的历史舞台。虽然在 20 世纪 50 年代末期和 60 年代初期，我国组建了十几个全国性、地区性的专业公司，70 年代，全国各地又先后成立了各种形式的专业公司和联合公司，但这些公司只是行政机关的附属物，虽名为公司，但不是真正意义上的公司。

党的十一届三中全会以后，随着对内搞活、对外开放政策的进一步实施，从 20 世纪 80 年代开始，在我国销声匿迹达二三十年的法制意义上的公司首先在外商投资企业中被采用。从 1985 年开始，我国政府又允许设立有限责任公司和股份有限公司。1993 年 12 月 29 日我国正式颁发了《中华人民共和国公司法》，自 1994 年 7 月 1 日开始实施，并先后进行了五次修改。公司法实施 26 年来，我国公司的发展进入了一个更加灿烂的新的历史时期。

（四）现代企业的基本制度

1. 现代企业制度的概念与基本特征

建立社会主义市场经济体制是我国人民在新时期的伟大历史任务，而建立社会主义市场经济体制，就是要使市场在国家宏观调控下对资源配置起决定性作用。为了实现这一目标，我国必须建立健全现代企业制度。

作为与社会生产发展阶段和经济体制相适应的企业制度，早在简单商品经济时代就产生了。而现代企业制度的建立，则是资本主义社会的经济现象。一般来讲，现代企业制度就是适应社会化大生产和市场经济发展需要的、当今社会奉行的新型企业制度。由于现代企业制度是一个有时空界定的概念，故应将其置于特定的时间和空间来理解其内涵。

作为一个时间概念，现代企业制度应理解为发展至现代并仍有生命力的企业制度，其中既含有产生于现代的因素，也含有产生于现代以前而延续到现代仍有生命力的因素。如果企业制度中只含有现代以前的因素，而不具有现代的因素，那就不是现代企业制度。

作为一个空间概念，现代企业制度是存在于特定空间条件下的企业制度，其空间条件主要包括：①社会化大生产。即现代企业制度必须适应社会化大生产的发展需要；②市场经济体制。即现代企业制度必须适应市场经济体制的客观要求，摆脱传统的计划体制的束缚和影响。

我国建立现代企业制度，既要从我国的实际出发，又要吸收和借鉴西方发达国家的有益经验，既要符合中国的社会特色，又要与国际惯例接轨。概括起来，我国所要建立的现代企业制度就是适应社会化大生产和市场经济发展需要、迄至现代仍具有生命力的、既与国际惯例接轨又与中国国情相符合的新型企业制度。

建立现代企业制度既是我国企业改革的方向，也是发展社会化大生产和市场经济的必然要求。市场经济体制的确立是我国经济体制改革的目标，而确立市场经济体制必须重塑市场经济体制的微观基础，建立与我国社会主义市场经济相适应的现代企业制度。产权清晰、权责明确、政企分开、管理科学是现代企业制度的基本特征，下面分别予以扼要的分析：

（1）产权清晰。所谓产权清晰就是要用法律明确界定出资者与企业之间的财产关系。由于企业本身是一个独立的民事主体，各种生产要素的所有者一旦将其资本（包括人力资本和物资资本）投入到企业，它们便为企业所持有。[①]产权清晰包括以下三个含义：①产权归属清晰。从法理上讲，产权归属清晰表现为"你的""我的""他的"财产观念的清晰、明确。否则，产权就会流失。②产

---

① ［美］R.科斯等：《财产权利与制度变迁》，上海三联书店1991年版，第170页。

权主体清晰。产权主体是财产权的承载体，主体不清晰，就会使财产无法对号入座。 ③产权关系清晰。产权关系是出资者和企业之间的产权界分，是从更高的互动中把握产权的实质。现代企业制度的产权必须清晰，故在国有企业中必须确定国有资产的出资者，在清产核资的基础上，对国有企业应赋予其全部法人财产权，使其成为独立享有民事权利、承担民事责任的真正法人实体。而产权结构，"就其主要环节来看，包含着由所有权、占有权、使用权、收益权和处置权组成的五维结构。"

（2）权责明确。所谓权责明确就是要用法律界定出资者和企业各自的权利和责任。权责在逻辑上有一种因果关系和源流关系，责任来源于权利，责任在实质上只不过是权利的引申和派生物。权利与责任是互相关联的，权责明确就是权利与义务统一思想的具体表现。出资者向企业投入资本后，就不能直接支配这部分出资，也不能随意从企业中抽回。出资者依法按投入企业的资本份额享有资产受益、重大决策和选择管理者等权利，企业一旦成立，依法就应自主经营、自负盈亏、照章纳税，就应对出资者承担资产保值增值的责任。

（3）政企分开。所谓政企分开就是用法律界定政府和企业的职责。现代企业中，随着产权主体对产权客体占有方式的变化，"产权的客体与产权的主体发生了分离，所有者便失去了对物的直接控制权能"。政企分开是指政府与企业职责分开，决非政不管企、企不听政，而是政企各司其职、各负其责。在我国实行高度集中的计划经济体制时期，政府制定的无所不包的统一计划成为社会经济运行的基本手段，市场环境非常狭窄，市场机制无法发挥作用。在微观上，国有企业的生产服从政府的统一指令，产品由政府统购统销，所需物资由国家计划供应，所需资金由国家统一筹集，所需劳动力由政府统招统配。在这种高度集权的体制下，国有企业实际成为政府机关的附属物，企业完全与市场脱离。随着经济体制改革的深入和市场经济体制的确立，必须建立与之相适应的现代企业制度。现代企业制度必须把政府的行政管理职能与企业的经营职能分开。在这种情况下，政府只能通过经济杠杆调控市场，引导企业的经营活动，而不能直接干预企业的生产经营活动，要让企业按照市场需求自主组织生产经营，以提高劳动生产率和社会经济效益，成为独立的商品生产者和经营者，成为市场竞争的主体和真正的企业法人。

（4）管理科学。所谓管理科学就是建立科学的企业领导体制和组织管理制度，调节所有者、经营者和职工之间的关系，形成激励和约束相结合的经营机制。企业因法定形态的不同，所设置的领导体制和管理制度也可能不同。但无论如何，现代企业制度必须实行科学的内部管理体制，即必须做到权责明确、相互制衡、各司其职，既有激励机制，也有约束机制。激励就是赋予权利、保护权利，约束就是强调义务、监督义务的履行。权利和义务在最大程度上统一、结合，就是现代企业制度最佳的激励约束机制。

2. 现代企业制度的基本内容

（1）现代企业的产权制度。产权制度是现代企业制度的前提和基础，具体是指出资者和企业在财产的占有、使用、收益和处分方面的权限划分。现代企业的产权制度具有产权主体的多元化与集合化、产权形态的机构化、产权运作的市场化与社会化的特点。一般来讲，产权是指财产所有权和与财产所有权有关的财产权。出资者和企业都是企业产权的主体，它们之间在财产占有、使用、收益和处分中所发生的关系，即是企业的产权关系。产权关系不清晰是长期阻碍我国企业发展的主要因素。而现代企业制度则以明晰的产权制度为基础。否则，现代企业制度就无从谈起。理顺企业的产权关系是现代企业制度的基本要求。理顺产权关系，就是要实行出资者所有权和企业法人财产权的分离，出资者按投入企业的资本额享有所有者的资产受益、重大决策和选择管理者等权利，而企业则享有所有出资者投资形成的全部法人财产权，依法自主经营、自负盈亏，享有民事权利，承担民事责任。确立明晰的产权制度，不仅有利于建立现代企业制度，而且有利于实行企业法人制度，转换企业经营机制，实行政企分开，转变政府职能，甚至还有利于防止国有资产流失，巩固和壮大国有经济。

（2）现代企业的责任制度。责任制度是现代企业制度的核心内容，具体是指企业对债权人承担债务清偿责任的方式、范围和限度，企业的责任制度主要有无限责任和有限责任两种模式。无限责任是指企业出资者对企业的债务承担无限制无豁免的清偿责任。无限制即清偿债务不以投入企业的经营资本为限，经营资本不足以清偿债务时，则以出资者的其他财产予以清偿。无豁免即出资者对企业债务非依法律程序不能免除。而有限责任则是企业的出资者以其投入企业经营的资本额对企业经营活动及其后果承担责任，企业则以其全部资产对债权人承担清偿责任。有限责任制的出现是企业制度上的一次质的飞跃，对企业的发展产生了巨大的作用，有限责任制刺激了人们的投资行为和企业规模的扩大，促使了出资权和经营权的分离，是现代企业制度中最为重要的责任形式。

（3）现代企业的组织制度。组织制度是现代企业制度的重要内容，具体是指企业组织机构的设置及权限划分问题。现代企业的组织制度，既要确保企业的经营自主权，又要保障出资者的利益，同时还要能够调动职工的积极性。在实践中，建立在所有权与经营权分离基础上的现代企业的所有者由于不参与企业的实际经营，要获得相应的信息，必须付出高昂的成本。①根据相互独立、权责分明、团结合作、相互制约的原则，现代企业一般应设置决策机构、执行机构和监督机构。决策机构对企业的重大问题作出决议，执行机构对企业的经营业务组织实施，监督机构对企业的经营管理活动行使监督检查的职权，只有设置这样的组织机构，才能形成激励和约束相结合的组织机制，调动企业各方面的积极性。

（4）现代企业的经营管理制度。经营管理制度是现代企业制度的实体内容，具体是指企业从事经营管理活动的原则、方式和规则。企业是一个经营管理的实体，其经营管理涉及企业的人、财、物、产、供、销，贯穿于企业的内部和外部关系之中。现代企业的经营管理制度应体现自主、科学、效益和民主的原则。建立与市场经济体制相适应的经营管理制度，应主要包括企业的计划制度、采购制度、产销制度、进出口制度、财务会计制度、利润分配制度、用工制度、工资制度和职工民主管理制度等内容。

（5）现代企业的破产制度。破产制度是现代企业制度不可缺少的重要内容，具体是指企业的破产界限、破产宣告和破产还债程序。竞争性是市场经济的本质特征，在市场经济的运行机制中处于支配地位。在激烈的市场竞争中，每个企业都面临着成功与失败的双重可能，那些经营管理有方、产销对路、技术先进、设备精良、服务态度好的企业就会获胜，取得成功；而那些经营管理混乱、产销脱节、技术落后、设备陈旧、严重亏损的企业就会丧失偿还到期债务的能力，从而陷入破产境地，这是不以任何人的意志为转移的客观规律。因此，现代企业制度中必须要有破产制度的内容。

---

① 林毅夫：《充分信息与国有企业改革》，上海人民出版社、上海三联书店1997年版，第11页。

第二节　公司与非公司企业的法律形态

一、企业法定主义与企业法律形态

（一）企业法定主义的含义

企业制度的健全与否，不仅涉及交易相对人的利益、商事活动的繁荣，而且关系到市场秩序的稳定，因此，各国商法通常以大量的强制性法律规范对企业的市场准入加以控制。企业法定主义主要体现在企业类型法定、企业标准法定和企业程序法定三个方面。

1. 企业类型法定

企业类型法定就是商法对企业的类型作了明确规定，投资者只能按照法定类型来设立企业，而不能任意创设法律未规定的企业形式。因此，投资者在创设或变更企业形式时，只能在法定形式的范围内选择自己所希望的企业组织形式，否则，就无法得到法律的承认和准入。我国商事立法对企业以不同的标准作了不同的划分，依所有制可分为国有企业、集体企业、私营企业、联营企业和外商投资企业等类型，依组织形式可分为个人独资企业、合伙企业和公司。按照大多数国家商事立法的规定，企业通常可分为个人独资企业、合伙企业和公司三种类型。从目前来看，我国商事立法对企业类型的规定，还存在着种类繁多、性质交叉、标准不统一等问题，应通过深化改革和完善立法予以解决。

2. 企业标准法定

企业标准法定就是商法对企业的实质性条件作了明确规定，投资者只能在完全具备这些实质性条件时，才能成立相应的企业。如在我国成立有限责任公司必须具备《公司法》第23条所规定的 5 个条件，而要设立股份有限公司则必须具备《公司法》第76条所规定的 6 个条件。不完全具备这些条件的，就不能设立有限责任公司或股份有限公司。

3. 企业程序法定

企业程序法定就是商法对企业在设立时的程序作了明确规定，投资者欲成立企业必须严格按照这些法定程序和步骤进行。否则，就无法达到预期的法律后果。如在我国设立有限责任公司和股份有限公司不仅要具备法定条件，还必须履行设立登记程序，对涉及国家安全、公共利益和关系国计民生等特定行业和项目，法律、行政法规规定需要审批的，还要履行审批程序。经公司登记机关核准后发给《企业法人营业执照》，《企业法人营业执照》签发之日，即为公司的成立日期，公司即取得了营业资格和法人资格，便可依法进入市场，从事生产经营活动。

（二）企业法律形态的界定

从历史沿革来看，公司是在非公司企业的基础上逐步发展演变而形成的一种企业组织的高级形式，没有非公司企业的出现，也就没有公司的诞生与形成，公司与非公司企业之间具有必然的逻辑联系，它们之间既有理念共性，也有制度差异。它们之间的差异主要体现在企业出资人的性质、出资人与企业之间的关系、企业财产结构、企业治理模式以及企业对外责任等方面，需要通过比较分析予以正视，以满足不同出资人的差异化需求。由此可见，公司是企业的基本组织形式，非公司企业经过长期的发展演变，已经具备了现代企业的基本特征与构成要素，因此，非公司企业无疑是与公司并列的企业基本法律形态，我们决不能顾此失彼，更不能忽视非公司企业的存在价值与制度特色。

从世界各国来看，具有代表性的国家对企业类型的法律划分主要是个人独资企业、合伙企业和公司，法律对这三种企业划分的基本标准就是企业的资本构成、企业的责任形式以及企业的法律地位。在此基础上，西方学者将"企业形态理论"进一步引申为"企业法律形态理论"，并把这三种类型的企业视为企业的基本法律形态。[①]一般来讲，企业法律形态就是法律规定的企业组织形态或者说是企业组织形态在法律上的表现。

从我国企业法律形态的实然情况来看，既有依据"所有制标准"形成的传统企业法律形态，也有依据"出资责任标准"形成的现代企业法律形态。前者如国

---

① 张士元主编：《企业法》（第三版），法律出版社 2007 年版，第 7~8 页。

有企业、集体企业、私营企业、外商投资企业等，后者如个人独资企业、合伙企业和公司等。笔者认为，改革开放四十多年来，随着市场经济体制的建立健全，依据所有制形成的企业法律形态，在未来应该通过改革改组融入现代企业法律形态之中或被现代企业法律形态所吸收、取代，确实无法融入或者被吸收、取代的，则需纳入特别企业类型，由相关法律予以特别规范。公司与个人独资企业、合伙企业等非公司企业应成为我国未来企业的基本法律形态。

在现代社会生活中，公司现已成为一种最为典型、最为重要、最富有代表性和最具世界意义的企业组织形式，但并没有形成公司组织形式一统天下的格局，就世界范围而言，没有任何一个国家和地区的立法将公司作为唯一的企业组织形式。个人独资企业、合伙企业等非公司企业虽然属于最早出现的企业组织形式，但发展到现代并没有被时代所淘汰，被公司所替代，数量不仅没有减少反而有所增加，依然具有广阔的生存空间和顽强的生命力。因此，在经济全球化和一体化的背景下，各市场经济国家和地区的企业组织形式日益呈现多元化的发展趋势，不仅适应了市场经济自由竞争与协调发展的客观需要，而且有利于满足不同投资者选择企业组织形式的自身偏好与差异化需求，更有利于塑造市场经济多元化的微观基础。

公司在国民经济中处于支配地位，个人独资企业、合伙企业等非公司企业能够提供个性化的商品与服务，为社会提供更多的就业岗位，有利于满足社会和消费者的多种需求，在经济社会可持续发展中有着不容忽视和不可或缺的地位与作用。因此可以说，公司与非公司企业均系国民经济的细胞或基本单位、市场经济的脊梁或微观基础、经济生活中最为积极和最为活跃的因素，它们共同为工商业的兴旺发达和人类社会的文明进步立下了汗马功劳。

二、公司

（一）公司的概念与法律特征

公司（company；corporation）最早的含义为"伙伴"。在中国"伙伴"最早来源于"火伴"一词，是古代一种兵制，即十人共一火饮煮。可见，伙伴之间最早的合作是为了解决吃饭问题。从辞源上讲，公司一词中的"公"含有"公共"

"共同"之意，"司"则是指"主持""掌管""管理"，合在一起就是指数人共同主持、管理其共同事务。从法律概念来讲，公司是随着西方法律移植于中国而逐渐通行的一个法律用语。在我国较早规范使用"公司"一词的，是"大清法规大全"中，光绪皇帝于1875年对商部奏折的批复。在该谕旨中，皇帝命令"各省将军、督抚，于商部拟设各项公司，会同筹划，悉心经理"[1]。1904年随着《大清公司律》的颁发，"公司"一词在我国才正式成为一个法律概念。《大清公司律》在中国历史上第一次对"公司"进行了法律界定："凡凑集资本共营贸易者，名为公司。"

公司是一个历史概念，它是生产力发展到一定历史阶段而出现的一种企业组织形式，是商品生产和商品交换的必然产物，并随着资本主义市场经济的发展而逐步发展、健全和趋于完善。我国经济体制改革的目标是要建立社会主义市场经济体制，而要发展市场经济，就必须建立和完善公司这种最为普遍、最为重要的企业制度。公司是现代企业制度的典型代表，它反映了现代社会经济发展的一般规律，适应了现代市场经济的发展需要，是融生产的社会化、资本的社会化、经营的社会化和风险的社会化于一体的企业制度。它创造了股权与公司法人所有权相互分离的财产运行方式，并通过权力分立、相互制衡的组织体制，形成了一整套科学的管理制度和规范手段，既维护了股东的合法权益，又保证了公司生产经营的有序运行。

公司是全人类的共同财富，不仅资本主义国家需要，社会主义国家也需要；不仅发达国家需要，发展中国家更是需要。然而，由于各国在社会制度、经济结构、法制背景、民族传统和语言习惯等方面的差别，公司的概念也不尽相同。因此，要给公司下一个统一的全世界都认同的定义几乎是不可能的。

作为法制意义上的公司概念，一般是由公司法予以界定的。如：《日本公司法典》第2条规定，本法所称公司是指股份有限公司、无限公司、两合公司或合作公司。[2]《美国标准公司法》第一章总则1.40条规定：公司或本州公司都是指为营利而组织的非外地公司，它是按本法组织的或是受本法制约的公司。[3]《中华人民共和国公司法》第2条规定：本法所称公司是指依照本法在中国境内设立的有限责任公司和股份有限公司；第3条又明确规定：公司是企业法人，有独立

---

[1] 江平主编：《新编公司法教程》，法律出版社2003年版，第54页。
[2] 吴建斌编译：《日本公司法典》，法律出版社2017年版，第1页。
[3] 沈四宝编译：《最新标准公司法》，法律出版社2007年版，第17页。

的法人财产，享有法人财产权。公司以其全部财产对公司的债务承担责任。有限责任公司的股东以其认缴的出资额为限对公司承担责任；股份有限公司的股东以其认购的股份为限对公司承担责任。

对公司进行法律界定，目的在于揭示公司的本质属性、法律地位、设立目的及与其他企业的区别。一般来讲，所谓公司就是指依照公司立法所规定的条件和程序设立的、以营利为目的的企业法人。从这一概念中，我们可以看出公司是指依照公司法或其他有关法律设立的以获取经营利润为目的的一种企业法人。

英国著名法学家莱克斯通·威廉爵士，1765 年在牛津大学讲授英格兰法时形成的英国法律经典著作《英格兰法释义》，对公司的基本特征做了经典性描述，对后世学者产生了巨大影响。这位法学家认为，公司的基本特征为：公司的存在不依赖于组成该公司的成员，并不受公司成员死亡的影响；公司能够以自己的名义在法院起诉和应诉；公司为了实现自己的经营目标，有权以公司的名义获得、拥有和转让财产；公司应当有自己的印章；公司有权制定公司组织管理的各项规章制度。

根据我们对公司所下的定义和国内外有关公司的立法规定，一般来讲，公司应具有以下四个法律特征。

1. 公司必须从事经营活动

公司作为企业的一种组织形式，从事经营活动是其基本的社会职能和活动方式。所谓经营活动就是有组织、有计划、有控制地进行商品的生产、流通或服务性活动。这就将公司同从事社会管理活动的国家机关，从事党务活动的党组织，从事文化、教育、卫生、体育活动的事业单位和从事社会公益活动的社会团体区别了开来。公司从事的经营活动必须具有连续性，即公司的经营活动应是连续不断的，它不是指一次性或偶然性的经营活动；公司的经营活动必须在登记的范围内进行，经营范围由公司章程规定，并依法登记。公司的经营范围中属于法律、行政法规规定须经批准的项目，应当依法经过批准。要改变公司的经营范围，必须依照法定程序修改公司章程并经公司登记机关变更登记方为有效；公司的经营活动还应具有自主性，公司在国家宏观调控下，有权按照市场需求自主组织生产经营，不受他人的非法干预。

2. 公司必须以营利为目的

营利性是公司的本质特性。营利即公司因经营而获得利益，营利是公司作为商事主体存在和活动的基本动机和目的，是公司从事商事活动的出发点和归宿点。营利是公司的生命和根本，没有营利，就没有公司，不能营利，公司就无法生存。因此，发起人设立公司的目的，投资人投资于公司的目的和公司从事经营活动的目的都旨在营利。所谓以营利为目的是指公司必须通过其经营活动获得经济上的利益，并通过合理的利润分配使股东也获得收益。因此，公司必须讲究成本核算，降低消耗，充分合理地利用其资本，生产出物美价廉、适销对路的商品，为用户和消费者提供优质的服务，从而以最小的物质消耗获得最大限度的经济利益，取得盈利。需要强调的是，营利泛指公司因经营而获得利益，它不仅包括盈余，而且包括剩余财产，前者是指公司净资产额超过公司资本及公司公积金的差额部分，而剩余财产则是指公司解散时在清算程序中，清理债权、债务后，所剩余的财产。因此，以营利为目的是指公司将盈余和剩余财产按照章程及有关规定分配给各位股东，而不是仅指将盈余分配给股东。

3. 公司具有企业法人资格

纵观各国公司立法，公司在法律上都居于企业法人的地位。因此，公司是具有法人资格的企业。所谓法人是具有民事权利能力和民事行为能力，依法独立享有民事权利和承担民事义务的组织。公司之所以为法人，是因为公司具备法人的基本特征和条件，即公司是依法成立的，拥有独立的财产，有自己的名称、组织机构和住所，能够独立承担法律责任。

4. 公司的标准具有法定性

世界各国的公司立法其宗旨都是为了规范公司的组织和行为，因此，公司的组织和行为必须具有法定性。我国公司法对公司的种类、组织机构、权利义务、设立、变更和终止都做了专门规定。设立公司必须根据公司法规定的公司种类以及法律对各类公司所规定的条件和程序，即法定的标准进行。不符合法定条件、不履行法定程序，则不得以公司法人的名义从事生产经营活动。公司要变更、终止和清算，也要根据公司法所规定的条件和程序进行。否则，不仅不会发生相应的法律效力，还要承担一定的法律后果和法律责任。

总之，公司的内涵是：有独立的法人财产，享有法人财产权的企业法人。公司以其全部财产对公司的债务承担责任，公司股东以其投资额为限对公司的债务承担有限责任。从公司的外延上看，按照公司的组织形式和股东责任承担方式的不同之标准，我国的公司可以分为"有限责任公司"和"股份有限公司"两大类。其中，有限责任公司又可细分为：普通有限责任公司、一人有限责任公司和国有独资公司。"公司立法的功能就是根据需要和社会经济环境确立公司法律形式和权利义务等规范结构，以最大限度地促进和保障公司之'用'的发挥。"①

（二）公司的分类

1. 以责任形式为标准对公司的分类

按股东对公司责任形式的不同，公司可以分为无限公司、有限责任公司、两合公司、股份有限公司、股份两合公司和保证有限公司六种类型。

（1）无限公司。无限公司是无限责任公司的简称。所谓无限公司是指由两个以上的股东所组织的、股东对公司债务负无限连带清偿责任的公司。无限公司是仅由无限责任股东组成的公司，它是典型的人合公司。无限公司的所有权与经营权是合一的，并不发生分离，因此，每个股东都有权执行公司的业务。无限公司的股东必须对公司的债务负无限连带清偿责任，所谓无限连带清偿责任是股东不问其出资方式、出资数量和盈亏分配比例，就公司债务向债权人承担全部偿还的责任。因此，这里的"连带"是对股东之间而言的，并非指股东与公司之间的连带。当公司资产不足以清偿债务时，债权人可直接要求全体股东或任何一个股东以自己所有的全部资产予以全额偿还。我国《公司法》没有确认无限公司这一公司形式。

（2）有限责任公司。有限责任公司是指股东以其认缴的出资额为限对公司承担责任，而公司则以其全部财产对公司的债务承担责任的公司。根据我国《公司法》的规定，我国的有限责任公司包括一般有限责任公司、国有独资公司和一人有限责任公司三种形式。除国有独资公司和一人有限责任公司外，都是一般有限责任公司。一般有限责任公司是由 2 个以上 50 个以下的股东依法共同出资设立的，各股东仅以其认缴的出资额为限对公司承担责任，公司则以其全部财产对公司债务承担责任的有限责任公司。

（3）两合公司。所谓两合公司是指由一人以上的无限责任股东与一人以上的有限责任股东所组织的，无限责任股东对公司债务负无限连带清偿责任，有限责任股东对公司债务仅以其出资额为限对公司负责的公司。两合公司必须由无限责任股东和有限责任股东共同组成，其中每种股东至少要有一人，这是两合公司在股东方面的特殊要求，也是两合公司成立和存续的必要条件。如果仅剩

---

① 王红一：《公司法功能与结构法社会学分析——公司立法问题研究》，北京大学出版社 2002 年版，第 49 页。

下一种股东，两合公司就要解散或变更为另一种公司。两合公司是人合兼资合的公司，既有无限公司的特征，也有有限责任公司的特征，可以说是二者的嫁接形式。因此，两合公司中至少要有一个股东负无限责任，同时，至少也要有一个股东负有限责任。在两合公司中，由于无限责任股东和有限责任股东所负责任的不同，所以，股东在公司中的地位也不尽相同，有限责任股东不得执行公司业务及对外代表公司，公司业务的执行和对外代表公司的只能是无限责任股东。我国《公司法》未规定两合公司这一形式。

（4）股份有限公司。所谓股份有限公司是指其全部资本分为等额股份，股东以其认购的股份为限对公司承担责任，公司则以其全部财产对公司债务承担责任的公司。股份有限公司是典型的资合公司，与有限责任公司一样，都具有责任有限性这一特征。责任的有限性即股东责任的有限，股东仅以其认购的股份为限对公司负责。它与有限责任公司的区别，主要体现在股东人数、股份发行、组织机构、股权转让、规模大小等方面。我国的股份有限公司又有上市公司和非上市公司之分。

（5）股份两合公司。所谓股份两合公司是指由1人以上之无限责任股东与5人以上之有限股份股东所共同组织的，其无限责任股东对公司债务负无限连带清偿责任，有限股份股东以其所持股份对公司负责的公司。股份两合公司是两合公司的一种特殊形式，如果说两合公司兼有无限公司和有限责任公司的特点，那么，股份两合公司则兼有无限公司和股份有限公司的特点。正是由于这一点，股份两合公司的绝大多数问题都适用无限公司及股份有限公司的有关法律规定。股份两合公司在德、日、法的公司立法中均曾有规定，但这种公司形式实际上很少采用，德、日两国已经予以废除了。由此可见，股份两合公司基本上成为一种被时代淘汰了的公司形式，所以我国《公司法》也没有确认这种公司形式。

（6）保证有限公司。保证有限公司是从英国发展起来的一种公司形式，它是指公司成员对公司的责任由公司宪章规定并以成员们所承诺当公司清算时而向其缴纳的出资数额为限的公司。①因此，保证有限公司不是典型意义上的有限责任公司，而是介乎于无限公司与有限责任公司之间的一种公司形式。从本质上讲，它更像无限公司，只不过承担责任的财产范围不同，无限公司的股东以个人

---

① 参见《英国2006年公司法》第3条的规定。参见葛伟军译注：《英国2006年公司法》，法律出版社2017年版，第4~5页。

所有的全部财产对公司债务负无限连带责任，而保证有限公司的股东则仅以保证承诺的财产承担责任，而不是以自己的全部财产承担责任。这样规定的目的主要是为了维护公司的信誉和确保债权人的预期利益。

2. 以组织管辖系统为标准对公司的分类

根据我国《公司法》第 14 条第 1 款的规定，公司依据其组织管辖系统，即是否具有从属关系，可划分为总公司和分公司。

（1）总公司。总公司是指在组织上统辖其系统内所有分公司的具有法人资格的公司。它的资格要在公司章程中加以确认，并经公司登记机关核准登记，它有权对分公司实行统一管理、协调指导和监督检查。按照国家规定，称总公司的，必须下设三个以上分公司。否则，不能称为总公司。

（2）分公司。分公司是指总公司在其住所以外依照法定条件和程序设立并受其统辖的从事经营活动，不具备法人资格的分支机构。根据我国《公司法》的规定，公司可以设立分公司。但设立分公司，应当向公司登记机关申请登记，领取营业执照。分公司是从属于总公司的分支机构，是总公司内部的一个组成部分。分公司不具有法人资格，它虽有相对固定的资产、营业场所、一定的组织机构和负责人，但却没有独立的法律人格、独立的权利能力和行为能力，不能独立承担法律责任，其法律责任由总公司承担。因此，从本质上讲，分公司并不是公司，而是公司的一个组成部分。

3. 以公司之间的控制关系为标准对公司的分类

根据我国《公司法》第 14 条第 2 款的规定精神，公司依据其控制关系可分为母公司和子公司。

（1）母公司。母公司又称控股公司，是指拥有另一个公司一定比例的股权或通过协议方式能够对另一公司进行实际控制的公司。母公司具有独立的法人资格，能够以自己的独立名义进行经营活动，并能独立承担法律责任。母公司在客观上实际控制了子公司，它对子公司的重大事项拥有实际上的决策权。

（2）子公司。子公司也称被控股公司，是指其一定比例以上的股权被另一公司所拥有或通过协议方式受另一公司实际控制的公司。根据我国《公司法》的规定，公司可以设立子公司。子公司具有独立的法人资格，它独立于母公司而存在，拥有自己独立的财产，能够独立从事经营活动，并独立承担法律责任，这是子公司同分公司的最大区别。子公司在客观上受到母公司的控制，一般也不能拥有母公司的股权。

4. 以对外信用基础为标准对公司的分类

根据公司对外信用基础的不同，可以将公司划分为人合公司、资合公司和人合兼资合公司。

（1）人合公司。人合公司是指以股东个人的名誉、地位和声望作为对外经营活动的信用基础的公司。人合公司的信用基础在于人——股东，它着重于股东的个人条件，强调的是股东相互之间的信任，而不在乎公司资本的多寡。因为人合公司的股东是以他个人的全部财产承担责任的。无限公司就是典型的人合公司。

（2）资合公司。资合公司是指以资本的结合作为对外经营活动的信用基础的公司。资合公司的信用基础在于公司的资本，即公司的财产数额，而不注重股东的个人条件和信用。一般来讲，资合公司的资本数额大、股东人数多、经营规模大。股份有限公司是典型的资合公司。

（3）人合兼资合公司。人合兼资合公司介于人合公司与资合公司之间，是指以股东的个人信用与公司的资本共同作为对外经营活动的信用基础的公司。这种公司既有人合的一面，也有资合的一面，是两者的有机结合。有限责任公司、两合公司和股份两合公司皆系人合兼资合公司。

5. 以国籍为标准对公司的分类

按照国籍的不同，可以把公司分为本国公司和外国公司。但各国确定公司国籍的标准并不相同，有的以住所来判断，有的以股东国籍来确定，有的以准据法来认定，有的以设立行为地来确定。大多数国家兼采准据法和设立行为地主义，即"复合标准"来确定公司国籍。我国也采用"复合标准"，即以准据法和设立行为地共同确定公司的国籍。

（1）本国公司。本国公司就是依照本国的公司立法在本国登记成立的公司，如我国的公司就是依照我国的《公司法》和《公司登记管理条例》在中华人民共和国境内登记成立的公司。本国公司所依据的法律只能是本国的公司法，而不能是外国的公司法，而且要在本国进行登记注册，依法取得法人资格。

（2）外国公司。根据我国《公司法》第191条的规定，外国公司就是指依照外国法律在中国境外设立的公司。外国公司具有外国国籍，是依据外国的公司法设立，并在中国境外登记成立的公司。外国公司依照我国公司法所规定的条件和程序，可以在我国境内设立分支机构，从事生产经营活动。外国公司是外国法人，依法可以在中国境内开展业务活动，其在中国境内的营业资格是由我国法律所赋予的。因此，外国公司在中国境内从事生产经营活动，必须遵守中国的法律、行政法规，否则，就要承担相应的法律责任。

三、合伙企业

（一）合伙企业的概念

合伙企业是一种以合伙形式进行共同经营的企业组织形式。在我国，合伙的产生和发展，有着较为悠久的历史。据考证，早在春秋战国时期，就有关于合伙的记载，"管鲍之交"一语正是源于那个时代，反映了合伙人的内部关系。

在近代中国社会，合伙企业更是起着举足轻重的作用，旧中国民族工业首屈一指的荣氏集团就是采用合伙企业的形式，正是这种形式使得它成为旧中国民族工业成功经营的典型范例。中华人民共和国成立前夕，全国有130多万家工商企业，除公司万余家外，其余均为个人独资企业和合伙企业。

20世纪50年代的合伙企业发展很快，曾是国民经济中一支引人注目的经济力量。从50年代后期开始，由于经济体制的集权化、单一化，合伙企业也被作为"资本主义自发势力"铲除了。1979年改革开放以后，合伙企业在我国再次出现并得到迅速发展。自民法通则确认和调整合伙关系以来，合伙企业取得了长足发展。随着我国社会主义市场经济体制的逐步建立和《合伙企业法》的实施，我国合伙企业在国民经济中的地位必将愈来愈重要。

根据《简明不列颠百科全书》的解释，合伙企业是指："两个或两个以上的人，为了经营企业并分享其盈亏的自愿联合。"在我国，国务院于1988年6月25日发布的《私营企业暂行条例》第一次以立法的形式，准确而又规范地使用了合伙企业的概念，并将合伙企业定义为"二人以上按照协议投资、共同经营、共负盈亏的企业"。

根据我国《合伙企业法》第2条的规定，合伙企业是指自然人、法人和其他组织依照本法在中国境内设立的普通合伙企业和有限合伙企业。其中"普通合伙企业"由普通合伙人组成，合伙人对合伙企业债务承担无限连带责任；"有限合伙企业"由普通合伙人和有限合伙人组成，普通合伙人对合伙企业债务承担无限连带责任，有限合伙人以其认缴的出资额为限对合伙企业债务承担责任。

（二）合伙企业的法律特征

作为企业的一种组织形式，合伙企业必然具有企业的一般特征，但同个人独资企业、公司相比，合伙企业又有自己的特殊之处。其法律特征主要表现在以下三个方面。

1. 合伙协议是合伙企业成立的法律基础

从法理上讲，合伙企业属于人合企业，它的对外信用基础在于各个合伙人的个人条件和信用，因此，合伙企业的成立有赖于合伙协议这一法律基础。这就把合伙企业与公司区别了开来。公司章程是公司成立并存续的法律基础，而合伙企业则是各合伙人遵循自愿、平等、公平和诚实信用原则，在订立合伙协议的基础上成立的企业。因此，没有合伙协议，合伙企业就不可能成立。合伙协议由全体合伙人在协商一致的基础上，以书面形式订立，经全体合伙人签名、盖章后产生相应的法律效力。合伙人依照合伙协议享受权利，承担责任，向企业登记机关申请登记注册，成立合伙企业。合伙协议不仅是合伙企业成立的必备法律文件，而且也是合伙企业处理内外部事务的基本准则。

2. 各合伙人之间休戚相关、利害与共

合伙企业是由合伙人在订立合伙协议的基础上共同组成的"利益共同体"，一致的营利目的和利害关系把合伙人紧紧地联系在一起。对合伙企业，各合伙人共同出资、合伙经营、共享收益、共担风险，从而形成了各合伙人之间休戚相关、利害与共的内部合伙关系。

3. 必须有合伙人对合伙企业的债务承担无限连带责任

合伙企业具有相对独立的人格，对其所欠债务，应先以合伙企业全部财产进行清偿。由于合伙企业的资信取决于合伙人的资信，合伙企业的债务，归根到底是合伙人的债务。因此，合伙企业财产不足清偿到期债务时，各合伙人依法应对合伙企业债务承担无限连带责任。即债权人有权向合伙人中的数个或任何一个要求清偿债务的部分或全部，也就是说，当任何一个合伙人无力清偿自己应承担的清偿责任时，其他合伙人有代替其偿还的责任。但合伙人超过自己应承担数额的，有权向其他合伙人追偿。这种无限连带责任的规定，有利于保护债权人的合法权益，提高合伙企业的信誉，稳定合伙企业的内部关系，维护正常的社会经济秩序。当然，在有限合伙企业中，有承担无限连带责任的普通合伙人，也有只对合伙企业债务承担有限责任的有限合伙人。但是，基本的法律要求是：在合

伙企业中必须有合伙人对合伙企业的债务承担无限连带责任。

综上可见，合伙企业与个人独资企业、公司既有联系又有区别，是介乎于个人独资企业与公司之间的一种企业组织形式，它是人的集合，属于人合企业的范畴。

四、个人独资企业

（一）个人独资企业的概念

从企业发展的历史过程来看，个人独资企业是历史最为古老、存续最为长久、结构最为简单、数量最为众多，至今仍广泛存在的一种企业组织形式。个人独资企业面世初期，作为企业的基本形式而存在于社会经济生活之中，是占支配地位的企业形式。这与当时的社会经济条件是相适应的。因为当时的生产力水平、产业特征、生产技术、交易成本和信用发达程度等因素，决定了企业规模普遍不大，且适合于个人经营。随着商品经济的成熟和发达，企业形式越来越多样化，并且出现了合伙企业和公司等新的企业形态，个人独资企业便很快失去其在国民经济中的支配地位。但是，在现代市场经济条件下，个人独资企业并没有因此而被淘汰，仍以其顽强的生命活力，与合伙企业、公司共同奠定了现代企业"三足鼎立"的基本格局。即便在市场经济高度发达的西方国家，个人独资企业在数量上仍占绝对优势。据1990年的统计资料，美国2100万户企业中，个人独资企业就有1400万户，约占67%。随着市场经济体制的逐步确立，我国个人独资企业也得到了空前的发展，成为一种重要的企业组织形式。

由S.M.贝克、利昂、盖茨等五位英国和加拿大专家共同编著的《商业组织案例》一书，曾对个人独资企业做过生动的描述：个人独资企业是最常见的一种商事组织。一个人就可以作为此类企业的业主进行商事活动。它用不着拘泥于任何形式，它拥有全部的管理权限。如果它需要其他人来服务，它就可以雇佣他们，从而出现了业主和雇员的关系或业主与代理人的关系；如果它需要资金，它可以向其他人借贷，从而就发生了债权人与债务人的关系；如果它需要厂房和设备，它可以向其他人租借，从而建立房东和房客的关系，或寄托人与受托人的关系。它对所有向它提供上述一切的人承担支付报酬的责任。如果它在营业中发生亏损，它必须以其能获得的一切独自承担之。如果它能赢利，它就能独享之。这是最简单的商事企业形式，几乎没有任何内部机构。

"在全球结构下，法律移植已经从一种区域性的法律现象成为一种全球性的法律现象，已经从法律发展的重要途径成为法律发展的主要形势。"[1]2000年1月1日，备受关注的《中华人民共和国个人独资企业法》正式施行，同年1月17日，其实施细则《个人独资企业登记管理办法》出台，这些都表明了我国立法上"私有财产保护"制度更加完备。个人独资企业，也称"个人企业""自然人企业"或"个人业主制企业"，根据我国《个人独资企业法》第2条的规定，个人独资企业是指依照个人独资企业法在中国境内设立，由一个自然人投资，财产为投资人个人所有，投资人以其个人财产对企业债务承担无限责任的经营实体。个人独资企业设立程序简单、形式灵活、收益归投资个人享有，且利于吸收社会富余劳动力，对整个社会经济的发展产生了很大影响。

（二）个人独资企业的法律特征

个人独资企业除具备企业的一般属性外，较之其他企业形式，主要具有以下四个法律特征。

1. 投资主体的单一性

个人独资企业同合伙企业、社团性公司相比，一个显著的特征就是它的投资主体具有单一性，即仅有一个投资者，而且该投资者特指自然人，并不包括法人、非法人组织或国家。关于投资者是否必须具有商事行为能力，各国立法规定并不相同。大致可分为两种立法体例，一是行为能力不受限制主义，即只要该自然人具有权利能力，即可成为个人独资企业的投资者。二是行为能力受限制主义，即该自然人不仅要有权利能力，而且要同时具有完全的行为能力，否则，不能成为个人独资企业的投资者。我国立法采用的是第二种立法体例。

2. 所有权与经营权合二为一

个人独资企业是投资者对其个人财产的直接支配形式，由于个人独资企业系一人投资兴建，故在个人独资企业中，投资者既是企业财产的所有者又是企业财产的经营者。企业的所有权和经营权都统一执掌于投资者一人手中。在财产方面，投资者对企业财产依法享有占有、使用、收益和处分的充分权利。在经

---

[1] 黄文艺：《全球结构与法律发展》，法律出版社2006年版，第124页。

营管理方面，投资者享有决定企业一切事项，负责企业业务执行活动的排他性权利。这与公司的"所有权与经营权相互分离"的基本特征形成了鲜明的对照。

3. 企业资格与企业主人格的重合性

个人独资企业是以个人为本位的自然人企业，因而企业与企业主在法律上具有同一人格。即企业资格与企业主的人格是重合的，各自并不具有独立性。个人独资企业不具有独立于企业主之外的主体资格，企业资格全部包含在企业主人格之中。个人独资企业虽有其名称，但这种名称权仅为企业主本人专有，对外使用该名称并不表明个人独资企业具有独立于企业主名义之外的法律意义。所以，个人独资企业本身不具有独立的法人资格，只是自然人从事商事经营活动的一种组织形式。

4. 企业主对企业责任的无限性

由于个人独资企业的财产和企业主的其他财产并没有分离，所以，个人独资企业的企业主对个人独资企业的债务依法要承担无限责任，即当企业资产不足以清偿所欠债务时，企业主必须以其全部个人财产对企业债务承担清偿责任，直到无力清偿为止。这是个人独资企业个人资信的具体体现。

第三节　公司与非公司企业法的体系

一、企业法的立法模式与体系界说

国外的企业立法，归纳起来，主要有以下四种立法模式：一是商法典模式，如法国的《商法典》既规范商自然人，也规范商事合伙，还规范商事公司，以前独立于商法典的商事公司法又被重新纳入新的商法典之中；二是商法典与公司法典模式，如日本的《商法典》只规范商自然人和商合伙，《公司法典》则专门规范公司；三是公司、合伙分别立法模式，如英国、美国的《公司法》《合伙法》《有限合伙法》等；四是企业法典模式，如《奥地利企业法典》。

我国的企业立法，从实然情况来看，既有依据"所有制标准"制定的传统企业立法，也有依据"出资责任标准"制定的现代企业立法。前者如国有企业法、集体企业法、私营企业法和外商投资企业法等，后者如个人独资企业法、合伙企业法和公司法等。"所有制标准"与"出资责任标准"双重标准并存，这就是我国学界所称的企业立法的"双轨制模式"。①

为了解决我国企业立法的身份性、标准多元和内外资企业的不统一等问题，国务院于2018年3月19日公布了《国务院关于修改和废止部分行政法规的决定》，正式废止了1988年6月25日国务院发布并自1988年7月1日起施行的《中华人民共和国私营企业暂行条例》。我国单独制定的《个人独资企业法》《合伙企业法》和《公司法》分别对私营企业的个人独资、合伙、有限责任公司三种企业形式已经作了专门的、比较全面的规定，完全替代了私营企业暂行条例的功能与内容。第十三届全国人民代表大会第二次会议于2019年3月15日通过的《中华人民共和国外商投资法》取代了"外资三法"的相关功能与内容，根据规定，外商投资企业的组织形式、组织机构及其活动准则，则要适用《中华人民共和国公司法》《中华人民共和国合伙企业法》等法律的规定。②随着新外商投资法2020年1月1日的正式施行，《中华人民共和国中外合资经营企业法》《中华人民共和国外资企业法》《中华人民共和国中外合作经营企业法》同时废止。

通过考察国家对"私营企业暂行条例"和"外资三法"的废止过程，可以看出，我国企业立法改革的基本方向就是从传统的所有制立法模式转向现代的出资责任立法模式。笔者认为，改革开放四十多年来，随着市场经济体制的建立健全，依据所有制标准进行的企业立法，在未来应该通过改革改组融入现代企业立法体系之中或被现代企业立法体系所吸收、取代，确实无法融入或者被吸收、取代的，则需纳入特别企业法的范畴，由相关立法予以专门规范。

我国《民法典》在民商事立法模式方面秉持"民商合一"的立法传统与格局，既调整一般民事关系，也调整相应的商事关系。在民事主体制度设计中，《民法典》确认了商事主体的相应法律地位，如在第二章自然人中规定了个体工商户，在第三章法人中专节规定了营利法人（包括公司和其他企业法人等），在第四章非法人组织中规定了个人独资企业和合伙企业。《民法典》关于商事关系

---

① 郑曙光：《中国企业组织法：理论评析与制度构建》，中国检察出版社2008年版，第31页。
② 参见《中华人民共和国外商投资法》第31条的规定。

的法律调整，特别是关于商事主体的法律规范，对我国现行商事立法，特别是对公司与非公司企业立法产生了重大而又深远的影响，公司与非公司企业立法面对我国民商事立法理念与制度的巨大挑战，必须积极应对并进行相应的改革与完善。

通过国外企业法的立法模式与构成体系的考察借鉴，并结合我国《民法典》的立法体例以及我国企业立法改革的基本方向与发展趋势，笔者认为，鉴于我国公司法总则的大部分条款被《民法典》总则编"掏空"，剩余条款已难以担当公司法总则的功能与作用，借鉴奥地利废弃原来的商法典而单独制定《奥地利企业法典》的经验，[①]结合我国既有公司法，又有个人独资企业法和合伙企业法的本土立法现状，笔者主张将我国公司法与个人独资企业法、合伙企业法进行整合立法，提炼出企业法的总则，制定我国统一的《企业法》，为了突出公司的典型性和代表性，也可称其为《公司与非公司企业法》。因此，公司法与非公司企业法应成为我国现代企业法的两大基本体系，公司法、合伙企业法、个人独资企业法应成为我国企业法基本体系的三种基本类型。

二、公司法

（一）公司法的概念

1. 公司法的含义

公司法有广义和狭义两种含义。狭义的公司法，即形式意义的公司法，仅指冠以"公司法"名称的统一公司法典或单行公司法，如：1993 年制定，经过 1999 年、2004 年、2005 年、2013 年和 2018 年五次修改的《中华人民共和国公司法》。广义的公司法，即实质意义的公司法，它是指所有规范公司组织和行为的法律、法规和规章的总称，如《中华人民共和国公司登记管理条例》《关于股份有限公司境外募集股份及上市的特别规定》和《上市公司收购管理办法》就属于广义公司法的规范性文件。

所谓公司法就是国家为了实现对公司组织和行为的规范而制定的，调整公司在设立、变更和终止以及其他对内对外活动中所发生的社会关系的法律规范

---

① 叶林：《企业的商法意义及"企业进入商法"的新趋势》，《中国法学》2012 年第 4 期。

的总称。具体来说，公司法就是规定公司的种类、确立公司的法律地位、规范公司的组织机构，界定股东、公司的权利义务，规定公司设立、变更和终止的法定程序的法律规范的总称。

2. 公司法的调整对象

从公司法的概念中，我们可以看出公司法既调整公司的内部关系，也调整公司的外部关系。

公司法调整的内部关系主要有：（1）发起人之间的关系；（2）股东之间的关系；（3）发起人与公司之间的关系；（4）股东与公司之间的关系；（5）公司与其职工之间的民主管理关系；（6）公司负责人与公司之间的关系；（7）公司的权力机构、业务执行机构和监督机构之间的关系；（8）股东与清算组织之间的关系。

公司法调整的外部关系主要有：（1）发起人与债权人之间的关系；（2）股东与债权人之间的关系；（3）公司与债权人之间的关系；（4）公司负责人与债权人之间的关系；（5）公司与政府或政府有关主管部门之间的关系；（6）公司与资产评估、验资、审计和法律服务等有关专业性机构之间的关系；（7）公司与债券持有人之间的关系；（8）公司与证券交易所之间的关系；（9）关联公司之间的关系；（10）清算组织与债权人之间的关系。

需要说明的是，公司法并不调整公司所有的内外部关系，它调整的只是一定范围的社会关系，即与公司组织特点直接相关的内外关系，而不调整与公司组织特点无关的内外关系。如公司与职工之间的劳动关系、公司与其他经营者之间的商品买卖、加工承揽和信贷关系等均不由公司法调整，而由其他相应的法律予以调整。

（二）公司法的特征

1. 公司法是国家对公司进行宏观调控的法律手段

从社会实践来看，作为商品生产者和经营者的公司是市场经济的重要主体。在市场经济中，公司必须遵循价值规律，参与市场竞争。而市场竞争既有促进经济发展的积极一面，也可能诱发某些消极因素的增长，妨碍我国正常的市场经济秩序。因此，为了兼顾和协调当前利益与长远利益、局部利益与整体利益，更好地发挥公司在市场竞争中的积极作用，国家必须加强对公司的宏观调控。公司法是由国家机关制定的、反映国家意志，并由国家强制力保证实施的行为规则，它的核心任务就是通过公司法实现国家对公司的宏观调控。

2. 公司法是公司自身活动的行为准则

公司法以公司这种特定的企业形式为其规范对象，它是专门规定公司有关活动的法律规范。凡是公司的发起、章程的制定、公司的成立、股份的发行和转让、股票的收购、债券的发行和转让、公司的生产经营、利润分配、资本的增减，以及公司的合并、分立和解散、清算等行为，都要严格依照公司法的有关规定来进行。所以，公司法是一种行为法，是公司进行有关活动的行为准则。需要说明的是，公司法虽有行为法的特征，但并非所有的公司经营行为和各种具体的商事行为，都要由公司法规范。公司法规范的行为只是与公司组织特点直接相关的行为，至于与公司组织特点没有直接关联的行为，则由其他相关的法律予以规范。

3. 公司法是集组织法、实体法和程序法之大成的法律部门

从立法体例考察，公司法是一种"组织法、实体法和程序法"三结合的立法模式。公司法作为组织法，它确认了公司的组织形式、公司的名称、住所和能力、公司的法律地位、章程、股东的法律资格、出资方式和公司的组织机构等组织性问题；公司法作为实体法，它又规定了公司的生产经营原则、责任限度、财务会计管理、利润分配和公司的权利义务等实体性问题；公司法作为程序法，确立了公司设立，股份的发行、转让和上市，债券的发行和转让，公司的合并、分立、解散和清算等法定程序。因此，公司法是集组织法、实体法和程序法于一身的商事法律部门。

4. 公司法是具有涉外因素的国内法

公司法就其本质而言，它属于国内法的范畴。但它同其他国内法相比，又具有一定的涉外性。公司法的涉外性主要体现在以下三个方面：首先，公司法适用于外商投资的有限责任公司和股份有限公司。根据我国新颁布的《外商投资法》的规定，外商投资的有限责任公司和股份有限公司的组织形式、组织机构及其活动准则均要适用公司法的规定。其次，外国法人、自然人在法律规定的范围内可以作为设立股份有限公司的发起人。我国公司法明确规定，设立股份有限公司，应当有 2 人以上 200 人以下为发起人，其中须有半数以上的发起人在中国境内有住所。这就为外国法人、自然人参与股份有限公司的设立提供了法律依据。最后，公司法对外国公司的分支机构做了专门规定。我国《公司法》在第十一章专门规定了外国公司的分支机构，涉及外国公司及其分支机构的法定含义、外国公司分支机构的权利义务、外国公司分支机构的设立、撤销和清算等内容。

三、合伙企业法

（一）合伙企业法的概念

早在公元前 18 世纪，古巴比伦的《汉穆拉比法典》中就有关于合伙的原则规定，即"某人按合伙的方式将银子交给他人，则以后不论盈亏，他们在神面前均分"。到了古罗马共和时期，罗马法对合伙的性质、合伙契约的成立要件和法律效力、合伙人的权利义务、合伙组织的解散等内容都作了较为详细的规定。1804 年《法国民法典》（即《拿破仑法典》），对合伙作了专章规定，散见于其他各章的有关合伙的规定则更多一些。可见，合伙制度是一种较为古老的法律制度。经过漫长的历史演变，在现代市场经济国家，合伙已经成为一种被广泛采用的企业组织形式。各国关于合伙企业的立法更加具体、系统、成熟和完善。

我国 1997 年的《合伙企业法》从起草到颁发将近 3 年。根据中央批准的第八届全国人民代表大会常务委员会立法规划（中发〔1994〕2 号文件），《合伙企业法》由全国人大财经委员会主持起草。为此，财经委员会于 1994 年 5 月成立了"起草领导小组""顾问小组"和"工作小组"。在查阅大量国内外资料，组织专家论证和赴国内外调研、实地考察的基础上，合伙企业法草案被提交第八届全国人民代表大会常务委员会第二十二次会议初审（1996 年 10 月），经过修改、充实，第八届全国人民代表大会常务委员会第二十四次会议于 1997 年 2 月 23 日正式通过了《中华人民共和国合伙企业法》，该法已于 1997 年 8 月 1 日开始施行。我国的《合伙企业法》采取了明显的企业主体立法思路，以登记成立的合伙企业为规范对象，是一部地地道道的商事主体法。对于规范合伙企业的组织和行为，保护合伙企业及其合伙人的合法权益，维护社会经济秩序，促进社会主义市场经济的健康发展，有着十分重要的现实意义。截至 2003 年底，依据该法设立的合伙企业有 5.4 万家，连同依据《私营企业暂行条例》设立的 6.7 万家合伙企业，合计 12.1 万家。其中，一些会计师事务所等专业服务机构也依据该法登记设立。

然而，随着社会主义市场经济体制的逐步完善，经济社会生活中出现了一些新的情况和问题，合伙企业法的有些规定已不适应现实要求。法律规范的对象比较单一、风险投资迫切需要有限合伙、专业服务机构需要有限责任合伙三个主要原因，共同推动了合伙企业法的修订：增加有限合伙制度、规定有限责任合伙制度、明确法人可以参与合伙。①2006 年 8 月 27 日《合伙企业法》已经由第十届全国人民代表大会常务委员会第二十三次会议修订通过，并于 2007 年 6 月 1 日起施行。

所谓合伙企业法，简言之，就是规范合伙企业的组织和行为的法律规范的总称。其内容主要有：合伙企业法的立法宗旨、合伙企业法的基本原则、合伙企业的法定概念、普通合伙企业的设立、合伙人的权利和义务、合伙企业财产、合伙企业的事务执行、合伙企业与第三人的关系、入伙与退伙等具体问题，此外，还特别规定了与"特殊的普通合伙企业"和"有限合伙企业"相关的问题。最后规定了合伙企业的解散、清算与法律责任。合伙企业法既调整合伙企业的内部关系，也调整合伙企业的外部关系。

合伙企业的内部关系主要有：（1）合伙人之间的出资关系；（2）合伙人与合伙企业之间的合伙事务管理关系；（3）合伙人之间的盈余分配关系；（4）合伙人之间的风险及亏损的分担关系；（5）合伙负责人与其他合伙人之间的权责关系；（6）合伙人之间的入伙、退伙关系。

合伙企业的外部关系主要有：（1）合伙企业与债权人之间的债权债务关系；（2）合伙企业与企业登记主管机关在企业设立、变更和终止中的权利义务关系；（3）合伙企业与有关专业性机构之间因进行资产评估、验资而发生的关系；（4）合伙企业与政府相关监督管理部门之间所发生的关系。

需要说明的是，合伙企业法并不调整合伙企业所有的内外部关系，它调整的只是一定范围的社会关系，即与合伙企业组织特点直接相关的内外部关系，而不调整与合伙企业组织特点无关的内外部关系。如合伙企业与职工之间的雇佣关系、合伙企业与其他经营者之间的商品买卖关系、加工承揽关系和信用借贷关系等均不由合伙企业法调整，而是由其他相应的法律予以调整。

（二）合伙企业法的立法模式

1. 国外合伙企业法的立法模式

从世界范围来看，当前各国关于合伙企业的立法大体有以下三种模式：（1）

---

① 严义埁：《合伙企业法修订的理由》，《光明日报》2006 年 5 月 8 日。

统一合伙法模式。采用此模式的国家主要是加拿大。加拿大于 1991 年颁发了在全国适用的《统一合伙法》，该法对合伙及合伙企业的问题作了全面而又系统的规定，该法既适用于普通合伙企业，也适用于有限合伙企业。（2）合伙法与有限合伙法相结合的模式。采用此模式的国家主要是普通法系的英国和美国。在英国，普通合伙企业适用《1890 年合伙法》，而有限合伙企业则适用《1907 年有限合伙法》；在美国，由各州政府代表组成的"统一州法全国委员会"于 1914 年颁发了《统一合伙法》，该法除路易斯安那州和佐治亚州外，其余各州均已将其确认为该州的正式法律。《统一合伙法》只适用于普通合伙企业，该法共分七大部分，一共 45 条，第一部分总则；第二部分合伙的性质；第三部分合伙人在合伙中的关系；第四部分合伙人与第三人的关系；第五部分合伙财产；第六部分合伙的解散和结束；第七部分其他规定。其中颇有特色的法律规定是不允许提供合伙判例，这在普通法系国家是极为罕见的。美国为了规范有限合伙企业，又于 1916 年专门颁发了《统一有限合伙法》，该法在 1976 年作了修订，1981 年美国国会命令阿肯色州、康涅狄克州和俄怀明州必须采用《统一有限合伙法》，因此，目前全美 50 个州都已实施了这一法律。该法对有限合伙企业的性质、有限合伙人的权利义务、有限合伙企业的财产、有限合伙企业的解散等内容都做了较为详细的规定。（3）民法典模式。采用此模式的国家主要是大陆法系的法国和德国。法国和德国关于合伙、合伙企业的立法集中规定在各自的《民法典》中，但民法典规范的只是普通合伙企业，而无有限合伙企业的立法规定。因为，在法国和德国，没有关于有限合伙企业的概念，所有的只是与有限合伙企业极为类似的两合公司，而两合公司的内容则统一在《公司法》中加以规定。

2. 我国合伙企业法的立法模式

关于我国合伙企业法的立法模式，法学界曾有三种基本观点：（1）统一合伙法模式。主张我国制定统一合伙法，将所有的合伙关系均纳入该法的调整范围，其目的是扩大该法的适用范围，保证我国合伙法律体系的合理统一。（2）合伙组织法模式。主张我国制定合伙组织法，其理由是合伙法作为市场主体法，应注重合伙的团体性质和组织性质。（3）合伙企业法模式。主张我国制定合伙企业法，其理由是合伙企业法是与个人独资企业法、公司法配套、并行的企业法，制定合伙企业法有利于确认合伙企业的主体地位，规范其组织形式。

在主张制定合伙企业法的学者中又有三种学说：（1）扩大说。该学说认为，我国应制定合伙企业法，但其原则则应适用于实行企业化管理的其他具有合伙性质的组织（如律师事务所、会计师事务所、审计师事务所和医生诊所等）。
（2）广义说。该学说认为，我国应制定合伙企业法，但应适用于广义的合伙企业，即既适用于普通合伙企业，也适用于有限合伙企业。（3）狭义说。该学说认为，我国应制定合伙企业法，但该法只能适用于普通合伙企业。不仅不能适用于实行企业化管理的其他具有合伙性质的组织，而且不能适用于有限合伙企业。因为普通合伙企业与有限合伙企业的责任形式不同，将其放在同一法律中规范会导致内容的不协调性。

20世纪90年代，我国《合伙企业法》的起草小组在第五稿中，将合伙企业法的适用范围确定为广义的合伙企业，即该法既适用于普通合伙企业，也适用于有限合伙企业。但1997年2月第八届全国人民代表大会常务委员会第二十四次会议正式通过的《中华人民共和国合伙企业法》则只适用于普通合伙企业，即立法机关采用了狭义说，而没有采用广义说，更没有采用扩大说。而2006年最新修订的《中华人民共和国合伙企业法》不仅适用于"普通合伙企业"，而且适用于"特殊的普通合伙企业"（以专业知识和专门技能为客户提供有偿服务的专业服务机构设立的特殊的普通合伙企业），甚至还适用于"有限合伙企业"（由普通合伙人和有限合伙人组成，普通合伙人对合伙企业债务承担无限连带责任，有限合伙人以其认缴的出资额为限对合伙企业债务承担责任的合伙企业）。因此，从我国有关合伙企业的最新立法来看，立法机关采用了"扩大说"。

四、个人独资企业法

（一）个人独资企业法的概念

在西方国家，一般没有个人独资企业方面的专门立法，而是在民法、商法和其他法律、法规中作相应规定。之所以如此，是因为在立法者看来，个人独资企业属于商自然人的范畴，是由一人出资设立，经营规模往往较小，组织结构比较简单，内部关系也不复杂，企业与企业主的人格几乎重合，因此，个人独资企业的义务大多是企业主个人的义务，法律只需要求企业主遵循有关商人的一般法律规范即可，没有必要为个人独资企业另定一部专门的法律。

在我国，1950年和1988年颁布的《私营企业暂行条例》都把独资企业规定为私营企业的组织形式之一，但一直没有关于个人独资企业方面的专门立法。对个人独资企业是否进行专门立法，我国有两种不同的主张。一是主张不对个人独资企业进行专门立法，只要在借鉴西方国家立法经验的基础上，对现行《私营企业暂行条例》和有关企业登记规定予以修改就可以了。二是主张应制定专门的个人独资企业法。其理由为：（1）有利于企业制度的改革与创新。我国正在根据发展社会主义市场经济的要求，对企业的组织制度进行必要的改革与创新，即由过去的主要按所有制与行业等属性划分企业，逐步转变为主要按企业的投资方式与责任形式划分企业。按照新的标准企业可划分成独资企业、合伙企业和公司三种基本形式。合伙企业、公司已制定有专门的法律，为了规范个人独资企业，迫切需要制定独资企业法。（2）有利于促进非公有制经济的发展。改革开放以来，随着非公有制经济的发展，我国私人投资企业迅速增加，这类企业很大一部分采用个人独资企业的形式。根据国家工商行政管理部门的统计，到1998年底，全国注册登记私营企业中的独资企业已达44.2万户，同时，还有3120万户个体工商户，其中有相当一部分具有个人独资企业的性质，它们在发展经济、增加财政收入、安置下岗职工、促进就业和保持社会稳定等方面发挥着重要作用。党的十五大和第九届全国人民代表大会第二次会议通过的宪法修正案充分肯定了非公有制经济的地位，明确非公有制经济是国民经济的重要组成部分，这必将促进我国的非公有制经济进一步发展。非公有制经济组织除部分采用合伙企业和公司形式外，有相当部分采用个人独资企业的形式，制定个人独资企业法对于促进非公有制经济发展具有重要意义。（3）有利于完善我国的企业法律体系。随着社会主义市场经济的发展，我国正在逐步建立与其相适应的市场经济法律体系。个人独资企业法、合伙企业法和公司法都属于市场主体法，是我国社会主义市场经济法律体系的重要组成部分。由于我国的立法现状不同于西方国家，在我国既无独立的商法典，也无关于商业登记、商号、商业账簿等方面的专门法规，《民法通则》中又很少有可适用于个人独资企业的法律规范，《私营企业暂行条例》只是一个"暂时"的行政法规，法律效力受到限制，且其中的有些规定已经过时。

　　根据中共中央批准的第八届全国人民代表大会常务委员会立法规划（中发〔1994〕2号文件），《中华人民共和国独资企业法》由全国人大财经委员会负责主持起草，并于1994年5月成立了独资企业法的起草领导小组、顾问小组和工作小组。1999年4月第九届全国人民代表大会常务委员会第九次会议对《独资企业法（草案）》进行了初审，同年 6 月第九届全国人民代表大会常务委员会进行再审，1999 年 8 月 30 日第九届全国人民代表大会常务委员会第十一次会议正式通过了《中华人民共和国个人独资企业法》，并自 2000 年 1 月 1 日起施行。我国个人独资企业法的颁发，对于规范个人独资企业的行为，保护个人独资企业投资人和债权人的合法权益，维护社会经济秩序，促进社会主义市场经济的健康发展具有十分重要的意义。

关于个人独资企业法的名称，在第九届全国人民代表大会常务委员会第九次会议初审时称为独资企业法，第九届全国人民代表大会常务委员会第十次会议再审时，许多常委委员和地方、部门、专家指出，根据草案第二条的规定，独资企业法所调整的只是个人独资企业，并不包括国有独资企业、集体独资企业和外商独资企业，为了使法律名称与实际的调整范围相一致，将独资企业法的名称改为个人独资企业法比较合适。于是，个人独资企业法的名称取代了独资企业法的名称。

个人独资企业法是我国商法体系中企业法支系统的重要组成部分，它同合伙企业法、公司法一起构成了我国现代企业法的基本形式，是规范作为商事主体的个人独资企业的组织和行为的法律规范的总称。具体来讲，个人独资企业法是国家制定的调整个人独资企业在设立、变更和终止过程中以及其他对内对外活动过程中所发生的社会关系的法律规范的总称。根据个人独资企业法的概念和内容，个人独资企业法的调整对象为个人独资企业的内部关系和外部关系。其中内部关系主要是投资人与企业之间的关系、企业与雇工之间的关系和企业内部的经营管理关系。而外部关系则主要是企业与债权人之间的关系、企业与政府之间的关系和企业与第三人之间的关系。个人独资企业法主要包括下列内容：个人独资企业法的立法宗旨、个人独资企业的法律界定、个人独资企业的住所、个人独资企业法的基本原则、个人独资企业法的适用范围、个人独资企业的设立、个人独资企业的投资人及事务管理、个人独资企业的权利和义务、个人独资企业的解散、清算与法律责任。

（二）个人独资企业法的适用范围

关于个人独资企业法的适用范围，我国法学界曾经主要有以下三种观点：（1）狭义适用说。该学说认为，个人独资企业法只应适用于我国《私营企业暂行条例》所规定的个人独资企业，即个人业主制企业。（2）中义适用说。该学说认为，个人独资企业法既应适用于我国《私营企业暂行条例》所规定的个人独资企业，也应适用于我国《城乡个体工商户管理暂行条例》所规定的个体工商户。因为个体工商户只是中国特有的称谓，个体工商户与个人独资企业之区分并不科学，个体户实质上就是个人独资企业，应将其纳入个人独资企业法的适用范围。（3）广义适用说。该学说认为，个人独资企业法应适用于所有单一投资主体所设立的企业，既包括个人独资企业（含个体工商户），也包括法人独资企业和国家独资企业。后者主要是指企业法人、事业法人和国家单独投资设立的企业，如集体企业、国有企业以及由它们单独投资设立的企业。

我国立法机关颁发的个人独资企业法基本采用了中义适用说。原因在于该学说符合国内外法学界公认的个人独资企业的本质属性和我国的实际情况。国内外法学界公认的个人独资企业有两个本质属性，一是由一个自然人出资，二是由一个自然人对企业承担无限责任。个人独资企业不仅要求出资者是一个，而且要求出资者对企业必须承担无限责任。我国的国有企业和集体企业虽是由一方出资，但出资者不是自然人，而是国家或一定范围内的劳动群众集体，况且出资者对企业承担的都是有限责任。因此，我国的国有企业和集体企业不符合个人独资企业的本质属性。从投资主体和责任形式来看，在我国符合独资企业本质属性的只有个人业主制企业和依法登记成立的个体工商户。

我国的个体工商户大多数由一人投资，一人承担无限责任，其中有相当部分有企业名称，有必要的出资，有固定的生产经营场所和必要的生产经营条件，符合个人独资企业的性质和条件。将这部分经营组织纳入个人独资企业法的调整范围，既有利于这类组织的发展，也有利于对它们的管理与规范。同时应当看到，我国以往按雇工人数区分私营企业与个体工商户并为其采取不同政策和管理的做法，在实践中有较多弊病，突出的是有些已有相当规模的私营企业主由于国家管理上的区别往往仍然注册为个体工商户，造成国家税收的流失。因此，将符合规定条件的个体工商户纳入个人独资企业法的调整范围，不仅符合市场经济的客观要求，也有利于个人独资企业的快速、健康发展。

从我国目前的实际情况来看，国有企业和集体企业在财产关系和经营管理中确实存在不少问题，但这些问题更多的是体制上的问题，并非一部独资企业法所能解决的。如果不考虑实际情况，硬要把国有企业和集体企业纳入个人独资企业法的适用范围，就可能造成一部法律中一类企业不具有法人资格，出资者承担无限责任，另一类企业则具有法人资格，出资者承担有限责任的混乱局面。另外，根据《个人独资企业法》第 47 条的规定，外商独资企业不适用该法。

第二章
公司法的基础理论研究

第一节　公司法的性质、地位与作用

一、公司法的性质

公司法的性质就是公司法的本质属性，它是公司法区别于其他企业法的关键因素，也是公司法中最为基础和最为重要的理论问题之一。我国公司法学者关于公司法性质的研究主要有三种观点：（1）公司法的性质主要体现在公司法是私法与公法的结合、是制定法、是具有国际性的国内法三个方面；（2）在法律性质的界定上，公司法应属私法、商事法和商事主体法；（3）从性质来讲，公司法是组织法、公司法是公法化了的私法、公司法是国家管理公司的行为规范。[①]

笔者认为，探讨公司法的定性问题对于正确认识公司法在我国整个法律体系中的地位有着十分重要的理论价值和现实意义。研究公司法的性质，应从公司法的历史经验、现实表现和市场经济的发展需要出发。正是基于这种考虑，笔者认为，公司法具有以下三个方面的性质。

（一）公司法具有私法公法化的性质

公法与私法之分，源于罗马法并一直为西方法学者所沿用。随着社会主义市场经济体制的确立，我国法学界也开始接受了西方传统的公法与私法的二元论。一般来讲，规定公共生活及其权利义务关系的法律为公法，规定私人生活及其权利义务关系的法律为私法。公法维护的是宏观利益，即国家利益和社会公共利益，其调整原则为国家或社会干预原则（或曰非意思自治原则），而私法维护的却是微观利益，即公民个人和法人的私人利益，其调整原则为意思自治。公司法是以规定股东之间、股东和公司之间以及公司与交易相对人之间的权利义务关系为主的法律部门，因而具有私法的性质。但在公司法中也有不少属于公

---

① 雷兴虎主编：《公司法学》（第二版），北京大学出版社 2012 年版，第 31~32 页。

法范畴的规定，例如，公司法中关于公司审核登记的规定、国家对公司的监督管理规定和惩治公司犯罪的规定都是公法性质的法律规范。所以，公司法具有私法公法化的性质。换言之，公司法是私法和公法的有机融合，是受公法限制和干预较多的一个私法领域。强调公司法的私法性质，就要突出公司法人作为商事主体的法律地位，使其在商事交易中具有独立性、自主性和平等性；承认公司法的公法性质，就要加强国家对公司及其交易活动的正确引导和宏观调控。

（二）公司法具成文法的性质

从法律渊源来看，公司法具有成文法的性质。无论是以成文法为特征的大陆法系，还是以判例法为特征的普通法系，都有比较详细的成文公司法。公司法之所以采取成文法的形式，这是由其所涉及的内容决定的。对于公司的法律人格、组织设置、程序性规定、实体性内容，必须以系统而又全面的规范来确认，而最适合的确认方式就是成文法。公司法的成文法性质，并不意味着公司法单指某一个立法文件。从广义上讲，凡是有关公司组织和行为的法律渊源，都是公司法的范畴。

（三）公司法具有人格法的性质

公司是企业法人，不仅是市场经济条件下最为重要的商事主体，而且具有独立的法律人格，故公司法具有人格法的性质。公司法中关于公司名称、住所、权利能力、行为能力、法定代表人、组织机构和行为准则等规定，均系公司法具有人格法性质的具体表现。公司法之所以确认公司的法律地位、赋予公司以法律人格，就在于维持公司之实体，给公司以充分自主的经营权，使其具有独立性，能够参加一定的法律关系，并在其中享受权利、承担义务。

二、公司法的地位

所谓公司法的地位就是指公司法在整个法律体系中的定位问题。公司法的地位问题是公司法学中最为重要的基础理论问题之一，因为它直接关系到公司法的前途命运与价值评判。从世界范围来看，公司法在整个法律体系中的地位主要有以下四种立法模式。

（一）民法典模式

采用这种模式的主要是奉行"民商合一"立法理念的国家，如意大利和瑞士等。这些国家只制定民法典，而不制定商法典，它们把公司法看作是民法典的一个重要组成部分，专章或专节加以规定。如意大利的公司法内容规定在 1942 年 3 月 16 日颁发的《民法典》第五编第五章的第五节（第 2245 条到第 2510 条）之中，瑞士的公司法内容最早规定在 1872 年的《瑞士债务法》中，1911 年瑞士将债务法归入民法典的第五编之中。因此，在民商法合一的立法体制下，公司法属于民法的范畴。

（二）商法典模式

采用这种模式的主要是大陆法系的国家，如法国、德国等，这些国家实行的是民商法分立的模式，即既制定民法典，又制定商法典，而把公司法作为商法典的一个重要组成部分，专门加以规定。但公司法在商法典中的地位却有所不同，在法国商法典中，公司法的有关内容规定在第二卷"商事公司与经济利益合作组织"中。在德国商法典中，公司法的有关内容规定在第二编"商事公司及隐名合伙"中。

（三）公司法典模式

采用这种模式的国家主要是大陆法系的日本和普通法系的英国。在日本，《商法典》只规范商自然人和商合伙，而独立的《公司法典》则专门规范作为拟制商人的公司。在英国，既没有典型的民法典，更没有独立的商法典，而是在总结有关公司活动的习惯和判例的基础上，制定了统一的公司法典。英国早在 1844 年就颁发了《公司法》，该法经过多次修改，最终形成了《英国 2006 年公司法典》，囊括了公司的所有问题。

（四）地方立法模式

采用这种模式的主要是美国。美国属普通法系国家，但在公司立法上，又与其他普通法系国家有着明显的区别，更不同于大陆法系国家。依照美国宪法的规定，美国联邦议会不享有公司法的立法权，公司法的立法权分别由各州的议会行使。所以，在美国没有一部全联邦统一适用的公司法，而美国各州都有自己的公司法，故美国的公司法采取的是地方立法模式。为了协调各州的公司立法，美国全国律师协会的公司法委员会于 1979 年 1 月 1 日制定了《美国标准公司法》，但该法属于示范法性质，对全美并没有法律约束力，只有在州议会予以承认后才能成为适用于该州的公司法律。

我国于 1993 年 12 月 29 日由第八届全国人民代表大会常务委员会第五次会议通过了《中华人民共和国公司法》，该法先后经过了五次修改，集中反映了公司在组织、运行诸方面的法律要求，囊括了公司的基本问题，规定了公司的种类、名称、住所、能力、组织机构，设立、变更和终止的程序，股份和债券的发行、转让，公司的财务会计、利润分配及外国公司的分支机构等内容，是一部适用于全国范围的统一的公司法。

那么，公司法在我国法律体系中究竟处于何种地位呢？法学界的认识和主张并不完全统一，归纳起来，主要有三种观点。第一种观点认为，公司法应纳入经济法的范畴；第二种观点认为，公司法应是商法的有机组成部分；第三种观点认为，公司法属于民法的特别法。

笔者认为，公司法既不应纳入经济法的范畴，也不应认为是民法的特别法，而应将其定位于商法。我国要实行社会主义市场经济，同国际立法惯例接轨，就应将商法作为一个独立的法律部门。我国一系列单行商事立法的出台，为我国商法以其营利性、专门性、技术性、国际性而在整个法律体系中占据独立部门法的地位奠定了坚实的法律基础。从公司法的历史地位、调整对象、规范性质、调节机制等方面综合考察来看，将公司法定位于商法符合其本质属性，商法的独立性是我国大力发展社会主义市场经济的迫切要求，也是同国际立法惯例接轨的客观需要，商法应同民法、经济法等一道承担起对经济关系的法律调整。我们相信，随着公司法定位问题的合理解决，一个科学的立法格局也将呈现在人们面前。因此，在我国的整个法律体系中，公司法属于商法的范畴。

三、公司法与相邻法的关系

为了进一步认识公司法的地位，有必要将公司法同企业法、证券法和破产法等诸相邻部门法的关系做些分析和界定。

（一）公司法与企业法的关系

关于公司法与企业法的关系问题，我国学术界有两种观点：第一种观点认为，公司法与企业法之间是一种隶属关系，公司法是企业法的重要组成部分；另一种观点则认为，公司法与企业法之间是一种平行关系，公司法与企业法均是两个法律部门。我们认为，用系统论的观点来看，企业法是一个大系统，在企业法这个大系统里，又有许多分支系统，如个人独资企业、合伙企业、公司企业法、国有企业法和集体企业法等。由此可见，公司法和企业法之间是相互联系、相互制约、相互配合的关系。从本质上讲，企业法与公司法之间是一种母子法关系，公司法是企业法中的一个重要组成部分，企业法包括了公司法。但从我国目前的立法格局来看，公司法与企业法双轨平行、并驾齐驱，两者规范的对象并不相同，公司法仅规范作为企业组织形式之一的公司，而企业法则以个人独资企业、合伙企业、国有企业和集体企业等非公司企业为其规范对象。总之，从法理的角度来看，公司法是企业法的一个子系统，但从我国立法模式来看，公司法与企业法又有着各自调整对象、立法体例和侧重点的不同，因此，公司法与企业法之间既有联系又有区别。

（二）公司法与证券法的关系

关于公司法与证券法的关系问题，我国学术界有两种观点，第一种观点认为，证券法是公司法的"关系法"，公司法的主要宗旨在于规范公司的组织与行为，而证券法则侧重于投资者利益的保护。另一种观点则认为，证券法是公司法的"特别法"，也有学者认为，公司法与证券法二者类似"姐妹法"，又类似"母女法"。笔者认为，公司法与证券法的关系十分密切。从内容上来看，公司法和证券法都有关于公司股票和债券发行、转让的规定，甚至还有相互交叉的一面。据此，我国一些法学理论工作者认为，公司法与证券法就是普通法与特别法的关系。但从本质上讲，公司法与证券法仍为不同的法律部门。公司法是国家为实现对公司的宏观调控而制定的规范公司组织和行为的法律，而证券法则是专门规定资本证券的发行、交易及其相关活动的法律。由此可见，公司法与证券法虽有十分密切的联系，但仍为互不隶属的两个法律部门。

（三）公司法与破产法的关系

关于公司法与破产法的关系问题，我国学术界一般认为，公司法是破产法适用的基础，破产法则是公司法的配套法。我们认为，公司法和破产法有着密切联系，公司一旦不能清偿到期债务，就要依法被宣告破产，破产便成了公司终止的一条重要原因。这说明公司法与破产法形成了一种相对应的配套关系，没有公司法规定公司这种组织形式，也就没有宣告包括公司破产在内的破产法。我国统一的破产法《中华人民共和国企业破产法》已于 2006 年 8 月 27 日由第十届全国人民代表大会常务委员会第二十三次会议通过，并自 2007 年 6 月 1 日起实施。从社会的法制实践来看，公司法与破产法是相辅相成、彼此衔接、配套实施的两个法律部门，公司法为破产法的适用奠定了基础，破产法的实施又强化了公司法的社会效果。

四、公司法的作用

我国正处于并将长期处于社会主义社会的初级阶段，国家的根本任务就是全面建成小康社会，实现社会主义现代化和中华民族的伟大复兴。在统筹推进经济建设、政治建设、文化建设、社会建设和生态文明建设的过程中，我们必须坚持以经济建设为中心。公司法在保障和促进以经济建设为中心的全面、协调、可持续发展中发挥着十分重大的作用，这种作用主要表现为以下四个方面。

（一）推进现代企业制度的建立健全

公司法与现代企业制度有着十分密切的关系，二者缺一不可，没有现代企业制度的存在，也就没有调整和确认现代企业制度的公司法，没有公司法的存在，公司这种现代企业制度的建立、健全，就成了一句空话。我国公司法，不仅适应了我国建立现代企业制度的客观需要，为我国建立现代企业制度奠定了坚实的法律基础，提供了相应的法律依据和切实的法律保障，而且开创了我国建立现代企业制度的新纪元。

1. 公司法所调整和确认的公司是现代企业制度的核心

现代企业制度按照财产结构主要有个人独资企业、合伙企业和公司三种组织形式。个人独资企业的财产为单一型财产，合伙企业的财产为共有型财产，而公司的财产则为独立型财产。从企业发展的历史过程来看，个人独资企业是历史上形成最早、持续时间最长、形式最为简便、至今仍不失为现代企业制度的一种组织形式。合伙企业是继个人独资企业之后出现的一种企业形式，由于它顺应了商品生产者由单个经营走向联合经营的历史趋势，因此，仍不失为现代企业制度中一种较为重要的组织形式。公司则是在个人独资企业、合伙企业的基础上逐步发展演变而成的又一种新型企业形式。它是生产力发展到一定历史阶段而出现的一种企业形式，是社会化大生产和市场经济发展的必然产物。从社会经济实践来看，公司法所调整和确认的公司是现代企业制度最为重要、最为完备、最为典型和最富有代表性的组织形式，是现代企业制度的核心。

2. 公司法是规范现代企业制度最为重要和最为典型的法律形式

个人独资企业、合伙企业和公司是人们进行投资和经营的有效途径和形式，都是现代企业制度的有机组成部分。然而，现代企业制度又需要以法律形式将其固定下来，予以调整和确认，这就出现了现代企业法律制度。个人独资企业法、合伙企业法和公司法就是现在企业法律制度的有机组成部分，即都是规范现代企业制度的法律形式。由于公司是现代企业制度中最为重要和最为典型的组织形式，与此相适应，公司法则是规范现代企业制度最为重要和最为典型的法律形式。

3. 公司法为我国建立现代企业制度奠定了坚实的法律基础

公司法对于规范公司的组织和行为，保护公司、股东和债权人的合法权益，维护社会经济秩序，促进社会主义市场经济的健康发展有着十分重要的意义。我国公司法以法律形式塑造了适应社会化大生产和市场经济发展要求的公司这一极为重要的市场主体，完善了我国的企业法人制度、企业产权制度、企业责任制度、企业组织制度和企业经营管理制度，这就为我国建立现代企业制度奠定了坚实的法律基础。

4. 公司法构筑了我国现代企业制度的基本框架

从我国公司法所规定的内容来看，它有效地实现了股东的股权与公司法人财产权的分离，进一步明晰了企业的产权关系，为企业设置了权责分明、管理科学、激励和约束相结合的内部管理体制，为国有企业推行现代企业制度指明了方向，提供了法律依据，为保护公司、股东和债权人的合法权益提供了一系列切实可行的措施，为企业筹集社会闲散资金和降低投资风险提供了一条有效途径，为政企分开、转变政府职能提供了保障。虽然我国国有企业在解决有关激励方面的问题是卓有成效的，[①]但是对经营者的选择和对经营者行为的控制，还有待法制的进一步完善。因此，公司法构筑了我国现代企业制度的基本框架，它所体现的法制原则，正是我国建立现代企业制度的基本要求。

5. 公司法开创了我国建立现代企业制度的新纪元

改革开放四十多年来，我国企业改革基本沿着两权分离、扩大企业经营自主权、改革企业经营方式、以市场为导向、搞活国有大中型企业的思路逐步向前推进。这些改革措施，增强了企业活力，为企业摆脱政府附属物的地位而进入市场奠定了初步的基础，但同市场经济体制的发展却还相去甚远，因此，我国的企业改革必须进一步深化，解决深层次的问题，如产权关系不明晰、组织制度不合理、管理制度不科学等。我国之所以颁发公司法，确认公司的组织和行为，就是为了探索一条适应社会化大生产和市场经济发展需要的企业改革新途径，进一步解放和发展生产力。因此，我国的公司法，不仅适应了我国企业改革的客观要求，而且开创了我国建立现代企业制度的新纪元，使我国的企业改革由过去以放权让利为主要内容的政策调整，进入了企业制度创新的法制化时代。我们坚信，随着公司法的进一步实施，我国建立健全现代企业制度这项艰巨而又复杂的系统工程，一定会沿着法制化的轨道健康地向前发展。

（二）保护公司、股东和债权人的合法权益

这是公司法的主要意图和直接作用。公司是由符合法定人数的股东依法共同出资而成立的企业法人，具有独立的法律人格，依法享有较为充分的经营管理自主权，为了达到其设立的预期目的，必然开展相应的生产经营活动，而要开展生产经营活动，必然与债权人进行一定的业务往来。因此，在公司制度中主要凝聚着公司、股东和债权人三方主体的利益。公司作为独立的民事主体，必须由法律保障其独立的法人财产权，股东作为公司的出资者，必须由法律保障其按投入公司的资本额享有相应的股权。债权人作为与公司交易的对象，必须由法律保障其因交易而形成的债权。我国公司法的直接作用就在于保护公司、股东和债权人的合法权益，一旦其合法权益受到侵犯，就可根据公司法的规定，通过法律方式予以解决。

---

① 参见张维迎：《企业的企业家——契约理论》，上海人民出版社、上海三联书店 1995 年版，第 300 页。

（三）维护社会经济的正常秩序

改革开放初期，各地成立了许多不同层次、不同形式、不同规模的公司，对促进生产、活跃市场，起到了一定的积极作用。但是，由于国家对公司的宏观调控措施没有跟上，公司制度曾被不法之徒肆无忌惮地滥用，以致20世纪80年代出现了史无前例的两次"公司热"。不仅混淆了公司与企业、学校、社团、机关、政党等组织的基本界限，而且还产生了政企不分、官商垄断、虚报注册资本、虚假出资、抽逃资金，擅自发行股票、虚伪记账、侵吞公司财产，商业欺诈、牟取暴利等社会问题，造成了我国经济秩序的混乱。有鉴于此，国家在充分调查研究的基础上，颁发了中华人民共和国的第一部《公司法》。公司法正是通过规范公司的组织和行为，保护公司、股东和债权人的合法权益，制止公司的违法犯罪行为，从而起到维护社会经济正常秩序的积极作用。

（四）促进市场经济的健康发展

我国实行的市场经济是社会主义条件下的市场经济。社会主义市场经济理论的确立，是对有计划商品经济的继承和发展，它明确了我国经济运行的市场基础和资源配置的市场机制，这不仅打破了计划经济等于社会主义、市场经济等于资本主义的教条，而且必将进一步解放和发展我国的生产力。要建立社会主义市场经济体制，就必须塑造市场经济的微观基础，而公司就是市场经济的微观基础之一。建立社会主义市场经济体制，这就在客观上要求我们必须相应地逐步建立起社会主义市场经济的法律体系。公司法正是我国社会主义市场经济法律体系中规范市场经济主体的法律，它赋予了作为市场经济细胞的公司以独立的法人资格和经营管理的自主权，使公司能够在国家宏观调控下，按照市场需求自主组织生产经营，以提高劳动生产率和社会经济效率。公司法通过确认、调整和规范公司这种企业形式，使其在经济生活中发挥重要作用。我国公司法在促进市场经济健康发展方面立下了汗马功劳，根据国家统计局的有关估计，1993年《公司法》颁发之后，为我国9%的经济发展速度至少贡献了1~2个百分点。[①]随着我国公司法的修改完善和进一步实施，公司法对于我国社会主义市场经济的健康发展必将起到更加巨大的促进作用。

---

① 转引自赵旭东主编：《公司法评论》第3辑，人民法院出版社2005年版，第164页。

第二节　公司法的基本原则

一、公司法基本原则的确定

世界各国的成文公司法都明示或包含了一些基本原则，借以体现其基本价值观念。从功能来看，公司法的基本原则是公司法律规范的高度抽象和概括，是公司法的性质、目的、任务和方法的综合体现，在公司法体系中起凝聚和统帅作用，在公司立法中起依据和准则作用，在公司执法中起指导和制约作用。

公司法的基本原则，就是公司依照公司法的规定，在设立、变更和终止以及其他对内对外活动过程中所必须遵循的根本准则。它是克服公司立法局限性的重要工具，是贯穿于公司运行始终、调整公司内外部关系的根本准则。它对公司的对内对外活动具有普遍的指导意义，公司的各项规章制度都必须符合它的要求，否则便没有相应的约束力。

公司法的基本原则是由公司法的本质决定的。所以，在不同的国家和同一国家在不同的历史时期，公司法的基本原则也不完全相同。但公司法的基本原则不是凭空产生的，它是公司发展实践的高度总结和经验概括。因而，公司法的基本原则在国际上又有一定的通用性。确认我国公司法的基本原则，既应充分考虑中国公司实践的具体情况，又要尽量与国际惯例靠拢。

从法理上讲，确定我国公司法的基本原则应综合考虑以下八个因素：（1）公司立法的指导思想；（2）国外成功的立法经验；（3）公司运营的基本规律；（4）繁荣我国市场经济的客观需要；（5）准则的根本性；（6）效力贯彻的始终性；（7）内容的特有性；（8）对公司立法、司法活动的普遍指导意义。

正是基于上述考虑，我们认为，我国应将以下五个原则确定为公司法的基本原则：（1）保护股东、公司和债权人合法权益原则；（2）有限责任原则；（3）股权平等原则；（4）公司内部权力合理配置原则；（5）公司职工民主管理原则。这五项原则是相互联系、密不可分的，都是我国公司法所应奉行的基本原则。我国公司法只有坚持这些原则，才能保障和指导公司的规范化运作，才能维护正常的社会经济秩序，真正发挥公司法的作用。

二、保护股东、公司和债权人合法权益原则

在公司这种现代企业制度中，存在着股东、公司和债权人三种既密切联系又相互独立的利益主体。股东是公司的缔造者，没有股东，公司就成了无源之水、无本之木，而公司一旦成立，在股东和公司之间，不仅财产相互分离，而且人格也彼此独立。依法成立的公司具有民事权利能力和民事行为能力，能够独立享有民事权利和承担民事义务。为了实现其职能，达到其设立的目的，公司必然开展相应的生产经营活动，而要开展生产经营活动，就须同债权人发生一定的业务往来关系。为了协调好股东、公司和债权人之间的这种特殊利益关系，保护股东、公司和债权人合法权益就成了我国公司法的首要原则。

（一）公司法对股东权益的保护

在我国的公司实践中，股东权益受到非法侵害的现象时有发生，股东的权益保护亟须加强。

1. 股东行使权利的局限性决定了强化股东权益保护的必要性

公司的独立法人资格使股东不能直接支配其作为出资投入公司的财产，股东只能通过股东会或股东大会来行使自己的权利。由于股东会、股东大会是公司的非常设机关，每年一般只举行一次会议，会议结束后，则由董事会具体执掌公司业务。因此，股东行使权利的确有一定的局限性。如果不强化对股东权益的法律保护，股东的权益就极易受到非法侵害。

2. 保护股东的权益有利于调动人们的投资热情

人们之所以投资于公司，成为公司的股东，其目的就在于分享公司在生产经营中所获得的利润，实现其增值愿望。如果忽视对股东权益的保护，势必会挫伤人们的投资热情，甚至可能视投资公司为危险之举，这对整个社会的经济发展是极为不利的。

3. 保护股东的权益是现代公司法的发展趋势

现在各国公司法大都出现了削弱股东会的权限而强化董事会权限的立法趋

势，并以不同的方式，将公司的经营管理权力划归董事会。董事会在公司经营管理方面享有法定的"专属权限"，凡属"专属权限"范围内的事务，董事会均有作出决定的全权，不受股东会的干预。[①]为了适应股东的股权与公司法人所有权的分离，使股东权益免受董事和经理的侵害，现代公司法又强化了对股东权益的系统性保护措施。

我国《公司法》第4条明确规定：公司股东依法享有资产收益、参与重大决策和选择管理者等权利。为切实保护股东的合法权益，我国公司法赋予了股东一系列权利：（1）股东会、股东大会的出席权；（2）按照出资比例或公司章程规定的方式和所持股份数行使表决权，含中小股东的累积投票权；（3）临时股东会的请求召开权；（4）按照出资比例、持股比例或全体股东约定、公司章程规定的方式享有资产受益权；（5）知情权；（6）建议权、质询权；（7）对剩余财产的分配权；（8）对股东大会、董事会决议和公司负责人及其他股东的诉讼权；（9）对公司负责人的选择权；（10）股东会的召集与主持权；（11）临时提案权；（12）对出资、股份的转让权；（13）异议股东的股份收买请求权。所有这些权利的规定，都是我国公司法保护股东权益原则的具体体现。

（二）公司法对公司权益的保护

公司作为独立的企业法人，必须由公司法保障其权利和利益。保护公司的权益是建立公司这种现代企业制度的基础，也是进一步完善我国法人制度的关键所在。只有切实保护了公司的合法权益，才能使公司真正成为市场竞争的主体和法人实体，才能使公司与股东之间的产权关系更加明晰。保护公司的合法权益，不仅为公司实行自主经营、自负盈亏、自我发展、自我约束机制奠定了坚实的基础，而且有利于公司按照市场需求自主组织生产经营，进一步提高经济效益、劳动生产率和实现增值保值的目标。

我国《公司法》第5条第2款明确规定：公司的合法权益受法律保护，不受侵犯。公司法对公司权益的保护，主要表现在以下十个方面：（1）公司享有法人财产权；（2）公司享有自主经营权；（3）公司以其全部财产对公司的债务承担责任；（4）公司对其经营范围享有依法变更权；（5）公司享有转投资权；（6）公司享有设立子公司和分公司的权利；（7）公司有合并、分立的权利；（8）公司实行

---

① 雷兴虎：《我国公司内部权力结构现状及重新配置的法律思考》，《法商研究》1996年第6期。

法定公积金制度；（9）公司对其负责人有索赔权；（10）公司能以自己的名义在法院起诉和应诉。

（三）公司法对债权人权益的保护

债权人作为与公司交易的对手，其权益必须得到国家的切实保护。保护债权人的权益就是保护与公司进行正常业务往来的其他经营者的债权和其他相应权利，就是保护社会正常交易的安全。在股东对公司仅以出资额为限承担责任的条件下，保护与公司发生交易关系的债权人的权益尤为重要。

我国公司法保护债权人权益的规定主要体现在以下八个方面：（1）公司不能成立时，发起人对其设立行为所生债务和费用负连带责任；（2）资本确定、资本维持、资本不变的资本三原则；（3）股份发行的公平和公正原则；（4）上市公司的信息披露制度；（5）公司法人的人格否认制度；（6）公司必须承担社会责任的规定；（7）对发行公司债券的严格控制制度；（8）公司登记事项发生变更，未办理变更登记手续的，不得对抗第三人的规定。

三、有限责任原则

有限责任（Limited Liability）是公司作为典型法人所具有的最为重要的本质属性，是公司之所以迅猛发展和成为"世界经济脊梁"的动力源泉。我国公司法所规范的公司是指依法在中国境内设立的有限责任公司和股份有限公司，而有限责任公司和股份有限公司在股东责任方面奉行的都是有限责任原则。

（一）有限责任原则的确立

有限责任原则的确立经历了一个漫长的发展过程。在公司的历史长河中，最早形成的无限公司，同个人独资企业、合伙企业一样，采用的都是无限责任原则。在无限责任原则下，股东要以自己所有的全部财产对公司债务承担责任，由于投资风险太大，限制了人们的投资热情，致使企业规模不大，无法适应社会化大生产的发展需要。为了弥补无限责任的缺陷，有限责任原则便应运而生。在有限责任原则下，股东仅以其出资额或持有的股份为限对公司承担责任，这就分散了投资风险，使股东投资有了安全保障，有利于吸收社会闲散资金，筹措巨额资本，扩大经营规模，从而使公司有了更加广阔的发展前景。

虽然各国确定有限责任原则的历史不尽相同，但现代公司立法大多确立了有限责任制。法国在 1807 年颁发的《法国商法典》中设立了有限责任原则，英国于 19 世纪中期、美国于 20 世纪初也相继确立了有限责任原则。颇值得一提的是英国确立有限责任原则的法制过程。英国于 1855 年 8 月通过的《有限责任法案》明确规定，具备法定条件的公司一经注册完毕，股东只负有限责任，责任的限度为股东所持股份的名义价值，并要求"有限"字样必须在公司名称中反映出来。虽然该法案实施数月后，旋即被 1856 年的《合股公司法》所取代，但有限责任原则依然被该法所确认。由于有限责任原则是由布拉姆威尔（Bramwell）勋爵提出来的，立法机关采纳后，该勋爵颇感自豪，并戏剧性地宣称要将"有限"（Limited）一词刻入自己的墓碑。[①]

我国《公司法》确立的有限责任原则，适应了我国社会化大生产的发展需要，对促进政企分开，转换企业经营机制，提高企业经营管理水平，筹集社会资本，进一步分散投资风险有着十分重要的积极作用。有限责任对社会大众投资热情的激励，对公司法人资格的巩固，适应了我国当前建立现代企业制度的客观需要。

（二）有限责任原则的含义

有限责任原则有两层含义：一是指股东的有限责任，即股东以其出资额或所持股份为限对公司承担责任；二是公司的有限责任，即公司以其全部财产为限对公司的债务承担责任，股东只对公司负责，并不直接对公司的债务承担责任。

需要澄清的是股东的责任与公司责任之间的关系问题。有的学者认为，公司的有限责任并非指公司负有限责任，而是专指股东对公司债务和亏损所负的有限责任，对于公司来讲，它对债权人承担的责任不是有限，而是无限，因为公司对其债务要以自己的全部财产予以清偿。其实这是不对的，股东作为出资者对公司债务自应负责，公司依法成立后，对于自身债务也当负责。由于公司赖以承担责任的财产来源于全体股东，故公司的责任与股东的责任在性质上是相同的，即股东对公司承担有限责任，公司对债权人也承担有限责任。

---

① 刘俊海：《股东权法律保护概论》，人民法院出版社 1995 年版，第 67 页。

（三）有限责任原则的缺陷

有限责任原则对公司的发展起到了巨大的推动作用，但有限责任并非十全十美，其不足主要在于以下两个方面。

1. 不利于维护债权人的利益

有限责任对于股东、公司来讲，确实起到了降低投资风险和经营风险的作用，因而，特别有利于维护股东和公司的利益。但对债权人来说，这有失公允，在股东、公司有限责任的原则下，公司资产可能无法满足债权人的请求，对超过公司资产的债务，公司不予以清偿，因此而造成的损失将完全由公司以外的债权人自己承担，这无疑是不公平的。

2. 不利于维护受害人的利益

随着市场经济的发展，科学技术的产业化，公司为社会财富的创造立下了汗马功劳。但公司的侵权行为，甚至犯罪行为却时有发生，而且造成了一系列严重的社会问题。公司对社会造成巨大的损失，但在有限责任的条件下，受害人的赔偿请求却无法获得满足。因公司造成的损失最终还要受害人自己负担，这显然有失公平，不利于维护受害人的利益。

（四）有限责任原则的完善

有限责任作为经过长期实践而确立下来的原则，不仅成了现代公司的基石，而且是社会发展和法律演进的必然结果。它虽然不利于维护债权人和受害人的利益，但在无限责任原则下这种现象依然未能得到圆满解决。因此，如果否定有限责任原则，则会影响投资者的积极性，影响经济的大力发展，社会也将为此付出巨大的代价。所以，如何避免乃至消除有限责任原则带来的负效应，就是急需解决的重大课题。为了克服有限责任的局限性，我国公司法还应结合我国公司实践中的现实问题，并借鉴国外成功的法制经验，进一步完善有限责任，以便在特定情况下，为追究股东、公司负责人的法律责任提供有力的法律依据。这是我国公司法与国际惯例接轨的重要途径和措施。

英美法系的"刺破公司面纱（piercing the corporate veil）"原则和大陆法系的"公司人格否认法理"就是弥补有限责任缺陷的一种较为理想的法律措施。所谓"公司面纱"就是公司作为法人以其全部资产独立地对其法律行为和债务承担责任，股东仅以其出资对公司承担有限责任的情况。从法律上来讲，公司与股东是两个既有联系又相互区别的独立的法律主体。当公司资产不足以清偿其债务时，法律不能透过公司的这层"面纱"要求股东承担个人责任。但在英美司法判例中，法院为了弄清事实真相，制止欺诈，维护公平，可依衡平法，刺破公司法人的面纱，直接要求股东对公司的债务或行为承担责任。一般来说，"刺破公司面纱"的法律原则主要适用于以下四种情况：（1）公司资本不够充足；（2）公司人格与股东人格发生混淆或同一；（3）利用公司形态规避合同或法律义务；（4）母公司对子公司的过渡非法控制。我国《公司法》为了弥补有限责任原则的缺陷，确立了公司法人的人格否认制度。

需要说明的是，公司法人人格否认制度只是有限责任原则的例外，并非对有限责任原则的动摇和否定，其目的就在于补充和完善有限责任原则，以便使其发挥应有的积极效应。总之，既要肯定有限责任原则的积极作用，又要采取适当措施弥补其缺陷，以便使其适应社会发展的需要，这就是我们对有限责任原则应有的基本态度。

四、股权平等原则

为了调整股东与股东、股东与公司之间的权利义务关系，各国公司法大多确定了股权平等原则。我国《公司法》虽未明确规定股权平等原则，但其内容却体现了股权平等原则的基本要求，因此，股权平等也是我国公司法的基本原则之一。

（一）股权平等原则的含义

股权平等是现代公司立法所奉行的基本原则，是公司组建及运作的基础，缺少这一原则，公司的内部机制就失去了应有的生命力。所谓股权平等原则是指股东以其出资额或股份为基础而享有平等待遇的原则，它是指股东在出资额或股份基础上的平等，而不是所有股东都享有同等权利。也就是说，一切股东在资本面前人人平等，股东只能按其交纳的出资额或所持的股份数享有权利、承担义务，股东享有的权力大小与其向公司投入的资本额成正比。只要股东投资的性质、数额相同，公司即要对其平等对待、一视同仁，而不能厚此薄彼、有所歧视，至于股东的社会地位、名望、民族、出身等与出资无关的各种因素均在所不问。因此，从某种意义上讲，股权平等原则就是只认资本，而不认人。

（二）股权平等原则的立法体现

我国《公司法》始终贯彻了股权平等原则，主要表现在以下三个方面。

1. "一股一权"

根据我国《公司法》第 42 条和第 103 条第 1 款的规定，有限责任公司的股东除公司章程另有规定外，按照出资比例行使表决权，股份有限公司的股东所持每一股份有一表决权。这即"一股一权"的表决原则。股东行使表决权以其认缴的出资额或所持的股份数为依据，股东表决权的大小与其出资多少成正比，即拥有一份出资或股份就享有一个表决权，拥有若干份出资或股份就享有若干个表决权。股份有限公司的股东表决时，按我国法律的规定，只能采用"一股一权"而不能采用"一人一票"的表决办法。

2. "同股同价"

即同次认缴的出资和同次发行的股票，都应支付相同的价格。这里着重谈一下股份有限公司的同股同价问题。我国《公司法》第 126 条第 2 款规定：同次发行的同种类股票，每股的发行条件和价格应当相同；任何单位或个人所认购的股份，每股应当支付相同价额。这即股份有限公司的"同股同价"规定。需要明确的是，同股同价只限于同期发行的同种股票之间，不同种类的股票，如优先股和普通股由于它们体现的股权性质不同，故不要求同股同价；不是同一次发行的股票，如先期与后期发行的股票，由于发行时公司的经营状况、财务状况、市场供求等因素不同，故也不可能要求同股同价。由于同种股票表示同质同量的股权，故同次发行的股票，每股发行条件和价格都应当相同。只有当同期发行的同种股票价格相同时，股东每股投入的资本才能相同，每股相同的投资便会产生相同的股权，股权才能实现真正的平等。

3. "同股同权"

我国《公司法》第 126 条第 1 款规定：股份的发行，实行公平、公正的原则，同种类的每一股份应当具有同等权利。这意味着，股东拥有相同的股份，就必须享有相同的权利。股东基于同等股份享有的同等权利，主要体现在表决权、查阅权、建议权、质询权等方面。

（三）股权平等原则的例外

为了维护所有股东的利益，防止多数股东对公司的垄断，从而损害少数股东的利益，各国公司法大多规定了股权平等原则的例外。从法理上讲，在多数股东滥用其表决权优势并损害少数股东利益的情况下，仍然坚持"一股一权""资本多数决"等股权平等的原则，就是以形式上的平等掩盖事实上的不平等。只有对股权平等原则作些适当限制，才能真正维护少数股东的利益。因此，我国2005年《公司法》也有了股权平等原则例外的明文规定。

国内外对股权平等原则的例外规定，主要表现在以下三个方面：（1）对"一股一权"表决原则的例外。一般情况下，每股有一个表决权，但一股东若持有的股份超过法定比例（如3%）时，公司就可依章程或法律的规定对其表决权加以限制，如超过部分二股有一个表决权或三股有二个表决权等。我国公司法规定，有限责任公司章程可以另行规定股东行使表决权的标准和方式，其目的就是为了平衡股东之间的利益。另外，股份有限公司持有的本公司股份依法也没有表决权。（2）实行累积投票制。我国公司法规定，股份有限公司股东大会选举董事、监事时，可以根据公司章程的规定或者股东大会的决议，实行累积投票制。（3）对发行特别股的例外。公司除发行普通股之外，还可依法发行特别股，特别股股东同普通股股东享有的权利不同，公司可依章程的规定，对特别股股东的表决权予以剥夺或限制。这些制度是为方便公司运作而作的特殊规定，也是股权平等原则的例外，其目的是为了股权平等原则的真正实现和完善。

五、公司内部权力合理配置原则

现代各国公司法大多规定了公司的组织机构，并将公司内部权力分别在股东会（股东大会，下同）、董事会和监事会之间进行配置。这种制衡机制的确立，为公司的生存和发展奠定了坚实的法律基础。我国公司法明确规定了股东会、董事会、监事会之间的权力配置及其职责分工。另外，还规定上市公司应设立独立董事，其宗旨就在于确保公司内部不同权力的正确行使和有效制衡。据此，在我国设立的公司必须建立与之相适应的内部管理体制，而内部管理体制实质上就是公司内部各个组织机构之间的权力配置问题。纵观国内外公司法对公司内部权力的规定，并结合我国的公司实践，合理配置公司内部权力应严格遵循以下三个法制原则。①

（一）权力分立原则

权力分立原则是由英国的洛克、法国的孟德斯鸠提出，美国的汉密尔顿等人发展的一种政治学说。资产阶级取得政权后，被确认为宪法的一项基本原则。近代以来，由于受分权学说的影响，在公司内部组织机构设置上也体现了权力分立的原则。从理论上讲，国家权力需要分立，公司的权力也需要分立，所以，权力分立应是我国合理配置公司内部权力的首要原则。按照权力分立原则的要求，公司的重大问题决策权应由作为公司权力机构的股东会行使，公司的经营管理权应由作为公司业务执行机构的董事会行使，公司的监督检查权则应由作为公司监督机构的监事会行使。公司的三种权力分别由三种机构独立行使，不受非法干预，这就是权力分立原则的实质内容。

（二）权力制衡原则

国家权力失去制衡，必然出现腐败，公司内部权力缺乏制约与平衡，公司的激励和约束机制便无法形成。因此，权力制衡也是合理配置公司内部权力的重要原则。按照权力制衡原则的要求，配置给公司内部各组织机构的权力相互间必须存在制约与平衡关系，这种关系主要体现在以下两个方面。

1. 股东会与董事会之间的制衡关系

股东会作为公司的权力机构，有权选举和更换董事会，并决定董事的报酬。董事会依法应对股东会负责并报告工作，但董事会作为公司的业务执行机构，对经营管理有专属权，股东会不能通过决议对董事会的专属权限施加限制，并不得用以对抗第三人。

2. 董事会与监事会之间的制衡关系

为了防止董事会滥用职权，监事会依法有权采取适当措施，履行对董事会的监督职责，必要时，还可对董事提起诉讼。董事会有接受监事会监督的义务，但对监事会的指控则享有抗辩权。

---

① 雷兴虎：《我国公司内部权力结构现状及重新配置的法律思考》，《法商研究》1996 年第 6 期。

（三）权责对应原则

我国 1993 年《公司法》把权责分明规定为公司内部权力结构的基本特征，这是不全面的。因为权责即使分明若不对应必将失去其积极效应。因此，权责对应也是合理配置公司内部权力结构的一项重要原则。此项原则包括权力机构的权责对应、业务执行机构的权责对应和监督机构的权责对应三个方面的内容。权力机构的权责对应即决策权与决策责任对应，是股东会正确行使权力的前提条件；业务执行机构的权责对应即经营管理权与经营管理责任对应，是董事会正确行使业务执行权的基本保障；监督机构的权责对应则应是监督检查权与监督检查责任的对应。我国公司内部权力结构不合理的现象，往往同其权责不对应有关，这就需要将权责对应作为一项原则固定下来，并使之具体化。

六、公司职工民主管理原则

职工是公司人力资本的提供者、公司利益的相关者，在公司的生产经营和管理活动中起着十分重要的作用。加强职工民主管理不仅是现代西方公司法的发展趋势，更是我国公司法的一项基本原则。

（一）公司必须保护职工的合法权益

职工依法享有平等就业和选择职业的权利、取得劳动报酬的权利、休息休假的权利、获得劳动安全卫生保护的权利、接受职业技能培训的权利、享受社会保险和福利的权利等一系列合法权利。为此，我国公司法明确规定，公司必须采取各种措施，保护职工的合法权益，依法与职工签订劳动合同，参加社会保险，加强劳动保护，实现安全生产。

（二）公司必须提高职工素质

科技的发展、经济的振兴，乃至整个社会的进步，都取决于职工素质的提高和大量合格人才的培养。为此，我国公司法明确规定，公司应当采用多种形式，加强公司职工的职业教育和岗位培训，提高职工素质。

（三）公司必须实行民主管理

为了更好地发挥职工的主人翁精神，切实保障职工的民主管理权利，我国公司法明确规定，公司职工有权依照《中华人民共和国工会法》组织工会，开展工会活动，维护职工合法权益；公司应当为本公司工会提供必要的活动条件；公司工会代表职工就职工的劳动报酬、工作时间、福利、保险和劳动安全卫生等事项依法与公司签订集体合同；公司依照宪法和有关法律的规定，通过职工代表大会或者其他形式，实行民主管理；公司研究决定改制以及经营方面的重大问题、制定重要的规章制度时，应当听取公司工会的意见，并通过职工代表大会或者其他形式听取职工的意见和建议。

第三节　公司法的历史沿革与发展趋势

一、公司法的历史沿革

（一）国外公司法的历史沿革

早在 1673 年路易十四时代，法国就制定了世界上第一部商事法律——《商事条例》，该条例包括商人、票据、破产、商事裁判管辖等内容，其中商人部分首次专门规定了无限公司的法律问题。1807 年 9 月，法国颁发了世界上第一部商法典——《法国商法典》，该法典第一编第三章专门规定了公司的有关法律问题，此后，大陆法系诸国纷纷仿效。1861 年的《德国商法典》和 1890 年的《日本商法典》都对公司法的内容做了专门规定。作为普通法系的英国，其公司立法从 1844 年开始，到 1856 年颁发了世界上第一部单行公司法，即《合股公司法》，1908 年则颁发了世界上第一部统一的《公司法》，经过多次修改完善，最终形成了《英国 2006 年公司法典》。1892 年德国率先颁发了《有限责任公司法》，这是世界上第一部有限责任公司法，以后葡萄牙、奥地利、波兰、捷克等国相继效法。德国于1937年颁发了《股份及股份两合公司法》，法国于1966年颁发了统一的《商事公司法》，公司立法日趋完善，经过商法的再法典化改革，该商事公司法的全部内容又重新回归到了2000年法国新商法典之中。

（二）我国公司法的历史沿革

我国最早的公司法当推清朝光绪二十九年十二月（即1904年1月）制定的《公司律》。该法共131条，规定了合资公司、合资有限公司、股份两合公司和股份有限公司等公司形式的法律问题。宣统二年（即1910年）清王朝又草拟了《大清商律（草案）》，其中第二编为《公司律》，计334条，该律还未正式颁布实施，清朝便灭亡了。

"中华民国"成立后，北洋政府于1914年公布了《公司条例》，共251条。该条例对无限公司、两合公司、股份有限公司、股份两合公司等公司形式做了较为具体的规定。南京国民政府于1929年12月颁布了《公司法》，该法共6章233条，这是一部比较完整的中国现代公司立法，1946年对其进行了修改。

中华人民共和国成立后，原政务院于1950年、1951年先后颁发了《私营企业暂行条例》和《私营企业暂行条例实施办法》，规定了无限公司、有限公司、两合公司、股份有限公司和股份两合公司五种公司形式。改革开放以来，第五届全国人民代表大会第二次会议于1979年7月1日通过的《中外合资经营企业法》第4条明确规定，合营企业的形式为有限责任公司。国务院于1988年6月3日发布的《私营企业暂行条例》第6条也明确规定有限责任公司是私营企业的一种法定形式。1992年5月15日国家体改委发布的《有限责任公司规范意见》和《股份有限公司规范意见》以及其他有关配套法规，为新中国公司法的诞生奠定了基础。我国的公司法早在1983年就着手起草，历经10年，终于由第八届全国人民代表大会常务委员会第五次会议于1993年12月29日通过了《中华人民共和国公司法》，该法已于1994年7月1日起正式实施，结束了我国公司无法可依的时代。

二、公司法的发展趋势

西方国家的公司法在促进公司制度不断发展的同时，也随着公司制度的发展而日趋完善。19 世纪末 20 世纪初，西方国家的公司法逐步实现了由传统公司法向现代公司法的过渡。因此，西方国家公司法发展到现代经历了一个较为漫长的历史过程，它在原有公司法的基础上不断更新，最终形成了系统化、严密化和科学化的立法格局。对于规范公司的组织和行为，保护股东、公司和债权人的合法权益，促进西方经济的发展立下了汗马功劳。

我国第八届全国人民代表大会常务委员会第五次会议于 1993 年 12 月 29 日通过的《中华人民共和国公司法》，不仅适应了我国建立现代企业制度的客观需要，而且开创了我国公司法制的新纪元，使我国的企业改革由过去以放权让利为主要内容的政策调整，进入了制度创新的法制化时代。由于公司法的颁发距中共中央十四届三中全会于 1993 年 11 月 14 日通过的《中共中央关于建立社会主义市场经济体制若干问题的决定》仅一个半月，其内容难免带有计划经济体制时期的一些痕迹。

由于我国公司法赖以存在的市场经济体制尚未完全确立，同建立在完全市场体制基础上的现代西方公司法相比，还有许多不足之处。为了吸收现代西方公司法的成功经验，进一步适应市场经济的发展需要，我国人大常委会先后五次修改公司法，积极顺应现代公司法的发展趋势。下面就现代西方公司法的发展趋势与我国公司法的理性选择做些理论探索。

（一）从恪守公司的社团性发展到允许一人公司的设立

西方传统的公司法认为，公司是由两个或两个以上的股东共同出资所集合成的社团法人，具有"资合""人合"的双重属性，即公司既是资本的联合，也是人的联合。公司是一个社团法人，其股东至少应为两人，这是公司作为社团法人的本质要求。因此，在西方传统的公司法中，不仅要求公司在设立时发起人必须为两个或两个以上，而且均明确规定，在公司成立后运营的过程中，因某种原因（如股东死亡、股权转让等）而导致股东仅剩一人时，该公司即应解散。

随着各国经济的发展和公司实践的丰富，特别是有关法人理论和制度的不断完善，现代西方公司法不再恪守公司的社团性，先是承认"实质上的一人公司"，尔后又允许设立"一人公司"。西方国家所称的一人公司有"形式上的一人公司"和"实质上的一人公司"两种含义。"形式上的一人公司"是指股东仅为一人，全部资本由一人拥有的公司；"实质上的一人公司"则是指公司的真正股东只有一人，其余股东均为持有最低股份的挂名股东。

　　以判例形式首先确认实质上一人公司的，是 1897 年英国衡平法院对萨洛蒙（Salomon）诉萨洛蒙有限公司一案的判决。[①]而以判例形式首先确认形式上一人公司的，则是新西兰最高法院对李诉李氏空中农业有限公司一案的终审判决。[②]允许设立一人公司的先例则首开于 20 世纪 50 年代前后的美国爱荷华、密执安、威斯康星、肯塔基等少数几个州。[③]为了适应州公司立法的这种发展趋势，由美国律师协会的公司法委员会制定的《美国示范公司法》也允许设立一人公司。后来，作为大陆法系代表的德国和法国也不再恪守公司社团性的规定，通过修订公司法，允许设立一人公司。经 1980 年修订，《德国有限责任公司法》明确规定，有限责任公司可以依照本法规定为了任何法律允许的目的由一人或数人设立。根据法国 1985 年 7 月 11 日第 85-697 号法律的规定，公司得在法律规定的情况下依一人的意志而设立，有限责任公司可以由一人或若干人仅以其出资额为限承担损失而设立。

　　现代西方公司法之所以不再恪守公司社团性的规定，而允许设立一人公司，其理论依据主要是：（1）在有限责任的条件下，公司对债权人的责任与股东人数的多少无直接关系。在符合法定注册资本最低限额的基础上成立的一人公司，由于公司用以对债权人承担债务清偿责任的最低资本限额已事先确定，所以，公司的责任限度与公司的股东人数多少无关。（2）以股东人数作为公司取得独立人格的法定条件，容易滋生发起人以虚设股东而规避法律的现象。公司法虽将两个以上的股东作为公司成立的基础，但为了勉强符合这一人数规定，在公司实务中，很可能导致"挂名股东"的出现，使股东名不符实。所以，与其让发起人以虚设股东的手段而规避法律，不如将发起人设立一人公司合法化更具实效性。

　　由于一人公司的规模大多较小，且控制权高度集中，股东的权力在公司内部失去了外在因素的制约，很容易为股东利用来作为规避法律义务的外壳，也容易导致公司的滥立。同时，也人为地造成法律适用上的障碍，使公司法许多调整股东与股东之间关系的行为准则形成虚设。因此，现代西方公司法一方面允许设立一人公司，另一方面又通过相应的制度和原则来弥补一人公司可能导致的不良后果。像美国的"揭穿公司法人面纱原则"、德国的"责任贯彻理论"和日

---

① [英]R.E.G.佩林斯等：《英国公司法》，上海翻译出版公司 1984 年版，第 1~2 页。
② 王天鸿：《一人公司制度比较研究》，法律出版社 2003 年版，第 17 页。
③ 江平：《新编公司法教程》（第二版），法律出版社 2003 年版，第 130 页。

本的"透视理论",这些原则和理论在一定条件下适用,借以克服一人公司的缺陷,理论上统称为"公司人格否认论"。[①]

我国1993年《公司法》对一人公司采取了"原则禁止,例外允许"的立法态度,即原则禁止法人、自然人设立一人公司,破例允许设立"国家一人公司"(《公司法》第64条)和"外商一人公司"(《外资企业法》第2条和第8条)。虽然原则禁止设立"法人一人公司"和"自然人一人公司",但也允许衍生型一人公司的存在,因为我国《公司法》第190条并没有规定股东仅剩一人是公司解散的法定事由之一。

我国2005年《公司法》既顺应了世界公司立法的改革潮流和发展趋势,承认了一人有限公司的合法性,又借鉴了世界各国关于一人公司的立法经验,采取切实可行的防弊措施使我国一人公司的法律制度进一步规范化、合理化。但我们认为,在条件成熟时,还应确认一人股份有限公司的合法性。

(二)从单纯准则主义发展到严格准则主义

传统的西方公司法,在不同的历史时期和在不同的国家与地区,对公司设立的基本立场是不相同的。概括起来,先由自由设立主义而至特许主义,又转为核准主义,再采用单纯准则主义。自由设立主义盛行于欧洲中世纪末的自由贸易时代;特许主义最早由17世纪的英国、荷兰等国采用;核准主义最初产生于法国路易十四时代颁发的《商事条例》,18世纪的德国也采用过。单纯准则主义最早是由1862年的英国公司法所创设,为19世纪西方各国公司法所普遍采用,即公司的设立只要符合国家公司立法所规定的条件,就可成立公司,并取得法律上的独立人格。由于当时法律所规定的设立条件过于简单,故称为"单纯准则主义"。

由于单纯准则主义的实施,导致了公司滥设的严重后果,故现代西方公司法采用了严格准则主义。所谓严格准则主义,一是严格公司设立的法定条件;二是加重设立人的法律责任;三是加强司法机关、行政主管机关对公司的监管。严格准则主义之所以被现代西方公司法所采用,是由其本质特征及其社会效应所决定。因为严格准则主义,既无自由设立主义和单纯准则主义过于放任的缺陷,也无特许主义和核准主义过于烦琐的弊端。

---

① 梁慧星:《民商法论丛(第2卷)》,法律出版社1994年版,第326页。

我国 1993 年《公司法》规定的公司设立制度是严格准则制度和核准制度的结合。即对于部分有限责任公司的设立适用严格准则制度，对股份有限公司和部分有限责任公司的设立则适用核准制度。也就是说，设立有限责任公司，符合公司法规定条件的，一般适用严格准则制度，直接办理登记注册手续，但对于涉及国家安全、公共利益和关系国计民生等特定行业和项目，法律、行政法规规定需要审批的，则应当履行审批手续，适用核准制度。对于股份有限公司，考虑到其股份发行涉及社会资金流向和众多股票投资者的合法权益，加之其他有关法律还不配套，为避免引起混乱，1993 年《公司法》明确规定对于股份有限公司的设立，必须由国务院授权的部门或省级人民政府审查批准，一律适用核准制度。

随着我国市场经济的飞速发展以及公司实践经验的丰富，核准制度的广泛使用已经成为公司发展的障碍。由于 1993 年《公司法》对股份有限公司与有限责任公司区别对待，实行不同的设立制度，既不符合国际惯例，也缺乏理论支撑。因此，我国 2005 年《公司法》删除了 1993 年《公司法》第 77 条的规定。根据我国 2005 年《公司法》第 6 条的规定，对有限责任公司和股份有限公司的设立，原则上均采用严格准则主义，对法律、行政法规要求必须报经批准的，才实行核准主义。但我们认为，在我国市场经济发展到一定程度，公司实践经验进一步丰富时，则应全面采用国际通用的严格准则制度。

（三）从以股东大会为中心发展到以董事会为中心

传统的西方公司法，是依照"委任"理论来处理股东大会与董事会之间的关系的。按照这种理论，董事会是股东大会的代表或代理人，由股东大会选举产生，并受股东大会的委托管理公司的事务。因此，各国的公司法均规定，股东大会有权选任和解任董事会，并对公司的经营管理享有广泛的决定权，董事会则居于股东大会之下，受股东大会的支配，并对股东大会负责。如果股东大会对董事会的权限有所限制时，只要经过适当的公告手续就可以对抗第三人，公司对于董事会的越权行为不承担法律责任。

"信息是现代经营活动的核心资源，是对经营行为进行充分评价的依据。"[①]以股东大会为中心的立法规定在 19 世纪曾风行一时，但进入 20 世纪以后，特别

---

① [美]理查德·T.德·乔治：《经济伦理学》，北京大学出版社 2002 年版，第 361 页。

是近几十年来，"有机体"理论代替了传统的"委任"理论。所谓"有机体"理论是把公司看成是一个有机整体，主张公司组织机构的权力是由国家法律赋予的，并非来自股东大会的委托。据此，现代西方公司法大多出现了削弱股东大会的权限而强化董事会权限的立法趋势，并以不同的方式，将公司的经营管理权力划归董事会。董事会在公司经营管理方面享有法定的"专属权限"，凡属"专属权限"范围内的事务，董事会均有作出决定的全权，不受股东大会的干预。股东大会对董事会权限所施加的限制，不得用以对抗第三人。最早采用这种理论的是德国 1937 年的股份公司法，按照德国立法的规定，董事会是股份有限公司的领导机关，除法律另有规定外，无论是公司的章程，还是股东大会决议，都不能限制董事会对公司业务拥有的专属领导权限。

现代西方公司法之所以出现削弱股东大会的权限而强化董事会权限的立法趋势，是因为在西方国家，股东所追求的是利润，他们一般并不擅长于公司的经营管理，把公司的业务管理交由有经验的专家组成的董事会负责，不让股东大会过多地干涉公司的经营管理事务，有利于加强公司的经营管理，提高公司的经济效益，为股东赚取更多的利润。

我国 1993 年《公司法》在配置股东大会与董事会权力时，却忽视了这一现代公司立法趋势，配置给股东大会的权限不仅很大，而且包含了若干应由董事会行使的职权，如公司经营方针和投资计划的决定权、公司增资减资的决定权、公司债券发行的决议权，纯属公司经营管理方面的权限，就不应由股东大会来行使。其实约束机制的核心是强化董事、经理的义务和责任，把重点放在对董事注意义务和忠实义务的概括性规定上。①

为了适应公司经营管理专门化、高效化、快捷化的客观需要，实现股东股权与公司法人所有权的分离，进一步提高我国公司的经营管理水平，我国 2005 年《公司法》在修订时，完善了公司法人治理结构，强化了公司董事会的职权范围，健全了公司内部监督机制，提高了公司运作效率。但在条件成熟时，也应重新合理配置股东大会与董事会之间的权力，以便同现代公司立法的发展趋势进一步吻合。

---

① 王保树：《竞争与发展：公司法改革面临的主题》，《月旦民商法研究——公司法发展之走向》，清华大学出版社 2004 年版，第 71 页。

（四）从只规范单个公司发展到既规范单个公司也规范关联公司

传统的西方公司法仅以单个公司作为自己的规范对象。所谓单个公司就是指从事生产经营活动，以营利为目的，实行自主经营、自负盈亏、独立核算的一个独立公司。现代西方公司法在规范单个公司的基础上，又增加了规范关联公司的内容。所谓关联公司是指两个以上的独立公司因相互间具有控制、从属或相互投资关系而形成的公司群体。一般来讲，关联公司具有以下三个法律特征：（1）关联公司是公司之间进行联合而形成的公司群体，并不是公司法上新出现的一种公司组织形态；（2）关联公司的各个成员皆有独立的法人资格；（3）关联公司的成员间具有一定的关联关系，这种关联关系可能是控制关系、从属关系，也可能是相互投资等关系。

现代西方公司法之所以既规范单个公司，又规范关联公司，这是公司制度进一步发展的必然结果。在自由资本主义时期，单个公司往往通过调整自身的经营方针和经营规模以期在市场竞争中获胜或立于不败之地，但竞争的结果，使得许多大公司两败俱伤。为了避免这种现象的发生，便出现了公司间的合并，但由于无序的合并导致了垄断的形成，而垄断又抑制或限制了竞争，使竞争开展不起来。于是，西方各国的公司法、市场竞争法或反垄断法，大多对公司间的合并规定了严格的条件和程序。为了适应市场经济的发展需要，增强公司的竞争实力，分散投资风险，关联公司这种经济现象便应运而生。因为关联公司形成的关联关系，避开了国家法律的限制，不仅协调了关联公司之间的竞争关系，而且确保了关联公司之间均衡利益的实现。从整个社会效果来看，关联公司具有其积极作用，但管理措施跟不上，也会带来一些消极因素。为了使关联公司兴利除弊，保护关联公司各成员，特别是从属公司、子公司、被控股公司的合法权益，维护社会正常的经济秩序，现代西方公司法不仅强化了对单个公司的规范，而且增加了对关联公司的规范内容。

最先规范关联公司的西方国家是德国。德国于1965年9月6日颁布了《股份公司法》，第三编就是关联公司的内容。按照德国现行股份公司法的规定，关联公司是指法律上相互独立的公司，这些公司在相互关系上属于拥有多数资产的公司和占有多数股份的公司、从属公司和支配公司，康采恩公司、相互参股公司或互为一个企业合同的签约方。①法国从 1967 年开始也对关联公司作了相应规定，2000 年的新《商法典》有系统规范关联公司、经济利益集团的专门规定。

我国 1993 年《公司法》仅以单个公司为规范对象，虽然也涉及母公司、子公司和公司转投资等问题，但仍然缺乏对关联公司之间关系的全面调整。从我国目前的社会经济实践来看，公司之间无论是通过签订协议，还是通过相互投资而形成关联公司的情况都是存在的，特别是近几年来，组建公司集团已经成为公司联合的重要形式。随着竞争机制的发挥、经济体制改革的进一步深化和国际经济合作与技术交流的逐步发展，关联公司必将获得空前的发展。我国 2005 年《公司法》在调查研究的基础上，借鉴国外成功的立法经验，将关联关系纳入我国公司法的调整范围之内，主要表现在《公司法》第 21 条、第 124 条和第 216 条之规定。

（五）公司立法日趋统一化、国际化

由于传统的西方公司立法立足于国内，所以各国公司法的指导思想、立法技术、内容结构各不相同，这就为各国的经济合作和技术交流带来了许多不便。为了适应国际贸易和投资活动的蓬勃发展，现代西方公司立法逐步向统一化、国际化方向发展。

一些国际区域性组织为公司立法在本区域内统一作了大量工作，试图制定一部各成员国统一使用的公司法，如 1970 年欧洲共同体制定的"欧洲统一公司法草案"，该法虽然仍停留在草案阶段。但由于欧洲经济共同体可以通过发布指令的方式要求各成员国依照指令修订各国的公司法，所以，它对欧洲共同体国家公司立法趋向统一产生了深远影响，法国、英国和德国的现行公司法就是依照"欧洲统一公司法草案"进行修订的结果。

一些国际组织为现代公司法的国际化作出了不懈努力。如国际劳工组织于 1977 年通过的《关于跨国公司和社会政策的三方宣言》、联合国大会于 1980 年通过的《联合国技术转让行为守则》，联合国跨国公司委员会于 1982 年起草的《联合国跨国公司守则》。《联合国跨国公司守则》为现代公司立法的国际化发挥了重要作用，因为它对跨国公司的定义、适用范围、活动准则、利润汇出、技

---

① 参见《德国股份公司法》第 76 条和第 119 条的第 2 款。

术转让、环境保护、待遇、政府间的合作等重大问题都作了明确规定，可以看作是现代公司立法国际化的一个重要标志。

我国 2005 年、2013 年和 2018 年《公司法》在立足中国公司实践的基础上，积极适应世界各国公司立法趋向统一化、国际化的发展态势。一些国际社会公认、先进、行之有效的公司制度被移植到中国公司法中，使中国公司法与发达国家公司法的内容日趋统一，使中国公司法的理念、体例和制度更加国际化。

（六）强化职工参与公司管理的规定

传统的西方公司法保护的重心是资本家的利益，随着市场经济的日趋成熟、西方人权思想的影响和工人运动的不断高涨，职工参与公司经营决策，监督公司生产经营活动的要求日渐突出。为了适应这种民主管理的客观需要，现代西方公司法便将职工参与公司管理的权力用法律形式固定了下来，并不断完善。德国公司立法首创了"职工参与制"，根据德国 1951 年的《矿业参与决定法》、1972 年的《企业委员会法》和 1976 年的《参与决定法》的规定，职工有权选派代表进入公司的董事会，直接参与公司的经营决策，有权选派代表进入公司的监事会，对公司的生产经营活动行使监督权，有权通过其他形式在工资、工时、雇工、辞退等方面与资方共同研究决定。在德国立法的影响下，法国、美国、日本等也加强了对职工参与公司管理的立法规定。

我国 1993 年《公司法》对国有公司的民主管理形式、职工参与制也作了一些规定，但较之现代西方公司法的内容和我国社会主义市场经济的发展需要还有许多明显的缺陷：一是职代会制度同公司组织系统不相协调；二是职工董事制流于形式；三是监事会成员中的职工代表很难形成制约力量。为了调动广大职工的积极性、创造性，实现公司经营管理的民主化和科学化，进一步提高公司的经济效益和社会效益，我国 2005 年《公司法》进一步强化了对职工参与公司管理的规定，主要体现在《公司法》第 17 条、第 18 条、第 45 条、第 52 条、第 68 条、第 71 条、第 109 条和第 118 条之规定。

（七）在公司法中直接规定公司犯罪及其刑事责任

公司作为一个法人，不仅有权利能力、行为能力，而且还有犯罪能力。"权利与义务、利益与风险的统一作为现代民商法的要义和精髓，渗透于民商法的字里行间，贯穿于法律规范的段落条款，在企业法律形态的具体规定中，更有着充分的、精妙的体现。"①在资本主义原始积累时期,西方的公司犯罪问题就已经开始出现了。在世界上率先承认公司犯罪并对公司犯罪予以刑罚处罚的国家是英国。早在 17 世纪,英国法院就对那些不履行修复公路和桥梁等法律义务而造成危害后果的公司追究其刑事责任。1827 年英国议会通过的《关于进一步改善刑事案件的处罚的法令》第 14 条就明文规定,在此类刑事案件中,所谓"人",不仅包括自然人,而且包括公司等法人在内。继英国之后,美国、日本、法国等也相继在刑法上规定了公司犯罪问题。但自 19 世纪末特别是 20 世纪初以来,公司犯罪不仅大量涌现,而且到了十分严重的地步。据德国刑法学者统计,在经济领域的犯罪中,公司犯罪大约占到 70%。面临如此严峻的形势,为了有效遏制公司犯罪,弥补刑法对公司犯罪规定的滞后性缺陷,现代西方各国纷纷在公司法中直接规定公司犯罪及其刑事责任。

《德国股份公司法》第五编的第 399 条到第 405 条都是关于公司犯罪及刑罚的规定,主要规定了对虚假陈述罪,不正当描述罪,亏损、资不抵债或无支付能力时的不履行义务罪,篡改或伪造提存证明罪,违反报告义务罪,违反保密义务罪,违反秩序罪七个罪的刑事处罚。《法国商法典》第二卷"商事公司与经济利益合作组织"中的第四编则专门是对刑事责任的规定,一共有九章,涉及与有限责任公司有关的犯罪、与股份有限公司有关的犯罪、与发行有价证券有关的犯罪和各种形式的商事公司的共同犯罪等内容。《日本公司法典》第八编为罚则,对董事等的特别渎职罪、危害公司财产罪、使用虚假文书罪、合谋罪、损害公司的行贿受贿等犯罪的构成及刑罚做了详细规定。

我国 1993 年《公司法》第十章"法律责任"共有 23 个条文,其中就有 17 个条文规定"构成犯罪的,依法追究刑事责任"。为了使公司法有关刑事责任的原则规定更加明确、具体,第八届全国人民代表大会常务委员会第十二次会议通过了《关于惩治违反公司法的犯罪的决定》,该决定共有 15 个条文,主要规定了违反公司法的十种犯罪及其刑事责任。1997 年 3 月 14 日第八届全国人民代表大会五次会议通过的《中华人民共和国刑法》吸收并完善了该决定的内容。

我国 2005 年《公司法》第十二章也设专章规定了法律责任,《公司法》第十二章"法律责任"共 18 个条文,其中只有最后第 216 条规定"构成犯罪的,依法追究刑事责任"。而具体的罪名与刑罚则需要在我国《刑法》第三章第三节

① 赵旭东:《企业与公司法纵论》,法律出版社 2003 年版,第 109 页。

"妨害公司、企业管理秩序罪"中才能找到。这种在"法定刑只能规定在刑法典中"的观念束缚下形成的公司犯罪立法模式，造成了我国公司法律中刑事责任设计碎片化的缺陷，不利于公司立法的现代化发展。为了更有效地打击各种公司犯罪活动，刑事责任条款需要在公司法中得到整合。在公司法中整合公司犯罪刑事责任不仅能够保持公司法律的完整性与统一性，使公司法的可操作性进一步增强，更好地防止和制裁犯罪，而且这种立法体例与世界公司立法的发展趋势相协调，有利于我国公司法律发展与国际接轨。遗憾的是，我国《公司法》依然固守着"法定刑只能规定在刑法典中"的传统理念，没有对公司立法中刑事责任条款进行整合。因此我们有必要参照国外先进立法经验，在公司法或商法的公司规则方面列入有关公司犯罪的规定，即以附属刑法的方式，为公司犯罪设定独立的罪状和刑罚。[①]我国公司刑事责任的规定应向更加合理、更具科学性和操作性的方向发展。

总之，现代西方公司法有着十分明显的发展趋势：在股东人数方面，从严守公司的社团性发展到允许一人公司的设立；在设立主义方面，先由自由主义发展到特许主义、核准主义，再由单纯准则主义发展到严格准则主义；在权力配置方面，进一步削弱了股东大会的权限而强化了董事会的权限；在规范对象方面，从只规范单个公司发展到既规范单个公司也规范关联公司；在立法方向方面，已经向统一化、国际化方向迈进；在民主管理方面，创设了职工参与制；在法律责任方面，将公司犯罪及其刑事责任直接规定在公司法之中。随着我国社会主义市场经济的飞速发展，对外贸易和投资活动的繁荣，我国《公司法》逐步顺应了现代公司法的发展趋势，积极向现代公司法靠拢，使其成为一部名副其实、理念先进、高度现代化的 21 世纪公司法。

---

① 赵辉：《公司犯罪法律规定亟需整合》，《法制日报》（公司法务专刊）2005 年 12 月 13 日第 9 版。

第四节　公司法的修改完善与现代化改革

一、我国公司法的历次修改解读

我国第八届全国人民代表大会常务委员会第五次会议于 1993 年 12 月 29 日通过的《中华人民共和国公司法》，不仅适应了我国建立现代企业制度的客观需要，而且开创了我国公司法制的新纪元，使我国的企业改革由过去以放权让利为主要内容的政策调整，进入了制度创新的法制化时代。

1993 年 12 月 29 日第八届全国人民代表大会常务委员会第五次会议通过，并于 1994 年 7 月 1 日施行的《中华人民共和国公司法》，在规范公司的组织和行为，保护公司、股东和债权人的合法权益，维护社会经济秩序，促进社会主义市场经济的发展方面发挥了积极而又重要的作用。

1993 年《公司法》的颁发距中共中央十四届三中全会于 1993 年 11 月 14 日通过的《中共中央关于建立社会主义市场经济体制若干问题的决定》仅一个半月，其内容难免带有计划经济体制时期的一些痕迹。由于我国公司法赖以存在的市场经济体制尚未完全确立，同建立在完全市场体制基础上的现代西方公司法相比，还有许多不足之处，随着我国市场经济的飞速发展，我国公司法也需要不断修改完善。我国有些学者结合实践进行制度创新，全面评估与完善 1993 年颁布的公司法，并提出了我国公司法修改草案建议稿。[①]从全国人民代表大会常务委员会的修改历程来看，我国先后对公司法作了五次修改。

（一）我国 1999 年对公司法的修改：小改

第九届全国人民代表大会常务委员会第十三次会议于 1999 年 12 月 25 日通过了关于修改《中华人民共和国公司法》的决定，对公司法进行了第一次修改，

---

① 王保树：《中国公司法修改草案建议稿》，社会科学文献出版社 2004 年版。

修改的内容为增加了对国有独资公司监事会和高新技术股份有限公司的相关规定。

1. 增设了国有独资公司监事会的规定

我国 1993 年《公司法》没有关于国有独资公司监事会的规定。第九届全国人民代表大会常务委员会第十三次会议于 1999 年 12 月 25 日通过的关于修改《中华人民共和国公司法》的决定，在第 67 条增加了关于国有独资公司设监事会的相关规定。

2. 增加了高新技术股份有限公司的相关规定

我国 1993 年《公司法》第 24 条第 2 款规定有限责任公司股东以工业产权、非专利技术出资的金额不得超过有限责任公司注册资本的百分之二十，国家对采取高新技术成果有特别规定的除外。我国 1993 年《公司法》第 80 条第 2 款也规定：股份有限公司的发起人，以工业产权、非专利技术作价出资的金额不得超过股份有限公司注册资本的 20%。

根据 1997 年 7 月 4 日国家科委、国家工商局联合发布的《关于以高新技术成果出资入股若干问题的规定》，以高新技术成果出资入股，作价总金额可以超过公司注册资本的 20%，但不得超过 35%。

为了落实科教兴国的基本国策，全国人民代表大会常务委员会于 1999 年 12 月 25 日作出的《关于修改〈中华人民共和国公司法〉的决定》中对此进行了修改，放宽了无形资产占注册资本的比例规定。在附则第 229 条增加一款作为第二款，该款规定：属于高新技术的股份有限公司，发起人以工业产权和非专利技术作价出资的金额占公司注册资本的比例，公司发行新股，申请股票上市的条件，由国务院另行规定。

需要指出的是 2005 年 10 月 27 日第十届全国人民代表大会常务委员会第十八次会议修订的《公司法》将有限责任公司与股份有限公司中无形资产占注册资本比例的规定一并取消。这说明我国《公司法》为无形财产出资提供了更加宽松的法律环境。

（二）我国 2004 年对公司法的修改：小小改

第十届全国人民代表大会常务委员会第十一次会议于 2004 年 8 月 28 日通过了关于修改《中华人民共和国公司法》的决定，对我国公司法进行了第二次修改，修改的内容是删除了股票溢价发行须经国务院证券管理部门批准的规定。

即删除了原《公司法》第 131 条第 2 款关于"以超过票面金额为股票发行价格的，须经国务院证券管理部门批准"的规定。

（三）我国 2005 年对公司法的修改：大改

1999 年 12 月 25 日第九届全国人民代表大会常务委员会第十三次会议和 2004 年 8 月 28 日第十届全国人民代表大会常务委员会第十一次会议虽曾两度修改公司法，但都只是很小范围的修改。

在认真总结十多年来我国公司法施行的经验与教训的基础上，第十届全国人民代表大会常务委员会第十四次会议于 2005 年 2 月和第十届全国人民代表大会常务委员会第十七次会议于 2005 年 8 月对公司法的修正案分别进行了二次审议，第十届全国人民代表大会常务委员会第十八次会议在进行三次审议的基础上于 2005 年 10 月 27 日通过了修订的《中华人民共和国公司法》，对我国公司法进行了第三次修改，并自 2006 年 1 月 1 日起施行。

1. 修改效果：意义重大、影响深远

在我国全面建成小康社会的新的历史条件下，公司法的修改，意义重大，影响深远：（1）在社会上引起了强烈反响。人们大多给予了积极、肯定的评价，公司法专家大多对这次修改表示满意。如赵旭东教授对这次修改一连说了两个"很满意"，表示"远远超过了我的预期"。[1]（2）对于规范公司的组织和行为，加快公司的发展，建立和谐的公司秩序，提升我国公司的国际竞争力具有重大的现实意义。（3）对促进市场经济的繁荣与国民经济的健康发展必将产生深远影响。（4）对中国公司的立法、司法和执法以及公司法理论研究也将产生积极影响。（5）对于世界公司立法的改革具有积极的国际影响。这次修改引起了国外同行的普遍关注，并在某些方面引领了世界公司立法改革的潮流，相信这部新法必将成为 21 世纪最为现代化的公司法之一。

2. 修改动因：与时俱进

由于我国公司法立法背景的历史局限性，由于公司法理论储备的相对不足，在经济体制改革不断深入、市场经济体制逐步完善的新时期，原公司法逐渐滞后于我国经济和社会发展的需要，已经不能完全适应新形势对公司发展的需要，出现了不少问题：（1）公司设立门槛过高，难以满足社会资金的投资需求；

---

① 何磊：《修改专家解读：新公司法体现公司各方利益》，《中国青年报》2005 年 10 月 28 日。

（2）公司治理结构不够完善，股东会、董事会、监事会、经理层的权利义务需要进一步明确；（3）对股东尤其是中小股东合法权益的保护机制不够完善；（4）对利益相关者缺乏有效的保护和协调机制；（5）对上市公司监管中出现的新情况、新问题缺乏有效的应对措施；（6）缺乏对公司及董事、监事和高级管理人员诚信义务及法律责任的规定，不能满足建立社会信用制度，维护交易安全的要求；（7）对维护社会公共利益缺乏有效的保护手段，没有确立公司的社会责任；（8）价值取向具有一定的片面性，不够和谐。如重安全、轻效率；重防弊、轻兴利；重管制、轻自治；重国有、轻民营；重倡导、轻操作等一系列弊端。[①]

近年来，社会各界要求修改公司法的呼声比较高。在 2004 年 3 月的"两会"期间，有 601 位全国人大代表和 13 位全国政协委员提出建议、议案或者提案，要求修改公司法。国务院有关部门、一些地方政府、企业和专家学者也通过不同形式表达了修改公司法的意见和建议。为了适应市场经济的飞速发展，迫切需要对公司法作出与时俱进的修改。

3. 修改范围：十分广泛

在修改之前，学界曾有过大改、中改和小改的不同主张，从最终通过的新公司法来看，这是一次名副其实的、脱胎换骨的、带有根本性和全局性的公司法大改。从条款来看，在原来总共 230 个条文中，删除的条款达 46 条，增加的条款达 41 条，修改的条款达 137 条；从涉及面来看，大到一些基本制度、基本原则的引入、修改与完善，小到语法修辞和标点符号的修改与更正；从内容来看，从总则到分则，从公司的设立、运营、治理、变更到解散，从有限责任公司到股份有限公司，从社团公司到一人公司，从非上市公司到上市公司都作了较大的修改。这样大面积的修改在我国立法史上都是较为罕见的。

4. 修改定位：客观准确

这次修改，立法机关十分重视，同时也得到了整个社会的广泛关注和积极参与。修改后的公司法在社会上引起了热烈反响，人们大都给予了积极、肯定的评价。赵旭东教授认为，修改后的公司法将成为 21 世纪最为先进的公司法，它的颁行必将引起整个世界的关注，并在立法理念、某些制度和规则方面引领世界公司法改革的潮流。[②]主要原因就在于：（1）修改时奉行了一个甚为精确的修法目标：鼓励投资、发展公司、协调利益、繁荣经济、扩大就业、造福人类。（2）

[①] 刘俊海：《新公司法的制度创新》，《中国法制报》（公司法务专刊）2005 年 11 月 1 日。
[②] 赵旭东主编：《公司法评论》（第 3 辑），人民法院出版社 2005 年版，第 165 页。

对公司法的定性客观准确。对于公司法的定性认识，过去曾把公司法当成是"治乱的法""管理的法""国企改革的法"，这些认识都是不正确、不明智的，现在学术界一致认为，公司法就是对公司进行规范的市场主体法。（3）对公司法的品格认识到位。关于公司法的品格，原公司法存在的突出问题，一是强制性与任意性规范的性质区分不明确，二是强制性规范过多而任意性规范较少。这次公司法修改的一个重要突破就是给公司以更大的自治空间，对公司法的强制性和任意性加以合理界定，注重和强调公司法规范的任意性，缩小其强制性的范围，表现在法条中，就是将许多条款变成了任意性条款，其中包括有限公司股权转让的优先受让权问题、股权的继承问题和股利的分配问题等。

5. 修改原则：适时适度

这次修改，对公司法的有关制度、规定进行了适时、适度的调整，坚持了"既积极又慎重"的修法原则。对社会各方面提出的意见和建议，分情况作了不同处理：对于实践证明急需解决的问题，积极修改、补充和完善；对于各方面普遍关注、意见比较一致、实践又需要、修改条件比较成熟的意见，尽量予以采纳吸收；对于从长远看有一定道理，但目前修改的时机和条件尚不成熟的，遵循改革力度、发展速度和社会可接受程度相统一的立法精神，未作修改；对有关方面争议较大的一些问题，需要进一步调查研究的，也未作修改。同时，这次公司法的修改，既立足中国公司二十年来的实践经验和发展需要，又借鉴了国外成功的立法经验，积极向国际惯例靠拢，实现了本土化与国际化的有机结合。

6. 修改重点：制度创新

这次修改，吸收了国内外公司法学界的研究成果，在理论上有所突破、制度上有所创新：（1）突破了公司社团性理念，承认了一人有限责任公司；（2）突破了公司法人的固有观念，确立了公司法人人格否认制度；（3）突破了股东利益最大化原则，强化了公司的社会责任理念。公司既具有营利性，也具有社会性，既然公司具有社会性，就不能将公司利益仅仅还原为股东利益，相反，公司理应对社会的全面发展承担一定的责任。为此，《公司法》第5条要求公司从事经营活动必须承担社会责任。这是我国公司法的一大特色，也是我国立法者对世界公司法的一大贡献[1]；（4）其他制度创新。我国公司法借鉴了各国公司法改革的最新成果，建立、引进和发展了具有时代特征的其他创新制度，如公司设立、公司

---

[1] 刘俊海：《新公司法的制度创新》，《中国法制报》（公司法务专刊）2005年11月1日。

资本、法人治理、独立董事、股东代表诉讼、申请法院解散公司等。

7. 修改技术：更加娴熟

与原公司法相比，这次公司法的立法技术更加娴熟：（1）结构得当，布局合理。设专章规定有限责任公司的股权转让问题；为解决公司负责人的约束机制问题，设专章规定公司董事、监事、高级管理人员的资格和义务；在有限责任公司中设专节规定一人公司，一人公司之后又设国有独资公司一节，将上市公司的有关规定（股票发行、上市、暂停上市、终止上市等）置于证券法中，实现了公司法与证券法的衔接安排和协调统一。（2）法律条款更加严谨、周延，可操作性、可诉性进一步增强。如首次在附则中增加了定义性条款。（3）公司法预先规定了粗线条的基本制度，为以后国务院制定有关细则、最高法院进行司法解释、法官行使自由裁量权提供了相应的"制度接口"。

（四）我国 2013 年对公司法的修改：颠覆性修改

2013 年 12 月 28 日第十二届全国人民代表大会常务委员会第六次会议通过了关于修改《中华人民共和国公司法》的决定，对我国公司法进行了第四次修改，本次修改主要有 12 处，这是我国公司法自颁布以来 20 年的时间中继前三次修改后的又一次重大性修改或颠覆性修改，条文顺序也作出相应的调整，修改后的公司法自 2014 年 3 月 1 日起施行。

1. 修改的背景、目的与意义

这次修改公司法的背景主要是为了落实国家关于推行公司登记制度简便化的重大部署。根据国家的部署，深圳、珠海于 2013 年 3 月 1 日开始实施商事登记制度的改革试点，并取得了相应的成果与经验。国务院于 2013 年 10 月 25 日部署推进公司注册资本登记制度改革，降低创业成本，激发社会投资活力。中共十八届三中全会于 2013 年 11 月 12 日通过了《中共中央关于全面深化改革若干重大问题的决定》，该决定在"加快完善现代市场体系"部分明确指出：推进工商注册制度便利化，消减资质认定项目，由先证后照改为先照后证，把注册资本实缴登记制逐步改为认缴登记制。

这次修改公司法的目的是为了放松对公司准入的管制，降低公司准入门槛、简化公司设立程序、降低公司开办成本，促进公司加快发展，优化营商环境，构建公平竞争的市场环境，强化市场主体责任，促进形成诚信、公平、有序的市场秩序。

这次修改公司法有利于激发人们投资创业活力，增强我国经济发展内生动力，有利于建立健全我国的商事信用制度与体系，有利于充分发挥"市场在资源配置中的决定性作用"。

2. 修改的重点与亮点

这次公司法修改是以公司资本制度的改革为重点，对我国公司资本制度作出了重大改革、颠覆性修改。公司注册资本登记制度改革的任务就是要按照便捷高效、规范统一、宽进严管的原则，创新公司登记理念，建立高效、透明、公正的现代公司登记制度。修改的亮点，主要表现在以下三个方面。

第一，将公司注册资本实缴登记制改为认缴登记制。我国公司资本的缴纳制度从 1993 年的"一次缴纳制"到 2005 年的"分期缴纳制"。为了降低开办公司的成本，2013 年公司法实行了彻底的"认缴制"，即将公司注册资本实缴登记制改为认缴登记制。依据 2013 年《公司法》的有关规定，除法律、行政法规以及国务院决定对公司注册资本实缴登记制另有规定的以外，将有限责任公司和发起设立的股份有限公司的实缴登记制改为认缴登记制。公司登记机关核发的公司营业执照中不再载明"实收资本"事项。废除了有限责任公司和发起设立股份有限公司的股东（发起人）应自公司成立之日起两年内缴足出资，投资公司可以在五年内缴足出资的规定。废除了一人有限责任公司股东应一次足额缴纳出资的规定。这次改革，废除了实缴资本的法定要求，原先受限制、不完全的认缴资本制变成了不受限制、完全的认缴资本制。实行由公司股东（发起人）通过章程自主约定认缴出资额、出资方式、出资期限等，并对缴纳出资情况真实性、合法性负责的认缴资本制度。

第二，取消法定资本最低限额，放宽注册资本登记条件。依据 2013 年《公司法》的有关规定，除法律、行政法规以及国务院决定对公司注册资本最低限额另有规定的以外，取消法定资本最低限额的规定。取消有限责任公司 3 万元、一人有限责任公司 10 万元、股份有限公司 500 万元最低注册资本的限制。取消公司全体股东（发起人）的首次出资额不得低于公司注册资本 20% 的限制。取消全体股东（发起人）的货币出资金额不得低于公司注册资本 30% 的限制。

第三，取消法定验资程序，简化登记事项和登记文件。取消了有限责任公司股东缴纳出资后，必须经依法设立的验资机构验资并出具证明的规定。公司实收资本和有限责任公司股东的出资额不再作为工商登记事项。有限责任公司和发起设立的股份有限公司在申请设立登记时，不再要求提交验资证明文件。此次修法为推进注册资本登记制度改革提供了法制基础和保障，公司登记管理机构也据此构建了市场主体信用信息公示体系，并完善了文书格式规范和登记管理信息化系统。

（五）我国 2018 年对公司法的修改：小改

第十三届全国人民代表大会常务委员会第六次会议于 2018 年 10 月 26 日通过了《全国人民代表大会常务委员会关于修改〈中华人民共和国公司法〉的决定》，并自公布之日起施行。这次修改的内容只是针对《公司法》第 142 条关于股份回购制度的规定。

将第 142 条修改为：

"公司不得收购本公司股份。但是，有下列情形之一的除外：（一）减少公司注册资本；（二）与持有本公司股份的其他公司合并；（三）将股份用于员工持股计划或者股权激励；（四）股东因对股东大会作出的公司合并、分立决议持异议，要求公司收购其股份；（五）将股份用于转换上市公司发行的可转换为股票的公司债券；（六）上市公司为维护公司价值及股东权益所必需。

公司因前款第（一）项、第（二）项规定的情形收购本公司股份的，应当经股东大会决议；公司因前款第（三）项、第（五）项、第（六）项规定的情形收购本公司股份的，可以依照公司章程的规定或者股东大会的授权，经三分之二以上董事出席的董事会会议决议。

公司依照本条第一款规定收购本公司股份后，属于第（一）项情形的，应当自收购之日起十日内注销；属于第（二）项、第（四）项情形的，应当在六个月内转让或者注销；属于第（三）项、第（五）项、第（六）项情形的，公司合计持有的本公司股份数不得超过本公司已发行股份总额的百分之十，并应当在三年内转让或者注销。

上市公司收购本公司股份的，应当依照《中华人民共和国证券法》的规定履行信息披露义务。上市公司因本条第一款第（三）项、第（五）项、第（六）项规定的情形收购本公司股份的，应当通过公开的集中交易方式进行。

公司不得接受本公司的股票作为质押权的标的。"

1. 修改的必要性及其理由

股份回购，是指公司收购本公司已发行的股份，是国际通行的公司实施并购重组、优化治理结构、稳定股价的必要手段，已是资本市场的一项基础性制度安排。从功能上讲,股份回购既有积极作用,也有消极影响,是一种利弊兼得的法律行为。因此,如何发挥其积极作用,兴利除弊,就成了各国公司法的一项重要任务。

各国关于股份回购的立法原则、态度或模式,主要有以下两种:(1)"原则禁止,例外允许"。即公司法规定公司原则上不得收购自己发行在外的股份,但在符合法定条件的情形下,又允许公司将其股份购回。大多数国家的公司法采用此种模式,如德国、法国、英国、意大利等。(2)"原则允许、例外禁止"。即公司法规定公司原则上可以回购自己发行在外的股份,但对股份回购的例外情形则作了禁止性规定。该立法模式对股份回购采取了更为市场化的立法思路,法律限制较少,如美国等。美国《示范公司法》允许公司出于善意,为了正当目的,在法律或公司章程无明文禁止的情形下,收购自己的股份。但对回购的资金来源作了严格的限制,公司不得违反。

在总结实践经验、借鉴国外有益做法的基础上,对公司法有关股份回购的规定进行修改完善,充分发挥股份回购制度在优化资本结构、为促进公司建立长效激励机制、稳定公司控制权、提升公司投资价值、提升上市公司质量、建立健全投资者回报机制,特别是为当前形势下稳定资本市场预期等,提供有力的法律支撑,十分必要。

我国1993年公司法规定了两种允许股份回购的例外情形,包括公司为减少资本而注销股份或者与持有本公司股票的其他公司合并。2005年公司法修订时,增加了将股份奖励给本公司职工,以及股东因对股东大会作出的公司合并、分立决议持异议要求公司收购其股份两种例外情形,并对股份回购的决策程序、数额限制等作了规定。实践中,不少公司依法实施了股份回购并取得较好效果。

我国上市公司较少进行股份回购,股份回购制度在稳定市场、回报投资者等方面的作用未能得到有效发挥,因素较多,从制度层面看,主要有以下三个方面。

(1)回购范围较窄。修改前的《公司法》基于传统公司法理念,没有充分考虑上市公司回购股份的市场需求,将回购的合法事由限定于四种特定情形,不能有效发挥股份回购的市场功能和作用,无法适应资本市场稳定运行的实际需要。特别是在股市大幅下挫过程中,尽管有大量上市公司股价已经低于每股净资产,因回购情形限制,公司无法适时采取回购措施,稳定市场预期,提振市场信心。

（2）决策程序不够简便。在决策程序方面，有的国家或地区为便于上市公司根据市场情况及时回购，设置了较为简便的公司决策程序。而在我国，除股东对合并、分立决议持有异议的收购情形外，公司回购股份必须召开股东大会，涉及各种事先通知、公告等事项和期限要求，程序规定较为复杂，特别是适应特定市场目的的股份回购，过于严格的程序要求使得上市公司难以及时把握市场机会，合理安排回购计划，降低了上市公司主动实施回购的积极性。

（3）对公司持有所回购股份的期限规定得比较短，难以满足长期股权激励及稳定股价的需要。从市场实践和需要看，大多数上市公司的股权激励计划从授权到行权一般都要经过至少2~3年，1年的转让时间不能满足长期激励需要。同时，注销回购股份，既影响金融机构的资本充足率，也会导致上市公司再融资时需重新发行股份，提高融资成本，挫伤公司回购股份的积极性。我国台湾地区"证券交易法"规定因转让股份给员工等原因购回的股份，公司可以持有三年，以便于有足够的时间空间实施员工持股或股权激励计划。而我国原来《公司法》规定回购股份奖励给本公司职工的也要在一年内转让，从而限制了股份回购的市场化功能作用发挥的必要条件和空间。

2. 修改的主要内容

针对《公司法》第142条在实践中存在的问题，这次从8个方面对该条规定作了进一步的修改完善：

（1）完善了股份回购情形的第（三）项。将原来规范回购法定情形中"将股份奖励给本公司职工"的第（三）项情形修改为"将股份用于员工持股计划或者股权激励"。该项情形更加清晰并有所扩展。

（2）增加了允许股份回购的法定情形。增加"将股份用于转换上市公司发行的可转换为股票的公司债券"和"上市公司为维护公司价值及股东权益所必需"。两种情形分别作为第（五）和第（六）项法定情形。

（3）适当简化股份回购的决策程序。将决策机关由"一元化"变成了"二元化"。没有修改的规定：公司因第（一）项"减少公司注册资本"和第（二）项"与持有本公司股份的其他公司合并"的情形收购本公司股份的，应当经股东大会决议。由于这两项收购行为属于公司重大问题，必须经特别决议通过，即该决议必须经代表三分之二以上表决权的股东通过，方为有效。这是原来的规定本次修改未予改变。按照原来的规定，股份回购的决策机关只能是公司的股东大会。本次增加规定：公司因将股份用于员工持股计划或者股权激励、用于转换上市公司发行的可转换为股票的公司债券，以及上市公司为维护公司价值及股东权益所必需而收购本公司股份的，可以依照公司章程的规定或者股东大会的授权，经三分之二以上董事出席的董事会会议决议，不必经股东大会决议。

（4）提高公司持有本公司股份的数额上限。原来规定，公司因"将股份奖励给本公司职工"而收购的本公司股份不得超过本公司已发行股份总额的5%。本次规定：因第（三）（五）（六）项情形收购本公司股份的，公司合计持有的本公司股份数不得超过本公司已发行股份总额的10%。

（5）延长公司持有所回购股份的期限（1~3年）。没有修改的规定：公司依法收购本公司股份后，属于第（一）项情形的，应当自收购之日起10日内注销；属于第（二）项、第（四）项情形的，应当在六个月内转让或者注销。

原来规定，公司因第（三）项"将股份奖励给本公司职工"所收购的股份应当在1年内转让给职工。本次规定，因第（三）（五）（六）项情形收购本公司股份的，公司应当在3年内转让或者注销。

（6）增加了上市公司的信息披露义务。本次修改补充了上市公司股份回购的规范要求。为防止上市公司滥用股份回购制度，引发操纵市场、内幕交易等利益输送行为，增加规定上市公司收购本公司股份应当依照《证券法》的规定履行信息披露义务。

（7）明确了上市公司的股份回购方式。本次明确规定，上市公司收购本公司股份应当通过公开的集中交易方式进行。

（8）删除了关于股份回购资金来源的限制性规定。根据实际情况和需要，本次修改删除了原来公司法关于公司因奖励职工收购本公司股份，用于收购的资金应当从公司的税后利润中支出的规定。

3. 修改的重大意义

人大常委会修改公司法的决定进一步指出，对公司法有关资本制度的规定进行修改完善，赋予公司更多自主权，有利于促进完善公司治理、推动资本市场稳定健康发展。国务院及其有关部门应当完善配套规定，坚持公开、公平、公正的原则，督促实施股份回购的上市公司保证债务履行能力和持续经营能力，加强监督管理，依法严格查处内幕交易、操纵市场等证券违法行为，防范市场风险，切实维护债权人和投资者的合法权益。

此次公司法的修改进一步夯实和完善了资本市场的基础性制度，为促进资本市场稳定健康发展提供了有力法律支持，有助于提升上市公司质量，有助于健全金融资本管理体制，深化金融改革，有助于维护广大中小投资者权益，促进资本市场持续稳定健康发展。

二、国外公司法的现代化改革及其经验

（一）公司法现代化的界定

公司法的现代化是指国家为了适应社会经济和公司的发展需要，根据现代公司法的基本理念与原则，将传统公司法改革为现代公司法的历史进程。

公司法的现代化有以下五个特点：（1）世界性。英国最早进行公司法的现代化改革，但现已成为一个世界性的共同现象，每个国家均有进行公司法现代化改革的历史使命与必然过程。（2）适应性。公司法现代化改革的动因就是为了使其不断适应社会经济的发展现状和公司实践的发展需要。（3）长期性。公司法现代化的实现，不可能一蹴而就、瞬间完成，而是一个长期、渐进、曲折的历史过程。（4）目标性。公司法的现代化，分为不同的发展阶段，每一阶段均有相应的目标，其最终目标就是实现公司的现代化，即促进公司的自由、全面与可持续发展。（5）综合性。公司法的现代化是一个综合的范畴，包括公司法的思想现代化、制度现代化、形式现代化和技术现代化。现代化改革的内容涉及静态公司法和动态公司法，涉及公司法的理念、形式和制度等方面。

（二）国外公司法的现代化改革浪潮及其经验

进入 21 世纪以来，世界各国均着手进行公司法的现代化改革，正视国内经济运作中存在的问题，以期对经济全球化和一体化进行立法上的呼应。

英国为了全面改革公司制度以适应现代公司的发展需要，政府专门于 2002 年及 2005 年分别颁布《公司法现代化白皮书》和《公司法改革白皮书》，并于 2006 年颁布了新的《公司法典》，该法典共 47 部分 1300 条，约 80 万字。美国在安然公司财务造假丑闻后，于 2002 年 7 月颁布了《公众公司会计改革和投资者保护法》（萨尔班斯·奥克利法案），着重规范公众公司的独立会计监督和财务信息的准确披露问题，被誉为政府监管、处罚措施最为严厉的公司法律。德国

政府于 2002 年夏季制定了公司治理改革的十点计划，并据此于 2003 年 2 月制定了《改善公司治理的措施目录》，此后颁布了《德国公司治理准则》。法国 2001 年颁布了《新经济规制法》对公司采取开放的态度，简化公司设立程序，允许在线登记，鼓励投资，增强公司运作的透明度，于 2006 年颁布了新的《法国商事公司法典》，并将以证券法为主要内容的金融市场法律规范纳入其中。2009 年《法国商事公司法》被纳入《法国商法典》第二卷之中。日本 2004 年 12 月公布了《公司法制现代化纲要》，并于 2005 年 7 月颁发了新的《公司法典》，该法典共 8 编 34 章 979 条，约 30 万字，特别着眼于对不景气经济的激励，鼓励公司成为刺激社会经济的活力。

归纳起来，上述国家关于公司法现代化改革的经验主要有以下六点：（1）公司法现代化改革的目的性。各国之所以对公司法进行现代化改革，其动因与目的就是为了使公司法更加适应世界经济全球化与经济竞争全球化的国际背景与环境，增强公司的竞争力，刺激本国经济的发展，进而提升国家的国际竞争力。（2）公司法现代化改革的计划性。各国公司法现代化改革的进程是在政府或国际组织关于公司法现代化改革文件的指导下进行的。如日本 2004 年 12 月公布的《公司法制现代化纲要》、欧盟 2003 年 5 月 21 日提出的《欧盟公司法现代化和公司治理走向完善》的行动计划。（3）公司法现代化的目标明确。各国公司法现代化改革的举措与途径不同，但目标十分明确，就是要建成一个自由、高效、公平、透明的公司法。（4）公司法形式的现代化。在整合现有公司法规范的基础上，实现公司法的系统化、协调化或法典化。如日本将原来《商法典》的第二编、有限责任公司法和商法特例法中的公司法规范进行整合，形成了 2005 年 7 月公布的《公司法典》。（5）公司法语言的现代化。公司法语言的现代化就是实现法条的通俗化、精确化。如日本就将原来使用的片假名文言体改成了平假名口语体，彻底解决了法律条文的晦涩难懂问题，有利于公司法的普及化。（6）公司法程序的现代化。公司法程序的现代化就是解决公司设立、变更和终止程序的烦琐问题，使其更加简便化。如法国 2004 年 3 月颁布的《简化公司及各种程序》的第 2004-74 号法令。

三、我国公司法现代化改革的基本构想

（一）我国公司法现代化改革的目标

面对国外十分汹涌的公司法现代化改革浪潮，我国也适时地修正了立法理念，较好地借鉴了国外先进的立法技术，于 1999 年、2004 年、2005 年、2013 年和 2018 年对公司法先后进行了 5 次修改。应当承认，经过五次修改的我国公司法是一部理念先进、制度创新的现代化公司法，为更好地适应市场经济之需要，该法极大地体现了鼓励投资、简化程序、提高效率的精神。很显然，公司法的不断修改既是对经济体制改革成绩和法律实施效果的进一步确认，同时也是法律顺应经济条件的变化而对资本市场各方参与者利益关系的一次创新布局。[①]

我国公司法的实施有效地促进了投资的多元化和市场经济的繁荣，因此江平教授指出：修改后的公司法确实是 21 世纪最为先进的公司法。这种先进不仅是借鉴和引进了各国公司法行之有效的最先进的公司法律制度和规则，同时这些制度和规则使我们最大限度地适应了中国现代化建设的需要。但是法律具有滞后性，一部法律即使在立法之初先进，也仅仅是阶段性的胜利，随着社会的发展，总是会存在着与社会现实不相适应或者不协调的方面，这就需要我们及时对其进行审视和变革。

在世界整体形势发生百年未遇的重大变革背景下，随着世界多极化、经济全球化、社会信息化和文化多样化的深入发展，我国公司法中的一些不太完善之处也逐渐暴露出来。为了顺应世界经济一体化的发展趋势和我国经济生活中新的变化，需要我们对公司法进行认真、全面、深刻和系统地反思和检讨，继续探索如何对公司法进一步修改和完善，以顺应现实社会经济生活的实际需要。我国公司法虽然经过了五次修改，但公司法的现代化历程并没有完成，公司法的现代化永远在路上，我国公司法的现代化问题仍然是一个值得进一步研究的重大课题。公司法作为社会经济生活中最具活力的法律规范，始终应当关注如何使其规范适应并促进社会经济实践的发展。因此，我们认为，面对世界大发展大变革大调整的新形势，面对挑战层出不穷、风险日益增多的新时代，为了全面深

---

① 施天涛：《新公司法是非评说：八、二分功过》，《月旦民商法杂志》2006 年总第 11 期。

化改革、进一步扩大对外开放，营造市场化、法治化和便利化的营商环境，增强我国公司在世界经贸活动中的核心竞争力，我国必须进一步推进公司法的现代化改革。

我国公司法现代化改革应当奉行效率优先兼顾公平理念、利益平衡理念、风险防范理念和社会责任理念，构建"四自型"的公司法：（1）"自主型"公司法，即将以往的"为股东做主"的法律父爱主义改革为"由股东自主"的股东自主主义；（2）"自治型"公司法，即将以往的重"政府管制"改革为重"公司自治"；（3）"自由型"公司法，即将以往的政府"干涉经营"改革为公司真正的"营业自由"；（4）"自律型"公司法，即将以往公司监管的重点由政府"他律"改革为由公司"自律"。

（二）我国公司法现代化改革的原则

1. 法律体系的协调性原则

2011 年 3 月 10 日上午，全国人大常委会委员长吴邦国在第十一届全国人民代表大会第四次会议第二次全体会议上庄重宣布，中国特色社会主义法律体系已经形成。这个有中国特色的社会主义法律体系要求不同层次、不同效力的法律法规符合统一、系统、分层的科学要求，共同构成一个完整的统一体，成为中国特色社会主义法律体系的有机组成部分。在中国特色社会主义法律体系的大框架内，我们应当审视法律、法规相互之间的协调性和衔接性。公司法的现代化改革也应当注重与我国现行商事法律、法规，尤其是企业法律、法规之间的协调和统一。

例如，由于历史原因所限，为促进经济发展，吸引外资，我国在没有相应公司立法的背景下，优先制定了外商投资企业法，其后才制定了公司法。因为立法理念的不同和认识上的差异，导致了现实经济生活中，我国外商投资企业与内资公司规范的"双轨制"。这些外商投资企业享受着超国民待遇，在企业的组织形态、企业设立、企业治理等诸方面多与公司法的规定相冲突。2005 年《公司法》第 218 条规定：外商投资的有限责任公司和股份有限公司适用本法；有关外商投资的法律另有规定的，适用其规定。该规定尽管在一定程度上解决了公司法和外商投资企业法的适用问题，但是治标不治本，仍然未能从根本上彻底解决内资公司与外商投资企业之间的不平等和差异性问题。

外商投资企业法是中外合资经营企业法、中外合作经营企业法和外资企业法的统称，法学界与国家机关一般将其简称为"外资三法"。"外资三法"主要规范外商投资企业的组织形式、组织机构和生产经营活动准则，随着社会主义市场经济体制和中国特色社会主义法律体系的建立和不断完善，"外资三法"的相关规范已逐步为公司法、合伙企业法、民法总则、物权法、合同法等市场主体和市场交易方面的法律所涵盖；同时，新形势下全面加强对外商投资的促进和保护、进一步规范外商投资管理的要求，也大大超出了"外资三法"的调整范围。为了适应新时代改革开放的需要，推动外商投资法律制度与时俱进、完善发展，也迫切需要在总结我国吸引外商投资实践经验的基础上，制定一部新的外商投资基础性法律以取代"外资三法"。

鉴于在新的形势下，"外资三法"已难以适应新时代改革开放实践的需要。第十三届全国人民代表大会第二次会议于 2019 年 3 月 15 日通过的《中华人民共和国外商投资法》取代了"外资三法"的有关功能与内容，根据该法的相关规定，公司制外商投资企业的组织形式、组织机构及其活动准则，适用《中华人民共和国公司法》的规定，合伙制外商投资企业的组织形式、组织机构及其活动准则，则适用《中华人民共和国合伙企业法》的规定。随着《外商投资法》2020 年 1 月 1 日的正式施行，"外资三法"同时废止。

根据法律体系协调性原则的要求，我国公司法的现代化改革既要考虑经济全球化的背景，更要考虑中国特色社会主义法律体系的协调问题，实行内资公司与外资公司的同等对待、同等保护、同等规制，正确处理公司法与国有企业法、集体企业法等其他企业法之间的改革与衔接，确保公司法与证券法的功能区分与协调联动。

2. 稳定性与前瞻性相结合的原则

法律的稳定性和前瞻性都应当是法律的内在属性。亚里士多德说过：法律所以见效，全靠民众服从。而遵守法律的习性须经长期的培养，如果轻易地对这种或那种法律常作这样或那样的废改，民众守法的习性必然削减，而法律的威信也就跟着削弱了。[1]法律应当具有一定的权威性，这就要求法律不得朝令夕改，但社会经济生活的变动不居和复杂性，致使法律必须随着社会发展的变化而与时俱进。公司法是为了适应市场经济的发展需要而制定的法律规范，而市场经济的发展则是有阶段性的，不同的发展阶段则有不同的发展情况和法制要求。

---

① ［古希腊］亚里士多德：《政治学》，吴寿彭译，商务印书馆 1965 年版，第 81 页。

因此，市场经济的发展进程决定了公司法的演变过程。根据我国市场经济的现实需要，把实践证明行之有效的公司实践经验通过公司法固定下来，使其保持相应的稳定性。如果缺乏必要的稳定性，朝令夕改，随意中断、废弃，公司法就没有了权威性，既不利于公司法的实施，也不利于市场经济的健康发展。但是保持公司法的稳定性只是相对而言的，并非绝对稳定。因为，市场经济是不断向前发展的。在我国市场经济的发展进程中，公司进行的生产经营活动发展变化很大，我们不可能也没有必要预先就制定好一套一成不变的公司法规范来。因此，公司法既要保持相对稳定性，又要随着市场经济的发展变化而发展变化，及时反映市场经济的实际情况和发展需求，坚持适度超前、与时俱进的原则，不断吸收现代公司法学的前瞻性研究成果，正确引导和积极规范我国公司的生产经营活动。

3. 全球化和本土化相结合的原则

公司已经成为国际竞争中最重要的力量，各国为了吸引更多的外来公司尤其是跨国公司，也为了留住本国的优秀公司，展开了公司法文本的"规范竞争"或"朝底竞争"，即朝着公司设立成本最低、给予公司参与人最大的自由空间、给予相关权益人最佳的保护、放松公司管制方向的法律规则竞争。[①]两大法系的公司法也不断地借鉴、吸收、整合，以致出现趋同态势。在我国，公司制度本身就是舶来品，现行公司法的许多制度都大量借鉴和吸收西方先进的公司法制度，但我们在大胆移植相应制度时却是盲目和囫囵吞枣式的，仅局限于对制度表面的引进，而忽视了制度的构建如何适应本国现实的土壤，以致出现水土不服。对此，施天涛教授尖锐地指出，"中国立法者给公司开出的药物几乎是一应俱全的大杂烩"。[②]以独立董事为例，我国引入英美法系一元制公司治理模式的该项制度，但实际我国公司治理采取的又是大陆法系的二元制公司治理模式，导致独立董事与监事会的职权似有重合，独立董事很难真正独立。有学者因此建议，独立董事制度与我国现行公司治理结构存在冲突，在我国现有的经济土壤之中并不适宜生长，提高监事会的法律地位、扩大监事会的职权，才是我国公司治理结构中监督机制改革的发展方向。[③]当然，我们以为，既然公司法中已经规定了该项制度，就应当重点研究如何使独立董事与监事会职权的相互协调与

① 彭真明、陆剑：《德国公司治理立法的最新进展及其借鉴》，《法商研究》2007年第3期。
② 施天涛：《新公司法是非评说：八、二分功过》，《月旦民商法杂志》2006年总第11期。
③ 彭真明、常建：《盲目照搬还是尊重国情——对当前〈公司法〉修改中几个问题的反思》，《法商研究》2005年第4期。

平衡，而不应无视独立董事制度。

（三）我国公司法现代化改革的基本路径

1. 公司类型的合理化

在学理对公司的分类和法律对公司类型的选择问题上，虽然大陆法系和英美法系国家公司法律制度均遵循公司类型法定主义，但态度并不相同。大陆法系国家的公司法规定的公司类型主要包括有无限公司、有限公司、两合公司、股份有限公司、股份两合公司等。而英美法系主要将公司区分为开放型公司与封闭型公司。我国采取的是大陆法系的分类，着眼于股东有限责任的承担，规定了较为单一公司类型，仅选择了有限责任公司和股份有限公司，将其作为我国公司的两大类型，并采取统一公司法的形式规定两种不同类型的公司。

我国公司法对于公司类型的划分非常便于监管，但是在立法时，由于考虑上的疏忽或者对于公司类型深层次的特征的厘定不清晰，导致公司法中存在诸多问题，例如：有限责任公司和股份有限公司本身的区分标准模糊不清，将二者统一于一部公司法中，相互之间的规定就不可避免地存在重合或者冲突。在我国现行的有限责任公司中，既有规模较小的公司，也有由国有企业改制而来的大规模的公司，除国有独资公司的特别规定外，他们均由统一的有限责任公司规制，混淆了大规模公司和中小规模公司治理的差异。此外，从公司法规定的设立方式来看，有限责任公司与非公众性质的股份有限公司均采取发起设立方式，立法者试图通过两章不同的规定来凸显有限责任公司和股份有限公司这两种不同类型公司的区别，也由此进行了不同的制度设计。但是发起设立方式下的有限责任公司与非公众性质的股份有限公司特性有共通之处，具有人合性和资合性，同属于封闭性公司。而公司法将其截然割裂开来，过于注重股份公司的外在表现形式，把具有封闭性的发起设立的非公众性质的股份有限公司与具有开放性的募集设立的公众性质的股份有限公司设置了同等的制度，却忽视了公司本质上内生的差异性，造成了在股份转让、公司治理等方面适用上的困惑和混乱。

分析对比其他国家和地区的公司法，不难发现，对于公司类型的规定是多元化的，主要包括无限公司、两合公司、有限公司、股份公司和股份两合公司等，从而尽可能地为投资者拓展自由选择公司类型的空间。因此，有学者提出完善我国公司类型的路径之一就是应当增加无限公司、两合公司等类型的公司。考察其他国家公司法修改的做法，如日本为适应国内非公开公司发展的实际需求，在 2005 年新修订的公司法中废除了有限责任公司，将其纳入了股份有限公司的范畴，并以股份转让是否受到章程的限制为由，将其划分为"公开公司"和"非公开公司"。再如英国，在 2006 年的《公司法改革白皮书》中明确提出"优先考虑小公司"战略，简化小公司决策程序，放松监管，来帮助小公司降低运营成本，给予其更多自治空间。本文以为，增加无限公司、两合公司等公司类型的想法在目前实施的公司法中并不可行，不仅涉及公司法体系作出相应大的调整，而且会根本动摇股东有限责任的基石，与我国选择有限责任公司和股份有限公司两种公司类型的初衷相悖。此外，我国已有普通合伙和有限合伙制度，没有必要再行增加新的公司类型。因此，最切实可行的途径就是根据公司内生的本质特征，触及封闭性公司和开放性公司的深层次区别，进行相应的制度设计，以调整我国现行公司法中不适当的规范。具体调整思路为：

第一，调整现行公司法体系，建议将"有限责任公司的设立和组织机构"与"有限责任公司的股权转让"两章合并为"有限责任公司"一章，并规定相应的内容；同时建议将"股份公司的设立和组织机构"与"股份发行和股份转让"两章合并为"股份有限公司"一章，但应区分以发起方式设立的股份公司和以募集方式设立的股份公司，并分别进行制度设计，以凸显二者之间本质的区别。

第二，在有限责任公司中，区分大规模公司和中小规模公司，并借鉴 2006 年《英国公司法》修正案中的小公司战略，对中小规模的公司进行特殊设计，给予其更多的制度倾斜，减少公司运营中的成本，保证其快速健康发展。

第三，对于采用发起设立的非公众性的股份公司，应当考虑其实质上具有的人合性和资合性特征，与有限责任公司并无太大差异，可将发起设立的非公众性的股份公司准用有限责任公司的规则，赋予其更多的灵活性和自治性，让股东可以更多地按照自己的意愿来治理公司。

第四，取消对一人公司只能作为有限责任公司存在的法律限制，即一人公司既可以是一人有限公司，也可以是一人股份有限公司。可将一人公司与其他公司的共性规范纳入公司法总则之中，而将特殊规范放置于公司法分则之中。

2. 法律内容的精细化

尽管我国公司法先后经过了五次修改，在体系上相对更加精确合理，内容上更符合现代公司立法理念，但是纵观世界各国或者地区的公司法条文，我们发现，我国公司法仍然显得较为粗糙，很多规定比较简单，在司法实践中也产生了亟待解决的争议问题。而国外发达国家或地区相对比较成熟的公司法则尽量在立法时就使公司法的内容全面、合理，以尽可能满足社会经济实践生活的需求，也避免可能产生的争议。如日本 2005 年《公司法典》除附则外一共有 979 个条文，英国 2006 年《公司法典》共有 1300 条，而一部《中华人民共和国公司法》仅 218 条，只及日本公司法条文数的五分之一强，相较于发达国家和地区的立法例，我国公司法的内容过于原则性，在一人公司、关联交易、派生诉讼、董事、监事的忠实义务和勤勉义务的认定、公司僵局等若干方面的规定均显得单薄，随着社会经济的进一步发展，公司法中的遗漏和弊病也逐渐显现出来。

对于公司法内容的精细化建议，我们选取以下几个问题进行简要论述。例如一人公司，2005 年《公司法》承认了一人公司的合法性，并大致规定了相应的风险防范措施。由于一人公司股东先天的单一性，所以公司法规定一人有限责任公司不设股东会，公司章程由股东制定。但从公司的治理角度而言，《公司法》没有明确规定一人公司是否需要设立董事会或者监事会，由于缺少有效的公司内部组织机构的制衡机制，一人公司中股东与公司人格混同、财产混同现象难免产生。因此，建议公司法规定一人公司必须设立监事会，并强化监事会的地位。还可以借鉴法国的外部监督机构——会计监察人制度，规定规模较大的一人公司，必须聘任一名会计监察人，负责公司财务监督，并与股东负共同连带责任。此外，就有效地控制一人公司经营中可能出现的风险来说，公司法中信息披露义务还不充分和全面，我们以为，应当强化一人公司的信息披露义务，包括一人公司股东个人财产及信用危机、自我交易、关联交易等重要信息披露制度。

再如关联交易，这在市场经济国家是普遍存在的一种商事行为。我国 2005 年《公司法》对于关联交易的规定相对比较抽象，建议进行如下修改：《公司法》第 21 条规定：公司的控股股东、实际控制人、董事、监事、高级管理人员不得利用其关联关系损害公司利益。违反前款规定，给公司造成损失的，应当承担赔偿责任。此条放置在公司法总则部分，表明关于关联交易的规定应当适用于全部类型的公司，然而，《公司法》仅在上市公司的特别规定之中有所体现，即第 124 条规定，上市公司董事与董事会会议决议事项所涉及的企业有关联关系的，不得对该项决议行使表决权，也不得代理其他董事行使表决权。该董事会会议由过半数的无关联关系董事出席即可举行，董事会会议所作决议须经无关联关系董事过半数通过。出席董事会的无关联关系董事人数不足三人的，应将该事项提交上市公司股东大会审议。因此，建议删去该条中的"上市公司"字样，并将此规定顺位前移，放置于第 21 条之后，以使其规定适用于所有类型的公司。

此外，公司法中对实施了关联交易而给公司造成损害的控股股东、实际控制人、董事、监事、高级管理人员规定了相应的赔偿责任，但是却缺失了对于关联公司本身的责任承担。建议增加"关联交易的公司对被关联交易公司的债务负连带责任"的规定。

最后，关于派生诉讼制度的问题。这是一个新生事物，以前我国公司法中并无其踪迹，在 2005 年修订公司法之前，国内的司法实践中还没有充分的经验，尽管从字数上统计，《公司法》第 152 条对于派生诉讼的规定与公司法其他制度的规定相比，已显得非常具体，但实际上，建立在借鉴和仓促规定而实践经验缺失基础之上的派生诉讼制度仍有诸多缺陷，派生诉讼制度能否起到立法当初设想的效果也值得怀疑。从美国的《示范公司法》来看，第七章第四节专门规定了派生诉讼的问题就有 8 个法律条文，具体包括了派生诉讼的定义、股东提起派生诉讼的资格、股东穷尽内部救济规则、法院中止诉讼、驳回诉讼的情形、终止与和解、诉讼费用的支付以及派生诉讼的管辖等问题。对此，我国公司法中的派生诉讼制度也应当进行相应的完善。

3. 法律性质的兼容化

学者们普遍认为，公司法是一部公私融合的法律，既有私法的性质，亦有公法的性质。尽管世界范围内出现"私法公法化"趋势，公司法中存在着国家干预性质的强行性规范，但并不意味着公司法的性质由此发生了改变，公司法仍然是私法领域的法律规范，是重点保护及规范私法的权利和利益的法律。公司自治不排斥国家干预，公司自治追求以效率标准配置资源，旨在促进经济增长、增加社会财富。但如将其推至极致，则可能会导致竞争混乱，损害社会公平；与此相反，对公司运行的国家适度干预，旨在追求社会公平的实现——解决公司自治过程中衍生的非公平、非平等现象。但如将其推至极致，则会扼杀经济自由，影响社会财富的产生。[①]问题在于，当事人的意思自治在公司法中有多大的发挥空间，公司法的私法与公法性质如何有机地兼容，强制性规则与任意性规则是否存在相对合理的界限，它们之间如何衡平才能最大限度地保证公司法的实质正当性，事先管制型的法律与事后监控型的法律相比较，哪一个更具合理性？这些都是有待进一步深入探讨的问题。

罗培新教授对 2005 年《公司法》进行统计后发现："可以""由公司章程规

---

① 蒋大兴：《公司裁判解散的问题和思路——从公司自治与司法干预的关系展开》，王保树：《全球竞争体制下的公司法改革》，社会科学文献出版社 2003 年版，第 45 页。

定""依照公司章程的规定""全体股东约定的除外"等任意性字眼，在 2005 年《公司法》中总共出现 119 处，旧《公司法》中此类字眼则仅出现 75 处。"应当""不得""必须"等强制性字眼，在 2005 年《公司法》中总共出现 271 处，旧《公司法》中此类字眼出现了 243 处。[①]《公司法》中的任意性规范，主要涉及公司利润的分配、内部治理结构、公司对外担保权限。强制性规范主要涉及公司设立登记、控股股东和高管人员的责任承担、公司工会的组织建设等方面，从法律规制的数量上来看，新公司法的任意性规制和强制性规制几乎相当。而纵观世界各国现行的公司法，不难发现，放松对公司内部经营的管制，加强对公司外部活动的监管，二者的有机结合，已经成为世界潮流。

通过以上问题的分析，不难看出，立法者在修订公司法时，一方面顺应着对现代公司发展自由化的回应，另一方面却又不自觉地延续了计划经济年代形成的对公司控制思维，导致在公司法中，任意性规范和强制性规范的角色模糊不明晰，因此，有必要重新梳理公司法，对其中的任意性规范和强制性规范进行合理厘定。罗培新教授指出，调整闭锁公司的分配性规则和结构性规则，应以赋权性和补充性为主，而信义义务规则，则应以强制性为主。调整公众公司的分配性规则和一般的结构性规则，应以赋权性和补充性为主，而核心的结构性规则和信义规则，则应以强制性为主。[②]本节仅简单列举如下：

第一，对于发起方式设立的股份有限公司，在规范上应当赋予其更多的自治空间，因此在诸如股份转让上，允许其在章程中设置股份转让的限制，股票转让也不限于依法设立的证券交易场所或者按照国务院规定的其他方式；在公司治理上，对于股东人数较少或者规模较小的非公众性的股份公司不硬性要求必须设立董事会或者监事会，可只设立执行董事或者监事，还可以取消强制性召开股东大会的规定。

第二，对于中小型的公司，更应当拓宽其意思自治的空间，允许其对章程内容进行选择和取舍，制定具有特色、富有个性的章程，而不是在公司法中明确限定绝对必要记载事项；应当允许公司治理结构更加灵活。

第三，建议删除《公司法》第 17 条和 18 条的规定。第 17 条、18 条分别是关于职工和工会的规定。工会法、劳动法、劳动合同法等法律法规中均已对职工、劳动合同、集体合同以及工会等问题有明确规定，第 17 条和第 18 条的规定

---

① 罗培新：《公司法强制性与任意性边界之厘定：一个法理分析框架》，《中国法学》2007 年第 4 期。
② 罗培新：《公司法强制性与任意性边界之厘定：一个法理分析框架》，《中国法学》2007 年第 4 期。

与公司法的功能有所不符，显得多余，应予以删除。

4. 公司治理的多边化

分析公司治理的历史演变，可以发现公司治理一直是在公平和效率之间进行着价值判决和路径选择。不论是单一股东控制的公司治理理论或是以董事会中心的公司治理理论，似乎都很难解决大股东、控股股东利用其掌握的股本肆意侵害中小股东的事实。"资本多数决的实质是以抽象的资本平等理念掩盖了股东之间权利义务的实质不平等。"①而随着工业经济社会向知识经济社会的转变，公司治理理论和实践不断更新，公司治理的共同契约理念、风险责任理念应运而生，以社会责任为代表的公司多边治理理论异军突起。公司多边治理是指公司的物质资本、人力资本以及信贷资本的投入者在公司生产经营过程中进行的决策、执行和监督的行为。在公司的经营过程中，不外乎涉及三个关系：股东作为一个整体和董事会之间的关系；多数股东和少数股东之间的关系；公司的控制者（包括董事和股东）和其他那些对公司的成功潜在地作出重大贡献的群体，例如投资者、贷款人、雇工、供应商和顾客之间的关系。②

欧盟公司法已经达成的共识，首先是对职工等利益相关者权益的认同。欧盟各国均抛弃了传统的股东利益最大化的立场，不再坚持公司利益等于股东利益，绝大多数准则认为公司的成长、股东的利益、职工的安全感和福利、其他利益相关者的利益是相辅相成的，这种相互依存的关系即便在股东利益集团制定的准则中也得到了明确地强调，这些利益集团愈来愈看重其持股的公司是否承担社会和环境责任，不少准则明确要求公司董事会树立可持续发展以及社会与环境责任观念。③

有学者根据利益相关者理论，把公司的利益相关者分为主要的利益相关者和次要的利益相关者。其中主要的利益相关者是指与公司之间有着直接利害关系的主体，包括股东、经营者、职工和主债权人；次要的利益相关者是与公司之间有着间接的利害关系的主体，包括供应商、消费者、客户、社区、政府等。据此，建议将主要利益相关者纳入公司的内部治理，在公司法上作制度性的安排；而次要利益相关者作为公司外部治理的因素加以考虑。通过治理的多变化，实

---

① 汪青松、赵万一：《股份公司内部权利配置的结构性变革——以股东"同质化"假定到"异质化"现实的演进为视角》，《现代法学》2011 年第 3 期。

② ［英］保罗·戴维斯：《英国公司法精要》，樊云慧译，法律出版社 2007 年版，第 37 页。

③ 朱弈锟：《欧盟公司法创新与"准法"》，《法学论坛》2003 年第 2 期。

现公司利益相关者之间的"一种选择性的利益平衡"①。我们以为，我国在公司法的现代化改革中，应当考虑如何建立起公司多边治理体制下的激励机制与约束机制，以促进公司的持续健康发展。如完善董事会决策制度，要求董事在作出决策时不仅要考虑他们提出的决策建议对现有的和过去的职工的影响，还要考虑对公司顾客和债权人的影响，以及公司作为社会组织提供货物、服务、就业机会和职工福利以及对其营业所在社区贡献的能力。

5. 运营手段的电子化

进入 20 世纪 90 年代以来，信息技术高度发展，人们称为"信息爆炸"。信息、信息技术和信息化的重要性越来越被人们认识。现代公司走信息化道路，这是公司继续谋求发展的必然。关于电子信息化的规范，我国《合同法》中已有所体现，第 11 条明确规定：书面形式是指合同书、信件和数据电文（包括电报、电传、传真、电子数据交换和电子邮件）等可以有形地表现所载内容的形式。我国在证券市场上的做法就充分体现着高度信息化社会的要求，如无纸化交易，利用互联网披露上市公司信息、证券的网上交易等。此外，2004 年我国还专门颁布了《电子签名法》。遗憾的是，我国公司法中却忽视了公司运作中电子化及互联网信息技术的运作的规范，没有鲜明地反映出互联网时代商事交易发展的新的特征，不能不说是一大遗憾。法律不应当仅仅是对社会现实的迎合，更应当是推动社会发展的工具。因此，我国在公司法的现代化改革中，必须正视这一趋势，通过先进的、规范的电子化手段来引导公司的发展。

在高度信息化社会的应对措施方面，不少国家、地区大多尝试了积极的方法，如《英国 2006 年公司法》中，明确规定经股东允许，书面决议、与书面决议相关的文件、会议通知等公司文件除可以采用传统的纸质副本格式外，还可以用电子格式。此外，上述文件均可以通过网站进行发布。再如法国，为了提高公司运作的效力，在《经济创新法》第 4 条中规定，创立公司、变更登记或者停业事项的公告在遵守国务咨询委员会的条例规定下，可以电子形式发出。法国甚至允许公司进行在线登记。德国《资合公司法》中规定，允许由章程规定在特定的情况下可以通过互联网召开股东大会。再如日本 2005 年《公司法典》时代特征非常鲜明，公司运营的现代化手段处处有所体现。其在公司法中规定了书面材料如公司章程、设立公司的书面申请、会议的召集通知、会议记录、会计账

---

① 彭真明、江华：《论利益相关者理论与我国公司治理结构的完善》，《甘肃政法学院学报》2007 年第 1 期。

簿等均允许采用电磁记录。公司的公告允许采用电磁方式，并特别规定了行使表决权的电磁方式。值得一提的是，为保证互联网时代信息的真实性，日本《公司法典》进一步要求，如果公司采用电子公告的方式，在公告期间，应当接受调查机关的调查。

为了迎接信息化社会的挑战，扩大股东对公司事务的参与程度，提高公司运作的效力，我国公司法也应当重视公司运作中电子化及互联网信息技术的运作的规范，具体在对诸如公司文件的电子签名、股东查阅及复制公司的电子文件、股东大会或者董事会会议的召集通知、表决权行使的电子化、会计报表公示的电子化、股东网络投票等方式、程序、规则以及效力等问题上制定出明确的规范，使公司法能够体现互联网环境下鲜明的时代特征。

6. 公司纠纷的可诉化

尽管我国《公司法》较之以前有了质的飞跃，作出了很多制度创新，亦赢得了许多喝彩，然而现行《公司法》依然采用了转型时期立法宜粗不宜细的指导思想，法条规定简单，可操作性差。法律规范一旦过于原则化，就会缺乏可诉性，可诉性差一直是我国法律规定中不可回避的无奈现实，司法适用上必然产生极大的困惑和难题，有时候不得不借助于司法解释的力量。为了正确适用公司法，使其更具可诉性，最高人民法院先后颁发了五个关于公司法的司法解释，但是这些司法解释能否及时应对立法的疏漏，其科学性和合理性本身也受到了相应的质疑。

在公司法人的人格否认制度中，股东承担有限责任是有积极意义的，但是存在困扰的并不是有限责任本身而是来自于它同公司控制的结合。一旦承担有限责任的股东有机会能够对公司有直接的控制，那么这种机会就给他们利用这种控制权来获取利益提供了一个强有力的诱惑。为了防范这种机会发生的可能性，我们以为，为了充分保护债权人的合法权益，公司法有必要将公司法人人格否认制度规定予以具体明确，可结合中国的实际情况，采取列举方式规定公司法人人格否认的情形，包括公司资本的显著不足、公司与股东人格的混同、母子公司之间的过度控制等问题，使该规定有着具体明确的参照标准，同时应当采取概括方式，使该条规定不丧失根据社会经济发展而进行调整的灵活性。此外，除了保护债权人的利益外，国家、社会以及职工和消费者的利益也应列入考虑范围之内，因此在公司法人人格否认制度的诉求主体上，不应当仅仅包括狭义上的债权人，还应当包括职工、消费者、国家等其他更为广义上的利益相关者。

在公司社会责任方面，我国公司法对公司承担社会责任作了十分原则性的规定，仅简单几个字，内容空洞无物，缺乏具体明确和强制性的规范，而且该规定仅为倡导性的规范，此种规范如无相应的惩戒机制作为约束，则导致此规定难免形同虚设，沦为一纸空文。现如今发生在中国社会的多起公司欠缺社会责任，污染环境，损害社会公共利益的案件即为明证。为确保公司社会责任制度落到实处，立法机关应当对公司社会责任的强化予以全面、系统的制度安排，即综合运用倡导性规范、授权性规范及强制性规范进行公司社会责任制度的重构。我们认为，为增强公司社会责任的可诉性，有必要将其予以具体化、规范化，如进一步细化公司承担社会责任的义务、公司承担社会责任的主体、公司社会责任的实现机制以及公司违反社会责任的法律后果等。

第三章
公司的法律地位

第一节　公司的营利法人性质与地位

一、外国公司法人地位的法律确认模式

公司是由股东依法设立的经济组织，公司一旦成立，就成了独立于股东的另一法律主体，在各国法律上均居于法人的地位。

民事主体制度是各国民法的基础性制度，法人制度又是民事主体制度的重中之重，而法人的分类由于攸关私法自治、结社自由和经济发展，则被视为一个国家法人制度的顶层设计。[①]

由于法人是法律所创设或拟制的"人"，西方各国法律对法人的界定与分类也不尽相同，大陆法系、普通法系和俄罗斯就有不同的界定与分类模式。大陆法系基于公法与私法的二元论，先将法人分为公法人和私法人，再对私法人进行第一层次的类型化，即将私法人进一步分为社团法人和财团法人，公司则属于社团法人的范畴，如德国、日本等；普通法系以法人成员人数的多寡，将法人分为合体法人（集体法人）和单体法人（独任法人），如英国、美国等。[②]美国为了确定相关组织的课税义务，又将合体法人（集体法人）分为营利法人与非营利法人两种类型，公司则属于合体法人中的营利法人范畴。美国立法虽然没有直接界定营利法人与非营利法人的标准与界限，但为了进一步规范非营利法人的组织与行为，还专门出台了《美国非营利法人示范法》，该示范法分别规范公益法人、互益法人和宗教法人三种非营利法人。[③]俄罗斯则以是否从事经营活动，将法人分为商业组织法人和非商业组织法人，其中，又将商业组织法人分为商业合伙、商业公司、生产合作社、国有和自治地方所有的单一制企业四种类型。

---

① 周林彬、龙著华主编：《民法总则制定中的民商法问题》，知识产权出版社 2016 年版，第 122~123 页。
② 罗玉珍主编：《民事主体论》，中国政法大学出版社 1992 年版，第 198~201 页。
③ 参见《美国非营利法人示范法》第 1.40 条第 6 项的规定。

因此，在俄罗斯，公司则属于商业组织法人的范畴。[①]

二、我国公司法人地位的时代变革：从企业法人到营利法人

我国 1986 年 4 月颁发的《民法通则》首次正式确立了法人制度，将法人分为"企业法人"与"机关、事业单位和社会团体法人"两大类，从实质来看，该分类基本上沿着"企业法人与非企业法人"的模式与思路进行和展开。[②]该分类对于我国创建具有时代特征的法人制度，促进计划经济向市场经济的历史转变发挥了举足轻重的作用。但随着我国市场经济的飞速发展和社会结构的巨大变化，新的组织形式不断出现，法人形态发生了较大变化，我国《民法通则》关于法人的规定已严重滞后于我国社会生活的深刻变化，法人的类型因缺乏统领性和包容性，已难以涵盖实践中新出现的一些法人形式，也不适应社会组织的改革发展方向，有必要进一步调整和完善。

《民法总则》在传承和发展《民法通则》立法成果的基础上，通过反复比较研究与参考借鉴国外立法例，紧密结合我国法人组织的实际情况，就法人类型化作出了创新性规定，将我国法人分为营利法人、非营利法人和特别法人三大类，从而确立了我国"三足鼎立"的法人类型化模式，呈现出兼容并蓄之独特格局。《民法典》总则编完整保持了《民法总则》关于法人的类型化模式及相关内容。而公司在我国法律上则具有营利法人的性质，处于营利法人的地位，是我国营利法人的典型代表和基本形式。

在我国颁发《民法通则》时，"企业法人"引起了人们的普遍关注，《民法总则》的制定，"营利法人"又迅速引起了人们的热议。甚至在《民法总则》颁发实施后，仍有学者对我国法人类型及其营利法人的确立提出质疑与批评，有学者则针对这种情况专题论证了我国法人分类的合理性与意义。[③]

三、营利法人在我国法人类型化过程中的地位演变及学术争点

从演变过程来看，我国确立法人类型及其营利法人的过程"一波三折"，同

[①]　参见《俄罗斯联邦民法典》第 50 条的规定。
[②]　张新宝：《从〈民法通则〉到〈民法总则〉：基于功能主义的法人分类》，《比较法研究》2017 年第 4 期。
[③]　张新宝：《从〈民法通则〉到〈民法总则〉：基于功能主义的法人分类》，《比较法研究》2017 年第 4 期。

时，也引起了学术界、实务界和社会公众的广泛关注与激烈争论。回顾法人类型化过程中争论的问题及争论中的不同观点，有助于我们了解营利法人制度确立的全过程，有助于我们提升对营利法人的理论认知水平和我国营利法人制度的正确实施。概括起来，我国法人类型化及营利法人的确立过程主要经历了以下三个阶段。

（一）营利法人与非营利法人被置于社团法人之下的"二级类型"阶段

从《民法总则》起草的初始过程来看，作为民法典编纂工作协调小组成员的中国社会科学院和中国法学会在提交给全国人大常委会的《民法总则（建议稿）》中，均提出了"结构主义的分类模式"，即将我国法人按照结构的不同分为社团法人与财团法人的"二分法"建议方案。全国人大常委会法制工作委员会民法室于2015年8月28日完成的《民法总则（草案）》也接受了学界的"二分法"建议方案，将我国法人基本类型化为社团法人与财团法人两大类，其中又将社团法人分为营利法人与非营利法人两种类型。[1]由此可见，在该分类模式中，营利法人与非营利法人被一起置于社团法人之下，处于"附属"或"二级类型"的地位。

关于起初的该法人分类方案，有学者认为，将法人分为社团法人与财团法人，满足了逻辑周延性、确定性和实质性区别的三项标准，并赞成我国《民法总则》将法人基本类型化为社团法人与财团法人两大类型。[2]也有学者认为，我国法人分类的基本标准应当是作为私法主体自治理念的团体自治原则，而最符合这一标准的分类即为社团法人与捐助法人，其他的分类标准只能在这一标准统领下遵循解析性的分类方法建构若干二级类型，例如营利法人与非营利法人。[3]

2015年9月14日至16日，全国人大常委会法制工作委员会在北京召开专家座谈会，专题讨论《民法总则（草案）》（民法室稿）。为期三天的会议集中研究了民法总则起草中的主要疑难问题，并对《民法总则（草案）》（民法室稿）进行了逐章、逐节和逐条地讨论和推敲。[4]张新宝教授在专家座谈会上坚决反对将法人分为社团法人与财团法人的基本分类模式，并在会上对此作了长篇发

① 参见《张新宝：民法总则立法进行时》，中国民商法律网，http://www.civillaw.com.cn/zt/t/? id=31981，2018年5月21日访问。
② 罗昆：《我国民法典法人基本类型模式选择》，《法学研究》2016年第4期。
③ 谭启平、黄家镇：《民法总则中的法人分类》，《法学家》2016年第5期。
④ 张鸣起：《〈中华人民共和国民法总则〉的制定》，《中国法学》2017年第2期。

言，认为该分类模式与我国的改革背道而驰，主张应将我国法人分为营利法人与非营利法人的基本类型，为我国法人类型化立足中国实际、体现中国特色作出了积极贡献。①

鉴于国外传统的社团法人与财团法人"二分法"的固有缺陷，全国人大常委会随后拟定的《民法总则（草案）》并没有采纳社团法人与财团法人的分类方案。在笔者看来，这是因为社团法人与财团法人的分类存在着固有的缺陷，也不甚符合我国法人组织的实际情况。归纳起来，该传统分类存在的固有缺陷主要有：（1）以成立基础系"社员"或"财产"作为法人分类的标准，并不十分确切，因为凡是法人都是由人和财产两者结合构成的，缺乏其中任何一个要素，都无法成立法人；（2）社团法人与财团法人之间不存在互斥关系，逻辑不甚周延；（3）社团法人与财团法人的分类忽视了法人制度与市场经济的密切相关性，未能充分体现实践中大量存在的以营利为目的的法人；（4）随着公司制度的改革，社团法人已无法涵盖一人公司、单一制企业等新的企业形态，也难以涵盖我国的事业单位法人与机关法人。

（二）营利法人与非营利法人"平分秋色"共处于"一级类型"阶段

《民法总则（草案一审稿）》将法人分为"营利性法人与非营利性法人"。《民法总则（草案二审稿）》将其修改为"营利法人与非营利法人"，使概念的使用更加简洁、准确。《民法总则（草案）》采用新的"二分法"方案，将法人分为营利法人和非营利法人两大基本类型。在该分类中，营利法人与非营利法人"平分秋色"，共同处于"一级类型"的地位。将法人分为营利法人与非营利法人的"二分法"方案引起了社会的广泛关注与学界的激烈争论。

支持者认为，我国《民法总则（草案）》将法人分为营利法人与非营利法人，实际上是沿用了《民法通则》将法人分为企业法人与非企业法人的经验，能够与《民法通则》关于法人的分类相衔接，有利于保持法律制度的稳定性，也符合民事立法和理论发展的趋势，值得赞同。②也有学者进一步明确指出，"营利法人"的概念源于我国《民法通则》中规定的"企业法人"，但是二者的范围具有较大不同。③

---

① 参见《张新宝：民法总则立法进行时》，中国民商法律网，http://www.civillaw.com.cn/zt/t/？id=31981，2018年5月21日访问。
② 梁慧星：《中国民法总则的制定》，《北方法学》2017年第1期。
③ 张鸣起：《〈中华人民共和国民法总则〉的制定》，《中国法学》2017年第2期。

反对者认为，我国《民法总则（草案）》将法人分为营利法人与非营利法人，不存在实质意义，难以满足逻辑周延性、确定性和实质性区别的三项标准，其本身是否正当都是值得探讨的问题。①也有反对者认为，鉴于大陆法系关于社团法人与财团法人传统分类的缺陷，《民法总则（草案）》另辟蹊径，将法人分为营利法人与非营利法人，但标准单一，忽略了文化社会等面向，不无顾此失彼之憾，具有"价值理念的失衡""营利认定的困难""管制分类的混淆"等缺点，并不妥当。解决之道可依循传统社团、财团法人分类，或仿效荷兰缓和二元分类改采多元分类，以彰显以人为本的价值。②甚至有学者认为，法人是否营利，是税法所关注和规制的问题，民法无须且无从关注，对其内部治理也在所不问。民法所应关注的，是组织、团体在参加民事法律关系时是否具有完全的人格，相应地，应否及能否独立承担法律责任。③

在实行"民商分立"立法体例的国家，民法不特别考虑"赚钱"问题，但商法却是彻头彻尾地追求"营利"。④由于我国民事立法秉持"民商合一"的传统，通过编纂民法典，就是要完善我国民商事领域的基本规则，为民商事活动提供基本遵循，就是要健全市场秩序，维护交易安全，促进社会主义市场经济健康发展。⑤为了实现民法与商法的有机融合与平衡，民法总则较为系统地规定了我国民商事活动必须遵循的基本规定和一般性规则，既调整了一般民事关系，也调整了商事关系。

关于《民法总则》调整商事关系的模式，学界有独立成编、独立成章、独立成条和完全融合四种主张。⑥但从通过的《民法总则》来看，民法总则并没有采取学界关于成编、成章或成条的集中立法调整模式，而是采取了在民法总则相应部分予以安排的分散立法调整模式。《民法典》总则编主要规定了五个方面的内容：第一，规定了商事主体制度，包括个体工商户、营利法人、个人独资企业和合伙企业等内容；第二，构建了营利法人制度，其中的人格否认制度、关联关系规范与社会责任制度，实际上是借鉴了我国公司法中关于人格否认、关联关系与社会责任的相关规定；第三，确认了股权和其他投资性权利；第四，规定了

---

① 罗昆：《我国民法典法人基本类型模式选择》，《法学研究》2016 年第 4 期。
② 王文宇：《揭开法人的神秘面纱——兼论民事主体的法典化》，《清华法学》2016 年第 5 期。
③ 史际春、胡丽文：《论法人》，《法学家》2018 年第 3 期。
④ ［日］LEC. 东京法思株式会社：《怎样避开商海中的陷阱——商法活用》，复旦大学出版社 1995 年版，第 5 页。
⑤ 李建国：《关于〈中华人民共和国民法总则（草案）〉的说明——2017 年 3 月 8 日在第十二届全国人民代表大会第五次会议上》，《人民日报》2017 年 3 月 9 日第 5 版。
⑥ 雷兴虎、薛波：《〈民法总则〉包容商事关系模式研究》，《甘肃政法学院学报》2017 年第 1 期。

公司等组织的决议行为；第五，规定了表见代理制度。从客观效果来看，这种分散的立法调整模式，有利于实现我国民商事法律的立法体例科学化、立法内容协调化和立法资源高效化的目标。

因此，在我国"民商合一"的立法体例下，法人是否营利，不仅仅是税法关注的问题，更是民法总则不能不关注的问题。如果民法总则不关注法人是否营利问题，那么，我国民法典编纂就背离了"民商合一"的立法传统与体例，就有可能成为一场"失败的法典化运动"。①

笔者认为，营利与非营利的区别，客观存在着概念较为模糊、界定较为困难的问题。但营利与非营利不仅是社会经济生活中客观存在的现象，也是各国法律必须面对的问题。在我国"民商合一"的立法体例下，则是民法典必须考虑、界定和调整而不能回避的现实问题。虽然营利性在不同场合有不同的含义，但在各国商法中认定营利性的标准则是较为一致的。非营利性概念既有公益也有互益的目的，对其内涵与外延的认识虽然分歧较大，但可以通过立法或立法解释对其进行有针对性的界定。如美国的《非营利法人示范法》、日本的《公益法人认定法》等。因此，营利与否的标准，在某种意义上，也能够反映法人之间的本质特征和根本差异，具有相应的确定性与一定的区别度。

（三）营利法人与非营利法人、特别法人"三足鼎立"阶段

我国《民法总则》（草案一审、二审稿）将法人分为营利法人和非营利法人两类，引起了社会各界的争议。鉴于该"二分法"的确难以涵盖当前社会生活中实际出现的一些特殊组织，不少组织与营利法人和非营利法人在设立依据、目的职能、责任承担、变更终止等方面都有所不同，无法将其纳入这两类法人之中。于是《民法总则》（草案三审稿）和最终通过的《民法总则》改采营利法人、非营利法人与特别法人的"三分法"方案，该方案以"营利法人与非营利法人"为基础，以"特别法人"为补充。②根据《民法总则》第三章法人的相关规定，营利法人包括有限责任公司、股份有限公司和其他企业法人等，非营利法人包括事业单位、社会团体、基金会、社会服务机构等，特别法人则包括机关法人、农村集体经济组织法人、城镇农村的合作经济组织法人和基层群众性自治

---

① 蒋大兴：《论民法典（民法总则）对商行为之调整——透视法观念、法技术与商行为之特殊性》，《比较法研究》2015 年第 4 期。

② 张新宝：《从〈民法通则〉到〈民法总则〉：基于功能主义的法人分类》，《比较法研究》2017 年第 4 期。

组织法人。

有学者认为，《民法总则》在总结我国长期社会治理经验的基础上，将法人分为营利法人、非营利法人和特别法人，契合了我国的整体改革目标，即将国家公权力的行使、市场的运行以及社会组织的活动进行适当分离、分类管理的目标。①也有学者认为，《民法总则》首次明确了营利法人与非营利法人的区分标准，从而建立了作为商事或商法的核心范畴的"营利"的基本概念和内容，这是我国第一次以"基本法律"方式对"营利"范畴进行的界定。商法中的许多内容，如商事主体（企业）、商事行为（营业行为）等都是在"营利"基础上衍生而来。因此，此种法人类型的区分充分凸显了"商法思维"，是《民法总则》对商法的最大贡献之所在。同时，此种分类标准考量了我国现行立法关于法人区分管理的现状，凸显了中国社会的市场化转型需求，亦有比较法上的支持依据，是一种较社团和财团的"二分法"模式更为科学和先进、务实和合理的法人区分模式。②但也有学者认为，该分类方法在逻辑性、科学性、严谨性和实践指导性等方面均存在一定的不足。③

笔者认为，与《民法总则》（草案一、二审稿）关于营利法人与非营利法人"甲或非甲"之"二分法"相比，我国《民法总则》（草案三审稿）、最终通过的《民法总则》和《民法典》总则编关于营利法人、非营利法人和特别法人的"三分法"，在逻辑周延性方面有了长足的进步。我国将法人分为营利法人与非营利法人、特别法人的"三分法"，实属创新之举，从而形成了我国"三足鼎立"的法人类型化格局。

"三分法"的分类方式传承和发展了我国《民法通则》实际上按照功能的不同将法人分为企业法人与非企业法人的基本思路，不仅符合我国的立法传统和习惯，具有中国改革开放的时代特色，有利于我国市场经济的健康发展，而且符合我国民法典关于统领性和包容性的立法精神，有利于我国法人制度的进一步改革与发展。

具体来说，我国《民法典》总则编关于法人的基本分类具有较大的现实意义与较为合理的价值取向：（1）将营利法人作为一类，是从现行商事主体法律规范中以"提取公因式"的方式，抽象出来具备普遍适用价值的主体制度，对各商事

---

① 张新宝：《〈中华人民共和国民法总则〉释义》，中国人民大学出版社 2017 年版，前言，第 3 页。
② 蒋大兴：《〈民法总则〉的商法意义——以法人类型区分及规范构造为中心》，《比较法研究》2017 年第 4 期。
③ 谭启平：《中国民法典法人分类和非法人组织的立法构建》，《现代法学》2017 年第 1 期。

主体法律规范有着十分重要的示范与指导作用。确立营利法人的意义在于赋予符合法定条件的法人以从事经营活动的独立资格，从而促进市场经济的发展，创造更多的社会财富。①因此，确立营利法人制度有利于彰显我国以经济建设为中心的基本路线和市场经济的发展战略，有利于树立"亲商""安商"和"富商"的重商理念，有利于我国建设富强民主文明和谐美丽的社会主义现代化国家；（2）将非营利法人作为一类，既能涵盖事业单位法人、社会团体法人等传统法人形式，还能够涵盖基金会和社会服务机构等新型法人形式，比较符合我国成立法人的现实情况；（3）创设特别法人的类型，适应了我国改革社会组织管理制度、促进社会组织健康有序发展的法制需求，有利于健全社会组织法人治理结构，有利于加强对这类组织的引导和规范，促进社会治理创新。

简言之，我国将法人分为营利法人、非营利法人和特别法人三类，利弊兼有，但利大于弊，用经济学的观点来看，该分类的采用属于次优选择。在没有更好的类型化模式供给的前提下，我们应该客观评估、充分肯定该分类的积极效用与价值取向。

四、关于营利法人的法律界定及其完善

（一）关于营利法人的法律界定

营利法人这一概念，在国外出现的历史比较悠久，在我国大陆则是随着经济体制改革的全面深化，逐渐地由学术界所承认和使用，《民法总则》首次确立了营利法人这一法定概念。由于在社会制度、经济结构、法制背景、民族传统和语言习惯等方面的差异，各国对营利法人这一概念的认识也不相同，即使在同一国家，人们对营利法人这一概念的理解也存在一定的分歧。所以，要想给营利法人下一个统一的全世界都适用的定义几乎是不可能的。但营利法人的概念又是我国法人类型化中最为基础、最为重要的概念，只有准确理解了营利法人的概念，才能进一步理解非营利法人和特别法人的含义，才能对法人的各项具体制度进行深入扎实的探讨和研究，因为其他法人制度也是参照营利法人制度设计出来的。因此，在我国法人类型化中，首要的任务就在于科学地揭示营利法人这

---

① 张新宝：《〈中华人民共和国民法总则〉释义》，中国人民大学出版社 2017 年版，第 143 页。

一概念的本质属性，为其下一个较为科学的定义。

我国《民法总则》首次以基本法的形式分别对营利法人与非营利法人的内涵与外延进行了直接法律界定，《民法典》完全予以保持。根据《民法典》的规定，以取得利润并分配给股东等出资人为目的成立的法人，为营利法人。营利法人包括有限责任公司、股份有限公司和其他企业法人等。[①]为公益目的或者其他非营利目的成立，不向出资人、设立人或者会员分配所取得利润的法人，为非营利法人。非营利法人包括事业单位、社会团体、基金会、社会服务机构等。[②]通过对比分析营利法人与非营利法人内涵与外延的法律规定，《民法典》对营利法人主要从地位、目的和外延三个方面进行了直接法律界定。

1. 营利法人的地位界定

从地位来看，我国营利法人属于法人类型中的一种基本形态，而非附属形态，这种定位在世界各国法人分类中甚为罕见。民事主体既是民事关系的参与者，又是民事权利的享有者；既是民事义务的履行者，也是民事责任的承担者。我国创造性地将我国民事主体分为自然人、法人和非法人组织三大类型，这在民法理论和立法实践上都是一项重要的突破。我国又将法人进一步分为营利法人、非营利法人和特别法人。[③]这就意味着，在世界范围内，我国首次创造性地将营利法人规定为法人的基本形态、首要类型，从而确立了营利法人在我国法人基本分类中的"三足鼎立"地位。

2. 营利法人的目的界定

从目的来看，营利法人是以营利为目的而成立的法人。在市场经济条件下，追逐利润最大化被看作是营利法人及其出资者的"天性"和"生命力之所在"，亘古不变。因此，以营利为目的是营利法人最为重要、最为本质的法律属性。需要特别强调的是，这里的以营利为目的包括基本目的和终极目的两个方面，第一，取得利润是营利法人的基本目的或首要目的。营利法人以"利润最大化"为出发点与基本追求，否则，就不能称其为营利法人。第二，将取得的利润分配给股东等出资人是营利法人的终极目的。营利法人是法律创设或拟制的人，其本身并没有最终的利益。因此，营利法人的最终目的就是将取得的利润分配给股东等出资人。如果缺少其中任何一个目的要件，就不能将其界定为营利法人，这

是营利法人营利目的的完整要素、关键含义。以营利为目的也是营利法人与非营利法人、特别法人的根本法律界限。非营利法人是以公益目的或者其他非营利目的而成立的法人，虽然也可能取得一定的利润，但依法则不得向出资人、设立人或者会员分配其所取得的利润。而特别法人成立的目的则是为了行使行政管理、集体经济、群众自治和互助合作等方面的职能。

3. 营利法人的外延界定

我国《民法典》将法人分为营利法人与非营利法人、特别法人，并进一步明确了三者之间较为清晰的外部边界。从外延来看，营利法人包括有限责任公司、股份有限公司和其他企业法人等组织形态，非营利法人包括事业单位、社会团体、基金会、社会服务机构等组织形态，而特别法人则具体是指机关法人、农村集体经济组织法人、城镇农村的合作经济组织法人和基层群众性自治组织法人。

（二）关于营利法人的法律界定的修改与完善

为了充分发挥对我国商事主体制度的统率与指导作用，《民法典》总则编采取"提取公因式"的方式，将我国现行公司法以及其他企业法律制度中具有普遍适用性和引领性的规定提炼出来，从而科学、系统地形成了我国营利法人制度，该制度就营利法人的概念、登记成立、营业资格、章程制定、组织机构、法定代表人和营利法人及其出资人的义务与责任等基本问题作了规定，既构建了我国营利法人制度的基本框架，也为营利法人制度的进一步具体化提供了立法依据。

《民法典》通过比较、借鉴和抽象的方式对营利法人的内涵与外延均进行了较为精准和合理的法律界定，并从正反两个方面厘清了二者的区分标准，这在世界各国的民商事立法史上实属创新之举，值得充分肯定和高度赞扬。但由于经济社会的复杂多变和组织形态的多元化，从严格学术意义上来讲，对法人的任一分类及其界定都可能存在一定的局限性。因此，该法定概念仍有进一步完善的必要。笔者认为，我国关于营利法人的法律界定主要应从以下三个方面进一步修改与完善。

1. 精准表述目的要素

在我国营利法人的概念界定中，虽然突出了目的要素，但对目的要素的表述并不十分精确。所谓"目的"是指人在行动之前根据需要在观念上为自己设计的要达到的目标或结果，目的贯穿实践过程的始终，目的是通过主体运用手段改造客体的活动来实现的。①我国《民法典》第 76 条规定："以取得利润并分配给股东等出资人为目的成立的法人，为营利法人。"这里使用了"分配"的概念，根据美国立法的界定，所谓"分配"是指"将法人的红利或者任何部分的收入或者利润支付给成员、董事或者执行官"②。从辞源来看，所谓分配是按照一定标准或方法分，通常是指国民收入、社会产品、生产资料、劳动力、利润等在不同阶层、社会集团或社会成员、投资者之间的分配。③但从营利法人的实际情况来看，在一人公司、单一制企业法人中并不存在两个或两个以上的股东或其他出资人，利润依法应归该一人股东或该单个出资人独有独享，自然也就不存在所谓的利润分配问题。因此，将这里的"分配"一词改成"回馈"或"回报"则较为合适和准确。

2. 增加功能要素

依法成立的营利法人，由登记机关发给营利法人营业执照。营业执照签发日期为营利法人的成立日期。因此，营利法人作为法人的一种基本组织形式，从事经营活动是其基本的社会功能和活动方式。俄罗斯立法将经营活动界定为：依照法定程序对其经营资格进行注册的人实施的，旨在通过使用财产、出售商品、完成工作和提供服务而不断取得利润，并由自己承担风险的独立自主的活动。④一般来讲，营利法人的经营活动应具备以下特征：（1）营利法人从事的经营活动必须具有连续性。即营利法人的经营活动应是连续不断的，它不是指一次性或偶然性的经营活动。（2）营利法人的经营活动应当在登记范围内进行。经营范围由营利法人章程规定，并依法登记。营利法人的经营范围中属于法律、行政法规规定须经批准的项目，应当依法经有关机关批准。如果要改变营利法人的经营范围，必须依照法定程序修改法人章程并经登记机关变更登记方为有效。（3）营利法人的经营活动具有自主性。在国家宏观调控与监管下，营利法人有权按照市场需求自主组织其经营活动，不受他人非法干涉。

我国立法机关虽然明确指出，遵循《民法通则》关于法人分类的基本思路，适应社会组织改革发展要求，按照法人设立目的和功能等方面的不同，我国将

---

① 夏征农主编：《辞海》（缩印本），上海辞书出版社 2000 年版，第 2014 页。
② 参见《美国非营利法人示范法》第 1.40 条第 10 项的规定。
③ 夏征农主编：《辞海》（缩印本），上海辞书出版社 2000 年版，第 333 页。
④ 参见《俄罗斯联邦民法典》第 2 条第 1 款第 3 项的规定。

法人分为营利法人、非营利法人和特别法人三类。[①]但在营利法人的法定概念中，只是阐明了营利法人的目的要素，并没有体现任何功能方面的内容。为了全面体现和反映我国立法机关的意图，充分反映营利法人在功能方面的本质属性，笔者认为，应该在营利法人的法定概念中增加功能性要素。所谓功能是指事物或方法所发挥的有利的作用、效能。由于功能要素可以表明营利法人是从事什么活动的，重在强调活动本身。因此，营利法人从事经营活动的社会功能应体现在营利法人的法定概念之中。

3. 反映时代要求

在现代市场经济条件下，营利法人既要追求法人及其出资者利益最大化，同时还要承担相应的社会责任，为社会公益服务。营利法人承担社会责任的理念最先体现于美国 1953 年史密斯制造公司诉巴劳（Smith Manufacturing Co. V. Barlow）案的判决之中。史密斯公司给普林斯顿大学提供捐款 1500 万美元。公司股东认为，这笔捐款是越权行为，请求法院判决该捐款行为无效。公司管理层辩称，该捐款行为有助于提高公司在社会中的形象，改善公司的风貌，舆论也对这一"社会性"捐款有所期待。法院最终判决该捐款行为合法有效，认为公司为普林斯顿大学的捐款行为虽然与股东利益（近期利益）不一致，但对社会公共利益有利，完全正当，合法有效。同时，法官进一步强调，"现代形势要求公司作为其经营所在地的一员，承认并履行所应承担的私人责任和社会责任"。[②]这一判决承认了公司的社会性，主张公司也是社会的一员，故应承担一定的社会责任。需要强调的是，营利法人作为市场经济的脊梁，其营利目标应该是永恒的，无论如何强调营利法人社会责任的重要性，永远也不能舍本求末。正如美国学者汉密尔顿所强调的，当公司作出重大决策时，既应考虑社会政策的需要，也应明确可为投资者带来效益的"底线"，而不应将这两者对立起来。申言之，营利法人的利润最大化目标与承担社会责任这两大目标应该是比肩同高，两者兼顾，相得益彰。[③]借鉴我国《公司法》第 5 条关于公司社会责任的规定，《民法典》进一步明确规定："营利法人从事经营活动，应当遵守商业道德，维护交易安全，接受政府和社会的监督，承担社会责任。"[④]这就意味着，我国营利法人承担社会

---

① 李建国：《关于〈中华人民共和国民法总则（草案）〉的说明——2017 年 3 月 8 日在第十二届全国人民代表大会第五次会议上》，载《人民日报》2017 年 3 月 9 日第 5 版。
② 朱慈蕴著：《公司法人格否认法理研究》，法律出版社 1998 年版，第 300 页。
③ 朱慈蕴著：《公司法人格否认法理研究》，法律出版社 1998 年版，第 301~302 页。
④ 参见《中华人民共和国民法典》第 86 条的规定。

责任不仅仅是一种道德义务，而且已经成为一项法定义务。我国《民法典》虽然由专门条款确认了营利法人的社会责任，但笔者认为，营利法人承担社会责任的这一目标、社会属性、现代特征和时代使命理应体现在营利法人的法定概念之中。

基于以上三方面的综合考虑，笔者建议将我国《民法典》第76条："以取得利润并分配给股东等出资人为目的成立的法人，为营利法人。营利法人包括有限责任公司、股份有限公司和其他企业法人等。"修改为："以取得利润并回馈给股东等出资人为目的、从事经营活动并承担社会责任的法人，为营利法人。营利法人包括有限责任公司、股份有限公司和其他非公司型营利法人。"

五、公司营利法人的营利性标准认定

（一）学术界关于营利法人的营利性标准的主要学说

营利法人是以营利为目的而成立的法人。从辞源来看，"营利"一词最早出自《东观汉记》卷十三之"杜林传"，其中有"邑里无营利之家，野泽无兼并之民"的记载。从字面来讲，"营利"具有"借助经营以谋取利润"之意。①司马迁所描述的"天下熙熙，皆为利来；天下攘攘，皆为利往"就是对营利动机与目的的真实写照。②因此，营利性是营利法人的本质属性，也是正确理解和合理划分营利法人与非营利法人的基本标准。但各国立法和理论关于营利性的标准却有不同的认识，营利性实际上成了一个可以在不同意义上使用的多义概念，因使用场合的不同而具有不同的含义。经过梳理、归纳和总结，关于营利性标准主要有主观标准和客观标准两类代表性的理论学说。

1. 主观标准说

主观标准说主要有以下四种观点：

（1）"收支适当说"。该学说认为，营利性的标准是"收支适当"。所谓"收支适当"是指在独立核算的情况下，收益与费用两相平衡，只要收支平衡就可以据此认定其具有营利性了，而不是以获取剩余价值的增殖为目的。如果从是否

---

① 李长兵：《商法理念研究》，法律出版社2015年版，第156~157页。
② ［西汉］司马迁：《史记》，北方联合出版传媒（集团）股份有限公司、万卷出版公司2016年版，第333页。

以"收支适当"为目的的标准来判断，就可以认定公法人在进行商行为场合下的行为，是具有营利性的行为。[①]

（2）"谋求利润说"。该学说认为，营利性的标准是"谋求利润"，即赚钱。这里的"谋求利润"是指只要有获取盈余的意图，就可以认定其具有营利性了，不涉及成员对所获利润的分配问题。需要说明的是，该营利具有辞义学或常识意义上的含义，同人们日常使用的营利一词，在意象上更为接近。[②]现代商事理论将"营利性"的标准确定为"谋求利润"，扩张了营利的内涵，超越了目的与手段的区分。[③]有学者据此认为，营利性就是为销售而制造或购进商品，或者为获得金钱而提供劳务，并以利润多少作为衡量效益的尺度。[④]

（3）"利润分配说"。该学说认为，营利性的标准是"利润分配"。常识意义上的营利性是谋求利润，但商法意义上的营利性则应是向其成员分配利润，该学说被认为是学术界关于营利性的通说。[⑤]梁慧星教授认为，营利法人的"营利"并不是指法人自身的"营利"，而是指法人为其成员的"营利"，即法人将所得利润分配于其成员。[⑥]公司法中公司的营利性指的就是利润分配的含义。因此，不以向其成员分配利润为目的的，就不是严格意义上的公司。如果股东大会作出"从现在起不再向成员分配利润"的决议，那么，该决议就是无效的。因为，公司是营利法人，所以凡是否认营利性的公司决议，就是违反公司法的强制性规定。[⑦]

（4）"取得和分配利润说"。该学说认为，营利性的标准是"取得和分配利润"。如赵中孚教授认为，所谓"营利"是指为了谋求超出资本的利益并将其分配于投资者。[⑧]王保树教授认为，商人的"营利性"旨在强调意图获取利润以及将利润分配给投资者，追求的目标是商人利润最大化和投资者利益最大化。[⑨]张新宝教授认为，"营利"就是以取得和分配利润为目的。[⑩]归纳起来，所谓"取得和分配利润"就是旨在通过对外经营活动获得经营利润，并将获得的经营利润

---

① 【日】LEC. 东京法思株式会社编著：《怎样避开商海中的陷阱——商法活用》，复旦大学出版社 1995 年版，第 118 页。
② 【日】LEC. 东京法思株式会社编著：《怎样避开商海中的陷阱——商法活用》，复旦大学出版社 1995 年版，第 119 页。
③ 郑景元：《商事营利性理论的新发展——从传统到现代》，《比较法研究》2013 年第 1 期。
④ 郑立、王益英：《企业法通论》，中国人民大学出版社 1993 年版，第 13 页。
⑤ 郑景元：《商事营利性理论的新发展——从传统到现代》，《比较法研究》2013 年第 1 期。
⑥ 梁慧星：《民法总论》（第四版），法律出版社 2011 年版，第 123 页。
⑦ 【日】LEC. 东京法思株式会社编著：《怎样避开商海中的陷阱——商法活用》，复旦大学出版社 1995 年版，第 119~120 页。
⑧ 赵中孚：《商法总论》，中国人民大学出版社 1999 年版，第 5 页。
⑨ 王保树：《商法总论》，清华大学出版社 2007 年版，第 232 页。
⑩ 张新宝：《〈中华人民共和国民法总则〉释义》，中国人民大学出版社 2017 年版，第 143 页。

在法人成员间进行分配。在这里，构成营利性必须具备"对外经营活动""获得经营利润"和"法人成员分配利润"三方面的含义。

2. 客观标准说

客观标准说主要有以下三种观点：

（1）行为标准说。该学说认为，营利性应仅仅限于生产经营领域，本质上就是指营利性主体的营利性行为或营利性活动，而不在于利益的归属和利润的分配及用途，所谓营利性行为就是基于营业性行为所产生的各种生产经营活动，该活动必须发生于持续的营业之中。该观点主要由一些社会主义国家用来解释国有企业的营利性而采用。[①]

（2）过程标准说。该学说认为，营利性的标准是指营利性活动的整个过程。作为过程的营利性所关注的是初始点上所投入的资本与最终获得的利润之间的过程，实乃抽象意义上资本的运行。作为过程的营利性学说，其主要功能在于凸显营利法人与非营利法人在获利方面的某种重合，有些非营利法人也可能获得了利润，但依法却不能在其成员间进行分配。[②]

（3）结果标准说。结果标准说，也称为"获得利益说"。有学者认为，"营利性"不能简单地按某个主体本质上是否以追逐利润为目标来认定，而应以在特定条件下是否实际获得了某种利益为标准。[③]

（二）公司营利法人的营利性标准的法理认定

在对学术界关于营利法人的营利性标准的主要学说进行分析的基础上，通过借鉴大多数国家的立法，并从我国营利法人的发展现状和法治需求出发，笔者认为，公司营利法人的营利性就是公司通过从事生产经营活动，意图获取经营利润并将该经营利润回馈给投资者的动机与目的。

从法理上讲，公司营利法人的营利性标准必须同时满足以下三个要件：（1）前提要件。即营利法人必须从事生产经营活动，所谓生产经营活动就是有组织、有计划、有控制地连续进行商品生产、流通或服务性活动。如果从事党务、群团、政治、行政管理等活动，就不具备营利性的前提要件。（2）基础要件。即营利法人讲究成本、重视核算，以追求经营利润为目标，这是营利法人的根本和生

---

① 郑立、王益英：《企业法通论》，中国人民大学出版社1993年版，第12页。
② 周林彬、龙著华：《民法总则制定中的民商法问题》，知识产权出版社2016年版，第126页。
③ 荣国权、王学芳：《对我国反不正当竞争法中经营者概念的探析》，《北方工业大学学报》2007年第4期。

命，也是投资者谋求投资回报的基础。如果以社会公益或互益为目标，即使在客观上获得了利润，也不应认定其具有营利性。（3）最终要件。即投资者以追求利润为最终目标，有权依法获得投资回报，这是营利法人获取利润的内在动力。营利法人应依法将所获利润回馈给投资者，因为营利法人只是投资者获取利润的工具，生产经营活动仅具有手段意义，营利法人本身并没有最终归属意义上的利润。将从事生产经营活动所获得的利润回馈给投资者，才是营利法人的最终目的。该观点具有普遍性，为绝大多数国家立法所采用。[①]如果客观上获得了利润而不将其回馈给投资者，就不应认定其具有营利性。法人如果缺乏三个要件中的任何一个要件，均不能认定其具有营利性，凡不具有营利性特征的法人，自然属于非营利法人或特别法人之列。

第二节　公司的名称、住所与负责人

一、公司的名称

任何一个公司都必须有自己的名称，就像自然人必须有自己的姓名一样。公司的名称是公司的人格性、独立性的具体体现，是公司进行设立登记，从事生产经营活动，并享有权利和承担义务的基本条件。正是基于以上理由，各国公司法均规定，公司必须要有自己的名称，这既是保障公司合法权益，确保交易相对人财产安全的需要，也是维护社会正常经济秩序的必要。一般来讲，公司的名称就是公司的称谓，它是指公司依法专有的、与其他公司相区别的一种文字标志。公司名称是公司人格化、特定化的标志，也是维系和表彰公司信誉的标志。

在我国，公司名称的立法规定主要有《公司法》第8条和其他有关法规、规章，如《公司登记管理条例》《企业名称登记管理规定》和《企业名称登记管理实施办法》等，其内容主要包括以下三个方面。

[①]　范健、王建文：《商法总论》，法律出版社 2011 年版，第 182~183 页。

（一）公司名称的组成

按照我国现行立法的规定，公司名称一般应当由以下四个部分依次组成：一是公司所在地行政区域的名称；二是公司的商号或字号（字号应当由两个以上的字组成）；三是公司的行业或者经营特点；四是公司的组织结构或者责任形式。除全国性公司、历史悠久、字号驰名的公司经国家市场监管总局核准外，其他一般公司的名称应当冠以所在地省、市、县行政区划名称。在所冠名的行政区域内，一个公司的名称应当具有唯一性，并且一个公司一般只能使用一个公司名称。依照《公司法》第 8 条规定：依照本法设立的有限责任公司，必须在公司名称中标明有限责任公司或者有限公司字样。依照本法设立的股份有限公司，必须在公司名称中标明股份有限公司或者股份公司字样。这是《公司法》应对实践中很多有限责任公司和股份有限公司在名称中省略"责任"和"有限"而称为"有限公司"和"股份公司"的实践，而进行的回应性修改。

（二）公司名称的禁用内容和文字

根据我国有关法律法规的规定，公司名称不得含有的内容和文字主要是：有损于国家、社会公共利益的；可能对公众造成欺骗或者误解的；外国国家（地区）名称、国际组织名称；政党名称、党政军机关名称、群众组织名称、社会团体名称及部队番号；汉语拼音字母（外文名称中使用的除外）、数字；其他法律、行政法规规定禁止的。此外，除全国性公司并经主管机关核准外，其他公司的名称不得擅自冠以"中国""中华"或者冠以"国际"字样。

（三）公司名称的自主申报制度

根据 2019 年 3 月 6 日公布的《国务院关于取消和下放一批行政许可事项的决定》，企业名称预先核准等 25 项行政许可事项被取消。企业名称预先核准被取消后，我国全面推行企业名称自主申报制度，由市场监管部门在企业注册登记时核准企业名称。

取消企业名称预先核准行政许可事项是我国深化商事制度改革的重要举措。企业名称预先核准制度发源于改革开放初期，为企业筹备设立、办理审批等事宜提供了便利和保障，对保护企业合法权益和规范市场秩序发挥了重要作用。随着商事制度改革不断深化，新增企业快速增长，企业名称预先核准制度政府管制过多、核准效率较低等弊端日益凸显。取消企业名称预先核准行政许可，登记机关提供企业名称自主申报行政服务，赋予企业选择名称更大的自主权，有助于减少企业登记环节、提高企业登记效率，进一步压缩企业开办时间、优化营商环境，增强企业对商事制度改革的满意度和获得感，也有利于把政府监管更多地聚焦在安全等重要方面。

根据国家部署，我国在 2019 年 9 月底以前全面推行企业名称自主申报制度。企业登记机关建立统一的企业名称库和企业名称申报系统，并与登记系统无缝衔接。向社会公开企业名称库，企业既可以通过名称自主申报系统提交符合规则要求的名称，也可以在办理企业登记时直接向企业登记机关提交拟登记的名称。以企业需求为导向，不断简化登记程序，优化名称自主申报系统功能，实行"一次性告知"，保障企业自主选择名称。

企业登记机关在企业登记时对名称与其他登记事项一并审查。企业名称应当符合法律法规的相关规定，对不符合规定的企业名称不予登记并说明理由。不断完善企业名称禁限用规则，加强企业名称通用字词的动态管理，提高名称自主申报系统审查的智能化水平，加强对自主申报名称的监督检查。

国家建立健全企业名称争议处理机制。加强对企业名称使用的监督管理，因企业名称使用产生争议的，当事人可以向企业登记机关申请处理，也可以向人民法院提出诉讼。因企业名称涉嫌引人误认为是他人商品或者与他人存在特定联系等不正当竞争行为的，可以依据《反不正当竞争法》向各地市场监督管理机关或者人民法院申请处理。

二、公司的住所

自然人有自己的住所，作为法人的公司也必然有自己的住所。因为公司法人是法律所赋予的商事权利主体，需要进行必要的商事活动。而要进行必要的商事活动，就离不开作为开展商事活动必要前提的长期固定的中心活动地址，即住所。我国《公司法》第 10 条规定："公司以其主要办事机构所在地为住所。"因此，我国法律所指的公司住所就是公司主要办事机构所在地。

住所是公司的主要属性，是公司章程的必载内容，确立公司的住所不仅有利于维护公司的合法权益和正常的社会经济秩序，而且具有十分重要的法制意义。公司设立登记时，公司的住所是必须登记的重要事项之一；公司纳税时，依法必须在其住所地进行；人民法院确定诉讼管辖的基本标准就是公司的住所，明确了公司的住所，也就确定了有管辖权的人民法院；公司的住所，也是确定公司债务履行地的法定标准之一；人民法院为公司送达诉讼文书，公司的住所即为送达目的地。

三、公司的负责人

（一）公司负责人的含义

公司是一种企业法人，不像自然人有行为之实体，因此，公司法人的意思是由公司机关的自然人表示的，公司法人的行为也是由公司机关的自然人代表其进行的。代表公司法人的自然人，即为公司的负责人。根据《公司法》的相关规定，我国公司的负责人主要是指公司的董事、监事和高级管理人员。根据《公司法》第216条关于相关用语的解释，高级管理人员则是指公司的经理、副经理、财务负责人，上市公司董事会秘书和公司章程规定的其他人员。我国《公司法》第六章对公司的董事、监事、高级管理人员的任职资格、义务和损害赔偿责任作了专门的规定。

（二）公司负责人的任职资格

为了保证公司董事、监事、高级管理人员的素质，加强公司经营管理层的诚信理念的构建，从源头上减少道德风险，我国《公司法》第146条明确规定，有下列情形之一的，不得担任公司的董事、监事和经理：（1）无民事行为能力或者限制民事行为能力；（2）因贪污、贿赂、侵占财产、挪用财产或者破坏社会主义市场经济秩序，被判处刑罚，执行期满未逾5年，或者因犯罪被剥夺政治权利，执行期满未逾5年；（3）担任破产清算的公司、企业的董事或者厂长、经理，对该公司、企业的破产负有个人责任的，自该公司、企业破产清算完结之日起未逾3年；（4）担任因违法被吊销营业执照、责令关闭的公司、企业的法定代表人，并负有个人责任的，自该公司、企业被吊销营业执照之日起未逾3年；（5）个人所负数额较大的债务到期未清偿。公司违反这些规定选举、委派董事、监事或者聘任高级管理人员的，该选举、委派或者聘任无效。董事、监事、高级管理人员在任职期间出现这些人员成为无民事行为能力或者限制民事行为能力人的情形的，公司应当解除其职务。

此外，由国家单独出资、由国务院或者地方人民政府委托本级人民政府国有资产监督管理机构履行出资人职责的有限责任公司（国有独资公司），由于其不设股东会，并且其拥有特殊的股权结构，我国《公司法》第67条规定，国有独资公司的董事会成员中除职工代表由公司职工代表大会选举产生外，其他董事会成员由国有资产监督管理机构委派。《公司法》第69条还规定，国有独资公司的董事长、副董事长、董事、高级管理人员，未经国有资产监督管理机构同意，不得在其他有限责任公司、股份有限公司或者其他经济组织兼职。防止缺乏职业操守的经营管理者利用制度漏洞在两家公司间暗箱操作、转移国有资产。

（三）公司负责人对公司的忠实义务和勤勉义务

根据我国《公司法》第147条的规定，董事、监事、高级管理人员应当遵守法律、行政法规和公司章程，对公司负有忠实义务和勤勉义务。

1. 忠实义务

公司负责人的忠实义务是指董事、监事、高级管理人员应当诚信地行使职权，不得利用公司的机会、信息等资源为自己获利，避免自身利益与公司利益的冲突，积极维护公司利益的最大化。按照忠实义务的要求，董事、监事、高级管理人员应当遵守法律、行政法规和公司章程，忠实履行职务，维护公司利益，不得利用职权收受贿赂或者其他非法收入，不得侵占公司的财产。股东会或者股东大会要求董事、监事、高级管理人员列席会议的，董事、监事、高级管理人员应当列席会议并接受股东的质询。

我国《公司法》第148条规定，董事、高级管理人员不得有下列违反对公司忠实义务的行为：（1）挪用公司资金；（2）将公司资金以其个人名义或者以其他个人名义开立账户存储；（3）违反公司章程的规定，未经股东会、股东大会或者董事会同意，将公司资金借贷给他人或者以公司财产为他人提供担保；（4）违反公司章程的规定或者未经股东会、股东大会同意，与本公司订立合同或者进行交易；（5）未经股东会或者股东大会同意，利用职务便利为自己或者他人谋取属于公司的商业机会，自营或者为他人经营与所任职公司同类的业务；（6）接受他人与公司交易的佣金归为己有；（7）擅自披露公司秘密；（8）违反对公司忠实义务的其他行为。董事、高级管理人员违反上述规定所得的收入应当归公司所有。

2. **勤勉义务**

公司负责人的勤勉义务也称注意义务、善管义务，是指公司的董事、监事、高级管理人员在履行职责时，应当具备善良管理者所应具备的谨慎品质和通常知识，在同样环境下给予合理的注意，慎重、尽责地管理公司事务。勤勉义务是否履行的衡量标准有客观标准、主观标准和折衷标准三种：（1）客观标准：要求董事、监事、高级管理人员在履行职责时，应当像普通管理者一样具备通常知识，在同等环境下给予合理注意。客观标准是以一个理性人在类似情况下会尽到的注意和勤勉为参照标准，而与董事的个人背景无关。（2）主观标准：以董事、监事、高级管理人员的个人情况来判断其是否勤勉地履行了职责。（3）折衷标准：一般情况下以一个知识、技能、经验都适中的普通管理者的注意程度作为衡量标准来判断董事、监事、高级管理人员是否履行了对公司勤勉的义务。但特定董事、监事、高级管理人员的知识、技能、经验确实低于一个普通管理者时，这是公司在选任这个董事、监事、高级管理人员上不当，可以予以改选或者解聘，只要他竭尽所能了，则算是尽到了对公司勤勉的义务。

第三节　公司的权利能力、行为能力与责任能力

一、公司的权利能力

（一）公司权利能力的含义

公司的权利能力是指公司立法所赋予的公司能够参加法律关系，并在其中享有权利和承担义务的资格或能力。简言之，公司的权利能力就是公司依法可以享受权利、承担义务的资格。公司只有依法具有权利能力，才能取得企业法人的地位，才能成为独立的法律关系的参加者，才能享有某项具体的权利或承担

某项具体的义务。由此可见，公司的权利能力并不等同于公司的权利，公司的权利能力是公司取得具体权利的资格、基础或前提条件。没有权利能力，公司便不能取得具体的权利，而公司取得具体权利，又是公司具有权利能力在具体法律关系中的一种体现，即公司的权利是公司权利能力得以实现的具体体现。

公司的权利能力具有以下四个方面的特征：（1）公司的权利能力从本质上讲，是公司的法律资格。如果公司没有这种资格，就不能参加法律关系，并在其中享受权利和承担义务。（2）公司的权利能力不是天赋的，而是由国家的立法所赋予的。我国《民法总则》和《公司法》直接赋予公司以权利能力，使得公司能够成为法律关系的主体——法人。（3）公司的权利能力开始于公司依法成立、营业执照的签发之日，消灭于公司依法解散、营业执照的缴销之日。设立中的公司没有权利能力。所谓设立中的公司是指自订立公司章程起至设立登记完成前尚未正式成立的公司，由于它正在创设之中，还没有办理公司的设立登记手续，没有领到营业执照，故设立中的公司依法没有权利能力。（4）公司的权利能力在不同公司之间是不均等的。公司的权利能力因公司性质、公司目的、公司所在行业以及各自经营范围的不同而有所区别，有的公司的权利能力大一些，有的公司的权利能力则小一些，有的公司的权利能力的范围广些，而有的公司的权利能力的范围则窄一些。

由此，从功能与作用的角度来看，公司的权利能力是判断公司是否享有某种特定权利或承担某种特定义务的首要标准，也是判断公司某项行为是否在法律上有效、无效或者可撤销的重要标准。我国现行《公司法》相对于以前的《公司法》而言，对公司能力的限制少了，换句话说，我国公司的权利能力提高了。

（二）公司权利能力的限制

公司依法成立后，当然具有权利能力。但由于公司与自然人的性质不同，自然人有其自然实体，而公司没有。加之国家基于政策上的考虑和公司制度本身的客观要求，公司的权利能力受到了一定的限制。这些限制主要体现在性质、法律规定和经营范围三个方面。

1. 性质上的限制

公司是一种企业法人，没有自然人的自然实体，因此，凡以性别、年龄、生命、身体及亲属关系为前提的权利和义务，公司一概不能享有，也无须承担。比如公司不能享有婚姻权、继承权、监护权、生命权、身体权、自由权、亲属权和抚养权等权利，理所当然也不必承担与这些权利相应的义务，它只能享有与自然人的自然属性无关的名称权、名誉权、荣誉权、著作权、商标权和专利权等经济性权利。除此之外，公司的权利能力不受主体性质的限制，决不因所有制不同而在公司的权利能力的大小上有不同。

2. 法律上的限制

国内外的公司立法都明确规定，公司只能在法律规定的范围内具有权利能力，即公司的权利能力要直接受法律规定的限制。根据《公司法》及其相关法的规定，这些限制主要有以下五种情况。

（1）公司在转投资上的限制。公司转投资是指公司成立后利用公司财产对外进行再一次投资的行为。转投资可以增加资本运作效率，扩大公司的利润来源，有利于公司经营的规模化和效率化。因此，转投资权是公司独立财产权的内容之一，应当予以一定的自由和制度保证。在转投资的决议程序上，我国《公司法》第16条规定：公司向其他企业投资，按照公司章程的规定由董事会或者股东会、股东大会决议；公司章程对投资或者担保的总额及单项投资或者担保的数额有限额规定的，不得超过规定的限额。由此可见，我国2005年《公司法》取消了"转投资不得超过公司净资产的50%"的比例限制，转而由公司章程进行自由确定，这是公司法修改中的一个重大突破。但我国公司法对转投资对象仍然进行了明确的禁止：转投资公司不得向无限公司、两合公司、合伙企业和个人独资企业等投资而成为其负连带责任的股东或出资人。因为无限公司、合伙企业和个人独资企业的股东或出资人依法要对公司、企业的债务承担无限连带责任。如果允许有限公司向它们投资，就意味着公司要将对外承担有限责任的全部财产用来清偿它们所投资的公司的债务。这不仅加重了公司的责任限度，而且也影响了公司股东和债权人的权益。公司可以向两合公司投资而成为其有限责任的股东，但不能向两合公司投资而成为负无限责任的股东，其道理与向无限公司、合伙企业投资的相同。因此，为了保证公司股本的稳固、保护股东和债权人的利益、维护正常的社会经济秩序，我国《公司法》第15条明确规定：公司可以向其他企业投资。但是，除法律另有规定外，不得成为对所投资企业的债务承担连带责任的出资人。也就是说，公司可以向其他有限责任公司、股份有限公司或者向允许有承担有限责任投资人的非法人企业投资，并以该投资额为限对所投资公司或者企业的债务承担责任。

（2）公司在对外担保上的限制。公司作为商事主体在经营过程中对其他商主体或者个人进行债务上的担保，在实践中不可避免。但我们也同时看到公司对外担保的风险在于如果所担保的债务到期、债务人不能清偿时，公司则要承担代为清偿的担保责任，此外，公司对外担保也会导致公司资产因非经营性行为而减少。因此我国《公司法》第 16 条规定，公司为他人提供担保，按照公司章程的规定由董事会或者股东会、股东大会决议；公司章程对投资或者担保的总额及单项投资或者担保的数额有限额规定的，不得超过规定的限额。公司为公司股东或者实际控制人提供担保的，必须经股东会或者股东大会决议。欲接受担保的股东或者欲接受担保的实际控制人支配的股东，不得参加对外担保事项的表决。该项表决由出席会议的其他股东所持表决权的过半数通过。同时为了进一步保证公司对外担保决议程序不被公司经营管理者操纵，我国《公司法》第 148 条对公司的董事、高级管理人员还有一个原则性要求，即不得违反公司章程的规定，未经股东会、股东大会或者董事会同意，擅自以公司财产为他人提供担保。

（3）公司在资金借贷上的限制。首先在资金"借"的限制上，主要体现在公司债券的发行上：公司债券是指公司依照法定程序发行、约定在一定期限还本付息的有价证券。《公司法》第 7 章专门规定"公司债券"对公司发行债券的行为模式进行设定。在《公司法》第 153 条有一条授权性法律规范，即公司发行公司债券应当符合《证券法》规定的发行条件。一般而言，公开发行公司债券的，股份有限公司的净资产不低于 3000 万元，有限责任公司的净资产不得低于 6000万元，并且累计债券余额不得超过公司净资产额的 40%；其次在公司资金"贷"的限制上，主要体现为公司资金外借的决议程序的规范上：我国《公司法》第 148 条规定，公司的董事、高级管理人员不得违反公司章程的规定，未经股东会、股东大会或者董事会同意，擅自将公司资金借贷给他人。也就是说公司资金外借的决定权在股东会、股东大会或者董事会，而不是公司的董事或者高级管理人员个人。

（4）公司在股份回购上的限制。股份回购直接导致公司资本减少，资本信用降低，可能危及公司债权人的利益，因此我国《公司法》原则上禁止公司回购本公司的股票。但是又考虑到股份回购能够防止恶意收购、控制公司股价、为推行股权激励提供股份的合法来源并在一定程度上能够保护中小股东的利益，《公司法》又允许公司在法定情形下，通过股东大会或董事会决议的形式回购股份。为此，我国《公司法》第 142 条明确规定："公司不得收购本公司股份。但是，有下列情形之一的除外：（一）减少公司注册资本；（二）与持有本公司股份的其他公司合并；（三）将股份用于员工持股计划或者股权激励；（四）股东因对股东大会作出的公司合并、分立决议持异议，要求公司收购其股份；（五）将股份用于转换上市公司发行的可转换为股票的公司债券；（六）上市公司为维护公司价值及股东权益所必需。"

（5）对公司接受本公司股票作为质押权标的的限制。我国《公司法》第 142 条明确规定，公司不得接受本公司的股票作为质押权的标的。

3. 经营范围上的限制

经营范围是公司业务活动范围的法律界限，公司的权利能力与公司的经营范围是相适应、相一致的。我国《公司法》第 12 条规定，公司的经营范围由公司章程规定，并依法登记。公司可以修改公司章程，改变经营范围，但是应当办理变更登记。公司的经营范围中属于法律、行政法规规定须经批准的项目，应当依法经过批准。因此，公司只能依法在其登记的经营范围内从事经营活动。公司越权经营的，公法角度的法律后果是由市场监管部门给予相应的行政处罚；私法角度的法律后果是超越经营范围签订的合同如果是违反国家的强行性规定的，认定其无效。而一般的超越经营范围签订的合同，如果交易相对人是善意的，则一般认定其有效。

二、公司的行为能力

（一）公司行为能力的含义

所谓公司的行为能力是指公司在法律规定的范围内，通过自己的独立意思进行经营活动，并取得权利和承担义务的一种资格或能力。简言之，公司的行为能力就是公司能够通过自己的行为取得权利和承担义务的资格。行为能力是公司作为法人参加法律关系的必要条件。公司没有行为能力，就无法行使法律所规定的权利，也无法承担法律所规定的义务。由此可见，公司的行为能力同公司的权利能力一样，都是公司必须具备的一种资格和能力。

公司的行为能力同自然人的行为能力具有明显的区别：（1）公司的行为能力与其权利能力是同时产生并同时终止的，二者同时产生于公司成立之日，又同时终止于公司注销之日。公司没有了行为能力，也必然丧失其权利能力。（2）公司的行为能力与其权利能力在范围上是一致的。公司行为能力的范围与其权利能力的范围都是由法律规定和章程载明的范围，两者没有区别。这就决定了公司的行为能力不能超出其权利能力的范围，即不能超越其经营范围，否则其行为无效。（3）每个公司的行为能力并不相同。公司的行为能力虽同其权利能力的范围相一致，但每个公司的行为能力的范围并不相同。例如，有的公司的行为能力大，有的公司的行为能力却十分有限。有的公司只有生产方面的行为能力，有的只有商业流转方面的行为能力，有的则既有生产方面的行为能力，也有商业流转方面的行为能力。各公司的行为能力之所以不同，一方面取决于其权利能力，同时也取决于公司的性质、资本、设备条件和管理水平等，当然从法律上讲则取决于公司在工商机关登记的经营范围。

（二）公司行为能力的实现

公司是一种组织，其本身并不具有思维能力、识别能力，也不能亲自实施法律行为。那么，公司的行为能力又是如何体现和实现？一般来说，公司的行为能力是通过公司的机关来实现的，具体来讲，是通过公司机关的自然人成员的意思和行为实现的。公司机关的行为，代表的是公司的行为。公司的机关是公司的代表者，不是独立的权利主体，而是公司有机体的组成部分。一般而言，公司的机关应由意思表示机关、执行机关和监督机关三部分构成。公司的意思表示机关是公司股东意志的表示机关，公司的执行机关是公司的经营管理机关，而公司的监督机关则是公司的监督检查机关。公司就是这三部分构成的有机体。公司的行为通过公司机关的自然人，如法定代表人和其他成员的职务代理行为而表现出来。一般来说，公司法定代表人由公司的章程规定，由董事长、执行董事或者经理担任，并依法向公司登记机关登记。凡公司机关及其成员在其权力范围内代表公司执行业务的行为，在法律上就认为是公司本身的行为，公司应对其承担一切法律后果。

三、公司的责任能力

（一）公司责任能力的含义

所谓公司的责任能力，是指公司在进行经营活动过程中对自己所为的违法行为承担法律责任的资格和能力。公司的责任能力同公司具体承担的法律责任是不同的。公司的责任能力指的是公司有无承担法律责任的资格问题，而法律责任则是公司违反国家有关法律、法规所应承担的具体法律责任。没有责任能力，公司的法律责任就失去了存在的前提和基础。

公司的责任能力主要有以下四个方面的特征：（1）公司的责任能力是公司具有权利能力和行为能力的必然结果。一个公司如果没有权利能力和行为能力，从法律上讲就不是独立的法人，也就没有责任能力。既然一个公司有权利能力和行为能力，也就必然有责任能力。（2）公司的责任能力与公司的权利能力和行为能力是同时产生、同时终止的，即它们都产生于公司的成立、营业执照的签发之日，也都终止于公司的解散、营业执照的缴销之日。（3）公司责任能力的具备是以公司行为能力的实现为前提条件的。只有公司以自己的行为实施了有关行为，而且是违法行为，才能追究该公司相应的法律责任，否则公司的责任能力就无从谈起。（4）公司的责任能力从性质上讲，包括民事责任能力、行政责任能力和刑事责任能力三种形式。

（二）公司责任能力的体现

我国《公司法》之所以规定公司具有责任能力，这是由公司所拥有的权利能力和行为能力所决定的。公司既然拥有行为能力，就必然要有责任能力，只有这样，公司才能成为一个真正的法人，真正的法律关系主体，才能确保交易相对人的合法权益。公司法人的机关与公司法人是一个有机统一体，是不能分离和割裂的，公司机关虽然是由自然人构成的，但这些自然人只要一参加公司机关，成为其组成人员，则其执行公司业务的意思表示就是公司法人机关的意思表示。而其形成的决议，就成了公司的意思，否则公司就无法进行任何意思表示，也就无法进行任何经营活动。因此，公司机关相对于公司犹如人之头脑相对于身体，公司本身无意志、思维活动，只有靠其头脑——公司机关来思考、决议，表示其意志。公司机关在其意志支配下所为的行为与公司的行为是同一的，紧密联系在一起不能分离的。因此，公司机关的职务行为就是公司的行为，而行为本身又有合法与非法之别，因合法行为而产生的权利和义务归公司享有和承担，这是公司行为能力实现的结果。与此相适应，因非法行为而导致的法律责任自然也应由公司承担，因为公司机关的意志和行为就是公司的意志和行为。公司不仅要承担公司机关为其所谓的合法行为所产生的法律后果，也要承担公司机关为其所为的非法行为所产生的法律后果，这便是公司具有责任能力的体现。只有确认公司的责任能力，才能完整体现公司法人的独立性，才能体现公司机关与公司的有机统一，才能使公司成为真正的法律关系的参加者，才能更好地维护债权人的合法权益。因此，承认公司的责任能力是承认公司行为能力的必然结果。

第四节　公司的社会责任

一、公司社会责任的内涵与边界

（一）"企业社会责任主体"之歧义及理论修正

2014 年 10 月 23 日，中共十八届四中全会审议并通过了《中共中央关于全面推进依法治国若干重大问题的决定》，明确提出将"加强企业社会责任立法"作为"加强重点领域立法"的任务之一，这在一定程度上为我国社会责任的跨越式发展提供有力的制度环境和现实可能。[①]长期以来，责任主体作为企业社会责任制度中的非主流问题未得到应有的关注，学界多以企业社会责任的内涵与外延为视角来辨析责任范围及实现的可能路径。由于缺失了对责任主体的考量，

---

① 赵钧：《重磅：近十位专家畅谈企业社会责任立法　企业社会责任立法热议中》，《WTO 经济导刊》2015 年第 3 期。

企业社会责任落实所需的制度支撑一直存在困惑。以民法典编纂为契机，前瞻性地研究包括公司企业在内的法人社会责任，将为我国企业社会责任实践提供充分有效的制度供给。

1. "企业社会责任主体"之歧义

长期以来，社会各界对企业社会责任主体有三种认识：一是简单地认同为企业，根据所有制不同，将企业社会责任的主体分为国有企业和民营企业。二是将企业社会责任的主体理解为公司，根据不同类型，分为股份有限公司和有限责任公司、上市公司与非上市公司、国有控股公司和民营公司、跨国公司和本土公司、大公司和中小公司等。[①] 三是认为企业社会责任的主体应包括公司的董事。具体而言，在公司外部，承担公司社会责任的主体应该是公司；在公司内部，应由实际控制公司权力的机关承担社会责任；如果公司由股东们实际控制，股东应对公司的行为是否符合公司社会责任的要求负责；而如果是董事会决定了公司的外部行为，那么董事应承担公司的社会责任。[②]

上述三种认识均没有对企业社会责任的主体进行深层次剖析，这将导致企业社会责任所依归的具体制度产生混乱，如企业社会责任究竟应否纳入经济法或商法抑或是民法范畴？若对责任主体界定不明晰，最终无法保证企业社会责任立法落到实处。

2. "企业社会责任主体"之理论修正

（1）企业社会责任的词义考察。鉴于我国企业社会责任理论研究的舶来性与后发性，有必要从辞源上对企业社会责任的词义加以辨析。"企业社会责任"一说源于美国，系英国学者欧利文·谢尔顿于 1923 年在其《管理的科学》一书中提出的概念。企业社会责任的英文为 corporate social responsibility（CSR）。根据元照出版的英美法词典的解释，corporate 释为"法人的；公司的"，而 corporation 在英国一般是指"法人"，在美国则通常意为"公司"，美国称公司为 corporation，但美国语境中的 corporation 具有广泛的含义，指为依据法律授权而注册成立，具有法定组织机构和法人资格的实体，包括市政当局法人、非营利法人、商业公司等法人社团。[③]故从词源上来看，企业社会责任的承担主体其本义应是法人。

---

① 周友苏、宁全红：《公司社会责任本土资源考察》，《北方法学》2010 年第 1 期。
② 郑曙光：《企业社会责任：商法视野的考察分析》，《西南民族大学学报》2010 年第 1 期。
③ 薛波主编：《元照英美法词典》，北京大学出版社 2003 年版，第 326～327 页。

（2）商事主体的发展衍化产生了企业社会责任。肇始于 11 世纪发展而来的中世纪商人法构成了近代商法的基础，商人法是商人团体为了协调商人之间的关系而制定的自治规则，因商人是由自然人所派生的法律人格，在表现形式、权利属性等方面含有许多自然人的特征，即便在合伙的形式下，合伙经营的事业不再是一个自然人的私事，但从商事主体的角度观察，这种联合只是几个合伙人各自独立人格的相加，[①]商人法在价值取向上体现出明显的商人主义特点，私法自治性和个人性占据商人法的主要领域。随着商品经济的发展，联合资本在交易活动中的重要地位日益凸显，它能使商品交易活动在更深的层次上、更广泛的范围内进行，这一切在很大程度上都要借助于法人制度才能实现。1896 年颁布的《德国民法典》为适应这一需要，在吸收罗马法中"人格""团体"等理论的基础上，第一次在立法中系统规定了法人制度，从而实现了民事主体从自然人到法人的飞跃，标志着民事主体制度的商事化。[②]当商法人的规模发展不断扩张及其组织行为频繁出现异化时，[③]催生出一系列社会问题。只有通过立法加强对法人主体与形成独立意思的法人治理结构的社会责任来确认商法人的社会性目标，才能减少并进而规避法人外部组织行为出现异化。因此，商事主体由自然人向法人的发展衍化产生了企业社会责任。

（3）企业社会责任承担主体之界定。个体工商户、个人独资企业和流动摊贩属于商个人的具体存在形态。对于商个人是否应承担社会责任，我们认为商个人应排除在外。原因在于：一方面个体工商户和流动摊贩属于个体劳动（自身手艺）和自己的生产资料相结合的小农经济，[④]其产生、发展都根植于熟人社会，深受熟人社会机制的约束，依法诚信经营，树立良好商誉，争取回头客源是商个人赖以生存的根本；另一方面个人独资企业本身较高的设立条件和运行条件已严重制约其发展，加之其经营行为对社会影响较小，国家没有更多的干预必要或要求这些小商人们承担社会责任。[⑤]

当商事主体由个人或小企业形式的商个人趋向大型化的商法人时，原来商事主体所赖以生存的熟人社会渐而演变为陌生人社会。为了建立良性的道德秩序和公平的法治秩序，法律就有必要强化法人的社会性来实现全社会层面的良

---

① 刘诚、刘沂江：《商法总论》，贵州大学出版社 2013 年版，第 230~244 页。
② 刘诚、刘沂江：《商法总论》，贵州大学出版社 2013 年版，第 153 页。
③ 王保树：《中国商法年刊（2009）》，知识产权出版社 2010 年版，第 116 页。
④ 李建伟：《个人独资企业法律制度的完善与商个人体系的重构》，《政法论坛》2012 年第 5 期。
⑤ 赵莉：《论企业社会责任原则对商法的扩展》，《法学杂志》2013 年第 9 期。

法善治。我国《民法总则》第 86 条明确规定，营利法人是承担社会责任的法律主体。但我们认为，承担社会责任的主体不应仅仅局限于营利法人，还应适用于非营利法人和特别法人，每一种类型的法人都必须是社会责任的承担主体。在设计我国企业社会责任立法时，完善法人的社会责任将是实现企业社会责任的主要路径之一。但在商法领域，我们主要研究公司的社会责任问题。

（二）公司社会责任担当之争议

公司是否应承担一定的社会责任？对此，诺贝尔经济学奖得主弗里德曼持反对意见。他认为，公司承担社会责任即在市场产品之外提供"社会产品"，股东、员工、消费者之一就必须为这种资产的再分配付出代价，从而削弱市场机制的基础。[1]持相反观点的学者以哈佛大学法学教授多德为代表，他认为现代企业中所有权与控制权的分离，使公司承担社会责任成为可能。还有学者认为，当社会上多数人希望某一公司为一定行为时，该营利性公司就应当放弃营利的目的以符合多数人对该公司的期望。[2]

企业社会责任理论争议的焦点在我们看来实际上是公司性质变迁的结果。根据传统的观念，公司的经营是为了其所有者（即股东）的利益，并且认为任何利润都应当在股东之间进行分配。以自由经济理论的先师亚当·斯密（Adam Smith）为代表的古典和新古典经济学派认为，公司是股东的公司，股东是公司的唯一所有者，管理者只能代表股东的利益，所以无论公司还是公司管理者只有一个目标，那就是利润最大化。但随着经济的快速发展，现代公司的规模在逐步扩大，股权越来越分散，公司的所有权已经失去了个人的色彩，其流动性很高，所有权和控制权的统一局面已经被打破。现代公司的控制者越来越追求控制一种能够持续发挥功能的、具有强效市场价值的组织——该组织的存在毫无疑问也要依赖于它们的职工、债权人、消费者等。这就要求现代公司不仅要为股东利益服务，而且还要为职工、债权人、消费者等利益相关者服务，甚至为整个社会服务。这样公司的角色就从传统的个人主义向现代的集体主义转变，从股东利益最大化向公司利益可持续最优化转变，从传统的单一营利性向营利性与社会性相结合转变，这实质上是公司性质的一种历史修正，也是公司承担社会责

---

① 宋亚菲：《强化企业社会责任及其监管制度》，http://www.gmw.cn/content/2009-05/28/content_932616.htm，访问时间 2009 年 8 月 7 日。
② 刘连煜：《公司治理与公司社会责任》，中国政法大学出版社 2001 年版，第 66 页。

任的深层次原因。

（三）公司社会责任内涵之界定

既然公司性质的转变要求现代企业在适当的范围内履行社会责任，那么我们就有必要为公司社会责任的内涵作出合理的界定。什么是公司社会责任？有学者认为，所谓公司社会责任，乃指公司在谋求股东利润最大化之外所负有的维护和增进社会利益的义务。[①]另有学者认为，公司的社会责任是指公司不能仅仅以最大限度地为股东们营利或赚钱作为自己的唯一存在目的，而应当最大限度地增进股东利益之外的其他所有社会利益。[②]我们认为上述定义将公司营利最大化与承担社会责任并列为企业的同等目标是不现实的。公司本质上是作为一个营利性经济组织存在的，公司不是福利机构，不能对其强加过多的经济目的之外的责任。再则并非任何公司都能适用这一制度，我们应当考虑的公司是所有权与控制权高度分离的现代大型企业，他们在追求利润的同时存在着为社会承担更多责任、谋求更大福祉的任务，进而为自身利益争取更丰厚、更持久的利润回报。因此，我们认为公司社会责任应定义为：公司作为一种商事组织，在谋求自身及其股东最大经济利益的同时，从促进商事交易和社会发展的目标出发，应当为其他利害关系人履行相应的社会义务。现代企业在从事商事活动时，不仅要考虑到此种活动对股东所产生的影响，还应当考虑到为股东以外的其他利害关系人履行相应的社会义务。

近几十年来公司为了追求利润最大化目标而不顾社会公共利益，使社会问题日趋严重，如何使公司的社会责任与股东利润最大化目标相协调，是摆在政府和立法者面前的重大课题，公司社会责任也越来越受到立法者的关注。

公司的社会责任主要有四个方面的特点：（1）公司社会责任是一种关系责任。公司社会责任的产生是由于公司与公司的非股东利益相关者之间由于特定关系的链接点而产生利益上的冲突与矛盾，公司正是基于此种关系而负有相应的对债权人、职工、消费者、社区、自然环境和资源、国家安全和社会的全面发展责任。（2）公司社会责任是一种积极责任。公司社会责任对于公司而言实际上就是义务。公司不履行其社会责任义务则应承担一定的否定性后果，比如舆论的谴责、员工创造力的下降、消费者评价的降低乃至一定的法律处罚等。因此，

---

① 卢代富：《企业社会责任的经济学和法学分析》，法律出版社2002年版，第96页。
② 刘俊海：《公司的社会责任》，法律出版社1999年版，第6~7页。

相对于违法责任的承担这种消极责任而言，公司社会责任是一种事前的、倡导性的积极责任。（3）公司社会责任是公司的资本责任与社会责任的统一。公司社会责任并不是否认公司最大限度地盈利从而实现股东利润最大化的资本目标，而是认为公司的目标应是"二元"的，即除最大限度地实现股东利润外，还应尽可能地维护和增进社会利益。由此，公司社会责任是对股东利润最大化这一传统原则的修正和补充，且这一修正与补充并不否认股东利润最大化原则，而是公司的资本责任与社会责任的统一。（4）公司社会责任是公司的法律义务和道德义务的统一。公司社会责任从狭义上讲要遵守法律、行政法规中规定的社会责任，接受政府和社会公众的监督；从广义上说，还包括遵守社会公德、商业道德，诚实守信，这是在法律义务之外对人们提出的更高的道德要求。因此，公司社会责任作为公司对社会负有的一种义务，并非单纯的法律义务或道德义务，而是这两者的统一。

（四）公司社会责任之边界

公司社会责任理论在某种程度上是对股东地位发起的挑战，若将职工、债权人、消费者等利益相关者的利益升至过高的位置，这样可能会在相当程度上伤害到股东投资的积极性。尤其是在市场经济快速发展的我国，公司社会责任的范围过度膨胀，就会回到计划经济时代"企业办社会"的老路中去。因此，清晰地界定公司社会责任的边界就显得非常重要。如果弱化了股东的地位，将股东置于与其他利益主体同等考量的状态，无疑会淡化股东的投资欲望，从而不利于我国社会经济的可持续发展。所以，我们认为现阶段我国公司社会责任承担的边界应当限定在职工、债权人、消费者、环境保护和社会公益五个方面，这对公司社会责任真正落到实处更为实际。

二、国外公司社会责任的立法界说与述评

虽然，国际社会在对于公司是否应当承担社会责任问题上基本已经达成了共识，但究竟应当如何构建公司社会责任法律体系，各国经济、政治、法律、文化现状的不同决定了各国公司社会责任立法会有不同。

（一）美国与英国的公司社会责任立法

公司社会责任自 20 世纪 30 年代起就逐渐成为美国学界的热门话题。之后，美国通过修改调整劳动法、社会保障法、环保法等法律来实践公司的社会责任。而真正将公司社会责任理论在立法实践中加以运用是在 20 世纪 80 年代。80 年代美国兴起的公司之间"恶意收购"浪潮引发了一系列的社会问题，为此，大多数州的公司法通过了保护非股东的其他利害关系人的立法，认为股东只不过是各类公司利害关系人中的一类，要求公司经营者不仅要为股东谋利益，而且要顾及其他利害关系人的利益。1989 年宾夕法尼亚州议会率先决定修改公司法，提出了新的公司法议案，以制定法的形式赋予公司经理对"利益相关者"负责的权利。[①]此后，美国多数州的此种立法都旨在保护其他利害关系人的利益，落实公司的社会责任，当中的"利益相关者条款"彰显出公司社会责任法治化发展到了较为完善的阶段。尽管这种立法方式自产生以来就一直伴随着争议，但不可否认的是，此类立法为公司社会责任提供了成文法的依据，推进了公司社会责任在实践中的落实。

作为普通法系国家的英国，公司社会责任的践行一直以来是同公司目的紧密相关的。特别是近年来企业频繁应对气候变化、艾滋病、环境污染、社区公益等长期的问题，公司需要与政府建立起联系。为此，英国的公司立法引入了"利害关系人"以及"公司社会责任"的建议。[②]英国 2006 年《公司法》明确规定：董事负有促进公司成功的义务，即董事必须善意地，按照他所认为为了公司成员的整体权益，将最大可能地促进公司成功的方式行事，并且在如此行事时考虑到（与其他事项一起）：（a）任何决定最终的可能后果；（b）公司雇员的利益；（c）培养公司与供应商、消费者和其他人商业关系的需要；（d）公司运作对社会和环境的冲突；（e）公司维护高标准商业行为之声誉的愿望；（f）在公司成员之间公平行事的需要。[③]很显然，该条规定了追求公司股东以外的利益也被认为是追求公司成功的一部分，但前提必须是"最大可能地促进公司成功"服务于公司成员的整体利益为先的。该条赋予了公司本身较大的选择权。如何衡量董事"善意"地为了"最大促进公司成功的方式行事"是很难确定的。但无论如

---

① 张国平：《公司社会责任的法律意蕴》，《江苏社会科学》2007 年第 5 期。
② 葛伟军：《析英国新公司法中关于公司社会责任的规定》，《政治与法律》2008 年第 4 期。
③ 参见《英国 2006 年公司法》第 172 条，葛伟军译，法律出版社 2017 年版，第 105 页。

何，这些规定反映出，虽然英国公司法仍然坚持董事应对公司负"最大促进成功"义务，但是缓和了原初的规定，增加了董事对其他利害关系人的考虑。

（二）德国、日本与荷兰的公司社会责任立法

2010年10月6日，德国发布《企业社会责任国家战略》（德国联邦政府企业社会责任行动方案，以下简称"德国CSR战略"），其内容框架是在全社会营造一个适合企业履行社会责任的氛围，推动竞争制度框架的建立，以确保企业可通过积极履行社会责任来构筑企业的竞争优势。[1]"德国CSR战略"为我国构建动态的企业社会责任法律体系提供一定借鉴意义。在全面推进依法治国基本方略的大背景下，作为商事主体发展衍化的产物，企业社会责任立法应当在私法体系下进行。借助民事立法过程，在社会民众间普及社会责任意识和理念、统一社会责任认知和内涵，进而在全社会构建共同的社会责任话语环境。[2]无疑在民法典中增设"法人的社会责任"将是实现这一目标的重要路径。

日本自进入20世纪50年代初期起，就开始关注公司社会责任问题了。[3]至70年代，这个问题在日本国内的讨论愈来愈激烈。公害、环境危害等社会现象已经成为当时日本严重的社会问题，需要公司承担一定的社会责任，同时，为了塑造一个良好的公司形象或者是作为公司的一个经营战略手段也需要公司承担一定的社会责任。[4]另外一种态度认为，到目前为止，日本对于公司社会责任的定义没有取得共识，并且，找不到合适的方法来制裁公司使其承担社会责任。[5]这样，在20世纪70年代中期的日本公司法修改中，关于企业社会责任的一般规定没有被纳入修改意见中，而是通过增加股东提案权、质询权等制度的立法以实现企业社会责任。1993年，股东派生诉讼制度又得到立法改善，成为公司承担社会责任的方式之一。

2000年荷兰政府根据社会经济理事会的"法人社会责任"咨询报告，制定了一项总的政策。其特点可概括为两个方面：一是法人社会责任政策基于利益

---

① 赵钧：《重磅：近十位专家畅谈企业社会责任立法　企业社会责任立法热议中》，《WTO经济导刊》2015年第3期。
② 赵钧：《重磅：近十位专家畅谈企业社会责任立法　企业社会责任立法热议中》，《WTO经济导刊》2015年第3期。
③ 转引自[日]布井千博：《日本关于企业社会责任讨论的展开》，楼建波、甘培忠主编：《企业社会责任专论》，北京大学出版社2009年版，第487页。
④ 转引自[日]张红：《国外企业社会责任的理论与实践——兼论中国关于企业社会责任的立法与应用》，楼建波、甘培忠主编：《企业社会责任专论》，北京大学出版社2009年版，第549页。
⑤ 转引自[日]早川胜：《我们已经放弃的企业社会责任？——对日本公司法的一点看法》，楼建波、甘培忠主编：《企业社会责任专论》，北京大学出版社2009年版，第583页。

（短期的个人、公司经济利益以及长期的社会发展利益）—人（雇员及其家庭、消费者、债权人、社区居民）—星球（生态环境）三个维度制定的，无论是大型营利性法人还是小型和中等的营利性法人均应作为法人社会责任的承担主体；二是为了有效推动和激励法人社会责任政策，政府扮演了一个变革代理人的角色，积极促成商业组织、工会、中间机构、养恤基金会和非政府组织间合作，构建多边利益相关者间的对话机制。这表明法人社会责任的承担主体不应仅限于营利性法人，还应包括非营利性法人和财团法人。2015 年荷兰社会经济理事会发布"社会企业"咨询报告，提出社会企业是解决社会或环境问题的重要载体，政府应采取措施努力消除社会企业发展面临的诸多障碍，积极鼓励各种支持社会企业的社会组织的发展。社会企业系由非营利法人转化而来，这也印证了非营利法人作为社会责任的承担主体已越来越受到立法者的重视。

（三）印度、南非与印度尼西亚的公司社会责任立法

2012 年 12 月 18 日，印度人民院通过了新的公司法修正案，该法案针对企业社会责任主体的规定主要有三个方面：一是在过去三年中年盈利达到 5000 万卢比或更多，企业须像纳税一样，预留 2%的利润作为企业社会责任金。没有执行法案规定的公司须在其年度财务报告中说明原因。二是在任一财务年度内，任何资本净值 50 亿卢比及以上的公司，或者营业额 100 亿卢比及以上，或者净利润 5000 万卢比及以上的公司，应当在董事会成立企业社会责任委员会，由 3 名或 3 名以上的董事组成，其中至少有 1 名董事为独立董事。公司董事报告中应当披露企业社会责任委员会的人员组成。三是企业社会责任委员会的主要职责是：制定并向董事会建议一项企业社会责任政策；建议根据该法有关条款规定所需要支出的费用金额；随时监控公司的企业社会责任政策。[①]新法案关于企业社会责任主体的界定具有明显的法治导向性，即盈利高的营利性法人应当成为企业社会责任的承担主体。

南非通过《金准则》《基础广泛的黑人经济授权法案》及其他特许状和"社会责任指数"三个方面来落实企业社会责任。其中，《金准则》确认了社会责任是企业治理良好的特征之一，并指出在企业治理框架内，企业需在经理层职责自由和不同利益相关者利益诉求之间建立良好的平衡。因此，不但法人的决策

---

① 李考新、姜伟：《印度企业社会责任立法之启示》，《国际工程与劳务》2013 年第 6 期。

机关在制定经营策略时应全面考虑各方利益相关者，执行机关在业务执行时也应尊重各方利益相关者诉求。企业治理实质为法人治理，这意味着《金准则》将企业责任的承担主体指向法人。《财务特许状》规定："每一个经营性组织的财务部门必须制定一个方案将其年度税后净利润的 0.5% 进行社会投资。"该特许状将企业社会责任主体划定为经营性组织，实际上将责任主体置于广义的法人概念中。"社会责任指数"的发布主体是集团或公司形式的营利性法人，其必须证明符合了环境、社会和经济的可持续发展等领域的一系列标准。社会责任指数越高，投资者信任度愈高，对社会责任的优先考虑推动了营利性法人的可持续发展。[①]

印度尼西亚作为发展中国家，于 2007 年颁布了新的《公司法》。该公司法第 5 章第 74 条规定了公司负有社会和环保责任，并且该章仅有这一条款，足见该国政府对这一制度的重视。该公司法第 74 条第 1 节规定："经营天然资源行业或与天然资源行业有关的公司负有社会和环保责任。"第 2 节规定："经营天然资源行业或与天然资源行业有关的公司，如似第 1 节所述负有社会和环保的责任必须由公司承担，这责任的实施应关注公司的合理和适当开支，并将之注入公司预算和成为公司的支出/费用。"第 3 节规定："公司若不履行如似第 1 节所述负有社会和环保责任，依据法律规定受到惩罚。"[②]印尼《公司法》明确规定了公司应当承担社会责任，这在经济尚不发达的印尼来说是难能可贵的。将企业社会责任主体界定为经营天然资源行业或与天然资源行业有关的公司体现了印尼企业社会责任立法的本土化特点，因为矿业是印度尼西亚重要的支柱产业，在国家经济发展中扮演着十分重要的角色。同时，印度尼西亚是国际煤炭及镍、铁、锡、金等金属矿产品市场供应的重要来源，吸引大批外资投入矿业上游行业以稳定原料供应。[③]相较于其他商事主体，经营天然资源行业或与天然资源行业有关的公司对社会的影响最大，法律要求其承担社会责任也最具紧迫性。印尼公司社会责任的立法规定最大的优点在于将社会责任的承担主体和承担方式规定得相当明确，并且平衡考虑了公司责任的承担和未来的发展，对我国企业社会责任立法具有一定的借鉴意义。如"负有社会和环保的责任必须由公司承担，

---

① 楼建波、甘培忠主编：《企业社会责任专论》，北京大学出版社 2009 年版，第 468~471 页。
② 转引自[印尼]薛璋霖：《评印尼新〈公司法〉规定的公司社会责任》，楼建波、甘培忠主编：《企业社会责任专论》，北京大学出版社 2009 年版，第 476~477 页。
③ 唐新华、邱房贵：《论印度尼西亚矿业投资环境及其相关法律制度》，《东南亚纵横》2015 年第 3 期。

这责任的实施应关注公司的合理和适当开支。"[1]但是这一立法也存在着需要改进的地方。如该条明确公司应当承担"社会和环保责任",这一表述方式是否科学还需进一步斟酌。另外,该法仅仅规定了只有"经营天然资源行业或与天然资源行业有关的公司"承担这种责任,而对于其他的公司则没有这种强制性的规定。

三、我国公司社会责任的立法与实践

随着各国对公司社会责任问题的法律化,我国公司社会责任的立法与实践也迅速地开展起来。

(一)我国公司社会责任的立法确立

进入 21 世纪以来,我国分别于 2005 年和 2007 年修订了《公司法》和《合伙企业法》,对企业承担社会责任作出了原则性的规定。2005 年《公司法》第 5 条第 1 款规定:"公司从事经营活动,必须遵守法律、行政法规,遵守社会公德、商业道德,诚实守信,接受政府和社会公众的监督,承担社会责任。"这是我国首次在法律上明确规定了公司应当承担社会责任,也意味着我国立法对传统企业角色定位的修正。此后,2007 年《合伙企业法》第 7 条也规定:"合伙企业及其合伙人必须遵守法律、行政法规,遵守社会公德、商业道德,承担社会责任。"这是对企业承担社会责任的又一次明确的规定。我国于 2020 年 5 月 28 日由第十三届全国人民代表大会第三次会议通过的《民法典》第 86 条规定:"营利法人从事经营活动,应当遵守商业道德,维护交易安全,接受政府和社会的监督,承担社会责任。"这是我国《民法典》在借鉴公司法与合伙企业法相关规定的基础上,关于公司企业等营利法人社会责任的最新规定。上述三部法律关于公司、合伙企业和营利法人"承担社会责任"的一般规定,为我国解决公司企业社会责任问题提供了法律保障。

(二)我国公司社会责任的规范实践

除上述法律对公司社会责任做出规定之外,我国也先后出台了各种规章、行

---

[1] 雷兴虎、刘斌:《〈企业社会责任法〉:企业践行社会责任的法制保障》,《法治研究》2010 年第 4 期。

业性指导意见等对企业社会责任加以规范。

1. 政府的规范意见

公司在其社会责任建设进程中，需要得到来自于政府的规范和指导，政府在推进公司社会责任建设过程中所发挥的规范指导作用也日益凸显。2007年12月5日，银监会发布了《中国银监会办公厅关于加强银行业金融机构社会责任的意见》，明确指出了银行业金融机构的企业社会责任至少应包括维护股东合法权益、保护员工的合法权益、维护金融消费者合法权益等七点措施。2007年12月29日，国有资产监督管理委员会发布了《关于中央企业履行社会责任的指导意见》，阐释了中央企业履行社会责任的重要意义、指导思想、总体要求和基本原则，并进一步提出了中央企业履行社会责任的主要内容和主要措施。

地方政府近年来也积极参与到规范指导企业履行社会责任之中来。2007年7月上海浦东新区政府颁布了《浦东新区企业社会责任导则》，旨在确定当前浦东新区企业应当遵循的社会责任基本原则，引导企业建立有效的社会责任管理体系。2008年4月浙江省政府颁布了《浙江省人民政府关于推动企业积极履行社会责任的若干意见》，指出了企业履行社会责任的重要意义和总体要求，给出了企业履行社会责任的重点内容和主要措施。2008年11月上海市颁布了《上海市企业社会责任地方标准》，规定了企业履行社会责任的基本行为及企业社会责任的评估体系。

2. 非政府组织的积极指引

此外，我国非政府组织在推动企业承担社会责任方面也更为积极主动。2005年5月，中国纺织工业协会发布了《中国纺织企业社会责任管理体系》（CSC9000T），该社会责任管理体系是我国第一次在产业领域推行行业社会责任行为准则，该准则促进了中国纺织工业的产业提升和综合竞争能力的提高。2006年9月25日深圳证券交易所发布了《深圳证券交易所上市公司社会责任指引》的通知，倡导在深圳证券交易所上市的公司积极承担社会责任。中国银行业协会于2009年1月12日发布了《中国银行业金融机构企业社会责任指引》（以下简称《指引》），号召金融机构积极承担社会责任，该《指引》指出银行业金融机构的企业社会责任至少应包括经济责任、社会责任、环境责任三个方面。

四、我国企业社会责任的立法架构与实现机制

如前所述，我国立法和实践在强化企业社会责任承担、保护股东之外的其他利益相关者方面有了一些突出的成就，但我们认为，这些成就还不足以有效监督、激励企业自觉践行社会责任。我国《公司法》第 5 条、《合伙企业法》第 7 条和《民法总则》第 86 条虽然使用"社会责任"这一概念，但作为一种原则性的规定，由于缺少可操作性、欠缺实际内容，决定了其作用是极为有限的。另外，立法实践要求企业承担社会责任，这实际上赋予了企业经营管理者一定的自由裁量权，加之前述立法上的不明确，经营管理者可能因履行社会责任而滥用权力。再者，企业社会责任的法律规制本身就是一项系统的工程，内容较为广泛，我国《公司法》《合伙企业法》等法律未能明确界定社会责任的范围以及系统设计出企业社会责任的具体条款，企业社会责任法律体系未能在整体层面上确立起来。因此，一部《企业社会责任法》的设计应当成为未来立法努力的方向。

（一）《企业社会责任法》的架构设计

如何设计一部完整的《企业社会责任法》是一件非常困难的事情。我们认为关键的问题在于"责任"的落实上争议很大。沃特·舒尔茨对"责任"提出了较为深刻的理解，他认为责任涉及三个部分：（1）责任主体，或者说由谁负责；（2）责任内容，或者说负什么责；（3）所要对之负责的权威，或者说对谁负责。这些区别可以有助于人们更好地甄别混乱复杂的责任问题。[①]企业社会责任的责任主体我们可以清晰地定位为企业。比较模糊的就是企业社会责任的"责任内容"和"所要对之负责的权威"。随着企业社会责任实践的展开，人们对于企业社会责任的"责任内容"也基本上没有大的争议，认为主要涉及经济、社会和环境三大类。[②]现在，争议较大的是"对谁负责"的问题。因此，我们认为要真正解决企业社会责任立法问题，就绕不开"所要对之负责的权威"问题。我们的立

---

① [美]乔治·恩德勒教授在上海社会科学院的讲演《公司社会责任究竟意味着什么？》，http://theory.people.com.cn/GB/49167/4119311.html，访问时间 2009 年 8 月 18 日。

② 1997 年由联合国官方合作机构环境署合作中心提出了基于自愿的"全球报告倡议"，该报告对企业承担的"责任内容"做出了规定，即经济、社会和环境三个方面。

法设计也是循此问题而展开的。我们前述已经论证了企业应当负担一定的社会责任，应当为其他利害关系人履行相应的社会义务。在这里我们把"所要对之负责的权威"相应地定位为与企业利益相关的利益相关者。当前学界一般认为，所谓的"公司的利益相关者"，指的是在股东以外，受公司决策与行为现实的和潜在的、直接的和间接的影响的一切人。具体包括公司的职工、公司的债权人、公司产品的消费者、经济和社会发展规划、资源和环境、社会保障和福利事业的受益者等方面的群体。我国《上市公司治理准则》明确规定了公司对其利益相关者应负的社会责任：上市公司应尊重银行和其他债权人、职工、消费者、供应商、社区等利益相关者的合法权利。因此，利益相关者应当包含有职工、债权人、消费者、社区等。我们认为一部完善的《企业社会责任法》的设计应当如下：总则、职工权益保护、债权人权益保护、消费者权益保护、环境保护与可持续发展、社区与公共利益发展、附则七章。其中总则包括企业社会责任法的立法宗旨与目的、内涵、基本原则等。分则包括对职工、债权人、消费者等权益保护以及环境保护与可持续发展、社区与公共利益发展、附则等内容。

（二）企业社会责任的制度构建

我们认为企业社会责任的制度构建应围绕以下五个方面展开。

1. 对职工的社会责任

在现代企业中，职工作为企业人力资本的所有者，在现代企业中的地位和作用越来越重要。现代企业的竞争归根结底归结为人力资源的竞争，拥有知识和技能的职工是企业竞争制胜的关键，没有了优秀的职工，没有了职工的勤奋工作，企业不可能在竞争中获胜。职工是与企业利益直接相关的利益相关者，他们的利益应该得到优先保护。企业对职工承担社会责任的主要表现为：（1）构建合理的激励约束机制，保障职工各项权益，促进职工全面发展，为职工创造价值；（2）重视职工健康和安全，改善人力资源管理；（3）加强职工培训，提高职工职业素质；（4）杜绝任何在用工与行业方面的歧视行为，消除各种形式的强制性劳动等。

2. 对债权人的社会责任

企业债权人也是与企业密切联系的利益相关者群体。由于法人制度和有限责任的确立，实践中股东可以很容易地将风险转移给债权人。企业的债权人也因此成为企业的一类重要的利益相关者。因此，企业对债权人树立社会责任感，自觉承担社会责任是非常重要的，这对维护交易安全，保障社会稳定都具有重大意义。我们认为，企业对债权人承担社会责任的主要表现为：（1）经营决策过程中，应充分考虑债权人的合法权益，不得为了股东的利益损害债权人的利益；（2）及时准确披露企业信息，不伪造、隐瞒等。

3. 对消费者的社会责任

消费者权益保护一直以来是社会中恒久的主题。企业的价值和利润能否实现，取决于消费者是否选择该产品，产品和服务的好坏直接关系到消费者的切身利益，所以，消费者也是企业重要的利益相关者群体。为实现双方的地位平等、交易公平，尊重消费者的权益，并对其承担责任，已经成为今天企业社会责任的一项重要内容。企业保护消费者利益的主要表现为：（1）应重视消费者的权益保障，有效提示风险，恰当披露信息，公平对待消费者；（2）提升专业服务能力，深化服务内容，切实保证消费者得到优质的服务，提供合适的产品给消费者等。

4. 对环境保护的社会责任

环境保护不仅关系到当代人的切身利益，而且事关人类的生存和发展，是实现社会可持续发展的前提和关键。但现实生活中，大量漠视环境利益、任意排放污染物和掠夺性开发的现象，多是由企业所实施的，企业的行为是造成环境污染的主要来源。企业除了积极承担《环境保护法》等法律规定的责任外，还应主动承担下列环保社会责任：（1）优化资源配置，支持社会、经济和环境的可持续发展；（2）尽量采用资源利用率高、污染物排放量少的设备和工艺，应用经济合理的废弃物综合利用技术和污染物处理技术等。

5. 对社区与公益的社会责任

企业往往因为对所在社区的经济、治安、文化等方面产生一定的影响而承担一定的社会责任。这是企业以其所在社区和社区居民为相对方的一种责任，实际上这是一种综合性的责任。因为，所在社区也是企业的利益相关者，企业理应对其承担一定的社会责任。企业对社区的责任，主要表现为：（1）应支持社区经济发展，为社区提供服务便利，积极参与社区建设等社会公益活动，努力为社区建设贡献力量；（2）企业应关心社会发展，热心慈善捐赠、志愿者活动，积极投身社会公益活动，努力构建社会和谐，促进社会进步等。

第五节　公司法人的独立人格与人格否认

一、公司法人的独立人格

（一）法人人格制度的历史考察

当今学者一般认为，公司法人人格制度肇始于罗马法。虽然古罗马时期并没有法人的概念，也没有形成系统的法人制度，但是罗马法中，有关团体的规定，则为法人制度的创建奠定了坚实的法律基础。

1. 罗马法中的团体人格制度

按照罗马法学家的划分，法分为公法和私法，而私法又分为人法、物法和诉讼法。罗马法中的人法则是关于人的权利能力和行为能力、人的法律地位、人的各种权利取得和丧失等方面的法律。而法律上的人则有广义和狭义之分，广义上的人是指所有的"圆颅方趾的人类"，即自然人，狭义上的人则是指具有"权利能力、人的身份"的人。在当时，只有自由民才称得上"人"，奴隶只是物，不得享有任何权利，而作为自由民要具备权利能力就必须具有"人格"。人格一词来源于拉丁文，所谓人格就是作为人能够享有权利和承担义务的主体资格。人格制度即是罗马法确定的作为权利义务主体的人的身份、资格的制度。在罗马法中，人格是由自由人身份权、市民身份权和家属身份权三种身份权构成。只有同时具备这三种身份权的人才是完全人格者，才能完全享有权利能力。在古罗马时期，自由权、市民权和家属权并不是每一个人都能同时拥有，也不是终身不变，一旦这三种身份权中有一个消灭或发生变化，就会成为人格减等者，如丧失自由权沦为奴隶后，市民权、家属权也自然丧失。丧失罗马市民权成为拉丁人或外国人，此时家属权也随之丧失，但仍保留有自由权。奴隶虽然"圆颅方趾，生而有聪明才智"，但在罗马法中他们只是物，只能成为权利义务的客体，而不能成为权利义务的主体，因此，奴隶就是无人格者。罗马法中的人格制度虽然是为自然人设计的，但这一学说却为法人制度的建立奠定了一定的法律基础。

随着罗马社会简单商品经济的不断发展，人们逐渐认识到个人力量的有限性，于是，一种有别于个人的团体则逐渐形成和发展起来。根据学者们的归纳，古罗马时期的团体大致有六种类型：（1）公共团体，包括国家和国家组织的其他政治团体；（2）宗教团体，包括官办和私办两种；（3）慈善机构，由国家公助和私人捐助而设立；（4）商业和实业团体，包括船夫团体、工匠团体和经营团体等；（5）公共利益组织，主要是基于互助的目的而成立的一些协会；（6）俱乐部，这一团体在帝国时期的奥古斯皇帝时被下令解散。

在罗马帝国时期，自治团体才作为整体来承担权利、履行义务，联合体的个别参加者再也不是权利义务的直接承担者，这就意味着团体已成为独立的权利义务主体了。但是，当时的法律只承认公共团体和由国家举办的团体才有独立的人格，而且即使是这些团体，罗马法也不允许其拥有自己的财产。直到公元313年，《米兰诏令》第一次在法律上承认教会财产并把一种新的财产类目——团体机关财产列入罗马法，至此，罗马法才算正式确认了团体组织具有独立人格并拥有独立的财产权。虽然罗马法中，没有形成系统的法人人格制度，但其有关团体组织的规定则为后来法人制度的形成和发展起了奠基作用。

2. 中世纪的团体制度

到了中世纪，随着团体组织的发展，与之相适应的团体组织的独立财产制和有限责任制也随之产生。13世纪后，教会法开始确认寺院财产的权属，主要是区分寺院财产与牧师的财产，产生了"联合团体"和"单独团体"的概念，这实际上意味着寺院这一团体已经拥有了独立的财产。另外，中世纪的各种商业性团体已十分普遍，在这些团体中，最早出现的是家族经营团体，它促使了无限公司的产生。在海上贸易中，产生了船舶共有和海运组织——康曼达（Commenda），在该组织中，资本家承担有限责任、航海家承担无限责任，这便形成了两合公司的最初形态。

3. 法人制度的正式确定

从19世纪开始，西方国家的法律逐渐在中世纪有关团体组织制度的基础上形成了现代意义上的法人制度。1804年的《法国民法典》虽然没有关于法人的一般规定，但却在具体条款中承认了法人的存在。1806年拿破仑制定的《法国商法典》则正式确认了公司，特别是股份有限公司这一团体组织形式，这说明法国当时的法人型组织是普遍存在的。1896年颁发的《德国民法典》破天荒第一次系统地确立了法人制度，该法典在第一编"总则"中，将法人列为专章，共69条，其中社团法人59条，财团法人9条，公法人1条。从而正式确立了世界上第一个系统的法人制度。

（二）公司法人人格的本质

关于公司法人的本质，主要有"法人拟制说""法人否认说"和"法人实在说"三种学说。

1. 法人拟制说

最早论及法人本质的学说，也是对英美法系影响最大的一种学说。据德国法学家基尔克（Gierke）的考证，欧洲大陆第一位思索法人本质的人是教会法的代表人物罗马教皇英诺肯季四世（Pop Innocent IV），他认为："法人具有双重性，即实在性和非实在性。一方面，它是自然人的集合，具有可视可触的实体；另一方面，它是一个概念。"

近代法人拟制说的代表人物当首推德国罗马法学家萨维尼（Savigny）。18世纪末期，德国法学家萨维尼（Savigny）在其名著《当代罗马法论》中创立"法人拟制论说"。他认为：法律主体仅限于具有自由意思的自然人，唯有自然人能够享受权利并承担义务，而法人能够取得人格，只是由法律将其拟制为自然人，"法人为人工的单纯拟制之主体，即仅因法律之目的而被承认的人格"。法人拟制说在19世纪初是非常流行的观点，而且影响很大。特别是强烈地影响了英美法系的法人理论，英美法学者逐渐形成一个关于法人的本质的共识："法人是一个虚构的人格，它由自然人组成，由国家拟制，仅存在于法律的想象之中，不可视，无灵魂，但却持续存在。"

2. 法人否认说

该学说认为，社会中除存在自然人和财产外，从来无所谓法人的存在，或者说法人只不过是个人或财产的集合。具体又分为以下三种观点：（1）目的财产说。19世纪德国法学家布林兹（Brinz）创立了"目的财产说"。他认为：任何财产或属于特定的个人，或属于特定的目的，前者是有主体的，后者是无主体的。为达到特定的目的而由多数人的财产集合而成的财产，已经不属于单个的个人，而成为一个法律拟制的人格。法人是为了一定目的而存在的无主财产，即"目的财产"。（2）受益者主体说。由德国学者耶林所倡导，他认为：拟制的团体是不存在的，法人只不过是形式上的权利、义务的归属者，而权利义务归属的实质主体是享受该社团财产利益的多数自然人。（3）管理人主体说。由德国学者霍达等人所倡导，他们认为：法人的财产属于管理其财产的自然人，即实际管理财产的人就是法人的主体。

3. 法人实在说

该学说认为，法人既非法律拟制的结果，其本体也不应否定，而是有其社会实在，法人本身就是实实在在的独立主体。因对社会存在的理解不同，又可分为三种观点：（1）有机体说。1868 年德国法学家基尔克（Gierke）撰写四卷宏著，创立"有机体说"。他认为意思能力是法律主体的前提，人类社会既有个人意思，也有共同的意思，共同意思即为团体意思。人类的历史也是团体的历史，法人有团体意思，它是社会有机体，它的存在是客观的，而不是拟制的。（2）组织体说。由法国学者米修德（C. Michould）和萨雷勒斯（R. saleilles）等人提出。组织体说吸收了传统（公司）法人理论的合理因素，认为法人是一种具有区别于其成员的个体意志和利益的组织体。法人的本质不在于其作为社会的有机体，而在于其具有适合为权利主体的组织，即具有一定目的的社团或财团。法人组织的意志由法人的机关实现。"组织体说"说明了法人的组织特征，以及法人与其机关及其成员之间的关系，奠定了现代大陆法系法人制度的基本理论。20 世纪以来，组织体说已经为绝大多数学者所接受，并为大多数国家立法所采纳。（3）社会作用说。由日本著名民法学者我妻荣提出。他认为，法人可独立承担社会作用，有适于具有权利能力的社会价值。

二、国外公司法人的人格否认

（一）公司法人人格否认制度的基本含义

公司法人人格否认制度的发展经历了两个阶段：一是在传统的判例法领域形成了"揭开公司面纱"原则，其目的主要是用来防止自然人股东滥用公司法律形式从事欺诈活动；二是后来发展成为现代的自由形式的"揭开公司面纱"原则，其重点转向对企业集团或者企业间关联关系的调整，其适用的范围已经不局限于公司法领域，而是拓展至税法、诉讼法、破产法。"公司人格否认"根据其产生的含义和机理可将其分为两大类：第一，公司人格生成条件缺乏从而使公司空壳化，或公司有悖法人人格存在的目的。具体情况包括：（1）公司没有独立财产或公司与股东财产混合；（2）股东与公司人格混同，从而使人格不独立，组织机构不独立。第二，股东滥用公司人格规避法律义务或合同义务。表现为股东或伙同他人损害公司债权人利益而转移公司财产等情况。

公司法人人格否认制度是指在具体法律关系中，基于特定的事由，否认公司的独立人格，使股东在某些场合对公司债务承担无限责任的法律制度。法律不允许任何人以任何形式践踏公平、正义，而把自己的利益建立在他人的利益侵害之上，以匡正已失衡的这种秩序的公司法人人格否认制度便应运而生。其在英美法系中被称为"刺破公司法人面纱"原则，在大陆法系则一般被称为"公司法人人格否认"。其特征概括为以下四个方面。

1. 其适用以公司具备独立人格为逻辑前提

如果没有公司的法人人格，也就谈不上公司法人人格之否认。公司法人人格否认是针对已经合法取得公司独立法人人格，且该独立人格及股东有限责任已被滥用之情形的公司而设置的。

2. 只对特定个案中公司独立人格予以否认

即适用于个案中公司法人人格不合目的而需要否认其法人人格的场合，其效力不涉及该公司的其他法律关系，并且不影响该公司的其他法律关系，并且不影响该公司作为一个公司独立实体合法的继续存在。强调其适用只涉及特定的事案、特定的当事人和特定的法律关系。

3. 其直接后果是追偿股东之无限责任

即突破股东有限责任之局限。从另一角度来说，公司法人人格否认是对已丧失独立人格特征之法人状态的揭示与确认。公司法人人格否认是公司无法实现债权人诉求的特殊处理，通过剥离徒有人格之名而无人格之实的公司人格，导致隐藏于公司背后股东的凸现，使其承担的责任由有限向无限复归。也就是说，在实践中即使有股东滥用公司人格的事实，但是公司还能偿债的情况下，是绝对不能以公司法人人格否认为依据，起诉它后面的股东从而追究其责任。

4. 其是对失衡的公司利益关系进行的事后法律规制

它是国家运用公权利，通过司法规制方式对失衡的公司利益关系进行事后的强调调整，或者说通过追究法人人格滥用者的责任，对因法人人格滥用而无法在传统的法人制度框架内获得合法权益者给予的一种法律救济。

　　总而言之，公司法人人格否认制度的本质，是当法人运用背离法律赋予法人人格的原始初衷（即公平、平等、正义）而为他人控制和操纵，已不再具有独立性质，法律将无视法人的独立人格而追究法人背后的操纵者的法律责任。因此，这种法人人格否认所引起的从法人人格确认向法人人格否认的复归并非是对整个法人制度的否定，恰恰是对法人人格的严格恪守。因为运用法人人格否认制度所否认的法人，实际上是一个被控制了的、失去人格独立性的法人空壳。法人人格否认制度作为在特定条件下对社会公共利益特别是公司债权人利益的合理与必要的保护手段，有效地维护了法人制度的健康发展，防止法人制度的价值目标发生偏向和被异化。从这个意义上讲，法人人格否认制度不仅不是法人制度的否认，反而是法人制度的补充与升华。正是法人人格否认制度，证明并捍卫了法人制度的公平、合理与正义。

（二）各国公司法人人格否认制度的实践

　　美国是公司法人人格否认制度的发源地，该制度最早体现在 1905 年"美国诉密尔沃基冷藏运输公司"案（U. S. v. Milwaukee Refrigerator Transit Co.）中，美国法官 Sanborn 明确表示：公司在无充分反对理由的情况下，应当被视为法人，具有独立人格，但是法人的独立人格如被用来损害公共利益，以使其不法行为正当化，法院将考虑无视公司人格的单一实体而直接追及在公司"面纱"掩藏下的股东个人责任，以实现公平。美国法院的这个判例，开创了公司法人人格否认的先河。这种原则和例外后来被作为否定公司法人资格的一项司法规则。在这个案件中提出否认公司独立人格的诉求主体正是美国政府。

　　法人人格的否认就其实质而言是对已经丧失独立人格特性的法人状态的一种揭示和确认。公司法人人格否认法理已经成为英美法系和大陆法系等诸多国家所共同认可的一项法律原则，虽然这两大法系国家中对这一原则的适用要件、范围各异，但均以实现公平、正义之价值目标为基本宗旨。从各国实践情况来看，公司人格否认或称"揭开公司面纱"有两种做法：（1）立法作出规定。如德国公司法，针对母子公司关系中，子公司常被母公司操纵用来作为欺诈他人，逃避法律或合同义务的工具之情形，在 1965 年《股份法》第 2 篇中直接规定了适应关联企业的责任，令母公司对子公司、支配公司对从属公司承担不同的责任。（2）公司法人人格否认仅作为例外。由法院在审理具体案件时"揭开公司的面纱"。是指为防止公司独立人格的滥用和保护公司债权人利益及社会公共利益，就具体的法律关系中的特定事实，否认公司与其背后的股东各自独立的人格及股东的有限责任，责令公司的股东（自然人股东和法人股东）对公司债权人和公共利益直接负责，以实现公平、正义目标之要求而进行法人人格之否认。

公司法人人格否认制度在实践中有着十分重大的意义：一是法人人格否认制度是法人制度的有益的补充和内容的升华。这种法人人格否认所引起的法人人格确认向法人人格否认的复归并非是对整个法人制度的否定，而恰恰是对法人人格本质的严格恪守。因为运用法人人格否认制度所否认的法人实际上已是一个被控制了的失去的独立性的空壳；二是法人人格否认制度通过衡平方法实现"矫正的公平"。而公司法人人格否认法理作为调节不断出现的股东和债权人之间冲突的手段，则体现着"矫正的公平"。但是公司法人人格否认必须严格适用，它有特定的适用范围和适用条件。

1. 适用范围

从实践角度看，一般在有下列情形出现时适用：（1）公司与公司股东的人格混同（人格形骸化）。表现在财产混同、组织混同、经营业务混同，甚至在利益上出现混同，不分彼此；（2）利用公司形态以规避法律或合同义务；（3）公司资本不足；（4）股东对公司过激控制。这主要表现在母子（关联）公司之间。日本判例法及学说关于公司人格否认的适用场合包括：公司人格完全空壳；回避法律的适用而滥用其人格。还有一种最狭范围说只认可公司完全沦为空壳化，丧失财产独立性的场合。当然，既然是法院于个案审判中予以否认公司人格，揭开面纱，直追股东的责任，则其适用的情况是纷繁多样的。只要存在公司人格被滥用，债权人或社会公共利益受损之事实，应当考虑适用。

2. 适用要件

公司法人人格否认必须具备以下条件：（1）主体要件：包括两方面：一是公司法人人格的滥用者，应限定在公司法律关系的特定群体之中，即必须是该公司之握有实质控制能力的股东。二是公司法人人格否认的主张者，即公司法人人格滥用的受害者，通常是公司的自愿债权人和非自愿人，有时是代表国家利益或社会公共利益的政府部门，必须明确，这些受害者皆是因股东之滥用公司法人人格的行为而受到损害，如果因公司董事或经理擅权谋取私利而使上述当事人受损害，可依照公司法人相关规定，通过追究公司董事、经理之责来予以补偿，不能提起"揭开公司面纱"之诉，实践中常有公司自己或公司股东，为某种利益担起适用公司法人人格否认法理之请求的情况，这是不能允许的。（2）行为要件：其强调的是公司法人人格之利用者必须是实施了滥用公司法人人格的行为。主要有以下几类：滥用公司法人人格诈害公司债权人；滥用公司法人人格回避契约义务；滥用公司法人人格回避法律义务；公司形骸化，比如不召开股东大会、不履行公司决策的法定程序、不保留公司必要记录、业务混同、财产混同、过度控制等。（3）结果要件：指公司法人人格利用者滥用法人人格的行为必须给他人或社会造成了一定的损害后果。

但是，在当前的以公司法为代表的商事主体法中，公司人格独立、有限责任仍然是最为重要的原则，公司股东（或者母公司）不对公司（或者子公司）的债务负有任何出资额以外的责任。只有在特殊场合下，实体法则才被"揭开公司面纱"为法理所排斥。可以说公司法人人格否认法理基本上是作为判例法的一种举措发挥作用，成文法上的规定寥寥无几。[①]

三、我国公司法人的人格否认制度及其完善

（一）我国公司法人人格否认制度的立法规定

依据我国《公司法》的规定，公司的法人人格一经取得，非经公司登记机关的注销并不丧失其法人地位。因此从某种程度上说，公司的独立法人地位几乎具有绝对性，公司的责任和公司股东的有限责任被截然分开。"揭开公司面纱"在国外主要是靠判例解决。我国还没有判例制度，在实践中又需要解决股东滥用公司人格、滥用有限责任而向债权人承担责任的问题。

1. 我国关于"公司法人人格否认"的原则性规定

"公司法人人格否认"实质上是对公司股东权利的限制。依照公司法的规定，股东对公司债务以其认缴的出资额为限承担责任。股东享有决策权、人事决定权和利益分配权。在赋予股东权利的基础上，我国2005年《公司法》第20条第3款明确规定："公司股东滥用公司法人独立地位和股东有限责任，逃避债务，严重损害公司债权人利益的，应当对公司债务承担连带责任。"该条款就是我国"公司法人人格否认"制度的原则性规定。它从债权人的利益保护的角度，规定如果有限责任公司、股份有限公司的股东滥用公司法人独立地位和股东有

---

① 朱慈蕴：《公司法人格否认法理研究》，法律出版社1998年版，第380页。

限责任，逃避债务，受到严重损害的债权人可以向法院起诉，要求该公司的股东对公司债务承担连带责任。在这类案件的具体诉讼过程中，根据"谁主张，谁举证"原则，一般情况下由主张公司法人人格否认的债权人承担相应的举证责任，以证明这些股东滥用了法人人格，侵害了自己的利益。

2. 我国"公司法人人格否认"在一人公司中的具体规定

鉴于一人公司的设立与参与经营的条件较为宽松，为防范滥用公司制度的风险，我国 2005 年《公司法》第 63 条增加了关于一人公司"法人人格否认"的具体规定："一人有限责任公司的股东不能证明公司财产独立于股东自己财产的，应当对公司债务承担连带责任。"由此看来，在一人公司中适用法人人格否认，相对于第 20 条第 3 款的规定而言，还有一个制度的创新就是要求一人有限责任公司的股东证明公司的财产独立于股东自己的财产，如果无法证明，股东就要承担连带责任。也就是说在一人公司被诉"法人人格否认"的案件中，一人公司的股东对自己财产与公司财产是否独立负举证责任，无法证明二者相互独立的，则一人公司的法人人格被否认，股东对公司债务承担连带责任。

3. 我国"营利法人人格否认"在《民法典》中的立法规定

我国《民法典》第 83 条第 2 款在借鉴公司法关于公司法人人格否认相关规定的基础上，进一步明确规定："营利法人的出资人不得滥用法人独立地位和出资人有限责任损害法人的债权人利益。滥用法人独立地位和出资人有限责任，逃避债务，严重损害法人的债权人利益的，应当对法人债务承担连带责任。"这将我国人格否认制度适用的主体范围进行了适度拓宽。

总体而言，我国法律确立"公司法人人格否认"制度是对股东义务的适当增加和对债权人利益的适当保护。但是公司法没有具体列举公司法人人格否认的适用情形、适用条件、适用的具体后果等。法官需要使用自由裁量权，依据平等、公平、诚实信用、禁止权利滥用等原则确定法人人格是否真实存在，从而实现对滥用法人人格者民事责任的追究。然而，我们也应该认识到，债权人在主张公司法人人格否认的过程中极有可能造成该制度的滥用，使守法的出资者遭受直接追索，从而打击投资者的积极性。

（二）我国公司法人人格否认诉求主体的适用范围及其完善

2005 年 10 月 27 日修订的《中华人民共和国公司法》第 20 条第 3 款规定："公司股东滥用公司法人独立地位和股东有限责任，逃避债务，严重损害公司债权人利益的，应当对公司债务承担连带责任。"这意味着公司法人人格否认制度正式在我国立法中得以确立。公司法人人格否认制度的主要目的在于防止股东滥用独立人格，通过对股东有限责任的限制以求矫正已经失衡的利益，使公司债权人利益得以恢复，实现整体利益的公平。在这一条文中，我们也清楚地注意到提出否认公司独立人格的诉求主体是债权人。然而，从上述"美国诉密尔沃基冷藏运输公司"案中，我们发现最早适用这一原则的美国是可以接受国家作为否认公司法人人格之诉求主体的，但在我国《公司法》中却没有相应的规定。那么，我国《公司法》第 20 条第 3 款中规定的诉求主体"债权人"应当作怎样的理解——是狭义债权人，还是广义债权人？国家、职工、消费者等其他利益相关者能否作为诉求主体主张公司法人人格否认？这样，如何界定公司法人人格否认诉求主体的范围是《公司法》亟待解决的一个问题。

1. 公司法人人格否认诉求主体范围之评介

学界对于《公司法》第 20 条第 3 款公司法人人格否认的诉求主体范围有何种认识？这些认识是否符合现行公司法理念的需要？以下，我们就这些问题作进一步的梳理与评介。

我们知道，公司法人人格否认制度是针对股东滥用公司法人独立地位和股东有限责任而设计的一项严格法律制度，属于一种事后救济方式，是对滥用公司法人人格行为的一种纠正，也是对滥用公司法人人格行为人的一种制裁和对受害人的一种救济，因而必须有符合诉讼利益的主张者。通常只有在特定法律关系中基于保护受害人的需要，公司法人人格否认制度才能适用。那么，哪些范围内的主体才能提起公司法人人格否认之诉？学界大致有三种认识：（1）有学者认为："《公司法》第 20 条第 3 款所称的'公司债权人'既包括民事关系中的各类债权人（包括但不限于契约之债的债权人、侵权之债的债权人、无因管理的债权人和不当得利之债的债权人），也包括劳动关系中的债权人（劳动者），还包括行政关系中的特殊债权（如国家税收债权）等。"[1]该学者认为此项制度主要针对控股股东滥用法人人格和股东有限责任的行为而设计的，公司法人人格否认制度保护的债权人应该理解为广义上的债权人，应当包括劳动者、消费者等除狭义民事关系中债权人外的各种利益相关者。（2）另有学者对上述观点持有不同的意见，认为从各国司法实践来看，公司法人人格否认制度主要适用于保

---

① 刘俊海：《新公司法的制度创新：立法争点与解释难点》，法律出版社 2006 年版，第 88 页。

护债权人，对于其他利益相对人没有足够的事实依据，而且如何判决公司股东滥用法人人格侵害其他利益相关者的事实还很难界定。我国立法部门考虑该制度是一个新制度，社会各界对它的认识还比较陌生，所以不便更大范围地适用。[1]（3）还有学者认为："公司法人格滥用的受害者通常是公司的自愿债权人和非自愿债权人，有时候代表国家利益或社会公共利益的政府部门。因此只有他们有权提起揭开公司面纱之诉。"[2]从上述三种观点来看，第一种观点是一种典型的"广义债权人说"，该学说将公司债权人理解为广义的债权人，我们不赞同这种观点，因为债权具有相对性，债权人仅对特定的义务人享有请求权，不宜作范围过大的解释；第二种观点则是一种典型的"狭义债权人说"，该观点从法人人格否认制度事实认定的难度和理解的陌生度来考量，对其作出了最严格的限定，我们认为有一定的合理性，但这样限制法人人格否认制度适用的范围，不能充分发挥法人人格否认制度保护利益相关者的作用；第三种观点可以说是一种介于前两者之间的"折中主体说"，该观点虽然将诉求主体理解为债权人和政府，但对于像职工、消费者等特殊的利益相关群体却未纳入诉求主体范围之内。

公司法人人格否认制度旨在恢复已被打破了的公司利益平衡，而公司的利益主体除股东外，并非只有公司债权人一方，国家、社会以及职工、消费者等利益也应该受到保护。一般认为，公司法人人格否认只适用于公司对其债务不能履行的情况，至于公司的侵权行为和公司的公法责任是否适用公司法人人格否认制度则存在争议。我们认为，在适用范围上，公司法人人格否认不仅适用于公司对交易相对人的债务责任，也适用于公司对第三人承担的侵权责任以及公司在公法上承担的责任（比如纳税义务）。因此，当个别股东控制公司时，遭受利益损失的就不仅仅是公司债权人一方，其他利益主体的利益也可能遭受侵害。鉴于此，我们认为公司法人人格否认诉求主体不应当仅仅包括狭义上的债权人，还应当包括职工、消费者、国家等其他更为广义上的利益相关者。

我们认为利益相关者是公司法人人格否认诉求主体的应然选择。根据传统的观念，公司的经营是为了其所有者（即股东）的利益，并且认为任何利润都应当在股东之间进行分配。以自由经济理论的先师亚当·斯密（Adam Smith）为代表的古典和新古典经济学派认为，公司是股东的公司，股东是公司的唯一所有

---

[1] 沈四宝：《新公司法修改热点问题讲座》，中国法制出版社 2005 年版，第 148~149 页。

[2] 朱慈蕴：《论公司法人格否认法理的适用要件》，《中国法学》1998 年第 5 期。另外，不少学者对这种观点持肯定的态度，如徐卫东：《商法基本问题研究》，法律出版社 2002 年版，第 20 页。

者，管理者只能代表股东的利益，所以无论公司还是公司管理者只有一个目标，那就是利润最大化。[①]但随着现代公司的规模在逐步扩大，股权越来越分散，公司的所有权已经失去了个人的色彩，其流动性很高，所有权和控制权的统一局面已经被打破。现代公司的控制者越来越追求控制一种能够持续发挥功能的、具有强效市场价值的组织——该组织的存在毫无疑问也要依赖于它们的职工、债权人、消费者等。这就要求现代公司不仅要为股东利益服务，而且还要为职工、债权人、消费者等利益相关者服务。现代公司具有一定的社会属性。公司在被赋予人格之后，究竟在社会中应当扮演何种角色？如果只是强调股东的有限责任和股东对公司的治理，那就必然会导致股东不当操纵公司，进而损害公司、职工、债权人等利益相关者的利益，公司的独立人格必然受到严重影响。公司这时处于股东和相关利益人之间，公司对他们利益的判断和衡量是并重的。公司法人人格否认制度就是衡平公司法人人格独立和股东有限责任与利益相关者之间的桥梁纽带，实质上也是对公司性质的一种历史修正。

现代二元属性的公司对于利益相关者的法律保护是时代的呼唤和要求，而公司法人人格否认的诉求主体若被限制在狭义的债权人范围之内，显然无法满足对营利性与社会性并存下的现代公司中利益相关者的保护。因此，利益相关者是公司法人人格否认诉求主体的应然选择。

2. 关于公司法人人格否认诉求主体范围之扩张

那么国外法律对于公司法人人格否认诉求主体的规定是否也已经符合了这一公司发展的历史趋势呢？我们将试图通过考证国外的立法及司法实践来构筑完善的公司法人人格否认诉求主体范围。

公司法人人格否认制度作为成文法方式确定下来的国家并不多，立法上主要表现在美国、德国等少数国家之中。美国的《示范公司法》第 6 章第 22 节第 2 款规定："除非公司章程中另有规定，公司的股东并不对公司的活动和债务承担个人责任，除了因为是他自己的活动或行为，他才可以对上述公司活动或债务承担责任。"[②]可见，美国的法律规定得比较原则，股东可以基于自身的行为而对公司的行为或债务承担责任，并未明确股东承担责任的场合与方式，也没有规定法人人格否认的诉求主体范围，但此后的诸多判例明确了众多利益相关者都可以是诉求主体，如我们前述的"美国诉密尔沃基冷藏运输案"就是其中的

---

① 沈洪涛、沈艺峰：《公司社会责任思想起源与演变》，上海人民出版社 2007 年版，第 4 页。
② 张穹：《新公司法修订研究报告》（中），中国法制出版社 2005 年版，第 135 页。

代表。德国同美国一样，也没有明确规定法人人格否认的诉求主体范围，德国成文法中涉及法人人格否认的规定主要体现在《股份公司法》第117条第1款，即"鼓励利用自己对公司的影响指使一名董事会或者监事会成员、一名经理人或者一个代办商损害公司或公司股东利益的人，对公司负有赔偿公司由此而发生的损害的义务。除股东因公司受到损害所受到的损害外，股东以受到损害为限，其对股东负有赔偿股东由此而发生的损害义务"。[1]但是英国1985年《公司法》则有所不同，第24条规定："如果一个公司在少于两名成员并且持续超过6个月的情况下运营，任何一个公司成员在知道上述情况下于6个月后继续参加营业，则该成员有义务对公司在该期间内发生的债务与公司连带或者分别承担责任。"此外，根据该法第458条及1986年《破产法》第213-215条、第332条的规定，"法院可以应清算人、债权人或者其他关系人的请求，以适当的方式判令实施欺诈交易行为的股东承担对公司资产进行资助的行为，以防止公司资产因公司的欺诈交易行为而减少时无法有效地补偿公司债权人"。[2]从上述规定中我们不难看出，英国成文法中已经明确承认了债权人外的"其他关系人"可以成为法人人格否认的诉求主体，这里"其他关系人"可以理解为除债权人以外与公司存在密切关系的利益相关者。

而我国《公司法》现今只承认"债权人"可以成为公司法人人格否认的主张者。我们认为，自现代公司摆脱了营利性这一公司唯一目标，成为营利性与社会性二元互动组织体后，法人人格否认制度就是衡平公司法人人格独立和股东有限责任与利益相关者之间的纽带，所以拓宽现代公司法人人格否认诉求主体范围是时代所需。

公司法人人格否认制度在立法上具体体现很少，大多数国家主要通过司法判例来确定该制度的适用与实施。司法实践中公司股东独立人格滥用的情况纷繁复杂，而且都很隐蔽。法律规定的情形很难将现实情况包含进去，也很难将具体法律关系中特定事实适用法律，灵活快捷地解决问题。所以，大部分国家都采用了法官审理具体案件中根据公平正义理念行使自由裁量权，在个案中形成对股东有限责任的例外。他们的司法实践表明公司法人人格否认的诉求主体除了债权人外，还应当包含职工、消费者、国家等其他利益相关者。

第一，关于职工诉求主体资格的司法表现。在现代公司中存在着投资人、职

---

① 张穹：《新公司法修订研究报告》（中），中国法制出版社2005年版，第135页。
② 张穹：《新公司法修订研究报告》（中），中国法制出版社2005年版，第135页。

工、债权人、国家或社会甚至是消费者等多个利益主体,职工作为特殊的主体积极参与到公司建设中来,并且享受应有的劳动分配。但在职工和公司雇主之间,职工显然属于弱势群体,难免发生劳动者权利被侵犯的现象。通常的劳动侵权可以通过劳动法或者民法予以调整,但是在一些特定的场合(如不当劳动行为[①]),劳动法和民法等一般法律是无法调整的,这时候就需要适用公司法人人格否认制度。

如日本"川岸工业事件"[②],仙台工作株式会社因连年累积的高额赤字而解散,有111名员工未领到解散前一个月的工资,于是该111名员工向仙台地方法院起诉,要求其母公司——川岸工业株式会社支付该笔拖欠工资。母公司川岸工业株式会社拥有仙台工作株式会社100%的股份,"仙台工作"的所有董事也由"川岸工业"委派,其经营活动(包括人事、工资等)由"川岸工业"统一指挥。后仙台地方法院运用公司法人人格否认法理,否认了子公司的法人人格,让母公司承担拖欠工资等责任。这一判例对维护劳动者的合法权益起到了重要的作用。

在上述案例中,提起公司法人人格否认的诉求主体是职工。事实上,在现代社会中存在着大量的形成规模的企业集团,这些企业集团中的母公司对子公司的财产不仅共同所有,经营上相互牵连,而且对子公司劳动管理实行集中控制。针对这些显著不公平的劳动雇佣事实,法律可以赋予职工在特殊情况下公司法人人格否认诉求主体资格。这样,法院为保护职工的利益,可以从事实认定、现行法律解释的困难中得到相当程度的解放,从而有效地保护职工的利益。

第二,关于消费者诉求主体资格的司法表现。现代公司的许多产品从生产到消费,中间要经历许多环节,一旦发生产品责任事故,很难在责任主体之间找到具有牵连的契约关系。这样,因产品瑕疵给消费者带来的利益损害就难以得到法律的保护。随着现代企业集团内部母子公司的牵连关系的日益增强,法院强加于母公司对于其子公司制造、销售的产品致人损害,而负有直接侵权赔偿责任的现象是很普遍的。[③]如在 Connely v. Uniroyal, Inc 一案中,[④]原告作为英国

---

① 不当劳动行为是指雇主公司将资产转移给其子公司,然后宣告自己破产,从而达到逃避工资债务或者打击工会势力的目的,它是法人人格否认法理适用的主要情形之一。陈国奇:《论法人人格否认法理中的"不当劳动行为"》,《政治与法律》2007年第2期。

② 仙台地方裁判所昭和45年(1970年)3月26日判决,载5判例时报6588号第52页。转引自刘惠明:《日本公司法上的法人人格否认法理及其应用》,《环球法律评论》2004年春季号。

③ 朱慈蕴:《公司法人格否认法理研究》,法律出版社1998年版,第335页。

④ 朱慈蕴:《公司法人格否认法理研究》,法律出版社1998年版,第336页。

Uniroyal 集团的 Belgian 子公司产品的消费者，从 Belgian 公司购买了有缺陷的轮胎，并被这一有缺陷的轮胎所伤。经调查，该缺陷的轮胎由 Belgian 公司生产制造，母公司 Uniroyal 集团并没有参与设计、制造、销售该产品，但 Uniroyal 集团占有 Belgian 公司 95% 的股份，且该轮胎适用的也是 Uniroyal 集团的商标。但法院仍然依据唯一存在的共同商标，否认了母公司独立的法人人格和有限责任，要求母公司 Uniroyal 集团承担严格的产品责任。消费者权益的保护是当代社会的一个重大政策课题，世界各国都在努力构建和完善本国的消费者权益保护法律体系。特别像上述产品侵权中的受害者都是弱小的消费者，为了更好地保护这一特殊的利益相关者群体，扩大公司法人人格否认制度的适用，将消费者纳入法人人格否认诉求主体之中来，无疑将有助于完善消费者诉讼纠纷解决机制。

第三，关于国家诉求主体资格的司法表现。既然现代公司是营利性与社会性相结合的二元载体，公司上可能存在着债权人、职工、消费者甚至是国家等多个利益主体。公司法人为了适应现代社会生活的需要，为了大众的便利和公共利益而进行改变。当少数人操纵公司时，公司实际上已不再是多个主体取得利益的共同体，而成为个别股东攫取利润的工具，这必然会打破公司利益的平衡，使少数人取得了本应属于其他人的东西。因此，就需要法律对利润重新做出合理的分配，以便使公司的利益恢复平衡。这时候，如果法人的设立是为了不法目的或者法人有反社会的倾向或者存在其他有悖于公共利益的情形，国家自然有权剥夺法人人格的存在。如前述 1905 年"美国诉密尔沃基冷藏运输公司"案件。国家作为公司法人人格否认诉求主体提起法人人格否认之诉，主要集中在税收、环境污染等涉及大众和公共利益的场合。再如著名的印度"博帕尔毒气泄漏事件"，受害人成千上万，损失巨大，若根据环境法或侵权法追究肇事者——公司的责任，即便该公司财产全部用于清偿也难以弥补，这时候使用公司法人人格否认制度追击公司背后的控股股东责任，则可以更好维护其他利益相关者的利益。

我们在立法和司法实践中对国外公司法人人格否认诉求主体适用范围进行了深入的考证后发现：传统意义的公司中，公司法人人格否认制度是维护公司股东与债权人利益平衡的有效法律保障；但现代公司的多元属性下，公司的利益主体除股东外，并非只有公司债权人一方，国家以及职工、消费者等其他利益相关者也是公司的利益主体，公司法人人格否认制度的平衡作用也应当随之改变。因此，除债权人外，职工、消费者、国家政府等其他利益相关者也可以作为启动公司法人人格否认制度的诉求主体。

3. 拓宽公司法人人格否认诉求主体范围与践行公司社会责任的关系

现代公司在财产权与控制权分离的前提下，已经默示允许将股东的投资风险合理地转移到公司外部，外化于公司的利益相关者之中，所以公司应当考虑股东和其他利益相关者的利益平衡体系。如果只是强调股东的有限责任和股东对公司的治理，那就必然会导致股东不当操纵公司而损害公司、职工、债权人等利益，公司的独立人格必然受到严重影响，公司法人人格否认制度就是针对股东不当影响公司而否认公司法人人格的。公司除了以维护股东利益为主要目标并对股东负责外，还应维护公司债权人等与公司发生各种联系的利益相关群体的利益，承担一定的社会责任。既然公司负有社会责任，公司独立人格否认的结果就是对损害社会利益行为的一种追究。滥用公司独立人格实际上是违反了公司的社会责任，公司法人制度和有限责任制度不能作为逃避社会责任的屏障，行为人最终应当承担应有的社会责任。[①]在西方市场健全、信用程度比较高的经济体制下，履行公司社会责任对于公司而言主要是一种道德上的义务；而在我国市场尚不健全、信用基础不太牢靠、信用保障手段缺失的经济体制下，公司履行社会责任应当主要依靠法律制度的适度制约与保障。当道德义务无法在公司社会责任履行中展开，社会责任的履行又不得不进一步强化的时候，法律的强制性保障作用就要体现了。而在现代公司强烈的社会属性背景下，完善公司法人人格否认制度无疑是当下强化公司社会责任的最有效措施——它是维护基本社会秩序所必需的最低限度道德的法律化。所以，公司法人人格否认制度就是防止公司肆意践踏公司社会责任的最后一道"铁闸"，是当下维护公司社会责任最有效的法律武器。但是，目前我国公司法人人格否认制度还不完善，公司法规定法人人格否认的诉求主体仅限于"债权人"，对于债权人以外的其他利益相关者则无法通过该制度来保护自己的利益，无法真正地约束公司履行社会责任，保护利益相关者的利益。所以，我们建议立法部门通过拓宽公司法人人格否认的诉求主体的范围，将更广泛的职工、消费者、国家等其他利益相关者纳入诉求主体中来，由此完善我国公司法人人格否认制度，进而为公司履行相应的社会责任提供法律保障——即当其严重违反这种责任将承担因此导致的不利后果。这是一种法律责任制裁——社会责任的最低底线，是现代社会强化公司社会责任最显著、最有效的途径。

---

① 金剑峰：《公司人格否认理论及其在我国的实践》，《中国法学》2005 年第 2 期。

第四章
公司的权利样态

第一节　公司的产权关系

一、股东的股权

所谓股东是指有限责任公司的出资人或股份有限公司的股份持有人，具体是指因向公司直接出资或继受取得股权并对公司享有权利、承担义务的自然人、法人或其他组织。股东主要由原始股东和继受股东构成。股东之所以向公司出资，是为了通过投资取得股权，从而实现自己的营利动机与目的。因此，股权是公司法的核心问题之一。关于股东的股权有广义和狭义两种理解。广义的股权泛指股东对公司所享有的各种权利，而狭义的股权则专指股东因向公司直接出资而享有的权利。本书所称的股权仅为狭义的股权。

（一）关于股权性质的主要学说

关于股权的性质，中外法学界历来是众说纷纭、莫衷一是，归纳起来，较有影响的主要有以下五种观点。

1. 所有权说

该学说认为，股权具有所有权的性质，属于物权中的所有权，即股权是股东对公司财产所享有的所有权。虽然股东把资本投入公司里，但其仍可以通过行使股权而支配公司财产，他人不得干涉，所以，股东并没有丧失对投入财产的支配权，现代公司的财产仍然是由股东所有的，故股权是一种所有权。[1]

2. 债权说

该学说认为，股东之所以认缴出资、持有股份，股东也只关心到期股息、红利能否兑现，无意介入公司的经营管理或参与决策。特别是在西方 20 世纪以后，股东对公司已完全丧失了左右和控制，股东对公司的权利仅仅是收益，双方

---

① 王利明：《论股份制企业所有权的二重结构》，《中国法学》1989 年第 1 期。

仅仅是债权的关系。就发展趋势看，股票与公司债券的区别也正在缩小，股东的收益权已成为一种债务请求权。在这种学说看来，股权本质上是以请求利益分配为目的的债权或附条件的债权。[①]

3. 社员权说

持此观点的学者认为股权是社员权。所谓社员权是指股东因出资创办社团法人，成为该法人成员并在法人内部拥有的权利和义务的总称。股东转移财产所有权，以形成独立的法人所有权，同时，股东也相应地取得一定的权利，以解决其物质利益的问题。股东享有社员权是作为产权交换的代价。[②]股权的社员权说在西方国家有较大影响，但由于一人公司的出现，该说因不能自圆其说而面临着新的困境。

4. 股东地位说

该学说认为，股权只不过是股东在公司取得的一种地位，这种地位为其在公司取得各种权利奠定了基础。而以此地位取得的权利才是股权的内容。因此，该学说否认股权是一种具体权利，主张股权是股东在公司取得的成为各种权利基础的法律地位，以此法律地位为基础确认的权利（股东的具体权利）才是股权的内容。对于股东地位说，实际上也只不过是股权社员权说的翻版而已，因为股权的社员权说是从权利论述股权的性质，而股东地位说则是从权利取得的基础论述罢了，两者并无实质性的区别。

5. 集合体说

该学说认为，公司是由股东组成的企业法人，股东按自己认缴的出资或持有的股份享受一定的权利和承担一定的义务，股权就是股东基于其股东的法律地位而获得的权利和义务的集合体，即股权是股东具体权利和义务的抽象概括，并非单一的权利。

（二）股权性质的认定

上述几种学术虽然都有一定的合理因素，但却存在着不能自圆其说的理论缺陷。因为它们并没有反映出股权的本质。那么，股权究竟是一种什么性质的权利呢？笔者认为，不应从原有法律所规定的传统权利中去探寻股权的性质，而应以公司这种现代企业制度关于股东财产与公司财产相互分离、股东人格与公司

---

① 郭峰：《股份制企业所有权问题的探讨》，《中国法学》1988 年第 3 期。
② 储育明：《论股权的性质及其对我国企业产权理论的影响》，《安徽大学学报》1989 年第 3 期。

人格彼此独立、股东与公司之间产权分化的实际情况和发展需要为出发点，只有这样探讨股权的性质才有现实意义。股权作为现代公司制度发展的产物，早已跳出传统民事权利分类所能涵括的范畴，股权内容具有综合性，既有财产权，又有非财产权；既有收益请求权，又有事务决策权，甚至还有诉讼权。如此复杂的权利内容组合用任何一种传统民事权利概括都是不现实的。因此，股权既不是所有权，也不是债权，更不是什么其他权，而是公司法赋予股东的一种独立的权利，也就是说，股权是与所有权、债权、社员权等传统权利并列的一种独立的权利形态。关于股权，在不同的国家和地区，由于受文化传统、法制背景和语言习惯的影响，其立法规定也不尽相同，有的国家的公司法对股权进行了严格的法律界定，而有的国家虽未明文规定股权的含义，但却列举了股权的具体内容。因此，笔者认为，股权是公司法所赋予股东的一项十分重要的独立权利，没有股权的法定化，公司与股东之间的独立、制衡关系就无法调整和确认。

（三）股权的基本特征

根据我们对股权性质的认定，并结合我国公司法的有关规定，所谓股权就是我国公司法规定的、股东因直接投资创办公司而享有的一种独立形态的权利，它是由股东的出资财产所有权转让而来的。股权既然不同于现有其他财产权利类型的独特权利，就必然具有不同于其他权利的特点。一般来讲，股权的特征主要体现在以下五个方面。

1. 股权的主体只能是股东

股权的主体实际上就是股权的享有者，而股权的享有者只能是股东。有限责任公司的股东是因发起设立公司，在公司章程上签名、盖章，并被列入公司置备的股东名册的自然人、法人或其他组织。股份有限公司的股东则是合法持有公司所发行的股份并被列入公司置备的股东名册的自然人、法人或其他组织。非股东依法不能享有股权。

2. 股权产生于股东的直接投资行为

股权是由股东的直接投资行为产生的，间接投资行为（如认购公司所发行的债券）只能产生债权，而不能形成股权。从产生方式讲，股权既可以原始创设，又可以受让取得。在原始创设中，股权是由股东认缴出资或股份的直接投资行为产生的，换句话说，股权是股东出资行为而导致的法律后果；在受让取得中，股权是通过受让原股东的出资或股份而形成的，股权的取得是以他人转让其出资或股份为前提条件的。

3. 股权的内容具有综合性

从内容来看，股权既有财产权的一面，又有非财产权的一面。前者如股利分配请求权和剩余财产分配请求权等，后者如表决权、对公司的建议权、质询权和诉讼权等。这就决定了股权的内容具有综合性，并非单一性民事权利。因此，将股权简单地说成是财产权的观点是值得商榷的。

4. 股权具有可转让性

股权的大小与股东拥有的出资额或股份数成正比，股东拥有的出资额或股份数越多，股东的股权就越大，对公司的支配权也越大，否则，股东的股权就越小，对公司的支配权也就越小。股权能够为股东带来经济利益，具有一定的价值，因而，股权可以依法转让。股权的转让是通过出资或股份的转让而实现的，即出资或股份的转让就意味着股权的转让。

5. 股权的凭证具有证券化的特点

在我国，有限责任公司股东的股权是通过公司签发的出资证明书来体现的，而股份有限公司股东的股权则是通过公司签发的股票来体现的。无论是出资证明书还是股票，都是一种资本证券，股权直接表现在证券票面上，证券票面上记载的内容就是股东享有股权的基本凭证。因此，股权与证券是密不可分的，出资证明书和股票就是股东享有股权的法定凭证，股东凭此证券就可享有相应的股权。

二、公司的法人财产权

（一）公司法人财产权的确认

十四届三中全会通过的《关于建立社会主义市场经济体制若干问题的决定》首次将理顺产权关系、建立现代企业制度作为构建市场经济体制框架的基础和首要环节，明确提出了企业"法人财产权"的概念，在企业产权理论上有所突破，该决定在阐述现代企业制度的基本特征时指出，"企业中的国有资产所有权属于国家，企业拥有包括国家在内的出资者投资形成的全部法人财产权""规范的公司，能够有效地实现出资者所有权与企业法人财产权的分离"。这些相关内容被 1993 年 12 月 29 日通过的《公司法》所吸收。1993 年《公司法》第 4 条第 2 款明确规定，"公司享有由股东投资形成的全部法人财产权，依法享有民事权利、承担民事责任"。2005 年 10 月 27 日修订的《公司法》仍保留了法人财产权的提法，但删掉了 1993 年《公司法》第 4 条第 3 款国有资产所有权属于国家的规定，因该款规定容易引起歧义。我国现行《公司法》第 3 条第 1 款明确规定："公司是企业法人，有独立的法人财产，享有法人财产权。公司以其全部财产对公司的债务承担责任。"这就是我国立法以法律形式对公司法人财产权的确认历程。

确认公司法人财产权是建立公司这种现代企业制度的前提和基础，也是进一步完善我国企业法人制度的关键之所在。只有确认了公司的法人财产权，才能使公司真正成为市场经济的竞争主体和法人实体，才能使股东与公司之间的产权关系更加明晰。确认公司的法人财产权，不仅为公司实行自主经营、自负盈亏、自我发展、自我约束的机制奠定了坚实的财产基础，而且有利于公司在国家宏观调控下，按照市场需求自主组织生产经营，进一步提高经济效益、劳动生产率和实现资产保值增值的目标。同时，也解决了公司从有人负责到有能力负责的现实问题，实现了公司权利能力和行为能力的有机统一，有利于公司独立享有民事权利、承担民事责任。

（二）公司法人财产权的性质

所谓公司法人财产权的性质，就是指公司法人财产权是一种什么类型的权利，即公司对公司的全部财产所享有的权利是什么性质的权利。公司法人财产权的性质与股权的性质认定是密不可分的。澄清了股权的性质，从而为我们认定公司法人财产权的性质奠定了基础。关于公司法人财产权的性质，在我国法学界主要有以下四种观点。

1. 经营权（他物权）说

该学说认为，公司对公司的全部财产享有的法人财产权，应认定为公司法人对公司财产的经营权，其性质应为他物权。[①]经营权充其量不过是一种他物权，权限再大，亦非所有权，这意味着一个独立的公司法人不能享有自己独立的财产所有权。在市场经济中，一旦公司财产丧失，则意味着法人人格的丧失。由此

---

① 孔祥俊主编：《民商法热点、难点及前沿问题》，人民法院出版社 1996 年版，第 219~222 页。

可见，把公司法人财产权界定为经营权，等于否认公司法人的独立人格地位。

2. 结合权说

该学说认为，法人财产权是经营权与法人制度的结合。经营权是所有权派生又独立于所有权的一种财产权，这种财产权一旦与法人制度相结合，即构成法人财产权。[①]

3. 相对所有权说

该学说认为，股东对公司财产享有所有权（终极所有权），公司对公司财产享有法人所有权（相对所有权）。[②]此观点类似于日耳曼法上的双重所有权概念。欧洲封建时期的日耳曼法承认双重所有权，即封建地主所有的高级所有权以及同时存在的佃农低级财产所有权或地权。[③]这一所有权概念在后来的发展过程中，形成了与以罗马法为代表的大陆法系完全对立的所有权观念。然而，一方面我国没有日耳曼法的传统，另一方面这一观点也难以自圆其说。该学说违反了传统民法"一物一权"的物权法原则，并与所有权"继受取得"理论不相符合，而且违反了公司法的基本原理与制度。

4. 所有权说

该学说认为，公司法人财产权是具有所有权的物权，是物权当中的自物权。公司法人财产权应界定为公司法人所有权。公司法人所有权才是真正意义上的所有权，是企业产权制度发展史上最完善、最理想的所有权形式，公司财产与出资者财产相分离，在公司存续期间，出资者不得随意撤回出资，公司对其财产具有独立的完全的支配权。故公司法人财产权应是一种所有权，因为，公司法人财产权与所有权的基本内容相同，都包括占有、使用、收益和处分等权能。[④]公司法人财产权基于公司法人的设立，即出资人（股东）出资设立公司而产生，除此之外，公司法人财产权在取得方式和终止原因上与所有权也都相同。因此，公司法人财产权具有所有权性质。

笔者认为，公司法人财产权的性质不能简单地说成是经营权、结合权、相对所有权或所有权。因为公司法是从广义上使用这一概念的，公司法人财产权是公司法人人身权的对称，它与人身权一起构成公司这个法人主体的完整的法律人格。根据我国《民法典》的规定，财产权不仅包括财产所有权和与财产所有权

---

① 雷兴虎主编：《公司法学》，北京大学出版社 2012 年版，第 194~195 页。
② 王利明：《国家所有权研究》，中国人民大学出版社 1991 年版，第 161~201 页。
③ ［英］梅因：《古代法》，沈景一译，商务印书馆 1959 年版，第 167 页。
④ 宋养琰：《论公司法人制度和公司法人财产权》，《学术界》1996 年第 11 期。

有关的财产权,而且还包括债权和知识产权等方面的权利。从本质上讲,公司法人财产权是公司法人依法享有的、以物质财富为内容的、直接与经济利益相关的民事权利。也就是说,公司的法人财产权并不是某个单一的权利,而是诸种民事权利的综合或总称。从外延上看,公司法人财产权不仅包括公司的法人财产所有权,而且包括债权、知识产权等。其中,公司的法人财产所有权是公司法人财产权最为基础的组成部分,它是指公司作为法人对于股东投资形成的公司资本和公司在生产经营过程中积累的财产所享有的占有、使用、收益和处分权;公司的债权是公司因无因管理、不当得利和合同约定而享有的请求权;公司的知识产权则是公司对自己的名称、商标、专利、著作等无形财产所享有的专有使用权。

(三)公司法人财产权的基本特征

根据我们对公司法人财产权性质的认识,并结合我国《公司法》的有关规定,所谓公司法人财产权就是公司依法所享有的、对股东投资形成的公司资本和公司在生产经营活动中积累的全部财产独立支配的一种权利。一般来说,公司法人财产权具有以下五个基本特征。

1. 公司法人财产权是公司具备法人资格的集中体现

公司是现代企业制度中最为重要和最为普遍的组织形式,也是最富有代表性的企业法人。作为企业法人,必须拥有自己独立的财产,享有相应的权利,承担相应的责任。否则,公司就不称其为法人。因此,公司依法享有法人财产权是公司具备法人资格的集中体现。

2. 公司法人财产权具有排他性

公司法人财产权的享有者只能是公司,而不能是公司的股东,更不能是其他组织或个人。公司依靠股东的出资得以成立,但在公司成立后,公司又以自己的名义独立于股东。公司完全以自己的意志独立享有法人财产权,除法律规定外,不受股东和他人的非法干预和限制。

3. 公司法人财产权的客体是公司的全部财产

公司法人财产权的客体涉及公司所拥有的一切财产,不仅包括股东注入公司的资本,而且包括公司从事生产经营活动获得的增值财产,还包括公司所创造的知识产权和商誉等无形资产。因此,公司享有的法人财产权是公司法人的全部财产权,而不只是一部分财产权。

4. 公司法人财产权的内容是指公司对其全部财产的独立支配权

公司作为独立的法人，对自己的全部财产，享有独立的支配权，即享用占有、使用、收益和处分的权利。公司的法人财产权是公司最主要和最基本的权利，是来源于公司本身的一种比较完整、充分的民事权利。

5. 公司法人财产权具有恒定性

公司的法人财产权对公司来说具有恒定性，它产生于公司的依法成立，消灭于公司的依法终止。只要公司法人没有终止，法人财产权就始终存在。不仅股东不能以公司章程限制公司的这种权利，而且政府和有关监督机构也不得非法剥夺这种权利。

三、股东的股权与公司法人财产权的关系

股东的股权与公司的法人财产权既有联系，又有区别。股东的股权和公司的法人财产权是相伴相随的一对孪生兄弟，它们基于同一法律事实而产生，相互制衡，相互依存，共同构成了现代公司产权关系的核心内容。

（一）股东的股权与公司的法人财产权是公司产权关系的实质内容

一般来讲，产权即财产权，产权制度则是指股东与公司之间在财产的占有、使用、收益和处分方面而发生的权责关系，产权清晰是现代企业产权制度的一项基本要求。对于公司这种现代企业制度来说，产权清晰的基本特征就是股东作为出资者按投入公司的资本额享有股权，包括资产受益、重大决策和选择管理者等权利；公司作为企业法人则享用由股东投资形成的全部法人财产权，依法独立享有民事权利、承担民事责任。因此，我们说，股东享有的股权与公司享有的法人财产权构成了公司产权关系的实质内容。

（二）股东的股权与公司的法人财产权是相伴而生的一对法定权利

股东的股权是出资者因直接投资公司而形成的一种权利，是出资者实施出资行为的法定后果，它不是基于股东身份而产生，而是基于直接投资创设公司的法律行为而产生。出资者直接投资创设公司，公司经登记注册后，出资者的出资就转为公司资本，出资者的身份也变成了股东，股权就是出资者直接投资创

办公司而获得的法定权利。公司依法成立，使公司拥有了自己独立的财产、独立的人格和独立的权利，法人财产权就是公司作为法人而获得的法定权利。股权和法人财产权是公司成立后，股东和公司各自享有的法定权利，他们因出资行为的完成和公司的正式成立而同时产生，没有股权的存在，公司的法人财产权也就无从谈起，股东拥有股权的同时，公司也拥有了法人财产权。因此，股权和法人财产权是随着股东身份的确立和公司的正式成立，相伴而生的一对法定权利。

（三）股权与法人财产权之间既彼此独立又相互制衡

作为我国市场经济微观基础和基本载体的公司，不仅造就了股东财产与公司财产的分离，股东人格与公司人格的独立，而且确立了股东的股权与公司法人财产权之间彼此独立和相互制衡的新型关系。这就是说，股权的享有者只能是股东，法人财产权的享有者只能是公司，两者在法律和公司章程规定的范围内各自拥有独立的内容和排他的性质，股东不能因为拥有股权而直接干涉公司对法人财产权的行使，公司也不能因为拥有法人财产权而妨碍股东对股权的行使。公司既是股东直接投资形成的企业法人，也是股东行使股权的客体，因此，股东为了使公司反映自己的意志，为自己获取更多的经济利益，可以通过行使股权，特别是行使对公司管理者的选择权和对公司重大问题的决策权，来实现对公司的制衡，作为独立于股东的公司为了按照市场需求自主地组织生产经营、科学地开展管理活动，也可以通过行使法人财产权，来拒绝股东对公司经营管理活动的直接干涉和对公司的不正当要求。只有股权独立化才可能产生公司所有权，而公司所有权的产生必然要求股权同时独立化。股权与公司所有权的分化又是现代市场经济的伴生物，是商品经济长期孕育和发展的必然结果，也是现代企业制度的重要标志。[①]因此，我们说，股权与法人财产权之间是既彼此独立又相互制衡的新型关系。股权与法人财产权是公司产权制度的实质内容，是相伴而生的一对法定权利，它们之间既彼此独立又相互制衡。股权与法人财产权是公司产权制度的基本内容，只有依法规范公司的产权制度，国有企业的公司制改造这项艰巨而又复杂的系统过程，才能沿着法制化的轨道健康地向前发展。

---

① 江平、孔祥俊：《论股权》，《中国法学》1994年第1期。

第二节 公司的介入权与损害赔偿请求权

一、公司的介入权

（一）公司介入权的法理释义

公司与公司负责人之间的利益既有一致性又有冲突性，为防止公司负责人利用其在公司中的特殊地位和职权为自己谋取私利，西方国家的公司立法便为公司负责人设定了一些特别义务。但实务中，公司负责人违反法定义务为自己谋取私利的行为仍屡见不鲜，为了切实保护公司的合法权益，法律又赋予公司以特别救济，即公司有权将公司负责人违反法定义务之特定行为所获利益收归公司所有，这就是法理上所称之公司介入权。

公司介入权是公司立法赋予公司的特别救济，在法理上有的称为"夺取权"[①]，有的则称为"归入权"[②]。各国公司立法并没有给公司介入权下一个抽象的定义。根据各国公司立法的共同规定，笔者认为，所谓公司介入权是指公司依照公司立法的规定所享有的对公司负责人违反法定义务之特定行为而获得的利益收归公司所有的权利。归纳各国关于公司介入权的立法规定，公司介入权在法理上主要有以下五个方面的含义。

1. 公司介入权的主体只能是商事公司

介入权的主体实际上就是介入权的享有者，而公司介入权的享有者只能是商事公司，即依照公司立法组织登记成立的、以营利为目的的企业法人。非商事公司（如法国的民事公司、英国的公法公司和特许公司）依法则不能享有公司介入权。其他非公司形态的企业（如个人独资企业、合伙企业）自然不能享有公司

---

① 史尚宽：《债法各论》，中国政法大学出版社 2000 年版，第 439 页。
② 张国键：《商事法论》，台湾三民书局 1980 年版，第 160 页。

介入权。

2. 公司介入权的性质为形成权

关于公司介入权的性质，主要有两种学说，一是请求权说[1]，二是形成权说[2]。笔者认为，公司介入权的性质应为形成权。理由有三：（1）公司介入权并不以基础权利为前提。请求权是权利人请求特定义务人为一定行为或不为一定行为的权利，它必须以一定的基础权利（即原权）为前提。而公司介入权并不以公司对公司负责人违反法定义务所获得的利益拥有所有权为前提条件。（2）公司介入权能够通过公司的单方面意思表示而行使。形成权是指权利人依照单方面的意思表示就能使法律关系发生、变更或消灭的权利。公司介入权在公司作出利益归入的意思表示下即可行使，而不以公司负责人的作为或不作为为要件。（3）公司介入权改变了公司负责人的行为后果。形成权有导致法律关系发生、变更和消灭三种类型，而公司介入权的立法意图就在于改变公司负责人因违反法定义务所缔结的对公司不利的法律关系，彻底否定公司负责人所获得的利益，并使其所获得的利益转归公司所有。因此，公司介入权属于导致法律关系变更的形成权。

3. 公司介入权产生于公司负责人违反法定义务的特定行为

为了调整公司与公司负责人之间的利益关系，各国公司法为公司负责人设置了若干法定义务。公司介入权就是公司负责人违反法定义务之特定行为而产生的法律后果。公司负责人的其他违法行为（如侵权行为）可能导致公司的损害赔偿请求权之发生，但却不会形成公司的介入权。因此，公司介入权直接产生于公司负责人违反法定义务的特定行为。

4. 公司介入权的行使必须依照法定标准进行

国外公司立法大多对公司介入权的适用范围、行使主体、行使条件、行使程序和行使期间作了严格规定。公司行使介入权时必须严格遵守这些规定，否则就无法达到预期的法律效果。

5. 公司介入权的标的为公司负责人因违反法定义务而获得的利益

各国公司立法对公司介入权的利益标的界定相去甚远，但概括来讲，这里的"利益"有着十分丰富的内涵，既包括公司负责人因违反法定义务而获得的报酬，也包括公司负责人因违反法定义务而获得的其他金钱、物品、有价证券，甚

---

[1] 郑玉波：《民商法问题研究》（一），台湾三民书局 1980 年版，第 285 页。
[2] 史尚宽：《债法各论》，中国政法大学出版社 2000 年版，第 439~442 页。

至还包括公司负责人因违反法定义务而获得的交易机会和其他财产权益。

（二）公司介入权的行使

公司介入权的确立，对于督促公司负责人忠实履行职务，最大限度地保护公司和股东的合法权益，避免公司负责人与公司之间的利益冲突，无疑具有重要的意义。我国《公司法》第147条确认公司负责人对公司负有忠实义务，第148条第1款又规定公司董事、高级管理人员违反忠实义务的具体情形，第148条第2款进一步明确规定："董事、高级管理人员违反前款规定所得的收入应当归公司所有。"这就是我国《公司法》对公司负责人违反忠实义务所获收入享有介入权或归入权的立法规定。但该规定过于原则，有必要对我国公司介入权的行使主体、行使条件、行使程序和行使期间进一步明确。

1. 代表公司行使介入权的主体

公司介入权的行使主体自然是公司，那么由谁代表公司向公司负责人行使介入权呢？这便是行使介入权首先要解决的法律问题。相关国家和地区立法规定的代表公司行使介入权的主体并不相同。在德国，有权代表公司行使介入权的主体是公司的董事会或监事会。[①]在日本，有权代表公司行使介入权的主体则是公司的董事、监察人或股东会所确定的人选。[②]在我国台湾地区，有权代表公司行使介入权的主体是公司的董事、监察人，但特定条件下，也可以是公司的股东。[③]

为了体现公司介入权行使的便捷性和灵活性，并确保公司介入权的实现，笔者建议我国公司法对代表公司行使介入权的主体可以这样明确规定：经理违反法定义务导致公司介入权形成时，由董事会代表公司行使介入权，依法未设置董事会的，则由执行董事代表公司行使；董事违反法定义务导致公司介入权形成时，由监事会代表公司行使介入权，依法未设置监事会的，则由监事代表公司行使；董事会、监事会或执行董事、监事怠于行使介入权时，有限责任公司的股东、股份有限公司连续180日以上单独或者合计持有公司1%以上股份的股东可以请求其在30日内行使，期限届满仍未行使时，股东则有权代表公司向经理、董事行使介入权。

---

① 参见《德国股份公司法》第78条和112条。
② 参见《日本商法典》第261条、第275条之4。
③ 参见我国台湾地区"公司法"第213~214条。

2. 公司介入权的行使条件

公司介入权的行使条件是指公司能够行使介入权的法定实体要件。公司负责人的行为只有具备这些法定要件时，公司才能行使介入权。否则，就无行使介入权的事实依据。笔者认为我国公司行使介入权必须符合以下四个法定要件：

（1）要有违反法定忠实义务的特定行为。公司对其负责人违反法定义务的行为并非都能行使介入权，能够行使介入权的必须是法律明示的违反忠实义务的特定行为。依照我国《公司法》第 148 条第 1 款的规定，公司能够行使介入权的特定行为具体是指：挪用公司资金；将公司资金以其个人名义或者以其他个人名义开立账户存储；违反公司章程的规定，未经股东会、股东大会或者董事会同意，将公司资金借贷给他人或者以公司财产为他人提供担保；违反公司章程的规定或者未经股东会、股东大会同意，与本公司订立合同或者进行交易；未经股东会或者股东大会同意，利用职务便利为自己或者他人谋取属于公司的商业机会，自营或者为他人经营与所任职公司同类的业务；接受他人与公司交易的佣金归为己有；擅自披露公司秘密；违反对公司忠实义务的其他行为。

（2）要有取得收入的客观事实。公司要行使介入权，必须存在公司负责人违反法定忠实义务之特定行为而取得收入的客观事实。如果公司负责人没有取得任何收入，公司就不能行使介入权。公司负责人取得的收入，既可以是货币形态，也可以是实物形态，既可以是有形财产，也可以是无形财产，既可以是公开的收入，也可以是隐性收入。

（3）特定行为和取得收入之间要有因果关系。如果公司负责人违反法定忠实义务的特定行为使自己获得了收入，则该特定行为和取得收入之间就存在因果关系。只有公司负责人的特定行为和取得收入之间存在因果关系，公司才能对其行使介入权。

（4）公司负责人有主观过错。过错是行为人实施行为时的一种主观现象或心理状态，分故意和过失两种形式。故意是行为人预见到自己的行为后果，但仍希望或者放任这种后果发生，而过失则是行为人对自己行为的后果应当预见而没有预见或者虽然已经预见但却轻信能够避免。公司负责人如果明知故犯或是疏于特别注意而从事违反法定忠实义务之特定行为时，就可判定其存在主观过错。只有在公司负责人有过错的条件下，公司才能向其行使介入权。

3. 公司介入权的行使程序

公司介入权的行使程序是指公司行使介入权时根据时间先后依次进行的法

定步骤。为了使公司介入权的行使能够顺利达到预期的法律后果，公司介入权的行使必须严格按照法定程序进行。

相关国家和地区的公司立法对公司介入权的行使大多规定了决议程序，但确定的决议机关却不尽相同。有的规定须由公司股东会作出决议，有的规定须由公司董事会作出决议，还有的规定须由公司监事会作出决议。在我国台湾地区法律明确规定，公司行使介入权须由股东会作出决议。①在日本，法律明确规定，公司行使介入权须由股东会（未设置董事会的公司）或者董事会（设置董事会的公司）作出决议。②在德国，公司行使介入权时，要由监事会作出决议。③

笔者认为，我国公司行使介入权应严格按照三个法定步骤进行：（1）作出决议。公司负责人违反法定义务的行为具备法定实质要件时，公司应作出行使介入权的决议。向经理行使介入权的，由董事会作出决议。向董事行使介入权的，由监事会作出决议。如依法未设置董事会或监事会的，则由股东会作出决议。该决议应属普通决议，只要经过一半以上多数同意即可作出行使介入权的决议。（2）责令交出所得收入。公司依法作出行使介入权的决议后，应及时通知违反法定义务之公司负责人，并责令其将因违反法定忠实义务而获得的收入交给公司。（3）诉讼解决。公司负责人拒绝交出所得收入时，公司即可依法向有管辖权的人民法院提起诉讼，通过司法程序，实现公司的介入权。

4. 公司介入权的行使期间

法律对权利行使期间作出明确规定，有着独特的功能和作用。在一般情况下，权利优先于事实，当权利与事实发生冲突时，法律注重对权利的保护，但在权利行使期间制度下，为了社会经济生活的稳定，事实则优先于权利，法律只承认现存的事实状态而不保护已经过时的权利，这也正是各国法律之所以规定公司介入权行使期间的根据所在。

由于民族传统、立法技术和语言习惯的差异，相关国家和地区的公司法对公司介入权的行使期间作了不同的规定。按照德国法律规定，公司行使介入权的请求，自公司其他董事会成员和监事会成员得知产生介入权的行为的那一刻起3个月后失效，如果不考虑得知的时间，该请求则自提出之日起5年后失效。④而我国台湾地区则规定，公司董事、经理从事违反竞业禁止行为，公司的介入权自

---

① 参见我国台湾地区"公司法"第209条第5项。
② 参见《日本公司法典》第356条和第365条。
③ 参见《德国股份公司法》第88条第2项。
④ 参见《德国股份公司法》第88条第3款。

知道有违反行为时起经过 2 个月或自行为所得产生时起经过 1 年不行使而消灭[①]。

关于公司介入权行使期间的性质，学术界主要有两种观点。一是消灭时效说。[②]持介入权为请求权性质者认为公司介入权行使的期间属于消灭时效，即公司在法定期限内不行使介入权，期限届满后即丧失对公司介入权的请求，法律对其请求权不再予以保护，公司介入权本身并不消灭，公司负责人自愿交回收益，公司也得接受。二是除斥期间说[③]。持公司介入权为形成权性质者认为介入权行使的期间属于除斥期间。公司介入权行使期间的规定是为公司介入权预定的存在期间，公司必须在此期间行使介入权，如果预定的存在期间届满，公司所享有的介入权就不复存在，法律也就不再保护公司介入权，而是要维持原有事实。这样公司负责人对其因从事违反法定义务而获得的收入就拥有了合法的所有权，即使公司负责人在不知晓的情况下自愿将其所得收益交于公司，待其知晓该期间届满的法律效力而反悔时，也可依法追回其向公司所交之收入。

为了督促公司及时行使介入权，稳定社会经济秩序，保障市场交易的安全，有利于司法机关及时、正确地处理公司介入权纠纷，我国公司法应对公司介入权的行使期间予以特别规定。由于除斥期间和消灭时效极为相似，二者都是不行使权利的事实状态经过一定时间而发生的法律后果。为了便于人们正确认识公司介入权行使期间的性质，避免模棱两可的理解差异，建议我国的公司法对公司介入权的行使期间作这样的明示规定：公司介入权的存在期间为 1 年，自公司负责人因从事违反法定忠实义务之特定行为而获得收入之日起开始计算，期间届满后，公司介入权即行消灭。

二、公司的损害赔偿请求权

（一）公司损害赔偿请求权的含义

从法理上来讲，根据承担损害赔偿责任主体的不同，公司的损害赔偿请求权主要分为对第三人的损害赔偿请求权、对公司股东的损害赔偿请求权和对公司

---

① 参见我国台湾地区"民法"第 563 条第 2 款和我国台湾地区"公司法"第 209 条第 5 项。
② 梁宇贤：《公司法论》，台湾三民书局 1980 年版，第 372 页。
③ 史尚宽：《债法各论》，中国政法大学出版社 2000 年版，第 442 页。

负责人的损害赔偿请求权等类型。而本书探讨的公司损害赔偿请求权特指狭义的公司损害赔偿请求权，即公司对公司负责人的损害赔偿请求权。因此，我们这里所称的公司损害赔偿请求权是指公司因其权益受到侵害而享有的要求公司董事、监事和高级管理人员承担损害赔偿责任的权利。

如果公司董事、监事和高级管理人员执行公司职务时，违反法律、行政法规或者公司章程的规定，给公司造成损失的，公司依法享有损害赔偿请求权。公司的损害赔偿请求权是基于公司董事、监事和高级管理人员侵害公司利益而产生的一种债权请求权，其请求内容是支付一定数额的金钱给公司予以救济。

我国《公司法》第149条规定，董事、监事和高级管理人员执行公司职务时，违反法律、行政法规或者公司章程的规定，给公司造成损失的，应当承担赔偿责任。因此，公司的负责人在执行职务时，应严格遵守国家的法律、行政法规和公司章程，如果给公司造成了损害，就应承担赔偿责任，情节严重时，还要承担相应的行政责任，甚至还要承担刑事责任。公司负责人执行公司职务时，如果违反法律、行政法规或者公司章程的规定，给公司造成损失的，应当承担赔偿责任，这是强化公司负责人的个人责任，落实"集体决策个人负责的决策机制"的重要手段。公司权益遭受损害，有过错的董事、监事和高级管理人员应承担赔偿责任时，公司就可依法行使损害赔偿请求权。

（二）公司损害赔偿请求权的构成要件

一般来说，公司损害赔偿请求权的构成须有以下四个要件：（1）须有公司董事、监事和高级管理人员执行公司职务的行为。即公司董事、监事和高级管理人员执行公司职务时，存在违反法律、行政法规或者公司章程规定的行为，这是公司行使损害赔偿请求权的前提要件。（2）须有对公司造成损失的客观事实。公司董事、监事和高级管理人员执行职务的行为给公司造成了损害，即这种损害是现实的、客观存在的。公司权益受到损害的事实不一定是财产损失，既包括直接损失，也应包括间接损失。（3）公司董事、监事和高级管理人员执行职务的行为与公司的损失之间须有因果关系。也就是说，公司的损失是由公司负责人执行公司职务时的行为造成的，而不是由一般的公司经营、决策或者交易风险造成的。（4）公司董事、监事和高级管理人员主观上具有过错。即公司董事、监事和高级管理人员在执行公司职务时违反了法律、行政法规或者公司章程的规定，没有尽到法定义务。

（三）公司损害赔偿请求权的行使步骤与方式

1. 公司通过相应机关对公司负责人提起损害赔偿之诉

公司董事、监事和高级管理人员执行公司职务时，违反法律、行政法规或者公司章程的规定，给公司造成损失的，首先应由公司依照公司法的相关规定行使损害赔偿请求权。也就是说，公司对此享有相应的诉权，当公司负责人的执行职务行为给公司造成损失时，公司的相应机关就应代表公司对公司负责人提起损害赔偿之诉。由于起诉的对象不同，代表公司行使诉权的主体各不相同，根据我国公司法的规定，如果需要追究董事、高级管理人员的损害赔偿责任，公司依法应由监事会或者不设监事会的有限责任公司的监事向人民法院提起诉讼。如果需要追究监事的损害赔偿责任，公司依法则应由董事会或者不设董事会的有限责任公司的执行董事向人民法院提起诉讼。

2. 适格股东书面请求公司相应机关对公司负责人提起损害赔偿之诉

如果公司的相应机关怠于对公司负责人提起损害赔偿之诉，适格股东有权依法书面请求公司相应机关对公司负责人提起损害赔偿之诉。具体来讲，有两种情形：第一，如果董事、高级管理人员需要承担损害赔偿责任的，有限责任公司的股东、股份有限公司连续180日以上单独或者合计持有公司1%以上股份的股东，可以书面请求监事会或者不设监事会的有限责任公司的监事向人民法院提起诉讼。第二，如果监事需要承担损害赔偿责任的，有限责任公司的股东、股份有限公司连续180日以上单独或者合计持有公司1%以上股份的股东可以书面请求董事会或者不设董事会的有限责任公司的执行董事向人民法院提起诉讼。

3. 适格股东直接代表公司对公司负责人提起损害赔偿之诉

如果监事会、不设监事会的有限责任公司的监事，或者董事会、执行董事收到具有请求权的股东书面请求后拒绝提起诉讼，或者自收到请求之日起30日内未提起诉讼，或者情况紧急、不立即提起诉讼将会使公司利益受到难以弥补的损害的，有限责任公司的股东、股份有限公司连续180日以上单独或者合计持有公司1%以上股份的股东，有权为了公司的利益，以自己的名义直接向人民法院提起对公司负责人的损害赔偿之诉。

三、公司介入权与损害赔偿请求权的竞合及其解决

（一）公司介入权与损害赔偿权竞合的认定

我国《公司法》在第148条规定公司介入权的同时，又在《公司法》第149条对公司的损害赔偿请求权作了专门规定，该条规定显然应包括公司负责人因违反忠实义务而给公司造成损失承担赔偿责任的含义。由此可见，我国公司法在公司负责人违反法定忠实义务的情况下，赋予了公司两项特别的救济方式，即公司介入权和损害赔偿请求权。因此，公司介入权与损害赔偿请求权的竞合也是我国公司立法上一个重要的法律现象。

由于公司负责人违反忠实义务的行为，既可能导致公司介入权的形成，也可能导致公司损害赔偿请求权的形成。因此，在公司实务中，公司介入权与损害赔偿请求权的竞合是不可避免的现实问题，况且在我国公司法施行之初，司法机关就审理了公司介入权与损害赔偿请求权竞合的诉讼案件。[1]公司介入权与损害赔偿请求权的竞合反映了二者之间既相互对立又相互渗透的内在逻辑关系，反映了法律对两种权利的界定不够彻底，也表明了公司负责人违反忠实义务行为效果的双重性。一般来讲，认定公司介入权与损害赔偿请求权的竞合必须同时具备以下三个构成要件。

1. 公司负责人只实施了一个违反忠实义务的行为

公司介入权与损害赔偿请求权竞合的基础在于公司负责人违反法定忠实义务的行为只有一个。如果公司负责人实施了数个以上的不法行为，而引起介入权与损害赔偿权同时存在的，并非权利的竞合，而是权利的聚合。

2. 介入权与损害赔偿请求权必须针对同一行为而并存

公司负责人违反忠实义务的同一行为，既符合公司介入权的构成要件，也符合公司损害赔偿请求权的构成要件，因此，公司介入权与损害赔偿请求权是针对同一行为而同时并存的。

3. 双重主体必须具有同一性

由于导致公司介入权与损害赔偿请求权同时发生的同一行为是由一个主体

---

[1]　高言、孙强：《公司法理解适用与案例评析》，人民法院出版社1996年版，第326页。

实施的，该行为同时符合介入权与损害赔偿请求权的构成要件，故履行交出所得收入和赔偿损失双重义务的主体只能是同一公司负责人，而享有介入权和损害赔偿请求权双重权利的主体也只能是同一个公司。

（二）公司介入权与损害赔偿请求权竞合的解决

公司介入权与损害赔偿请求权的独立存在是现代公司立法日趋完备的一个重要体现，因此，公司介入权与损害赔偿请求权的竞合就是一种不可避免的法律现象。那么，怎样解决这一问题呢？从国外和有关地区的公司立法来看，主要有择一模式、重叠模式、单一模式三种。

1. 择一模式

德国是采用这种模式的典型代表。在德国，法律将介入权与损害赔偿请求权同时赋予了公司，公司依据实际情况和自己的意愿，可以行使介入权，也可以行使损害赔偿请求权，但不能同时行使介入权和损害赔偿请求权，而只能选择一种权利行使。[1]如对于董事违反竞业禁止的义务，公司要么以损害赔偿请求权为由，请求董事赔偿因其行为而给公司造成的损害，要么以行使介入权为由，要求董事将其为个人利益而从事的商事活动看作是为公司的利益而从事的商事活动，以及要求董事交出他在为他人利益而从事的商事活动中所获得的报酬或者放弃对该报酬的要求。

2. 重叠模式

采用这种模式的典型代表是瑞士。依照瑞士法律规定，当介入权与损害赔偿请求权竞合时，公司可以重叠行使两种权利，即公司行使介入权后，尚有损害时，仍不妨行使损害赔偿请求权。[2]如经理应为公司以单价100元购进货物，然为他人利益而以单价108元购进，则公司除得以108元承受其货物外，还可请求8元之损害赔偿。

3. 单一模式

日本和我国台湾地区是采用这种模式的典型代表。在日本，经理从事违反竞业禁止义务的行为，因该行为获得的利润额，推定为公司所产生的损害额。[3]在我国台湾地区，董事、经理违反竞业禁止义务，为自己或他人从事属于公司营业

---

① 参见《德国股份公司法》第88条第2项。
② 参见《瑞士债务法》第464条第2款。
③ 参见《日本公司法典》第12条。

范围内之行为时，公司依法得将该行为之所得，视为公司之所得，另外还规定，公司负责人违反竞业禁止义务时，公司应请求因其行为所得之利益，作为损害赔偿。[①]在这里，由于法定之介入权代替了损害赔偿请求权，介入权与损害赔偿请求权不是并存关系，故公司除行使介入权外，不得再行使损害赔偿请求权。[②]

公司介入权与损害赔偿请求权的竞合是各国公司立法面临的一个重大问题。采用何种模式解决这一问题，取决于各国的法制传统、价值取向、调节机制和通用学说。在择一模式下，介入权与损害赔偿请求权各自独立存在，公司可以根据自己的利益需要，选择一种最为有利的权利行使。即公司可以通过权衡介入权和损害赔偿请求权的法律规定，认为哪一种权利对公司最为有利，就选择哪一种权利。当其中的一个权利实现时，另一权利随之消灭，当其中的一种权利因故无法行使时，则可行使另一权利。这对于尊重公司的意愿，较好地维护公司的利益起着十分重要的作用。但由于该双重违法行为的性质及其导致的法律后果因公司的选择而变得模糊不清、飘浮不定，则有悖于法律稳定性和透明性的公理。因此，择一模式并不十分理想。在单一模式下，公司负责人的同一行为如果同时导致公司介入权和损害赔偿请求权产生时，法律排除对损害赔偿请求权的行使，即公司依法只能行使单一的介入权，而不能在此之外再行使损害赔偿请求权。这虽弥补了公司同时行使两种权利可能导致公司介入权形同虚设的缺陷，使权利竞合的解决方式趋于简单化、明朗化，但由于法律硬性规定将权利竞合的双重行为归于某一种权利而排斥另一种权利，这种简单武断的方式未免顾此失彼。其最大缺陷在于不能最大限度地保护公司的合法权益，因为在公司因公司负责人违反法定忠实义务所遭受的损害大于公司负责人因此而获得的收益时，法律只允许公司行使介入权，而不能行使损害赔偿请求权，公司的经济损失便无法全部挽回，这又助长了公司负责人通过违反法定忠实义务而损害其所任职公司利益的行为。因此，单一模式有失公允，并不可取。

笔者认为，在解决公司介入权与损害赔偿请求权竞合这一问题时，应综合考虑以下五个要素：（1）维护公司合法权益的客观需要；（2）有利于遏制公司负责人违反法定忠实义务之行为；（3）介入权与损害赔偿请求权彼此独立又相互渗透的现实情况；（4）公司和公司负责人之间的法律义务；（5）公平正义之法治原则。

---

① 我国台湾地区"公司法"第 209 条第 5 项和我国台湾地区"民法"第 563 条第 1 款。
② 欧阳经宇：《民法债编各论》，台湾汉林出版社 1978 年版，第 159 页。

相比之下，重叠模式不失为解决公司介入权与损害赔偿请求权竞合的一种好办法。因为它正视了公司介入权与损害赔偿请求权既彼此独立又相互渗透的立法现状，又最大限度地保护了公司的合法权益。不过，公司在重叠行使这两种权利时，应以同一损失不得获取双重利益为原则，否则，对公司负责人而言则有失公正。因此，当公司介入权与损害赔偿请求权竞合时，公司虽可以同时行使两种权利，但只有在行使介入权后，仍有损害时，公司才可行使损害赔偿请求权，而且赔偿的数额还应减去因公司行使介入权所取得的收入。只有这样，公司介入权与损害赔偿请求权竞合的处理才符合公平正义的法治原则。

第三节　目标公司的反收购权

一、目标公司反收购权的法理释义

上市公司收购与目标公司的反收购从本质上讲，就是收购者与目标公司之间为了夺取和保持对目标公司的控制权而展开的一场激烈商战。在我国，上市公司收购是指收购人通过取得股份的方式成为一个上市公司的控股股东，通过投资关系、协议、其他安排的途径成为一个上市公司的实际控制人，导致其获得或者可能获得对该公司的实际控制权的行为。[①]反收购是与收购相对应的一种防御措施，常常针对敌意收购而采用，因而在敌意收购经常发生的国家，其立法大多有关于目标公司反收购权的规定。遗憾的是，我国《公司法》《证券法》均未规定目标公司的反收购权。虽然中国证券监督管理委员会于 2014 年 10 月 23 日修订的《上市公司收购管理办法》也未明文规定目标公司的反收购权，但其有关条款则体现了目标公司反收购权的精神实质和主要内容。为了进一步完善我国目标公司反收购权的立法规定，使其更具操作性，有必要在借鉴国外目标公司反收购权成功立法经验的基础上，首先对我国目标公司的反收购权进行法理

---

① 参见我国《上市公司收购管理办法》第 5 条。

释义。

国外立法并没有给目标公司的反收购权下一个抽象的定义。根据国外立法关于目标公司反收购权的共同规定，笔者认为，目标公司的反收购权是指目标公司为了保持对公司的控制权，维护股东、其他利益相关者的利益，依法享有的防御收购行为发生或挫败已发生的收购行为的权利。归纳各国关于目标公司反收购权的立法规定，目标公司反收购权在法理上主要有以下五个方面的含义。

（一）目标公司的反收购权产生于收购者的敌意收购行为

依据收购者的主观态度，公司收购有友好收购和敌意收购之别，目标公司的反收购权就是针对收购者的敌意收购行为而享有的权利。一般来讲，收购人包括投资者及与其一致行动的他人，可以是法人，也可以是自然人。敌意收购行为则是指未得到目标公司管理层协助的收购行为。[①]在市场经济的条件下，为了争夺某个公司的控制权必然出现敌意收购的现象。因此，只要有敌意收购的现象存在，法律就应赋予目标公司以反收购权，这是市场经济的必然法则。

（二）目标公司反收购权的主体只能是目标公司

所谓"目标公司"就是我国相关规定所称的"被收购公司"，即收购者试图通过取得股份的方式和通过投资关系、协议、其他安排的途径获得其控制权的公司。根据我国《证券法》《上市公司收购管理办法》的规定，这里的目标公司仅限于上市公司。也就是说，在我国只有在上海和深圳两家证券交易所挂牌交易的股份有限公司才有可能成为目标公司。

（三）目标公司行使反收购权的目的是为了防止公司控制权的转移

收购者进行收购的目的是为了夺取上市公司的控制权，而目标公司行使反收购权的目的则是为了保持自己对公司的控制权，避免自己公司被收购者控制，从而进一步维护股东、职工以及其他公司利益相关者的整体利益。

（四）目标公司行使反收购权可以采取的措施十分广泛

从反收购的实际情况来看，目标公司为了行使反收购权可采取一系列法律

---

① ［日］落合诚一著：《公司法概论》，吴婷等译，法律出版社 2011 年版，第 212 页。

允许的防御措施，归纳起来，大体分为在敌意收购开始前采取的事前预防措施和在敌意收购开始后采取的事中对抗措施两大类型，前者主要有"金色降落伞"计划和"驱鲨剂"条款等，后者主要有寻找"白衣骑士"和"红鲱鱼"攻击方略等。①

（五）目标公司反收购权的行使必须依照法定标准进行

国外立法大多对目标公司反收购权的行使主体、行使原则、行使条件和行使程序作了严格规定。目标公司行使反收购权时必须严格遵守这些法律规定，否则目标公司就无法达到预期的法律效果。

二、目标公司反收购权的理论基础

关于法律是否应赋予目标公司以反收购权，在国外先后出现了否认目标公司拥有反收购权和赋予目标公司以反收购权两种立法体例，每一种立法体例都有着深厚的经济学、法经济学的理论基础。

（一）否认目标公司拥有反收购权的理论基础——"公司控制权市场理论"

美国在1968年6月参众两院通过《威廉姆斯法》以前，基本上没有反收购立法，法律也没有赋予目标公司一定的反收购权，敌意收购除受反垄断法规制外，基本上再无别的什么限制。因为，立法者认为，公司收购有利于监督公司的管理者，提高公司经营管理水平，减少代理成本，对国民经济有较大的促进作用。敌意收购是作为降低监督和代理成本的重要机制，是防止管理者损害股东利益的最后一种武器。②因此，他们激烈反对任何阻碍公司收购的行为和立法。在他们看来，赋予目标公司以反收购权，虽然维护了经营者的利益，但是却使股东失去了获得较高溢价的机会，这会使公司收购成本提高，弱化公司收购对公司经营者的监督，减少全体股东的福祉。③

主张目标公司不应拥有反收购权的理论基础其实就是亨利·曼尼创建的

① 详见汤欣：《公司治理与上市公司收购》，中国人民大学出版社2001年版，第392~395页。
② 张军：《神秘王国的透视——现代公司的理论与经验》，上海译文出版社1994年版，第66页。
③ 郭富青：《论公司要约收购与反收购中少数股东利益的保护》，《法商研究》2000年第4期。

"公司控制权市场理论"。作为该理论创始人的曼尼认为，公司收购实际上就是一个公司控制权的交易市场，在这个市场中，收购者通过收购要约向目标公司提出收购该公司的控制权，交易的标的就是目标公司的控制权。争夺公司的控制权有若干机制，其中三种最为基本的方法为代理投票权竞争、直接购买股票和兼并。在许多场合下，看起来收购是公司控制方法中最为有效的一种。在由各种内外部控制机制构成的公司控制权市场上，无论是公司内部控制机制，还是外部控制机制中的代理投票权竞争机制都不能起到应有的作用，只有公司收购才是其中最为有效的控制机制。公司控制权市场的一个基本前提是公司的管理效率与该公司股票的市场价格之间存在一种高度正相关关系。股票价格反映了管理的效率，除了证券市场，我们没有任何衡量管理效率的客观标准。该理论的另一代表人物詹森认为，外来投资者对公司的收购非但不会损害公司股东的利益，实际上还会给收购双方带来巨大的财富。长期以来，任何主张干预和限制敌意收购的主张其结果可能会削弱公司作为一种企业组织的形式，并在总体上降低人类社会的经济福利（社会经济福利最大化被称为帕累托最优）。[1]公司收购通过更换无效率的管理层达到减少管理层中疏于职守行为的目的。收购市场是公司治理环境中惩戒不称职的管理层的关键性机制，此种机制之所以能够发挥作用是因为它不像善意兼并那样需要经过目标公司管理层的同意，而是越过管理层的头顶直接到达目标公司的股东，收购因而使资本市场更富竞争性并能迫使管理层为股东的利益尽心工作。[2]

作为法经济学中保守主义代表人物的波斯纳认为，股东与债权人在公司收益的获取上存在一定的差异，股东比债权人更容易因为管理者的"不忠诚"而受到损害，在股东和管理者的利益冲突中，必须采取切实的措施来保护股东的利益。因此，为目标公司进行反收购的辩护理由是难以令人信服的。[3]

在这些学者看来，由于公司收购利己、利人又利社会，那么一切不利于公司收购顺利完成的反收购立法都是不经济的。总之，从股东利益最大化出发，肯定公司收购的价值，不主张进行反收购立法，反对授予目标公司以反收购权，是西方一部分经济学和法经济学学者的基本观点。

---

① 沈艺峰：《公司控制权市场理论的现代演变》，《中国经济问题》2000 年第 2 期。
② 转引自汤欣：《公司治理与上市公司收购》，中国人民大学出版社 2001 年版，第 179 页。
③ 波斯纳：《法律的经济分析》（下），蒋兆康译，中国大百科全书出版社 1997 年版，第 535~539 页。

（二）赋予目标公司以反收购权的理论基础——利益相关者理论

尽管公司控制权市场理论提供了大量的实证资料，试图说明公司收购无论是给收购者还是对目标公司的股东，甚至对国民经济都会带来好处。但随着公司收购浪潮的风起云涌，敌意收购的消极影响不断出现。针对这种现实状况，美国实业界人士开始极力反对敌意收购行为。1987 年 3 月 4 日，美国 16 个工业巨头接连到国会山请求议员们采取措施结束收购狂潮。他们认为，完全以金融的优先目标来改组工业的做法无异于经济自杀。公司收购给社会经济造成的种种不利远远超过它在短期内给公司带来的利益，且影响了公司致力于长远利益的计划。敌意收购具有强烈的对抗性，能否成功也并不确定。①

有的学者将公司收购说成是竞争、暴力和贪欲的世界，是在"野兽精神"的支配下，一大批"袭击者""扰乱者""猎食者""海鸥""贪心汉""骗子""野蛮人""坟墓舞女"等采取残忍、激烈和强暴的方式，向巨型公司发起的突然袭击，使之防不胜防。②尽管公司收购有这样那样的功能和积极作用，但其暴烈的方式也不可避免的造成了部分领域的无序、侵扰和利益格局的重大变化，并最终导致了美国各州的反收购立法运动。

从 20 世纪 80 年代末到 1995 年末，美国已有 29 个州修改原有公司法，要求公司的管理层不仅为公司的股东服务，也要为公司的利益相关者服务。③从 1968 年 5 月弗吉尼亚州开始，美国 35 个州不顾联邦最高法院的裁判，以反恶意收购为突破口，先后掀起了两次反收购立法浪潮，从而为目标公司开展反收购活动提供了强有力的法律武器。④美国针对当时的敌意收购浪潮，要求目标公司的管理者必须对利益相关者负责，并相应地赋予了目标公司以反收购权。因此可见，赋予目标公司以反收购权的理论基础就是利益相关者理论。

利益相关者理论肇始于 20 世纪初的美国。该理论认为，公司是一个由物资资本所有者、人力资本所有者以及债权人、职工等利益相关者组成的契约组织。在现代社会中，公司不应仅仅以股东利益最大化作为自己存在的唯一目的，而应最大限度地顾及和维护包括股东在内的公司所有利益相关者的利益。这些利益相关者包括股东、职工、消费者、债权人、当地社区以及其他影响公司和受公

---

① 刘澄清：《公司并购法律实务》，法律出版社 1998 年版，第 122 页。
② 王韬光、胡海峰：《企业兼并》，上海人民出版社 1995 年版，第 2 页。
③ 崔之元：《美国二十九个州公司法变革的理论背景》，《经济研究》1996 年第 4 期。
④ 沈艺峰：《公司控制权市场理论的现代演变（下）》，《中国经济问题》2000 年第 3 期。

司影响的社会公众。该理论认为，没有这些利益相关者及其在公司中的权益，作为公司的组织便无法存续，公司正是所有利益相关者围绕权益获取和保护的合作博弈所形成的契约组织。公司的权力来源于公司所有利益相关者的委托，而非只是植根于股东的授权；公司的管理者应对公司所有利益相关者负责，而不限于只对股东负责。

按照利益相关者理论的要求，面对公司收购，目标公司不能把维护股东利益最大化作为唯一的目标，而应综合考虑公司利益相关者的共同利益、社会福利及其社会责任，对公司收购者行使一定的反收购权，并采取相应的反收购措施，以维护公司的长远利益和利益相关者的共同利益。

三、国外关于目标公司反收购权的立法体例

国外关于目标公司反收购权的立法规定已经相当成熟和完善，最具影响力、最有代表性、最值得借鉴的立法成果当推英国和美国的两大立法模式。

（一）英国的"股东大会决定"模式

在英国，目标公司的股东大会拥有反收购的决定权，董事会则没有反收购的决定权。其理论依据主要是，将反收购的权利交由股东大会决定，相当于赋予了股东自主选择管理者的权利，而这一权利本来就是股东固有的法定权利。公司收购是公司的一种外部治理机制，如果管理者可以任意决定行使反收购权，拒绝他人对公司进行收购并在成功后改组董事会，公司的这种外部治理机制就失去了它应有的价值。从实际情况来看，目标公司的控股股东通常会积极地采取反收购措施，收购与反收购的争斗，最终要靠股东大会决出胜负。[①]

由英国公司并购委员会制定的《收购与兼并城市法典》第 7 条规定：无论何时，当一项真正的收购要约已被通知给受要约公司董事会，或受要约公司董事会有理由相信一项真正的要约可能即将发出，非经股东大会批准，董事会不得就公司事务采取任何行动，从而在效果上使该项真正的要约受到阻挠，或使股东没有机会根据要约的利弊作出决定。另外，该法典第 21 条和第 37.3 条则进一步规定了需要经股东大会批准的反收购措施和手段。

---

① 梅君：《上市公司收购与股东大会制度》，《法学评论》2001 年第 1 期。

（二）美国的"董事会决定"模式

在美国，目标公司的股东大会并不享有反收购的决定权，目标公司的反收购权则被赋予了董事会，董事会拥有较为广泛的反收购决定权。其理论依据主要是，董事会是公司专门的经营管理机关、代表机关，十分熟悉公司业务，并且具有丰富的专业知识和技能，由董事会行使目标公司的反收购权可以增强与收购者讨价还价的能力，有利于股东获得较高的收购溢价；由董事会行使目标公司的反收购权可以不受股东利益的局限，有利于维护公司利益相关者的整体利益和公司的长远利益；由董事会行使目标公司的反收购权可以适应社会化大生产的发展需要，有利于公司治理结构从股东大会中心主义向董事会中心主义的时代变迁。从实际情况来看，股东在时间、精力、信息、技能和经验上一般与董事无法相比，因此，由董事会行使反收购的决定权较为妥切和合理。

美国的《威廉姆斯法》把目标公司的反收购行为纳入信息披露制度中加以规定，但对具体的反收购行为和措施则没有规定。该法典重点确立了有关反收购的全部和诚实的信息的公开制度，它要求目标公司的董事会必须将其准备反收购的行为和措施进行披露。美国大多数州出于对本州公司的保护，一般对敌意收购持否定态度，其立法大多规定目标公司董事会享有反收购的决定权。

根据美国的判例法，目标公司的董事会采取反收购措施时，只要尽到了注意义务，并且符合"经营判断准则"的要求，就具有反收购的合法性。

根据美国《示范公司法》第 8.30 条的规定，董事的注意义务包括以下三个方面的内容：（1）善意地；（2）以一个一般谨慎的人在相同的地位、相似的情况下应有的注意；（3）以一种他合理地认为符合公司最佳利益的方式行事。目标公司的管理层在反收购中必须履行注意义务，否则，就无法达到反收购的预期目的。

所谓经营判断准则就是指，只要是董事会基于合理信息、善意和诚实所作出的合理决议，即便事后站在公司立场上看来此项决议是不正确或有害的，也无须由董事负责。对此种决议，股东无权禁止、废除或抨击非难。另外，美国判例法还进一步为反收购案件中的经营判断准则的适用确立了三个原则：（1）目标公司的董事有责任举证证明他们合理地相信收购会威胁公司的经营政策和其存在的有效性（合理性）；（2）董事采取的反收购行为必须与收购对公司形成的威胁有适当的关系（妥当性）；（3）独立的外部董事的勤勉和出席董事会的行为会提高前述合理性和妥当性的证明效力（证明性）。这三个原则在美国几乎成为法官审理反收购案件的普遍规则。[①]

四、我国目标公司反收购权的立法完善

1993 年 9 月发生的"宝延事件"，即深圳宝安集团股份有限公司上海公司收购上海延中实业公司的事件，是中华人民共和国成立以来第一例上市公司敌意收购案件，它拉开了我国上市公司收购的序幕。[②]从 2015 年 7 月 10 日宝能首次举牌开始，到 2017 年 6 月 30 日万科董事会换届，持续了 724 天的"万科控制权之争"，堪称一部跌宕起伏的收购与反收购战的经典大剧。在我国发生的一幕幕收购与反收购事件，一方面促进了我国证券市场的流通速度，推动了上市公司的产权重组，另一方面也向我国公司、证券立法提出了新的挑战和法制需求。

遗憾的是，我国《公司法》《证券法》均未针对敌意收购就目标公司的反收购问题作出规定。然而值得欣慰的是，中国证券监督管理委员会发布的《上市公司收购管理办法》第 8 条规定：被收购公司的董事、监事、高级管理人员对公司负有忠实义务和勤勉义务，应当公平对待收购本公司的所有收购人。被收购公司董事会针对收购所做出的决策及采取的措施，应当有利于维护公司及其股东的利益，不得滥用职权对收购设置不适当的障碍，不得利用公司资源向收购人提供任何形式的财务资助，不得损害公司及其股东的合法权益。由此可见，该办法虽未明文规定目标公司的反收购权，但却体现了目标公司反收购权的精神实质和主要内容。为了进一步完善我国关于目标公司反收购权的立法规定，必须以法律的形式将以下内容固定下来。

（一）目标公司的股东大会应享有反收购的决策权

由于目标公司内部的股东与董事之间存在着较为严重的利益冲突，因此将反收购的决策权赋予谁，就显得非常重要。英国的"股东大会决定模式"与美国的"董事会决定模式"各有其立法背景、理论基础和利弊得失。根据我国《上市公司收购管理办法》第 8 条规定的精神，董事会针对收购行为有权在规定的范围

[①]　汤欣：《公司治理与上市公司收购》，中国人民大学出版社 2001 年版，第 375~378 页。

[②]　详见《上海证券报》1993 年 10 月上旬的相关报道。

内，作出一定的反收购决策。但从我国的实际情况出发，我国立法应明确规定，在上市公司收购中，目标公司的股东大会享有反收购的决策权。其理由主要有：（1）在我国，股东大会是公司的权力机关，依法拥有对公司重大问题的决策权。而敌意收购则事关公司的生死存亡，无疑属于公司的重大问题，理应由股东大会进行决策。（2）股东是公司的缔造者、最终的所有者，有权选择公司的管理者，而将反收购的权利交由股东大会决定，就相当于赋予了股东自主选择管理者的权利，这本来就是股东固有的权利。（3）在股东与董事的利益冲突中，将反收购的决策权交由股东大会行使，有利于监督管理者，切实保护股东的合法权益。（4）将反收购的决策权赋予目标公司的股东大会，符合我国目前的法治现状，特别是公司法的精神实质，也符合我国上市公司收购与目标公司反收购的实际情况和发展需要。

（二）目标公司反收购决策权的行使

一般来讲，目标公司行使反收购的决策权必须坚持维护公司的整体利益和利益相关者的共同利益两大原则，必须符合以下主要条件和程序：（1）收购者已经发出了对目标公司的收购要约；（2）目标公司董事会就是否接受收购者发出的收购要约已经向股东提出了书面建议报告；（3）董事会发出了召集特别股东大会的通知；（4）股东大会作出关于是否进行反收购的特别决议，该决议必须经出席会议的股东所持表决权的三分之二以上通过；（5）股东大会应当对所决议的反收购事项作成会议记录，并由出席会议的董事签名。该会议记录应当与出席会议股东的签名册及代理出席的委托书一并保存。

（三）董事会在反收购过程中应拥有相应的权利

董事会是公司常设的经营管理机构或业务执行机构，在反收购过程中应发挥其积极的作用与功能。目标公司面对一项敌意收购时，董事会既应享有反收购的提议权，协助股东大会更好地行使反收购的决策权，也应享有反收购的执行权，努力执行股东大会所作出的反收购决策，使其得到更好地贯彻落实。我国应参照国外成功的立法经验，赋予董事会在反收购过程中相应的权利：（1）董事会在收购发生之前，可以采取适当的措施，防御收购行为的发生；（2）董事会在接到收购者发出的收购要约后，有权就是否接受收购要约向股东提出建议报告，详细说明收购对于公司的利弊得失，并有权劝说股东拒绝收购者的收购要约；（3）董事会为了股东和公司的整体利益，可以采取适当的措施与收购者进行讨价还价；（4）董事会在收购发生之后，可以寻找收购竞争者（即白衣骑士）参加竞购，以便股东获得更高的溢价；（5）如收购涉嫌垄断问题，董事会也可将该收购事件提交反垄断机关进行处理。

（四）董事会在反收购过程中不得滥用权力

无论是大陆法系还是英美法系，都认为在反收购过程中董事处于个人利益与公司利益相冲突的位置。因此，在反收购过程中既要发挥董事会的积极作用，更要限制董事会滥用权利。英国的判例法运用忠实义务中的正当目的标准，即董事行使权力必须符合所授权力的目的，不得为不用于该目的之目的而行使该权力。将自主行使反收购权排除在董事会的经营权力之外，只有经过股东大会批准，才能采取一定的反收购措施。而美国的判例法则从董事注意义务派生出了"经营判断准则"，认为董事采取反收购措施属于"经营判断"范畴之事，董事会虽然享有反收购权，但却受到了程序性规则的限制，即必须承担举证责任、履行注意义务。[①]按照应借鉴英国模式的思路，我国立法可以这样规定：目标公司董事会自接到有关收购要约的信息之时起到要约结果公布之前，不得实施任何导致收购要约受挫的行为，除非得到股东大会预先作出的特别授权。董事会在反收购过程中所采取的措施必须符合法律的规定和股东大会的授权，必须维护公司的整体利益和全体股东的共同利益，特别是中小股东的利益；出现竞争要约时，必须公平对待所有的要约收购人。

（五）完善有关反收购权的法律配套措施

赋予目标公司以反收购权涉及公司权力和利益格局的重大变化。为了优化资源配置、保护利益相关者的合法利益、促进公司的长远发展，使反收购权制度发挥其应有的积极作用，必须完善有关反收购权的法律配套措施。我们认为，完善有关反收购权的法律配套措施主要有：

1. 充分发挥股东大会作为公司权力机关的决策功能

在我国目前的经济生活中，股东大会的实际地位与其作为公司权力机关的法律地位存在着很大的差异，股东大会形同虚设，董事会凌驾于股东大会之上。

---

① 叶卫平：《英美董事义务与目标公司反收购》，《当代法学》2002 年第 1 期。

为了使股东大会在反收购过程中发挥其应有的作用，我们必须维护股东大会的权威，确保其地位的稳固和权力的实施，通过制定有关法规使其成为公司真正的权力机关，起到真正的决策和制衡作用。

2. 切实保护目标公司及其股东的合法权益

在反收购过程中，决策及执行机关所采取的反收购措施，很可能损害目标公司的合法权益，使股东坐失良机，致使股东，特别是小股东的利益处于非常不确定的高风险的境地。目标公司及其股东在反收购中明显处于弱者的地位，这就要求我国的法律一定要采取切实措施保护目标公司及其股东的合法权益。因此，任何人不得利用上市公司的收购损害目标公司即被收购公司及其股东的合法权益。有下列情形之一的，不得收购上市公司：收购人负有数额较大债务，到期未清偿，且处于持续状态；收购人最近 3 年有重大违法行为或者涉嫌有重大违法行为；收购人最近 3 年有严重的证券市场失信行为；收购人为自然人的，存在《公司法》第 146 条规定的不得担任公司负责人的情形；法律、行政法规规定以及中国证监会认定的不得收购上市公司的其他情形。同时，目标公司或被收购公司的控股股东或者实际控制人也不得滥用股东权利损害被收购公司或者其他股东的合法权益。被收购公司的控股股东、实际控制人及其关联方有损害被收购公司及其他股东合法权益的，控股股东、实际控制人在转让被收购公司控制权之前，应当主动消除损害；未能消除损害的，应当就其出让相关股份所得收入用于消除全部损害做出安排，对不足以消除损害的部分应当提供充分有效的履约担保或安排，并依照公司章程取得被收购公司股东大会的批准。

3. 强化和细化董事的忠实义务与勤勉义务

在《公司法》规定董事忠实义务与勤勉义务的基础上，我国《上市公司收购管理办法》也明确规定，被收购公司的董事、监事、高级管理人员对公司负有忠实义务和勤勉义务。为了确保目标公司反收购权的有效行使，我国公司立法必须进一步强化和细化董事的忠实义务与勤勉义务，理顺董事与公司、股东之间的关系。使董事能够在反收购中真正维护公司的整体利益和股东的共同利益。

4. 完善对管理层的激励机制

国外管理层与其所经营管理的公司之所以能够荣辱与共，主要取决于公司内部的激励机制和约束机制。为了造就一大批优秀企业家，进一步调动其经营管理的积极性、创造性，从而形成公平合理的激励机制，我们应进一步推广和完善管理层的"年薪制""持股制""股票期权制"和"退休金计划"等行之有效的激励机制。

5. 建立健全股东诉讼制度

国外的股东诉讼制度为公司及其股东权益的保护提供了有效的途径和办法，我国相关立法应借鉴国外有关规定，建立健全股东诉讼制度。在反收购过程中，如果有侵害了公司利益的行为发生，而公司负责人又怠于行使诉权，法律应赋予股东以代表诉讼权；如果股东大会、董事会的决议侵害了股东的利益，股东有权直接以自己的名义提起诉讼；当直接诉讼与代表诉讼发生竞合时，股东可以选择其中一种诉讼来保护自己的合法权益。

第五章
公司的基本制度

第一节　公司的资本制度

公司资本制度作为一种法律性质的制度安排，在现代公司制度中占据十分重要的地位。公司的设立制度、组织制度、人格制度、产权制度、财务会计制度和法律责任制度都是直接围绕公司的资本制度而展开的。公司法人治理制度的设计，从根本上来说，也是公司资本经营风险的防范机制，同公司资本制度有着密不可分的关系。

一、资本的经济学分析

（一）资本理念的历史轨迹

资本（capitale）源出于 caput，最初只用来表示与利息相对应的货币本金。后来这一理念为中古的拉丁语确定，并在很长时间里被人们当作"生息金额"的同义词，在当时资本成了一个最为流行的经济学名词。[1]通过考察，我们发现，在资本主义漫长的发展中，人们对资本概念的认知是一个长期的、渐进的过程，是一个批判继承的过程。在不同时期相继出现了一些具有代表性的资本理念。

1. 资本主义早期的资本理念

以斯塔福德和斯卡芦菲为代表的重商学派，是资产阶级政治经济学的第一个学派。那时，他们没有把资本和货币作严格的区分，将资本和货币认为是同一概念，即货币就是资本，资本即为货币。尽管这一定义后来被发现是错误的，但这毕竟首开了资本理念研究的先河。为什么说货币就是资本这一定义是错误的呢？因为货币天然就是价值尺度，是衡量一切事物的价值标准，它本身不是资本，只能在特殊的社会关系中才能转化为资本。

重农学派的卓越代表魁奈认识到重商学派资本理念的严重错误。他认为货

---

[1]　[奥]庞巴维克著、陈端译：《资本实证论》，商务印书馆 1964 年版，第 60 页。

币本身不是资本，只有用货币购买的生产资料才是资本，即资本就是生产资料。魁奈第一次根据资本周转的性质，将资本分为原预付和年预付两大类。原预付包括农具、建筑物、牲畜等费用；年预付包括种子、主要农活、劳动力等费用。这种划分已经具有固定资本和流动资本分类的实质意义，也是魁奈对世界的最大贡献。但魁奈也存在认识上的局限性，他把资本看作是一般劳动过程的简单要素，认为其是一个永恒的、非历史的范畴。[①]

2. 自由资本主义时期的资本理念

（1）包括物品和获利手段的资本理念。1778 年杜尔阁在其论著中将资本定义为能给所有者带来幸福的一切货币和物品，这是第一个较为系统的资本概念。罗雪尔认为资本是为再生产而节约下来的物品。克尼斯将资本界定为用来满足将来需要的物品。

亚当·斯密在《国民财富的性质和原因的研究》中指出："资本是希望从其取得收入的资财。"[②]并进一步把资财中的物品分为消费品和生息物品（即资本），后来，他的门徒又把生息物品（资本）划分为国家资本和个人资本。亚当·斯密的资本理论尽管克服了重农学派对资本理解的局限性，进一步发展了固定资本和流动资本的概念，但其理论仍具有两重性，一方面，他把资本看作是由于剥削雇佣劳动而增值的价值，另一方面，他又把资本解释为进一步生产所必须的物品的储备，并进一步认识到技艺和能力是一种由工作者支配的资本，这样的工作者除获得由于自己的"简单的劳动力"而得到的工资外，还应获得利润。

（2）包括土地和劳动产品的资本理念。赫尔曼认为资本是一个具有交换价值的效用的持久基础。他认为资本包含了所有的土地以及一切永久性的消费品，如房屋、家具等。皮萨诺也提出了类似的资本理念，即用来继续进行生产的过去的劳动产品。

（3）包括劳动力的资本理念。麦克劳德认为资本是"储存着的劳动力"。他还强调资本无论在哪一方面都不代表商品，只代表它的所有人所有的用来购买他所需要的东西的能力。实质上，这一理念将人本身纳入资本概念中来。库纳斯特在《资本的定义》一书中，将资本定义为物质财货所具有的生产能力的价值，或是生产性的物质价值的集合性。马克思在《哲学的贫困》和《雇佣劳动与资

---

① ［苏］雷金娜等：《经济学说史教科书》，傅郁才等译，武汉大学出版社 1987 年版，第 34 页。
② ［英］亚当·斯密著：《国民财富的性质和原因的研究（上卷）》，郭大力、王亚南译，商务印书馆 1972 年版，第 254 页。

本》等著作中，起初也并未把劳动和劳动力区别开来，后来他才发现了劳动力商品，把工人出卖劳动理解为出卖自己的生命活动。进而他在论述资本的社会性质时认为，资本以雇佣劳动为前提，而雇佣劳动又以资本为前提。两者相互制约，两者相互产生。这就表明积累起来的劳动本身并不是资本，它只有在一定条件下才成为资本。

（4）包括物品或生产手段的资本理念。杰文斯主张资本是用来便利生产的生产财富。洛贝尔图认为资本是为进一步再生产服务的产品。瓦格纳称资本为一个经济财货的仓库，这个仓库是作为制造或取得新经济财货的手段而服务的。桑伯格认为资本是人类劳动所生产出来的物质的生产手段。如果作生产手段来利用它，能使物主获利。马克思在《资本论》中对资本作了充分的阐述，他认为资本就是能够带来剩余价值的价值，是一种用来剥削工人剩余劳动的生产手段。①马克思在批判和继承前人成果的基础上，写出了罕世巨著《资本论》，尤其是其剩余价值理论更精辟地揭示了资本的性质，对世界经济学作出了卓越的贡献。其资本的定义也就成了经济学上的权威理念。

3. 垄断资本主义时期的资本理念

庞巴维克认为资本是人力和自然力结合生产出来的物品积聚起来的结果，有广义和狭义之分。从广义上来理解，资本为可以生产利息的物品，或称作"获利资本"，或者说"私人资本"；狭义的资本即指那些用来作为获得财货手段的产品，或称其为"社会资本"或"生产资本"。②庞氏认为资本既可出现在生产领域里，也可出现在分配领域里。在生产领域，资本被当作生产要素或工具；在分配领域，资本被作为利息来源。庞氏在《资本实证论》中将资本划分为社会资本（或获利资本）和私人资本两大类。他认为私人资本是作为获得物品手段的产品组，社会资本是指在供再生产的产品即中间产品的集合体。他赞成把为获利用的劳动力的产品即"以前贮存的劳动力"包括在资本的范畴内。

4. 当代资本主义的资本理念

萨谬尔森认为，"资本是一种形式的生产要素，一种生产出来的生产要素，一种本身就是经济的产出的耐用投入品。"他认为资本是由那些生产出来的耐用品组成，而且它们是作为生产性投入物，用于进一步的生产过程中的。资本的基本性质既是投入又是产出。具体地说，资本主要有三类：建筑（如工厂、住

---

① 马克思：《资本论》，人民出版社 2018 年版，第 192~193 页。
② 宋承先：《西方经济学名著提要》，江西人民出版社 1998 年版，第 276 页。

宅）、设备（如汽车、机器）以及存货（如经销商批货中的汽车）。①萨谬尔森的资本理念说到底也是对马克思资本理论的一种诠释。就连舒尔兹、罗默、卢卡斯、斯科特的人力资本理论仍未超出马克思资本理论所考察的范围。

（二）资本的经济学属性

在经济学中，资本是一个具有丰富内含的理念，它存在于商品生产或市场经济的社会形态中。归纳起来，资本的经济学属性主要体现在以下六个方面。

1. 形态多样

资本存在的领域十分广泛，不仅存在于物质生产过程，而且也存在于非物质生产过程中，甚至还存在于第三产业的经营活动中。依照标的的不同，资本有货币资本、商品资本、人力资本等形态。依照所处阶段的不同，资本又有预付资本、生产资本、流通资本、价值资本等形态。依照价值转移方式的不同，资本分别有固定资本和流动资本两种形态。依照在增值过程中所起作用的不同，资本可分为不变资本和可变资本。依照存在方式的不同，资本可分为实际资本和虚拟资本。依照来源的不同，资本则有自有资本和借贷资本之分。

2. 具有价值

资本形态多样，但无论何种形态都必须具有价值，凡是没有价值的都不能称之为资本，资本是使用价值和价值的有机统一。作为资本，必须具有使用价值，即能用以满足人们的某种需求，同时，又必须具有价值，即有人的劳动凝结在其中。

3. 能够增值

能够增值是指预付的资本经过生产过程使其原有价值增大，这个增大的部分就是人们劳动所创造的剩余价值。即资本必须能够带来剩余价值，虽有价值但不能带来剩余价值的则不是资本，只有在现实的物质生产过程和非物质生产过程中能够产生剩余价值的价值才是资本。

4. 追逐利润

追逐利润是资本的自然属性，即资本是否投入使用，完全取决于所投资的领域、部门和对象能否实现利润最大化的愿望。对于资本来说，其自然属性是一条客观规律，谁都不可能改变。正如经典作家讲的，资本害怕没有利润或利润太

---

① ［美］萨谬尔森等：《经济学》（第十四版），首都经济贸易大学出版社1996年版，第496~497页。

少，就像自然界害怕真空一样。一旦有适当利润，资本就胆大起来。如果有10%的利润，它就保证到处被使用；如果有20%的利润，它就会活跃起来；如果有50%的利润，它就不惜铤而走险；如果有100%的利润，它就敢践踏人间一切法律；如果有300%的利润，它就敢犯任何罪行，甚至甘愿冒绞刑的危险。

5. 流向集中

资本自然属性决定了资本总是要追逐利润的最大化，什么领域，什么行业，什么产品能获取最大的利润，资本就一定会千方百计地流向那里，就要在那里聚集和集中，从而那里的经济就有了活力，就充满生机。在市场激烈的竞争中，大资本总要利用其优势排挤小资本，而小资本往往也不甘示弱，总是要联合起来，形成比单个大资本更大的联合资本以抗衡单个的大资本，以图在竞争中占据一席之地。单个大资本在无力抗衡小资本的联合侵袭时，往往也采取强强联合组成更大的大资本联合体，确保自身在竞争中立于不败之地。这就是市场经济中不可抗御的客观规律即资本的集中性。

6. 循环运营

循环运营是指资本为了使其价值增值，必须经过流通、生产过程，变换形态再恢复到原有形态的运营模式。所谓资本营运，是指资本出资者和由其投资设立的资本运作机构对资本进行配置，并委托资本经营者去运营资本，保障资本的安全，维护资本所有者权益，实现资本增值和取得收益的行为。资本营运的基本要求是，充分发挥市场配置资源的作用，寻求有利于资本生存的环境，通过各种途径实现资本的优化配置和规模经营，提高资本的运行质量，达到资本盈利的最大化。

二、公司资本的法学分析

（一）公司资本的法律含义

在经济学上，资本是指能够带来剩余价值的价值，也可以说是与物质再生产过程密切关联的一种能够带来增值的生产要素，通常包括"自有资本"和"借贷资本"两部分。从法学来讲，公司资本是股东对公司的永久性投资，是公司赖以生存的"血液"、公司运营的物质基础，是公司对其债务的总担保，也是债权人衡量该公司对外信用程度的基本依据。公司的资本，对于公司法人资格的取得、生产经营管理活动的顺利进行、债权人利益的保障及交易安全的维护有着十分重要的意义。在公司法上，公司资本是指由公司章程确定并载明的、全体股东的出资总额，它既包括货币出资，也包括实物、工业产权、非专利技术、土地使用权等非货币出资。公司资本是由股东入股投资于公司而形成的财产，因而又称之为"股本"。公司资本是股东对公司的永久性投资，是公司赖以生存的"血液"、公司运营的物质基础，是公司对其债务的总担保，也是债权人衡量公司对外信用程度的基本依据。总之，公司的资本，对于公司企业法人资格的取得、生产经营管理活动的顺利进行、债权人利益的保障及交易安全的维护有着十分重要的意义。

公司资本是由股东入股投资于公司而形成的财产，因而又称之为"股本"。公司资本的法学含义，归纳起来，主要表现在以下四个方面。

1. 法定性

公司资本是公司制度的三大要素之一，具有明显的法定性。为了确保公司运营的物质基础，切实保护公司债权人的合法权益，各国公司法大多规定了公司资本的最低限额、出资方式、出资比例、出资的缴纳、出资的转让、出资违约责任、资本的增加和减少等内容，并且要求必须将符合法定标准的公司资本记载于公司章程。否则，就无法达到其预期的法律后果，甚至还要承担相应的法律责任。

2. 独立性

股东出资创办了公司，是公司的缔造者，没有股东，公司就成了无源之水，无本之木。而公司一旦成立，在公司和股东之间，不仅人格相互分离、责任各自承担，而且财产也彼此独立。公司对股东投资形成的公司资本享有法人所有权，即公司资本直接归属于公司所有，股东对其出资不再享有所有权，而是依法享有股权。因此，公司资本虽来源于股东的财产，但却独立于股东的个人财产而存在。

3. 抽象性

公司资本是由公司章程确定，并经公司登记机关登记的注册资本。它是一种抽象资本，并非公司在运营过程中所实际拥有的资产总额。注册资本在公司成立时，即代表公司的资产，但在公司从事经营活动的一定时期，其实际资本就会由于种种原因（如公司盈利、亏损或资产贬值等）而发生数量上的变化。即使公司的经营状况、股东情况发生了变化，而公司的资本数额仍然没有变化，这是由公司资本恒久存续的抽象资本性质所决定的。

4. 二元性

二元性是指公司资本的形成有两种方式。一是由股东直接出资，包括公司在设立时股东认缴的出资和公司设立后增资扩股由新老股东认缴的出资；二是由公司经营所得的利润转化而来。公司为扩大生产经营的需要，可将按法定比例提留的公积金转增为公司的资本，从而增大公司资本的数额。

根据我国《公司法》的有关规定，公司资本专指注册资本。有限责任公司的注册资本是指在公司登记机关登记的全体股东认缴的出资额。股份有限公司采取发起方式设立的，注册资本为在公司登记机关登记的全体发起人认购的股本总额。股份有限公司采取募集方式设立的，注册资本为在公司登记机关登记的实收股本总额。因此，注册资本从构成上讲，既不包括通过发行公司债券和向银行贷款所获得的借贷资本，也不包括从公司利润中提取的公积金。

（二）公司资本与相关范畴的关系

1. 公司资本与公司资金的关系

公司资本与公司资金是两个既有联系又有区别的概念。公司资金是指可供公司支配的以货币形式表现出来的公司资产的价值，公司资金的来源主要有两种途径，一是股东向公司的出资，二是公司通过发行债券和向银行贷款而获得的资金，前者为公司的自有资本，后者为公司的债务，在公司资产负债表上用"债"来表示的。因此，公司资金远比公司资本的外延宽泛，公司资本仅是公司资金的一个组成部分。

2. 公司资本与公司财产的关系

公司资本与公司财产是两个不同的法律概念。严格意义上的公司财产不仅包括金钱财物等有形财产，而且包括专利权、商标权、著作权、商誉、债权等无形财产；既包括权益等积极财产，又包括债务等消极财产。公司资本不属于公司的消极财产，而是公司积极财产的有机构成部分。

3. 公司资本与公司资产的关系

公司资产是指过去的交易、事项形成并由公司拥有或者控制的资源，该资源预期会给公司带来经济利益。在资产负债表上，公司资产 = 负债 + 股东权益。公司资产的具体形态主要包括流动资产、长期投资、固定资产、无形资产及其他资产。在法律上，公司资产是公司对债权人承担责任的物质基础，公司以其全部财产对外承担债务清偿责任。公司资本是形成公司资产的基础，正常情况下，公司资产总是大于公司资本。但是，公司资产时刻都处于一个变动的过程中，在公司经营不善严重亏损的情况下，公司资产就会小于相对稳定的公司资本。

（三）公司资本的法定形态

在公司实务中，由于各国实行的公司资本制度不尽相同，公司资本的法定形态也不一样。

1. 注册资本

注册资本是指公司登记成立时章程中确定的，并由登记机关登记核准的资本总额。注册资本在法定资本制国家，就是公司设立时的实有资本，在授权资本制国家或认可资本制国家，注册资本就是名义资本，它包括股东已缴的资本和将来拟缴的资本。从理论上讲，注册资本有两重意义，一是反映股东对公司承担有限责任的限界；二是表明公司对外独立承担责任的能力。

2. 实缴资本

实缴资本又称实收资本，是指公司实际收到的或者股东实际缴纳的出资额总和。在允许股东分期缴纳所认购的出资的情况下，如果股东认购的出资全部缴足，则公司实缴资本等于发行资本，否则实缴资本永远小于发行资本。但在任何情况下实缴资本都不会超过发行资本。

3. 发行资本

发行资本是指公司已发行的，由股东认购的资本总额。发行资本是发起人或股东同意认购的资本总额，却并非股东的实缴资本。在实行法定资本制的国家，一般都允许股东分期缴付股款，股东在认购出资后，不一定须立即缴付股款。在股东未完全缴清前，发行资本总是少于实缴资本。另外，在实行授权资本制和认可资本制的国家，允许章程确定的资本总额分次发行，在公司未完全发行完毕前，发行资本总是小于授权资本。

4. 授权资本

授权资本又称核准资本、设定资本、名义资本，是指公司依公司章程规定有权发行的资本总额。由于该资本数额是由章程授权发行的资本总额，因而称为核准资本；再由于该资本总额仅是章程规定的一个授权发行数额，不一定是实际发行的或实缴的资本数额，所以又称为名义资本。

三、国外的公司资本制度

（一）国外公司资本制度的法定模式

公司的资本、章程和发起人被认为是现代公司的三大要素。公司资本制度在现代公司制度中占据核心地位，其他制度都是围绕这一核心展开或直接、间接地为之服务的。公司法人的治理结构实质上是为了保障公司资本安全、稳定、有效运行的风险防范机制；公司财务会计制度是直接围绕公司资本而展开的；公司的人格制度也是服务于公司资本这个核心的，如在美国，为了惩罚滥用公司形态而逃避民事赔偿责任的业主，法院往往会刺穿这些公司的面纱，以资本不充足为理由，让业主以其公司出资外的个人财产承担无限责任。[①]严格地说，公司资本的运作是一个动态过程，公司资本运作遵循着一定的规则，这些运行规则属于技术规则范畴，公司资本制度的任务就是把这些技术规则上升为技术规范，赋予其国家意志，并以国家强制力作后盾保障公司资本的正常运行，将资本经营风险降到最低限度，进而规制国家（尤其是政府）、公司、股东和公司债权人之间因资本而发生的社会关系。正是基于以上认识，笔者认为，所谓公司资本制度就是指由公司法所确认的，规制公司资本运营模式及其管理活动的一种法律性质的制度安排，是现代公司制度中的一项基本制度。

公司资本制度作为一种法律性质的制度安排，它的设计、选择和创新，都是围绕着制度安排的公平、安全、效率等价值目标而展开的。长期以来，西方各国公司法关于公司资本的规定虽然有所不同，但归纳起来，主要有法定资本制、授权资本制和认可资本制三种不同模式的资本制度。

1. 法定资本制

大陆法系传统的公司法，为了确保债权人的利益和公司的对外信用基础，关于公司资本的规定大都体现了"法定资本制"的精神。所谓法定资本制是指公司在设立时，必须在公司章程中确定公司的注册资本，并在公司成立时由发起人一次性全部认足（指发起设立）或全部募足（指募集设立）的公司资本制度。根据法定资本制的要求，首先，公司章程必须记载符合法定资本最低限额的注册

---

① 胡果威：《美国公司法》，法律出版社 1999 年版，第 83 页。

资本，其次，公司章程所确定的资本总额必须在公司成立之前全部认足或募足，最后，发起人在承诺出资后，必须实际履行缴纳出资的义务。

法定资本制既有其优点，也有一定的缺陷。从优点方面来看，它不仅确保了公司资本的真实可靠，有利于防止公司设立中的欺诈、投机等不法行为，而且使公司在成立时就有了足够的运营资本，这就确定了公司的对外信用基础，有利于维护公司债权人的合法权益和交易的安全。从缺陷方面来看，法定资本制要求在公司设立时必须一次性地筹到大量资本，从而不利于公司的迅速成立。由于公司成立之初，经营活动尚未全面展开，可公司一成立就筹到了大量的注册资本，这就很可能导致公司资本的积压和闲置。公司注册资本的确定，使得公司变更注册资本极为不便，因为，变更注册资本不仅要具备一定的法定条件，而且还要履行烦琐的法定程序。

2. 授权资本制

法定资本制立意至善，对债权人权益之保护甚为周到，但仍有不甚合理的地方。为了方便筹资，配合证券市场的发展需要，弥补"法定资本制"的不足，英美法系国家创立了"授权资本制"。授权资本制，原指国家授予发行权能的公司在其章程中所确定的股份资本。因为在特许主义时代，股份资本的发行当然是基于国家的授权。进入准则主义后，仍遗留着国家对公司赋予特定权能的授权思想，因此，对公司发行其章程所确定的股份资本，依然沿用传统的"授权资本制"一词。所谓授权资本制是指在公司设立时，虽然要在公司章程中确定注册资本总额，但发起人只需认购部分股份，公司就可正式成立，其余的股份，授权董事会根据公司生产经营情况和证券市场行情再分次发行的公司资本制度。根据授权资本制的要求，首先，公司章程既要载明公司的注册资本又要载明公司成立之前第一次发行的股份资本。其次，在授权资本制下，注册资本、发行资本、实缴资本、授权资本同时存在，但各不相同。最后，发起人只需认购并足额缴纳章程所规定的第一次应发行的股份数额，公司即可正式成立。

客观来讲，授权资本制并非十全十美，同法定资本制一样，也有其明显的优缺点。其优越性表现为，一是便于公司的尽快成立，因为它不必一次全部筹足公司章程所规定的注册资本，只要筹足一部分即可正式成立公司；二是不易造成公司资本的闲置和浪费，因为其余股份在董事会认为实际需要时才会发行；三是免除了修改公司章程等变更注册资本的烦琐程序，因为在公司章程规定的注册资本限额内，董事会可以根据授权随时追加发行，而不必再去履行有关程序。

其缺陷主要在于，它既容易引起公司设立中的欺诈和投机等非法行为的滋生，又不利于保护公司债权人的利益。因为在授权资本制下，公司成立之初所发行的资本十分有限，公司的财产基础缺乏稳固性，这就削减了对债权人的信用担保范围，从而不利于维护交易安全和保护债权人的合法权益。

3. 认可资本制

为了吸取"法定资本制"和"授权资本制"的优点，弥补两种资本制度的不足，又形成了一种介于法定资本制和授权资本制之间的新的公司资本制度——"认可资本制"。采用认可资本制的国家主要有德国和日本。认可资本制，也称为"折衷资本制"，具体是指在公司设立时，虽然公司章程中所确定的注册资本总额不必一次全部筹足，其余股份可以授权董事会根据实际情况随时发行，但这种发行股份的授权必须在一定期限内行使，并且首次发行的股份不得少于法定比例的公司资本制度。

在认可资本制的条件下，股份可以分次发行，公司在设立时可根据实际需要而发行股份，从而不仅有利于公司的迅速成立，而且也不会造成公司资本的闲置和浪费，这正弥补了法定资本制的不足。同时，由于规定公司首次发行的股份不得少于注册资本的一定比例，甚至还规定了其余股份的发行年限，因此，公司债权人的利益也获得了相当程度的保障。由于它比单纯的授权资本制更胜一筹，所以，认可资本制已经成为现代公司资本制度的发展趋势。

在现代西方各国公司法中，法定资本制、授权资本制和认可资本制仍是三种并存的公司资本制度。但认可资本制与法定资本制、授权资本相比毕竟更胜一筹。从理论上讲，认可资本制更是一种富有生命活力的资本制度，它已经成为现代西方国家公司资本制度的发展趋势。

（二）国外的公司出资制度

1. 出资制度的立法模式

公司是以资本为核心的现代企业组织形式，营利性是公司的终极目标，出资者出资是公司资本形成的基础，随后的一切公司法人行为都因此而派生。从这个意义上说，出资者出资是公司取得法人资格的基础行为，其重要意义自不待言。出资在经济学上等同于投资，是指投资者在期望将来的利润回报超过目前的资本投入的激励下，对已有资本采取行动，进行运用的一种活动。在这种投资活动中，投资者往往要考虑如何规避风险和资本价值的增值，即投资的收益回报。在法律上，出资是公司法上的一个具有特定含义的范畴，是指出资者基于其特定的身份，以实现公司设立为目的，对公司所为的给付行为。此种给付的前提是出资者承认出资协议、公司章程或认购公司股份。严格说，出资者在缴纳或认足出资时，还未能取得股东的资格。公司成立之日，发起人才成为公司的股东。但习惯上，人们往往将出资者也称为股东，将出资者出资，称为股东出资，对股东的称谓作广义的理解，对股东资格取得的实际时间界限不予考虑。出资者出资不限于公司成立时，公司扩张时，出资者亦可依出资行为而成为股东。

在出资者与公司之间的出资法律关系中，出资者负有按照出资协议、公司章程的规定或认购股份的承诺，足额、按时缴纳出资的义务，并对出资的瑕疵负有担保义务。公司一旦成立，出资者便取得股东资格，出资者才被称为股东，公司成立的时间对划分两种称谓的时间界限，应该说具有十分重要的法律意义。因为这一问题涉及无限责任和有限责任的实质问题。如认为出资者在公司成立前就叫股东，则意味着出资者只需对不设立公司的行为负有限责任，这样明显减轻了此类出资者的责任负担，且其并未实际出资，那么以何额度作为其承担有限责任的最高限界呢？这难免会产生严重的问题。只有出资者按约定或规定实际出资后公司成立时，才取得股东资格，才依法享有股东权益。出资者对其出资的所有权也自然让渡给公司所有。换句话说，出资者以其出资的所有权为代价，换取其对公司资本的收益权、重大问题决策权和选择管理者等股东权。也就是说出资者一旦出资，股东便不能抽回出资。法律之所以如此规定，是充分考虑到公司资本的确定，维持和不变原则的实际要求。否则，公司便成了运转的一具空壳。[①]

经济学意义上的投资，反映到法律上情形却大不相同。为了区分有限责任公司股东的出资额与股份有限公司股东的出资额，各国往往采用不同的称呼，如日本对有限责任公司的出资额称为"持分"，股份有限公司的股份称为"株式"。在我国"出资"专指有限责任公司资本的构成单位，"股份"则专指股份有限公司资本的构成单位。换而言之，出资即为有限责任公司股东向公司的投资，股份即为股份有限公司股东向公司的投资。

世界各国官方关于出资制度的立法模式虽然有所不同，但归纳起来主要有以下三种基本模式。现就这三种出资制度的立法模式作一简要评判：

[①]　朱慈蕴：《公司法人格否认法理研究》，法律出版社 1998 年版，第 68 页。

（1）单一出资制。单一出资制也称为出资不平等主义。即把股东的出资额不分成均等的份额，股东只能认购一份出资，每一份出资额的数额可以不同，也不要求其为一定金额的整倍数。这种出资制度只适用有限责任公司股东的出资。我国公司法也采用了这种出资制度。这种制度的优点是，股东出资额的大小完全可以根据自身情况及公司资本的实际需要而定，方便易行。其不足之处在于该种方式在股东表决权的行使及计算上多有不便。

（2）复数出资制。复数出资制也称为出资平等主义。即股东的出资数额必须划分成若干均等的份额，股东可以认购一份，也可以认购数份，但每一份出资的数额都是一样的。这种出资制度既适用于有限责任公司股东的出资，也适用于股份有限公司股东的出资，且为后者唯一的出资制度。世界上绝大多数国家均采这种立法模式。有限责任公司的这种出资额在形式上与股份有限公司的股份是相同的，各股东拥有与其出资股价相对应的份额，股东以其所持份额享有股东权，但两者的法律表现形式是不同的。有限责任公司股东的出资份额的法律表现形式是"股单"，在性质上只是股东出资的股权证书，为非有价证券，不能在市场上公开流通与转让，股份有限公司的股份的法律表现形式为"股票"，是有价证券，可以在市场上公开流通与转让。复数出资制有利于股东表决权的行使与计算，股东依其所持出资份数行使表决权。

（3）基本出资制。基本出资制是单一出资制和复数出资制的有机结合，也可以称为折衷出资制。即每一股东的出资额不分成均等的份额，股东只能认购一份出资，每一份出资的数额可以不同，但必须是基本出资数额的整倍数。这种出资制度有利于股东表决权的行使与计算，同时又把有限责任公司股东的出资与股份有限公司的股份在形式上区分开来，属于较为合理的一种出资制度。

2. 出资制度的主要内容

（1）出资标的的限定。资本是公司实现其营利目的的基础，依经济学理论，凡是能实现公司营利目的的一切财产及财产权利都可以成为公司的资本；信用及劳务虽不是财产，但也能作为公司运营的条件，从而体现其财产价值，故也能成为公司资本。于是货币、实物、用益物权、担保物权、债权、知识产权、商誉、信用、劳务等均可作为出资。就资本是公司承担财产责任的基础而言，为维护交易安全，保障债权人利益，不能不对股东出资形式及每种形式所占公司资本的比例予以限制，尤其是无形资产及信用、劳务等在公司资本中所占比例过高，极易滋生弊端。各国公司法都承担着既要充分实现资本增值的目的，又要防止若干资本形式所生弊端的任务。各国基于不同的考虑，在公司法中采取了不同形式的规制。

首先，货币出资的限定。货币因其本身具有确定的价值衡量标准，因而无论是大陆法系国家还是英美法系国家的公司法都规定货币出资为最主要的出资方式。在美国等一些国家的公司法中则称为现金出资。这里所指的货币是广义的，既可以是本国货币，也可以为外币，还可以是现金支票等代表现金的票据。在允许以外币出资的国家里，大多把外币限定为可自由兑换外币，以便于与本国货币进行可比价值的计算，不过也有例外。德国公司法明确规定货币出资必须通过在银行开设的公司临时账户（设立后为公司账户），用德国马克缴付，不允许以外币出资。另外，德国《股份公司法》第54条规定，货币可由德意志联邦银行认可的支票出资。在美国无条件的现金支票出资被视为现金出资。

其次，实物出资和无形财产出资的限定。实物出资是与货币出资相对应的概念，实物出资即为有形财产出资。各国公司法对此都作了较为详尽的规定。所谓实物出资，具体是指投资者将可以计价的金钱以外的、现存的、可转让的有形财产投向公司的行为。概括地说，确定性、现存性、可评价性、转让性是作为实物出资标的所应具备的四个客观要性：（1）确定性。即把什么当作实物出资的标的，而出资必须由法律法规加以明确规定，并不得随意扩大或缩小其范围。（2）现存性。即被作为实物出资的标的在被记载时即已存在。将来才可能产出的物品或实现的权利却不能作为实物出资的标的。（3）可评价性。即作为实物出资的标的有着本身独立的存在价值，并能用历史成本法、重置成本法、市场现值法等专门评估方法作价的财产或财产权。（4）可转让性。即作为实物出资的标的本身不存在瑕疵，能自由让渡。

综观两大法系的规定，我们可以看出无论是大陆法系还是英美法系，都允许股东以货币以外的有形财产和无形财产出资。其中两大法系对有形财产所规定的种类基本相同，在无形财产作为出资标的的规定中都将工业产权纳入出资范围。两大法系对作为出资的有形财产和无形财产的种类都作了具体的列举。这类出资标的的范围普遍规定得较宽。这些规定从一个侧面反映了两大法系间的相互渗透、相互融合的趋势。

但由于两大法系经济发展模式、法律文化传统的差异，在规制有形财产和无形财产出资的立法上各有千秋。大陆法系国家采用的是绝对严格主义立法原则，具体列举式的立法体例。英美法系国家采用的是相对自由主义立法原则、具体列举式和混合式立法体例。此外，在具体标的的规定上也有很大不同。如德国允许股东以著作权、商誉权出资，法国允许股东以技艺出资，瑞士允许股东以继承财产出资，日本允许无限责任股东以债权出资等。

（2）出资比例的限定。公司的出资比例，在不同的国家有不同的要求，归纳起来，主要有两种方式：一是上限限制法，即规定某种出资不得超过一定比例；二是下限限制法，即规定某种出资不得低于一定比例。这两种限制方式虽然不同，但其目的和作用却是一致的。西方国家关于下限的立法规定，主要是为了确保公司成立初期能够拥有维持公司正常运转的流动资金。因为，在公司成立之初，并不能马上产生利润，而在生产经营过程中，则需要对工资、管理费用、原材料、能源等项开支投入相应的货币，如果公司资本中没有足够的货币比例，公司的生产经营活动就难以维持，其目的也无法实现。

（3）出资期限的限定。各国基于所采资本制的不同，对股东出资期限的规定相应不同。采法定资本制的国家，在公司设立时，股东必须全部缴付其出资；采授权资本制的国家，则规定公司设立的资本总额虽记载于章程，但并不要求发起人全部认足，未认足部分授权董事会根据需要随时发行新股募集，股东需全部缴付其认足之股份；采认可资本制的国家规定公司设立时股东需认足所有股份，但第一次缴付的出资不必是全部出资，可以在公司设立后分数次缴付。不过，在采取后两种资本制的国家，若以实物出资则仍需在公司设立时全部缴付。

四、我国现行公司资本制度的性质与基本原则

从我国1993年《公司法》所规定的内容来看，我国采用的公司资本制度是一种独具特色的严格的法定资本制。我国1993年《公司法》之所以选择严格的法定资本制，这是由我国当时处于由计划经济向市场经济转轨时期的特征所决定的。我国2005年《公司法》对原有的公司资本制度进行了一定的改革和创新。我国2013年《公司法》又对公司资本制度进行了重大修改，即除法律、行政法规以及国务院决定对公司注册资本最低限额另有规定的以外，废除了一般公司的法定资本最低限额的规定，将实缴资本制改为认缴资本制，取消了一般公司的强制验资程序。但我国学术界对现行公司资本制度性质的认识还存在分

歧。有学者认为，我国现行公司法实行的依然是法定资本制，[①]也有学者认为，我国现行公司法实行的是折衷授权资本制，[②]还有学者认为，我国现行公司法在实行传统法定资本制的同时，也部分实行了折衷授权资本制。[③]

笔者认为，我国新公司法实行的仍是法定资本制或称为缓和的法定资本制，并非折衷资本制，更不是授权资本制。因为我国《公司法》只是废除了一般公司法定资本的最低限额，规定有限责任公司及发起设立的股份有限公司由章程自主约定股东（发起人）的出资额、出资方式和出资期限，但募集设立的股份有限公司则不得采用自主约定的做法。我国现行《公司法》第 26 条第 1 款规定，有限责任公司的注册资本为在公司登记机关登记的全体股东认缴的出资额。我国现行《公司法》第 80 条又规定，股份有限公司采取发起方式设立的，注册资本为在公司登记机关登记的全体发起人认购的股本总额，股份有限公司采取募集方式设立的，注册资本则为在公司登记机关登记的实收股本总额。

我国公司资本制度的这种改革与变化，反映了我国公司立法既侧重于保护公司债权人的利益和交易安全，也兼顾股东利益的价值目标，同时也体现了传统公司法中的资本三原则，即资本确定、资本维持和资本不变原则，但适用的要求则有所缓和。

（一）资本确定原则

资本确定原则是指公司成立时，必须在公司章程中规定公司的资本总额，且应由发起人及其他认股人全部认足或募足，否则，公司便不能成立。为了体现资本确定原则，我国公司法明确规定：（1）设立公司必须有符合章程规定的全体股东的出资额；（2）公司的注册资本在公司成立时必须由股东或者发起人认足、募足或者缴清；（3）募集设立的股份有限公司的出资人履行出资义务后必须经法定验资机构进行验资；（4）股东以非货币形式出资的，在公司成立后，发现作为出资的非货币财产的实际价额显著低于公司章程所定价额的，必须承担出资差额的填补责任，补足其差额，公司设立时的其他股东承担连带责任；（5）对"虚报注册资本""虚假出资""抽逃出资"等违法行为予以惩处。

① 范健主编：《商法学》，高等教育出版社 2019 年版，第 129 页。
② 龙翼飞、何尧德：《我国公司法最新修订评析》，《法学杂志》2006 年第 2 期。
③ 范健、王建文：《公司法》，法律出版社 2006 年版，第 259 页。

（二）资本维持原则

资本维持原则是指公司在其存续过程中，必须经常保持与其注册资本额相当的财产。因为它要以具体财产充实抽象资本，故又称为资本充实原则。由于公司在成立时，注册资本即代表公司的财产，但在公司从事经营活动的一定时期内，其实际资本就会由于种种原因（如公司盈利、亏损或资产贬值等）而发生变化，从而与注册资本不相吻合，也无法使公司按其注册资本额对债权人承担债务清偿责任。为了预防公司注册资本的实质性减少，维护公司的资本信用基础，确保公司的健康发展和切实保护公司债权人的利益，资本维持原则便应运而生。为了体现这一原则，我国公司法明确规定：（1）公司成立后，股东不得抽回向公司的投资；（2）发起人用于抵作股款的财产的作价不得高估；（3）股票的发行价格不得低于股票的票面金额；（4）公司向其他企业的转投资，除法律另有规定外，不得成为对所投资企业的债务承担连带责任的出资人；（5）公司原则上不得收购自己发行的股票，只有在法定情形下才可以收购本公司的股票，也不得接受本公司的股票作为质押权的标的；（6）公司分配当年税后利润时，应当提取利润的 10% 列入公司法定公积金；公司的法定公积金不足以弥补以前年度亏损的，在依照前面规定提取法定公积金前，应当先用当年的利润弥补亏损；（7）在公司弥补亏损之前，不得向股东分配股利；（8）公司持有的本公司的股票不得分配利润。

（三）资本不变原则

资本不变原则是指公司注册资本一经章程确定并经公司登记机关登记，非依法定程序不得变更。资本不变原则并非指公司资本绝对不可变更，而是指如果需要变更的（增加或减少资本），必须严格按照法定程序进行。资本不变原则从强调资本形式上的稳定性来强化公司的财务稳定性，要求包括公司的管理层在内的任何人不可任意变更公司的资本数额，与资本维持原则强调公司现实保有与注册资本相当的财产有异曲同工之处，即资本维持原则强调内容与形式的统一，资本不变原则强调形式的稳定。一般说来，资本不变原则既包括不随意增加资本，也包括不得任意减少资本。因为如果随意增加资本的话，根据资本维持原则，这部分资本如需由股东补缴，使股东处于义务不确定之状态，也使股东的有限责任成为泡影；如由原股东以外的投资人出资，则会改变股权结构，影响股权的实际效力；如果仅形式上增加资本，则构成投资欺诈，将严重侵害债权人的利益。如果任意减少资本，自然是减少了公司的责任财产，直接侵害了债权人的利益，使公司的信用不具有确定性，势必削弱公司对外交易的能力。由于在资本的变化上，减少资本对公司债权人是负面影响，故在立法上更受关注。为了体现这一原则，我国《公司法》对公司资本减少作出了严格的限制：（1）公司减少注册资本必须由股东大会以特别决议作出减资决议；（2）公司作出减资决议后，应当在法定期间通知债权人并作出公告；（3）债权人在法定期间内有权请求公司清偿债务或者提供相应担保；（4）公司减资后，必须向公司登记机关办理变更登记手续。

五、公司法定资本最低限额的废除与债权人的保障

2013年8月30日，第十二届全国人民代表大会常务委员会第四次会议通过了《全国人民代表大会常务委员会关于授权国务院在中国（上海）自由贸易试验区暂时调整有关法律规定的行政审批的决定》，2013年9月18日，国务院印发了关于《〈中国（上海）自由贸易试验区总体方案〉的通知》。据此，国务院及相关部委对中国（上海）自由贸易试验区的商法制度进行了一系列变革，其中包括废除法定资本最低限额。[①]在这种背景下，2013年12月28日第十二届全国人民代表大会常务委员会第六次会议通过了《中华人民共和国公司法》的修正案，对中国公司法进行了又一次重大或颠覆性修改，本次修改主要有12处，但废除法定资本最低限额则是最大亮点。而公司资本制度犹如一个跷跷板，两端分别连着股东与债权人，这次公司法的修改动摇了中国法定资本制的性质、内核和价值功能，打破了人们对资本信用的神话和迷信。因此，公司法如何进一步平衡双方利益，创新债权人保障制度则属学界的当务之急、重大课题。

（一）确定法定资本最低限额是各国传统公司立法的普遍做法

资本对于公司有着十分重要的意义，它是公司设立的基础，贯穿于公司运营和终止的全过程。公司资本制度则是公司法的基石、核心内容之一。公司资本制

---

① 元小勇：《论中国（上海）自由贸易试验区商法制度变革的意义》，王保树主编，《中国商法年刊》2014年卷，第385~387页。

度不同模式的选择，其实是各国公司立法理念的集中反映，也是各国公司立法者对公司资本功能的认知结果。由于各国传统公司立法大多采用了较为严格的法定资本制，故对公司设立均有法定资本最低限额的要求，如欧盟、美国（1969年之前）、日本（2005年6月之前）和中国（2013年12月之前）。

各国公司法原先规定法定资本最低限额的目的，所预期的众多功能，归纳起来主要是：（1）保护债权人利益。确定法定资本最低限额，使公司保有了最低的资本信用，从而担保公司债权人的债权利益。因为公司的法人地位和股东有限责任存在被滥用的可能。（2）区分公司的规模大小。因公司规模大小的不同，立法者会给予不同的资本限额和法律规制。（3）确定公司设立门槛。有利于严格市场准入，防止因无最低资本额的限制而滥设公司。（4）保障公司的正常运营。避免空壳公司的产生，确保公司运营的物质基础。（5）维护交易安全。防止"零元公司""一元公司"的商业欺诈行为对交易秩序和交易安全造成威胁。

（二）废除法定资本最低限额是各国现代公司立法的发展趋势

随着各国经济的快速发展，再加上通货膨胀的缘故，法定资本最低限额所预期的功能，特别是关于保护公司债权人的功能不断遭到质疑。废除法定资本最低限额则成了各国现代公司立法的发展趋势。

1. 国外法定资本最低限额的废除

在英美法系，美国《示范公司法》于1969年率先废除了法定资本最低限额，美国各州公司法均不再规定公司法定资本最低限额。英国公司法原本就没有规定有限责任公司（私人公司）的法定资本限额，1985年公司法规定股份有限公司最低限额为5万英镑，英国《2006年公司法》依然维持了5万英镑的规定。

在大陆法系，法国于2003年8月1日通过了《经济创新法案》，率先废除了有限责任公司最低资本限额2万法郎的限制。德国于2008年11月1日实施的《有限责任公司法改革及防止滥用法》，由于十分重视其对债权人保护的功能，并没有步法国后尘，而是继续保留了有限责任公司2.5万欧元的最低资本限额和股份有限公司5万欧元的规定。值得注意的是，德国在有限责任公司之外规定了一种新型的有限公司，即"有限责任经营者公司"或"有限责任企业家公司"，俗称"迷你有限责任公司"，该公司则不受最低资本限额的限制。

需要强调的是，根据1976年欧盟第2号公司法指令的要求，股份有限公司的最低资本限额为 2.5 万欧元。因此，欧盟 26 个成员国的公司立法均未废除股份有限公司的最低资本限额。

日本 1938 年制定的《有限责任公司法》就有最低资本 1 万日元的要求，1990 年调整为 300 万日元。日本在 1990 年才引入对股份有限公司最低资本限额为一千万日元的规定。日本 2005 年《公司法》彻底废除了两种公司的法定资本最低限额。韩国则于 2011 年彻底取消了有限责任公司和股份有限公司的最低限额。

2. 我国法定资本最低限额的废除

我国台湾地区"公司法"于 2009 年 4 月 14 日正式废除了公司法定资本最低限额。我国大陆则在 2013 年岁末彻底废除了公司法上两种公司的法定资本最低限额规定。依据新《公司法》的有关规定，除法律、行政法规以及国务院决定对公司注册资本最低限额另有规定的以外，废除法定资本最低限额的规定：（1）废除有限责任公司 3 万元、一人有限责任公司 10 万元、股份有限公司 500 万元最低注册资本的限制；（2）废除公司全体股东（发起人）的首次出资额不得低于公司注册资本 20% 的限制；（3）废除全体股东（发起人）的货币出资金额不得低于公司注册资本 30% 的限制。

（三）废除法定资本最低限额的目的是为了鼓励创业、发展经济

事实证明，随着各国公司实践经验的不断丰富，法定资本最低限额的规定往往脱离商事生活的实际情况，是比较随意或武断的，没有考虑不同公司实际运营对资本的特殊需求，并不能承载信用担保的功能，对债权人也不能提供切实有效的保护。因为，注册资本只是一个抽象的法律概念或数字，而公司资本的价值始终处于变动不居状态，对公司债权人真正有意义的只能是公司的实际资产或全部财产。

法定资本最低限额的规定，有违资本追求利润最大化的本质属性，也有违商法效率优先的基本理念。较高的法定资本最低限额，更是严重影响了公司的创设效率，使得创设公司成了富人的特权。[①]因此，法定资本最低限额的规定，成了束缚人们创业的枷锁，成了人们创设新公司的一种法律障碍，增加了创设公司的成本，不利于人们，特别是年轻人、穷人轻而易举地创业。我们认为，创设

---

① 张烨：《最低资本制回顾与最新公司法修法的立法解读》，赵旭东、宋晓明主编，《公司法评论》2014 年 4 月刊总第 23 辑，第 83 页。

公司不应成为富人的特权，公司作为人们经商的组织形式，人们赚钱的工具，公司法作为营业之法、财富之法，理应为穷人、年轻人创设公司打开方便之门。因此，为了鼓励人们的创业热情，激发社会投资活力，促进经济发展，各国纷纷废除了法定资本最低限额。

（四）法定资本最低限额废除后必须进一步创新债权人保障制度

法定资本限额的规定可以说是"稻草人条款"，对保护债权人的功能与作用比较有限。但废除法定资本最低限额后，为了防范其可能产生的不利影响与法律风险，必须建立健全相应的制度，进一步完善债权人的权益保障机制，从而确保对债权人权益保护的全面性和根本性。

1. 进一步完善并严格执行公司法人的人格否认制度

为了实现公平、正义的价值目标，防止股东滥用公司法人独立地位和股东有限责任，损害公司债权人的利益，我国 2005 年公司法引入了公司法人的人格否认制度。《公司法》第 20 条第 3 款明确规定："股东滥用公司法人独立地位和股东有限责任，逃避债务，严重损害公司债权人利益的，应当对公司债务承担连带责任。"经学者实证研究表明，我国公司法人的人格否认制度已经在现实中得到了积极应用，公司面纱刺破率明显高于国外，而且呈现出逐年上升的态势。[1]在我国废除法定资本最低限额的情况下，更应充分发挥公司法人的人格否认制度在保护公司债权人利益和维护交易安全方面的重要作用，进一步完善并明确公司法人人格否认制度的适用条件、适用情形、适用标准、举证责任和证明标准等具体内容，增强公司法人人格否认制度的可操作性和适用的准确性，使公司法人的人格否认制度的适用落到实处。特别要进一步研究"资本显著不足"情形下公司法人人格否认制度的适用问题，有学者主张，该制度的准确适用应以注册资本为衡量依据，以事实判断与价值判断相融合的方式认定"资本显著不足"的客观情形，使其真正成为司法实践中平衡效率与安全、股东权益与债权人利益的重要工具。[2]

2. 建立健全新型的公司信用制度

（1）更新公司信用理念，实现从"资本信用"到"资产信用"的转变。关于公司的信用理念，学界主要有"资本信用说"和"资产信用说"两种学说。

---

[1] 黄辉：《中国公司法人格否认制度实证研究》，《法学研究》2012 年第 1 期。
[2] 胡改蓉：《"资本显著不足"情形下公司法人格否认制度的适用》，《法学评论》2015 年第 3 期。

"资本信用说"认为，公司的信用基础是公司的资本，而"资产信用说"则认为，公司的信用基础是公司的资产。"资本信用说"长期被我国立法者所采用，其具体表现就是我国公司法一直奉行严格的法定资本制，过度依赖法定资本最低限额的规定。"注册资本的作用已被抬高至无以复加的程度，不仅规定以注册资本来确定出资不到位的投资者的责任范围，而且把是否达到注册资本的最低限额作为公司是否具有法人人格和地位的标准。"[1]但是，我国2013年岁末对公司法的修改则体现了"资产信用说"的理念。从"资本信用"到"资产信用"的理念转变是各国公司法发展演变的历史轨迹，也是我国公司法的发展趋势。因此，为了适应公司法的现代化发展趋势，我国必须建立健全新型的公司信用制度。

（2）完善公司信用信息公示制度。在公司信用从"资本信用"转变到"资产信用"的新背景下，为了能够让债权人及时、准确而有效地获悉相关公司的信用信息，并据此判断其信用基础、信用程度，从而正确地选择交易对象，我国必须进一步完善公司信用信息的公示制度。目前，完善我国公司信用信息公示制度，一定要按照公开、透明的原则要求，大力推进和重点实施以下五方面的改革举措：第一，构建市场主体信用信息公示系统。以企业法人国家信息资源库为基础构建市场主体信用信息公示系统，支撑社会信用体系建设。第二，在市场主体信用信息公示系统上，工商行政管理机关公示市场主体登记、备案、监管等信息。第三，公司按照规定报送、公示年度报告和获得资质资格的许可信息。第四，公示内容作为相关部门实施行政许可、监督管理的重要依据。第五，加强公示系统管理，建立服务保障机制，为相关单位和社会公众提供方便快捷服务。

（3）将公司年度检验制度改为公司年度报告公示制度。为了使公司信用信息公开化、透明化，方便社会公众、有关组织和单位，特别是债权人查询知悉公司相关信息，我国将公司年度检验制度改为公司年度报告公示制度。公司年度报告公示制度的内容主要有以下五个方面：第一，公司应当按年度在规定的期限内，通过市场主体信用信息公示系统向工商行政管理机关报送年度报告，并向社会公示，任何单位和个人均可查询。第二，公司年度报告的主要内容应包括公司股东（发起人）缴纳出资情况、资产状况等，公司对年度报告的真实性、合法性负责，工商行政管理机关可以对公司年度报告公示内容进行抽查。第三，经检查发现公司年度报告隐瞒真实情况、弄虚作假的，工商行政管理机关依法予以

---

① 赵旭东：《从资本信用到资产信用》，《法学研究》2003年第5期。

处罚，并将公司法定代表人、负责人等信息通报公安、财政、海关、税务等有关部门。第四，对未按规定期限公示年度报告的公司，工商行政管理机关在市场主体信用信息公示系统上将其载入经营异常名录，提醒其履行年度报告公示义务。第五，公司在三年内履行年度报告公示义务的，可以向工商行政管理机关申请恢复正常记载状态；超过三年未履行的，工商行政管理机关将其永久载入经营异常名录，不得恢复正常记载状态，并列入严重违法企业名单（"黑名单"）。

（4）完善公司信用约束机制。在我国经济社会转型时期，由于体制原因和人们思想认识上的偏差，信用缺失的现象屡有发生，尤其是企业信用的缺失已经成为我国经济社会生活的一个最为严重、最为突出的问题。[①]因此，完善公司信用制度必须建立健全信用的约束机制。完善我国公司信用约束机制，一定要落实以下六方面的改革举措：第一，建立"经营异常名录"制度，将未按规定期限公示年度报告、通过登记的住所无法取得联系等经营异常情况的公司载入"经营异常名录"，并在市场主体信用信息公示系统上向社会公示。第二，建立"黑名单"制度。将失信公司、严重违法公司打入"黑名单"，在社会上形成对其不利的公众舆论，使其无利可图、无处可逃，进一步推进"黑名单"制度的管理应用。第三，完善失信惩戒机制。对失信者的惩戒主要体现为法律责任的追究。目前，特别要完善以公司法定代表人、负责人任职限制为主要内容的失信惩戒机制。第四，完善无信淘汰机制。"物竞天择，适者生存"，这不仅是生物进化的自然法则，也是市场竞争的基本规律。"商无信不立，业无诚不远"，因此，法国明确规定，禁止无诚信的人经商。让无信公司退出市场，既可以直接减少亏损源，又可以优化整体经济结构，同时更为有信公司的发展腾出一个新的空间。如法国等。在我国全面深化改革的时代背景下，无信公司退出市场是市场竞争的必然结果。第五，建立联动响应机制。对被载入"经营异常名录"或"黑名单"、有其他违法记录的公司及其相关责任人，各有关部门要采取有针对性的信用约束措施，形成"一处违法，处处受限"的局面。第六，建立健全境外追偿保障机制。将违反认缴义务、有欺诈和违规行为的境外投资者及其实际控制人列入"重点监控名单"，并严格审查或限制其未来可能采取的各种方式的对华投资。

[①] 雷兴虎、蔡晔：《论我国的商事信用调节机制》，《法商研究》2003 年第 5 期。

3. 建立公司盈余分配的适度干预制度

为了切实保障债权人的利益，防止股东滥用公司法人的独立地位和公司利润分配制度，我国应借鉴日本的成功立法经验，建立公司盈余分配的适度干预制度。《日本公司法典》第458条对公司的盈余分配进行了适度的制度干预，即规定公司净资产没有达到300万日元时公司不得进行盈余分配。如果公司违反公司法有关盈余分配的规定，公司董事等相关高级管理人员要负损害赔偿责任，得到分配的股东也要把分配所得归还给公司，但不知情股东除外。同时，公司债权人也可以替公司请求有义务归还的股东归还。[1]

4. 强化公司会计监督检查制度

公司的会计制度在记载公司运营过程中的资金流向、提高公司管理效率、保护股东和债权人利益方面有着十分重要的作用。废除法定资本最低限额后，必须有效监控公司的资金流向与财产状况，进一步强化公司的会计监督检查制度，公开公司的有关财务会计信息，切实维护债权人的利益。如《日本公司法典》第440条第1款，要求公司将其资产负债表予以公开，即股份有限公司在定期股东大会结束后必须尽快地将资产负债表予以公告。为了确保公司财务状况公开的准确性，《日本公司法典》第432条第1款明文规定了制作公司会计账簿的及时原则和正确原则。《日本公司法典》第326条第2款则导入了新的会计参与制度，扩大了会计监察人的设置范围。这样的制度设计正是基于如此理由：即与其通过最低资本金制度，还不如通过要求公司公开责任财产状况和确保公司确实地保留一定的财产这样的措施来保护公司债权人权益更为有效[2]。

5. 构建董事、高级管理人员对公司债权人等第三人的连带赔偿责任

为了切实保护第三人的合法权益，强化董事、高管的义务与责任，国外大多数国家的公司法规定了董事、高管对第三人的民事责任。因此，在董事管理公司事务致第三人损害时，董事与公司共负连带责任是现代公司法的发展趋势。[3]如《日本公司法典》第429条规定："高级管理人员等就执行其职务有恶意或重大过失的，该高级管理人员等对第三人承担由此产生的损害赔偿责任。"又如《韩国商法典》第401条规定："董事因恶意或重大过失懈怠其任务时，该董事对第三人承担连带损害赔偿的责任。"

---

[1]　周剑龙：《日本公司最低资本金制度的重大变革》，载赵旭主编，《公司法评论》2005年第3期，第7页。
[2]　周剑龙：《日本公司最低资本金制度的重大变革》，载赵旭主编，《公司法评论》2005年第3期，第7页。
[3]　梅慎实：《现代公司治理结构规范运作论》，中国法制出版社2002年版，第540页。

我国确立了董事、高管对股东的民事责任,《公司法》第 152 条明确规定"董事、高级管理人员违反法律、行政法规或者公司章程的规定,损害股东利益的,股东可以向人民法院提起诉讼。"但并没有明确规定董事、高级管理人员对公司债权人等第三人的民事责任。在现代公司治理结构由"股东会中心主义"向"董事会中心主义""经理中心主义"转变的趋势下,董事、高管滥用权限侵害第三人利益的行为时有发生。而构建董事、高管对第三人的民事责任制度就是保护公司债权人的法制途径与重要举措。我国公司法在构建董事、高管对第三人的民事责任时,应该借鉴日韩的做法,并结合我国的立法传统,明确规定:董事、高级管理人员在执行职务中,因故意或重大过失造成第三人损害时,应当对第三人承担连带赔偿责任。

第二节　公司的治理制度

一、公司治理结构的基本问题

(一)公司治理结构的含义

公司治理思想的萌芽可以追溯到亚当·斯密的名著《国民财富的性质和原因的研究》。该书明确提出,公司中的经理人员使用别人而不是自己的钱财,不可能期望他们会有像私人公司的股东那样的觉悟去管理公司,因此,在这些公司的经营管理中,或多或少地疏忽大意和奢侈浪费的事总会发生。

一般认为,近现代公司治理结构问题的研究则源于 1932 年伯利(Berle)和米恩斯(Means)合写的《现代公司与私有财产》名著。该著作从法学和经济学的视角,建立了现代公司的模型,首次提出了"公司治理结构"一词,并着力解决所有权与控制权分离所带来的委托代理问题。

关于"公司治理"或"公司治理结构"的用语,我国是从国外翻译过来的,其英文为"corporate governance"，它最早出现在 20 世纪 80 年代的经济学文献中。我国的经济学学者在 20 世纪 90 年代初开始将其引入中国，并基于各种公司治理理念而对公司治理结构进行界定。

在我国，有代表性的公司治理或公司治理结构的定义早先是由吴敬琏、张维迎、钱颖一等人提出的。其中吴敬琏认为公司治理结构是一种由所有者、董事会和高级执行人员（即高级经理人员）三者组成的组织机构。[1]张维迎认为狭义的公司治理结构是指有关公司董事会的功能、结构、股东的权力等方面的制度安排，广义地讲则是有关公司控制权和剩余价值索取权分配的一整套法律、文化和制度。[2]钱颖一认为公司治理结构是用以处理不同利益相关人即股东、贷款人、管理人员和职工之间关系，以实现经济利益的一整套制度安排。它应当包括：（1）如何配置和行使控制权；（2）如何监督和评价董事会、经理人员和职工；（3）如何设计和实施激励机制。[3]在我国台湾地区则一般认为，公司治理是指一种指导及管理公司的机制，以落实公司经营者的责任，并保障股东的合法权益以及兼顾其他利害关系人之利益。而公司治理的目标是追求企业经营之经济效率的最大化。因此，公司治理结构是一个涉及多角度、多学科、多层次的概念，很难用简单的定义来解释。

美国学者贾克贝认为，"巨型商事公司对美国的政府、社会及经济的控制，已经达到可称之为'公司国家'的地步。"美国著名法学家阿道夫·伯利认为，"在美国制度下，金字塔式的公司组织最后归结为权力。"我国著名公司法学者江平认为，公司即国家的缩影，现代公司以现代国家为缩影。现代巨型公司是由控制团体管理的强有力的微型国家，因此，法律的制衡机制就成为必要，公司的治理结构也就成了公司法的核心内容。公司法的首要目标就是试图构架一部"宪法"，以界定和限制公司权力中枢——董事会和高级经理层的权力。国外的一些学者，从政治学的角度重新界定了公司的本质及法人治理结构，提出了"公司宪治论"的学说，该学说认为，公司不仅仅是一种契约安排，而是一种宪治安排，公司是一个类似于共和国的"政治实体"，具有严谨有效的组织结构与运行程序，就像代议制的政府体系一样，公司治理结构在本质上也必然是代议制的。在公司治理中应赋予股东积极的"公司成员"之角色，而不是将其置于"投资

---

① 吴敬琏：《现代公司与企业改革》，天津人民出版社 1994 年版，第 191 页。
② 张维迎：《企业理论与中国企业改革》，上海人民出版社 2015 年版，第 111 页。
③ 钱颖一：《企业的治理机构改革和融资结构改革》，《经济研究》1995 年第 1 期。

者"的消极地位。公司是重视程序和结构问题的决策组织，应通过程序正义实现实质正义，围绕问责原则、协商原则和争议原则三原则来构筑新型的公司治理结构。[①]

我们认为，公司治理结构就是公司内部组织机构的设置及权力配置的法律机制。内部组织机构的设置是公司治理的基础。公司虽系法人，但毕竟是一个组织，其本身并不具有思维能力，识别能力，也不能亲自活动，故须设置机关，以为其活动的基础，这就形成了以法人的机关为本位的公司治理结构。安全、高效是公司治理的基本理念。最大限度地实现公司利益、股东利益及利益相关者的利益是公司治理的主要目标。分权制衡是公司治理的核心。公司治理以分权为基础，以制衡为手段。规范机制设计是公司治理的基本属性。对股东而言，它是一种安全机制；对经营者而言，它是一种经营机制；对监督者而言，它是一种监督机制；对职工而言，它是一种民主机制。

我国《公司法》并没有使用"公司治理结构"这一术语，更没有对公司治理下一个法律定义，而是以"组织机构"一词来概括股东（大）会、董事会、监事会三者的设置、职责与运作机制问题，并将公司法人治理结构视为一种内部治理体制，主要通过股东（大）会、董事会、监事会的机构设置，明确各机构的权责分配，以及与董事、监事、高级管理人员有关的聘选、监督等方面的制度安排，以达到权力机构、执行机构、监督机构既彼此独立又相互制衡的目的。

（二）公司治理结构的立法模式

公司治理结构的立法模式受诸多因素的影响，主要包括法制传统、产权制度、文化背景、经济体制、市场结构、制度惯性等。因此，不同国家在公司治理模式的选择及公司治理模式的演变中各有千秋，逐步形成了不同的公司治理立法模式。归纳起来，公司治理的立法模式主要有以下三种。

1. 单一制模式

该模式以英国和美国为代表，属于"以股东意志为主导"（股权主导）的公司治理模式，也有人称为"市场导向型"的公司治理模式（外部控制型的市场基础的治理模式）。其主要特点为：

（1）坚持股东自治理念。股东的权益在公司内部主要通过表决权来实现。股

---

① ［澳］斯蒂芬·波特姆利著：《公司宪治论——重新审视公司治理》，李建伟译，法律出版社 2019 年版，第 81~83 页。

东大会是公司的最高权力机构，其决议对公司有很强的约束力。由此，以"被动的投资者"和"主动的投机者"身份存在的"股东"成为该模式下公司治理结构安排的基础，信息披露成为公司治理真正发挥作用的重要配套性制度。

（2）采取单层委员会制（single-level），即股份公司只设股东大会和董事会，而不设监事会。公司治理模式属"一元制"。董事会是公司治理的核心。公司的资产控制权、决策权和日常监督职能主要通过董事会治理来实现。如在董事会中设立执行委员会、审计与风险管理委员会、报酬委员会、提名委员会、公共委员会等，分别行使"执行权"和"监督权"。为了保障监督的有效性，对于董事会中的独立董事的数量要求较多，并且十分强调独立董事的作用。

（3）经理层拥有具体的经营管理权。即董事会作为公司治理的核心主体，将具体经营管理权转交给代理人——经理层执行。以首席执行官（CEO）为首的行政指挥系统在信托责任的基础之上具体管理公司，并且公司决策机制以效率为先。因此在该模式下，对公司经理人员的激励（主要是股票期权）与监督是保证公司治理结构完善和公司健康运转的核心内容。

2. 垂直二元制模式

该模式以德国为代表，它属于"监事会与董事会垂直"的公司治理模式，也被称为"以债权人意志为主导"或"银行导向型"的公司治理模式。其特点是股东相对集中、稳定，公司治理建立在关系基础之上，主要依靠公司的内部控制机制而不是市场力量来实现对经营者的监控。德国的模式采用"双委员会与共同参与决定"制度，强调股东、经营者与职工、银行的共同决策，形成"治理联合"（governing coalition）。其主要特点为：

（1）实行双层委员会制（dual board system）。即股份公司设立监督委员会（或称为监事会）和管理委员会（或称为执行董事会，因为管理委员会的委员被称为执行董事）。股东大会是公司的权力机构，但其职责主要是选举产生作为股东代言人的监事会成员。而监事会才是公司的最高权力机构。监事会成员主要由股东代表、银行代表、雇员代表组成。监事会有权决定执行董事会成员的任免、薪金待遇等事项，有权对执行董事会的职务行为进行监督。此外监事会还可对公司重大事项进行决策。

（2）董事会、经理会拥有经营管理权。监事会一般不介入公司具体的经营管理活动，其选举产生的执行董事、经理构成的董事会、经理会具体负责公司的运营，对监事会负责，并定期向监事会汇报。监事会与董事会分立，监事会成员不能兼任董事会、经理会成员。①德国的经理会实行"一致决策"制，经理会成员同等地对决策和日常经营负责，而经理会主席则更像发言人角色。

（3）奉行"共同决定制"。该模式首先保障作为利益相关人"职工"的参与治理权。职工参与治理通过监事会来实现，即公司中设职工监事，并且职工监事在监事会中所占比例较高。该模式同时也保障作为利益相关人的"银行"的参与治理权。主银行既是公司的债权人，又是公司的大股东。主银行参与治理主要通过股东大会和监事会来实现对经营管理人员的监督。

3. 平行二元制模式

该模式以日本为代表，它属于"董事会与监事会平行"的公司治理模式。其主要特点为：（1）股东大会的职权明确而又广泛。《日本公司法典》第 295 条规定："股东大会可就本法规定的事项及股份有限公司的组织、运营、管理及其他有关股份有限公司的一切事项作出决议。在设置董事会的公司，股东大会以本法规定的事项及章程规定的事项为限作出决议。"该法典还具体规定了股东大会的形式、召集与主持、开会的法定人数、表决机制、通知与代理、会议记录、决议的无效与撤销等问题。

（2）董事会、经理代表公司执行业务。《日本公司法典》第 329 条规定："高级管理人员（指董事、外聘会计及监事），须经股东大会决议选任。"《日本公司法典》第 330 条进一步规定："股份有限公司与高级管理人员及审计师的关系，适用有关委任的规定。"该法典还具体规定，董事会决定公司的业务执行，选定代表公司的董事，并监督董事执行职务。公司可选任经理，让其在总公司或分公司从事事业，经理依法则有代理公司实施有关其事业的一切诉讼内和诉讼外行为的权限。

（3）设立与董事会平行的监事会。监事由股东大会决议选任。根据《日本公司法典》第 381 条的规定，监事负责监督董事执行职务，可随时要求董事、外聘会计、经理及其他使用人员提交事业报告，或调查设置监事的公司的业务及财务状况。根据《日本公司法典》第 390 条规定，监事会的职权主要包括作成审计报告、选任及解聘常务监事、决定审计的方针、设置监事会公司业务及财产状况的调查方法及其他有关监事执行职务的事项。

需要特别说明的是，根据《日本公司法典》第 2 条和第 327 条及相关规定，

---

① 赵旭东：《境外公司法专题概览》，人民法院出版社 2005 年版，第 240 页。

日本的股份有限公司可以根据自身的实际情况，选择相应的治理模式，即本土化的平行二元制模式不再是必选，也可依法选择单一制模式，这是日本公司法吸收借鉴英美公司治理模式的突出表现。具体来讲，如果公司选择设置了监事会，就须相应地设置董事会，这样公司就可实行平行的二元制模式，如果公司选择设置了提名委员会、审计委员会与薪酬委员会等委员会，就须相应地设置董事会和审计员而不应再设置监事会，这样公司就可实行单一制模式（或称单层委员会模式）。

（三）公司治理结构的发展趋势

1. 从以股东大会为中心发展到以董事会为中心

传统的西方公司法，是依照"委任"理论来处理股东大会与董事会之间的关系的。按照这种理论，董事会是股东大会的代表或代理人，由股东大会选举产生，并受股东大会的委托管理公司的事务。因此，各国公司法大多规定，股东大会有权选任和解任董事会，并对公司的经营管理享有广泛的决定权，董事会则居于股东大会之下，受股东大会的支配，并对股东大会负责。如果股东大会对董事会的权限有所限制时，只要经过适当的公告手续就可以对抗第三人，公司对于董事会的越权行为不承担法律责任。

以股东大会为中心的立法规定在19世纪曾风行一时，但进入20世纪以后，"有机体"理论代替了传统的"委任"理论。所谓"有机体"理论是把公司看成是一个有机整体，主张公司组织机构的权力是由国家法律赋予的，并非来自股东大会的委托。据此，现代西方公司法大多出现了削弱股东大会的权限而强化董事会权限的立法趋势，并以不同的方式，将公司的经营管理权力划归董事会。董事会在公司经营管理方面享有法定的"专属权限"，凡属"专属权限"范围内的事务，董事会均有作出决定的全权，不受股东大会的干预。股东大会对董事会权限所施加的限制，不得用以对抗第三人。最早采用这种理论的是德国1937年的股份公司法，按照德国立法的规定，董事会是股份有限公司的领导机关，除法律另有规定外，无论是公司的章程，还是股东大会决议，都不能限制董事会对公司业务拥有的专属领导权限。

现代西方公司法之所以出现削弱股东大会的权限而强化董事会权限的立法趋势，这是因为股东所追求的是利润，他们一般并不擅长于公司的经营管理，把公司的业务管理交由有经验的专家组成的董事会负责，不让股东大会过多地干涉公司的经营管理事务，有利于加强公司的经营管理，提高公司的经济效益，为股东赚取更多的利润。

我国公司法在配置股东大会与董事会权力时，却忽视了这一现代公司立法趋势，配置给股东大会的权限不仅很大，而且包含了若干应由董事会行使的职权，如公司经营方针和投资计划的决定权、公司增资减资的决定权、公司债券发行的决议权，纯属公司经营管理方面的权限，就不应由股东大会来行使。

为了适应公司经营管理专门化、高效化、快捷化的客观需要，实现股东股权与公司法人所有权的分离，进一步提高我国公司的经营管理水平，我国公司法在未来修改时，应进一步完善公司法人治理结构，强化公司董事会的职权，健全公司内部监督机制，提高公司运作效率。在条件成熟时，也应重新合理配置股东大会与董事会之间的权力，以便同现代公司立法的发展趋势进一步吻合。

2. 从单边治理到双边治理，再到多边治理

传统公司法理论认为，公司是股东缔造并为其赚钱的一种工具，因此，公司治理的唯一主体是股东。随着公司民主管理实践经验的丰富，公司法理论开始承认职工是人力资本的提供者、公司剩余价值的创造者，故股东与职工二者成了公司治理的主体，如德国的职工参与制。自 20 世纪中叶以来，随着公司利益相关者理论的诞生，公司治理的主体呈现出多元化的发展趋势，如股东、职工、债权人等均成了公司治理的主体。

3. 从彼此对立到相互移植、相互借鉴和相互融合

公司治理模式虽然有各国路径依赖而导致的制度刚性，但是随着资本流动、股权、产品的全球化，以及不同公司治理模式自身不可克服的劣势与不足，在互助与自足的彼此融合过程中，公司的治理模式产生了趋同性演变态势。①

这种趋同首先是"功能趋同"，而非"形式趋同"。这些共同的治理理念集中体现在经合组织（OECD）《关于公司治理原则》之中。即各成员国的公司治理应当坚持以下五个基本原则：（1）保护股东权利原则；（2）平等对待各个股东原则；（3）充分发挥利益相关者在公司治理中作用的原则；（4）信息披露和透明度原则；（5）强化董事会责任原则。

这种公司治理结构的趋同实质上是"和而不同"。比如即使是强调规则的趋同与统一的欧盟公司法，其有关股份有限公司组织结构及其机关的权力与义务

---

① 李明辉：《公司治理全球趋同研究》，东北财经大学出版社 2006 年版，第 18~20 页。

的第 5 号公司法指令的草案修正建议稿也规定统一性的例外："成员国可以允许公司在德国式的双层制和意大利、法国式的单层制两种模式中择其一采用"。[①]

另外，这种趋同主要是"双向趋同"，而非"单向趋同"。英美模式改革中体现了对德日模式中有关集团利益兼顾原则的借鉴与移植，德日模式也逐渐对英美模式的某些原则和做法产生了共识。比如，在公司治理结构中强化对股东权益的保护，强调股东价值是公司的唯一目标或主要目标之一；在公司董事会中设置非执行董事和独立董事，以对公司的治理提供独立的意见和建议，从而起到制约董事会的作用。

二、董事行使职权的内外部制衡机制

现代各国公司法大多出现了削弱股东权限而强化董事权限的立法趋势，并以不同的方式，将公司的经营管理权划归董事（会）行使。董事在经营管理方面享有法定的"专属权限"，凡属"专属权限"范围内的事务，董事（会）均有作出决定的全权。董事职权的适度扩大，适应了现代公司经营管理专门化、高效化、快捷化的客观需要，实现了股东股权与公司法人所有权的分离。但董事职权过度扩张，则必然会导致权力滥用和利害关系人利益的损害。孟德斯鸠曾精辟地说过，"一切有权力的人都容易滥用权力……有权力的人们使用权力，一直到需要遇有边界的地方才休止。"[②]作为规范公司法人治理结构的公司法，其首要目标是试图构架一部"宪法"，以界定和限制公司权力中枢——董事会和高级经营层的特权，以达到利益的平衡。由于董事职权的制约因素主要包括立法者的价值偏好、公司内部权力配置的模式、公司性质的特殊影响以及公权力的介入程度等，因此，要想使公司法人治理结构产生理想的经济效益和社会效益，绝不能离开来源于公司内部和外部的制约机制。只有公司内外部的各种力量相互制约与平衡，公司法人的治理结构才能更好地发挥作用。

（一）董事行使职权的制约因素

董事行使的职权大小如何，能否顺利实现，实现的程度怎样，取决于诸多因

---

① ［意］阿尔贝特·桑塔·马里雅著：《欧盟商法》，单文华、蔡从燕译，北京大学出版社 2007 年版，第 135 页。
② ［法］孟德斯鸠：《论法的精神》（上册），商务印书馆 1961 年版，第 154 页。

素，我们以为最为重要和直接的当属以下四个因素。

1. 立法者的价值偏好

在公司发展的初期，各国盛行的是"股东（会）中心主义"，股东享有公司的绝大部分权力，董事处于一种无决定权的地位，近似于一种执行机关。随着社会的发展，由股东（会）执掌公司营运大权已不能满足股东获取高额回报的愿望了。"董事（会）中心主义"的出现正好顺应了这一趋势。科技的进步，资本供给的日益丰富，使掌握专门知识的经营者对公司发展的决定性作用日益凸显，社会经济增长已从对物质资本的依赖转向对知识等"精神力量"的依赖，以物质为基础的规模生产也随之转向了以知识为基础的创造性劳动，[①]赋予掌握有一定管理知识和专业知识的董事（会）更多的权力不仅有利于公司的长远发展，更适应了"知识社会""管理民主"的时代需要。立法者一方面不得不顺应时代的潮流和民心所向，赋予董事更多的职权。另一方面，由于董事与公司之间的利益既有一致性，也有冲突性，因此，董事在行使职权时，自觉不自觉地受自己利益驱动的影响。立法者又必须综合考虑因此而带来的负效应。因此，在给予董事职权的同时也考虑如何来平衡这种权力，防止权力的滥用。

2. 公司内部权力的配制模式

对于某一特定公司来说，其拥有的权力是一定的。在这个总和一定的权力中，设定哪些机关采取什么形式来分割这些权力则是影响董事权力的另一重要因素。从各国的立法实践看，主要有两种模式：

（1）单轨制。即在公司治理结构中，公司只设立董事会而不设立监事会，是一种市场主导型依赖资本市场的外部治理结构。其根植于自由市场经济，信奉自由竞争和股东利益最大化。如英、美。在单轨制国家中，董事会的权力相当广泛。法律明确规定公司享有的权利，然后通过公司章程，对法律赋予公司权力的一部分进行限定进而规定股东会的权力，那么在法律赋予公司的权力与股东会的法定权力之间剩余的权力空间，就当然归董事会享有。[②]事实上，随着公司股权的日益分散，股东很少有足够的时间或兴趣去参加股东会，股东会的实际控制权逐渐减弱，董事会乘机扩张权力。因此有外国学者断言，"没有控制的财产所有权与没有财产所有权的控制权乃是股份公司发展的逻辑归结。"

（2）双轨制。即在公司治理结构中，公司既设立董事会，也设立监事会，是

---

① ［美］达尔·尼夫：《知识经济》，珠海出版社1998年出版，第124~125页。
② 张开平：《英美公司董事法律制度研究》，法律出版社1998年出版，第101页。

一种组织控制型依赖公司法人机关的内部治理结构。其根植于混合市场经济，奉行长期利益和集体主义的信念。如法、德。在双轨制国家中，公司的经营权由两个机关分享。在德国，董事会负责公司业务政策之拟订及公司一般业务的执行。监事会之功能是对董事会的控制及对公司业务的持续经营监督。尤其重要的是，监事有选任、解任董事之职权。可见，在双轨制中董事（会）的权力相对于单一制要小得多，董事（会）除了受股东会监督之外，还受监事会控制。

3. 公司性质的特殊影响

公司作为一种现代企业制度的组织形式，本无所谓性质之说，但是在国家控股的公司中有一些特殊的制度，如工会、职工代表大会，这无疑会给作为经营机构的董事的职权带来一定影响。这种公有公司虽然亦以市场为导向以营利为目的，但是在国家或社会的目标与个人的利益追求不相一致时，控股的股东（大多数为国家）则会利用其大股东的身份来干预公司的经营决策，使之偏向前者，或者公司的党委会和职代会以监督人或民主管理者的身份对公司的经营层进行监督管理以使之符合公司的营运目的。如我国《公司法》规定，国有独资公司不设股东会，由国有资产监管机构行使股东会职权。其董事会、监事会成员中的职工代表由公司职工代表大会选举产生。董事长、副董事长、监事会主席由国有资产监管机构指定。由此可见，尽管公司法并没有赋予职工代表大会审议决策权，仅仅是列席权、建议权与监督权，但是，这些权力增强了董事会在企业中的共识基础，[①]使董事会在决策过程中不得不顾及职工的利益和职工的监督，一定程度上制约了董事职权。

4. 公权力的介入程度

当代社会，私法公法化的现象和趋势有增无减，特别是随着股份制的普遍化，公权力的介入成为公司权力特别是董事权力制约的强有力一环。公权力的介入主要是行政权力和司法权力的介入。行政权力对董事权力的制约主要体现在证券监管部门对上市公司、证券经营公司的审批、监督和管理上，它能在一定程度上增加公司董事行使权力的透明度和积极性，有力保障公众投资人与债权人的利益，对社会经济秩序起到私法所无法起到的作用。司法权的介入则是指司法机关在特定情况下会对公司经营权的行使进行直接监督或裁判，主要包括派生诉讼制度和个别股东诉权。公权力的介入范围与介入程度不同，对董事职

---

① 王文杰：《国有企业公司化改制之法律分析》，中国政法大学出版社1999年版，第244页。

权行使的影响也不同。一般来说，公权力的介入面越广、介入层次越深，董事行使职权的空间就越窄，所受的制约就越强。

（二）董事行使职权的内部制衡机制

董事行使职权的内部制衡机制主要在于强化和完善股东、监事对董事的监督力度和制衡权限。

1. 股东（会）对董事的制衡

公司是由股东投资组建而成，股东基于对自己利益之关心必然会关注公司的盈利状况和公司的运营。但是由于现代公司的经营日趋复杂化、专业化，董事很容易瞒天过海，对股东权益造成伤害。因此除赋予股东自益权和共益权之外，还应赋予股东其他的权利以确保其对董事的制衡。股东（会）对董事的制衡主要表现在以下四个方面：

（1）股东对董事人选的制衡权。在股东股权与公司法人所有权分离的情况下，选择能够正确决策的、称职的董事，就成为股东的重要任务和职权。由于董事职权的扩大，直接负责公司的经营决策，因此，董事的人选是否妥当，直接影响公司的经营决策水平和公司经营的成效。如果用人得当，就可最大限度地避免董事在执行职务中的违法、违章及失职行为，确保公司经营活动的正常运行。因此，股东应有对董事的选举权和更换权。

（2）股东对董事报酬的制衡权。由于公司资本运营获得的收益最终归属股东所有，而且董事的报酬还要计入公司经营成本，这就相应减少了公司的收益。为了防止董事自行确定报酬标准，乱开滥支，挥霍公司的财产，损害股东的利益，就须由股东决定董事的报酬，这有利于更好地维护股东的利益和发挥股东的制衡作用。

（3）股东对董事（会）报告的审议批准权。董事是由股东选举产生的，因此，董事必须向股东负责，并报告工作。股东对董事会工作报告的审议批准，实际上是股东对董事会工作情况进行的考核和制约。

（4）股东对董事的诉讼制衡权。赋予股东司法救济权，通过公权力的介入，用公力救济的方式来保护股东利益并掣肘董事权力的滥用是最常见的一种方式。各国公司法均规定，当董事会的决议损害了公司或其他股东的利益，公司或股东有权提起诉讼，请求撤销该决议。股东提起的诉讼按其是以自己的名义，还是以公司的名义而分为股东直接诉讼和代位诉讼。

2. 监事（会）对董事的制衡

虽然监事制度并非灵丹妙药，并不能完全禁止公司不正当经营之发生。但是，监事制度设立的目的是为了确保对公司之经营、财产状况之密切监督、查核，监事制度有利于减少董事经营专擅、越权，以避免严重的经营权滥用之情形发生。监事制度的存在使董事会不敢贸然做越权违法的行为，又迫使董事（会）不敢一意掩饰其董事同僚的违法失职行为。

我们认为要使监事会的功能正常发挥就必须做到以下三点：（1）明确规定监事会在公司中的独立地位，赋予其相应的权力，否则监督只是一句空话。（2）明确规定监事怠于履行职权时应承担的责任。"谁来监督监督者"历来是一个令人头痛的理论怪圈，法律只能给当事人施以外界压力迫使其把这种压力转化为其内心的警觉，即让监督人自己来监督自己，从而客观上达到一种有效的监督的后果。（3）规定监事会中专业人员应占一定比例。此举通过吸收保留一定比例的精通公司业务和财务的专职人员，又增加一定比例的股东，达到监督的主动和高效之目的。

（三）董事行使职权的外部制衡机制

董事行使职权的外部制衡机制主要在于切实发挥独立董事的功能和作用，并赋予第三人对董事与公司的连带赔偿请求权。

1. 独立董事对董事的制衡

董事即由公司的投资者、经营者担任的董事会成员，一般称其为"内部董事"或"执行董事"。独立董事则称为"外部董事""非执行董事"。独立董事不是公司的受雇人，并且与公司或经营者没有密切的经济、家庭或其他关系，能站在客观、公正的第三人立场，对公司活动进行独立判断。独立董事制度肇始于美国于1940年颁发的《投资公司法》。针对互助基金和其他投资公司的投资顾问利用自身的优势地位进行自我交易，损害投资者合法权益的严重现象，该法要求投资公司必须设立独立于董事会成员的董事，并赋予了独立董事维护股东利益、防止投资顾问不当行为的职责。

为了提高我国上市公司的治理水准，减少融资成本，我国证监会决定借鉴经济合作与发展组织（OECD）公司治理原则，在上市公司中全面推行独立董事制度。2001年发布的《关于在上市公司建立独立董事制度的指导意见》（以下简称《指导意见》）对独立董事的组成、任期、工作时间、权利、义务等作了相应的规定。为了明确独立董事在公司治理结构中的法律地位，我国《公司法》第122条明确规定："上市公司设独立董事，具体办法由国务院规定。"

为了充分发挥独立董事对董事行使职权的制衡作用，我们必须强化和完善以下四个方面的法律问题：（1）正确处理好独立董事与监事的关系。英、美等国不设监事会，实行单一董事会制度，将监督董事会与管理董事会的职责集于一身，这就必须建立一套独立董事制度以加强外部制衡。而在我国既有董事会，又有监事会，这就必须进一步理清独立董事与监事二者的性质与功能，以便协调发展。一般来讲，独立董事属于外部董事、非执行董事，对董事会和经理层实行外部制衡，属于事中制衡，而监事则属于监事会成员，对董事会和经理层实行内部制衡，属于事后制衡。（2）必须确保独立董事的"独立性"。独立董事的"独立性"至关重要，主要体现在他不是公司的股东、经营者，并与所任职的公司没有会影响其作出独立判断的任何关系，这是实现其"公正性"的前提和基础。（3）细化独立董事的任职资格。《指导意见》对独立董事的任职资格规定了五个方面，但规定仍有些笼统，不好操作。为了实现其法定职责，独立董事必须是懂管理、懂经济和懂法律的专业人才，必须是有时间保障的人，这是起码的条件。另外，独立董事还要有敬业精神。（4）应尽快完善相关配套制度。如独立董事的培训制度、独立董事的资格认定制度、独立董事的中介评估制度、独立董事的人才库制度和独立董事的任期、兼职与考核制度等。

2. 第三人对董事的制衡

董事与公司之间是一种具有法律强制性的信赖关系，从而董事对公司负有忠诚和注意等义务。与此相适应，董事应对其违反法定义务的后果承担民事责任。但是，董事与第三人的关系没有董事与公司的关系那样直接。

在一般情形下，第三人无权直接追究董事责任，董事代表公司与第三人发生法律关系，其法律后果由公司承担，与董事无涉。但是，如果董事仗着公司这层屏障为所欲为，而公司亦无力对第三人负起责任时，第三人的债权无法保障，有违公平正义，法律乃赋予第三人可以揭开公司这层面纱直索董事之责任的权利，此即，董事对第三人的责任。鉴于目前大量董事利用职权侵害第三人利益的不法事件出现，各国公司立法均建立了"揭开公司面纱"制度，[①]让董事直接对第三人承担责任。

---

① 朱慈蕴：《公司法人格否认法理研究》，法律出版社1998年出版，第80页。

董事对第三人责任属民事赔偿的责任范畴，但是该责任是一般责任还是连带责任呢？有学者认为，"董事为法人之机关，职员如经理、书记、事务员等，为法人之辅助机关，机关之行为即法人之行为，故法人对于机关之越权行为，应负连带责任。"也有学者认为，"在董事管理公司事务致第三人损害时，董事与公司共负连带赔偿责任更适应现代公司发展的趋势。"①我们以为，公司作为一个没有自然生命的组织体，其行为完全由公司机关成员的意志所支配和主导，公司在选任董事时即应承担起其选择管理人的风险，机关成员在接受公司委托之后，便负有与公司共担风险的责任。让董事承担对第三人的损害赔偿责任，更有利于保护第三人的利益。根据《日本公司法典》第 429 条第 1 款的规定，董事等高级管理人员就执行其职务有恶意或重大过失的，该董事等高级管理人员对第三人承担由此产生的损害赔偿责任。

我国《公司法》对董事违反法律法规、公司章程或股东会决议给第三人造成损害是否应予赔偿未予规定。笔者认为应完善之。尽管在某些情形下，第三人可以向公司请求赔偿，然后由公司向董事追偿，然而，其一，公司在清算或破产时无力清偿有使第三人利益不得保护之虞；其二，由公司追偿董事责任，公司怠于或拒绝追究时，股东的利益不免受损，且有不公平之现象产生。因此应通过法律明文规定，董事在执行职务违反法律法规或公司章程给第三人造成损害时，第三人有权请求董事与公司承担连带赔偿责任。

三、董事行使职权的事前、事中和事后制衡机制

董事职权的日益扩张是现代公司的发展趋势。为了防止董事职权的滥用，公司立法必须以董事行使职权的事前、事中和事后过程来构建对董事职权的制衡机制，健全对董事资格、董事会决议、董事义务以及董事责任的立法规定，加强对董事的监督。这对于进一步完善公司法人的治理结构、提高公司的经营管理水平、保护大众的投资利益以及确保我国经营活动的有序运行都具有十分重要的理论价值和现实意义。

---

① 梅慎实：《现代公司机关权力构造论》，中国政法大学出版社 1996 年版，第 235 页。

（一）董事行使职权的事前制衡机制

董事行使职权的事前制衡机制主要在于限定董事的资格。董事资格是担任董事的条件，是某人能否进入董事会、行使董事（会）权力的前提，也是我们把好关口防止无才无德之士混入董事会滥用董事职权的第一步。因此，西方各国大多对董事资格作了相应的限定。董事资格一般包括积极资格和消极资格两种，前者是指具备何种条件的人方可选为董事，比如国籍的限定、资格股、年龄和人格等规定。后者是指法律对不可选为董事的限定性条件的规定，如品行条件、兼职条件等。

1. 董事的积极资格

（1）董事的资格股。关于是否须持有公司一定股份才有资格担任董事的问题，即资格股的问题，国外主要有三种立法模式：第一，肯定式，即法律明文规定董事依法应握有一定数额的资格股，否则不能充任董事职务。如英国。第二，否定式，即法律和章程均不得强行规定董事须为公司股东。如日本。第三，折衷式。董事的选任无资格股的限制，但允许章程约定董事须为公司股东。如德国和美国。三种模式各有长短，英国立法旨在谋求公司基础的稳固，董事须持有一定数额的股份。其与公司的利害关系较为密切，对于公司的业务更能认真执行；日本之相关规定旨在谋求公司经营的便利，其董事选任资格既无限制亦可于股东以外求才，而适应企业所有与企业经营分离之趋势。至于德美两国则折衷于英日两国。就其立制而言，孰优孰劣，何去何从，因依各国情定之，殊难一概而论。

我国《公司法》对资格股问题进行了确认：公司董事、监事、高级管理人员可持有本公司股份，但应当向公司申报所持有的本公司的股份及其变动情况，在任职期间每年转让的股份不得超过其所持有本公司股份总数的25%。所持本公司股份自公司股票上市交易之日起1年内不得转让。上述人员离职后半年内，不得转让其所持有的本公司股份。此外，公司章程可以对公司董事、监事、高级管理人员转让其所持有的本公司股份作出其他限制性规定。

（2）国籍或居所条件。世界上大多数国家对董事的国籍条件没有限制，董事之产生，以股东投票的结果而定。但有少数国家限制董事的国籍或居民身份，如瑞典和瑞士等。

（3）年龄条件。各国一般要求担任公司董事须具有行为能力，即董事须为成年人，未成年人不得担任董事。如《英国 2006 年公司法》第 157 条第 1 项规定："只有 16 岁以上的人，才可以被任命为董事。"对于董事年龄的上限，多数国家不作限制，但也有的国家作了限制。如《法国商法典》第 L225-19 条则规定："为使董事能够履行其职责，公司章程应当规定其任职的年龄限制。……在公司章程没有明文规定的情况下，年龄在 70 岁以上的董事人数不得超过在职董事的 1/3。"

（4）董事的人格或性质条件。对于董事是否必须为自然人，即法人能否担任董事的规定，各国立法差异甚大。依传统看法，公司既为法人，其经营意思表示和代表机关应为自然人，因而不允许法人担任董事。如《日本公司法典》第 331 条规定，"下列人员不得成为董事：（一）法人……"而另外一些国家基于对本国国情的考虑和对公司机关认识的不同，允许法人担任董事。如《法国商法典》第 L225-20 条则规定："法人得被任命为股份有限公司的董事。法人接受该项任命时，应当指定一名常任代表。"

我国公司立法不强调董事必须具有中国国籍，也不强调董事必须是自然人。再者，董事所为之行为属民事行为的范畴，行为人自然应有民事行为能力。所以，董事须为民事行为能力者，当属董事积极资格之列。

2. 董事的消极资格

（1）兼职条件。为确保董事维护公司利益，对公司履行职务忠诚、勤勉，各国一般规定，董事不得兼任其他公司的董事或实际管理人。如《法国商法典》第 L225-21 条则规定："一个自然人不得同时担任 5 个以上的公司住所设在法国领土的股份有限公司的董事会的董事。"立法此举的意图在于防止董事利用其特殊的地位损害公司利益，为自己或他人谋利。

我国《公司法》第 69 条规定，"国有独资公司的董事长、副董事长、董事、高级管理人员，未经国有资产监督管理机构同意，不得在其他有限责任公司、股份有限公司或者其他经济组织兼职。"以防止国有公司兼职的董事利用其董事地位侵吞国有资产。

（2）品行条件。关于董事的品行条件，美国法律相信股东有权力、有能力选任自己认为合适之董事，而未予规定其消极资格。目前多数国家的公司立法对董事任职的消极条件进行了明确规定。这些消极条件主要集中在破产者、有犯罪前科以及一些具有特殊身份的人，如法官、行政长官、公证人、公司审计员等。

我国《公司法》第 146 条也规定了不能担任公司董事的几种情形：无民事行为能力或者限制民事行为能力；因贪污、贿赂、侵占财产、挪用财产或者破坏社会主义市场经济秩序，被判处刑罚，执行期满未逾 5 年，或者因犯罪被剥夺政治权利，执行期满未逾 5 年；担任破产清算的公司、企业的董事或者厂长、经理，对该公司、企业的破产负有个人责任的，自该公司、企业破产清算完结之日起未逾 3 年；担任因违法被吊销营业执照、责令关闭的公司、企业的法定代表人，并负有个人责任的，自该公司、企业被吊销营业执照之日起未逾 3 年；个人所负数额较大的债务到期未清偿。

（二）董事行使职权的事中制衡机制

董事行使职权的事中制衡机制主要表现为对董事在执行职务时的活动进行监督制衡，使董事的职务活动能符合法律和公司章程的规定。如果说事前制衡只是在做准备工作，那么事中制衡则是为了临场监督，杜绝非法事件发生。董事行使职权的事中制衡机制主要包括对董事会决议形成的监督以及董事义务的完善。

1. 对董事会决议的监督

公司以及公司机关作为一种无自然生命的组织体，其意思表达主要是通过有生命的自然人来实现的。董事行使职权的重要方式之一是参加董事会，就公司重大事务形成决议，对生产经营中的重大问题做出决策。董事会的决议是公司董事和高层经营人员具体执行公司事务的方向和依据。董事会决议质量的高低、内容和程序是否合法，不仅影响着一个公司的直接发展，而且也是事中监督董事的一个重要渠道。

（1）对董事会决议是否遵照法定程序予以监督。客观公正的程序是保障实体法实现的有力工具。在某种程度上，实体法的实现是程序法合理规定的结果。法定程序的违反当事人可以直观地发现，并以此为理由请求法律救济。正因为如此，各个国家和地区都对董事会决策的程序作了详尽的规定。

①董事会会议的召集。董事会会议由谁召集才是合法的，各国和地区有不同规定。我国香港公司条例将此项权利赋予了董事会中的任何一名董事或者公司秘书，董事会会议可由任何董事直接通知或由秘书通知召开，适当的会议通知一般发至所有香港的董事。我国《公司法》第 47 条和第 109 条规定，董事会会议由董事长召集和主持。董事长不能履行职务或者不履行职务的，由副董事长

召集和主持。副董事长不能履行职务或者不履行职务的，由半数以上董事共同推举一名董事召集和主持。

②会议通知的时间。为了使董事有足够的时间准备参加董事会会议，各国公司法都对会议的通知期限和通知时间作了规定。如《日本公司法典》第 368 条规定,召集董事会应于开会之日 1 周前通知各董事及监事,但章程规定更短期间的,从其规定。我国《公司法》第 110 条规定："董事会每年度至少召开两次会议,每次会议应当于会议召开 10 日前通知全体董事和监事。代表 1/10 以上表决权的股东、1/3 以上董事或者监事会,可以提议召开董事会临时会议。董事长应当自接到提议后 10 日内,召集和主持董事会会议。董事会召开临时会议,可以另定召集董事会的通知方式和通知时限。"

③董事会会议的法定人数。董事会会议的法定人数,是各国公司法的一个重要概念,指法律规定的参加董事会会议的最低董事人数。其法律意义,一是参加董事会会议的董事人数只有符合法律规定的人数要求,会议才属合法;二是在符合法定人数要求的董事会会议上,适用公司章程规定的议事规则通过的决议方为有效。在我国香港特别行政区,有关判例在认定董事会会议的法定人数方面不尽一致。在"约克电车公司诉威洛斯"案中,法院认为,如果公司章程细则未做规定,董事会会议的法定人数为公司董事的大多数。而在"摄政运河钢铁公司"案中,法院则称,惯常出席董事会会议的董事人数可视为董事会会议的法定人数。为避免这方面争端,最理想的安排是在公司章程细则中明确规定董事会会议的法定人数。依照我国《公司法》第 111 条的规定,股份有限公司的董事会会议应有过半数的董事出席方可举行,但有限责任公司的董事会会议参加的法定人数则没有强制性要求。

④董事会会议的议事规则。香港特区公司法表 A 第 86 条规定,对特定合同交易有"厉害关系"的董事不得计入董事会会议的法定人数,也不能参与表决;但在"非厉害关系"的董事未符合法定人数的情况下通过的决议如经成员大会批准,即为有效。这一规定与普通法系国家的有关实践相似。此即香港特区公司法中的"回避原则"。此外,表 A 第 100 条规定了"简单多数原则",即董事会会议的所有决议均适用简单多数通过的议事规则,在表决票数相等时,董事会主席具有第二次或决定性的表决权。

我国《公司法》第 48 条规定,有限责任公司董事会的议事方式和表决程序,除法律有规定的外,由公司章程规定。同时第 111 条规定,"股份有限公司的董事会作出决议，必须经全体董事的过半数通过。董事会决议的表决，实行一人一票。"至于在出席会议的董事中反对票与赞成票是 1∶1 时，是重新做出决议还是赋予董事长或副董事长以决定性一票？与决议结果有利害关系的董事，在表决时是否需要回避？这些关系到董事会决议公正与否的内容没有规定，需要进一步加以完善。

（2）对董事会决议的内容是否合法予以监督。作为公司业务执行机关的董事会，其活动也必须符合法律和章程，必须在法律和章程规定的范围内行事，否则就是违法行为。董事会决议的内容违法是指决议内容违反法律和社会公共利益。此行为是绝对无效的法律行为，其后果由董事个人承担，公司不承担责任。在美国和日本，法律还赋予了股东请求董事或其他高级职员停止其越权或违法行为的权利，只不过美国称之为阻却命令制度，而日本称之为停止请求权制度。如《日本公司法典》第 360 条规定：在董事实施股份有限公司目的范围之外的行为及其他违反法令、章程的行为，或可能实施各该行为，且该行为可能对股份有限公司造成严重损害的情形下，自 6 个月（章程规定更短期间的，从其规定。）前连续持有股份的股东，可请求该董事停止该行为。

我国《公司法》未规定股东的停止请求权制度，从监督制约机制的完善和股东权益的保护来说，不能不说是公司法的一大缺陷。我国公司法可以补充规定，当董事会决议违反法律、行政法规或公司章程，对股东和公司权益有产生不可回复的危险时，股东有权请求董事会停止其行为。当然，股东行使停止请求权应符合一定的条件：第一，董事会决议超越了公司章程规定的经营范围或者违反法律法规；第二，停止请求权的发生是在董事会决议做出之后违法后果发生之前，董事会决议尚未做成，则无阻却对象，违法后果已经发生，则阻却已无意义；第三，阻却人的条件：我国台湾地区公司法规定连续 1 年以上持有股份的股东，可享有制止请求权；日本的条件则是董事会决议做成之前 6 个月起连续持有公司股份；第四，制止方法，股东行使停止请求权，可以以诉讼外方式进行，比如股东直接向代表董事或执行董事要求，在董事不停止侵权行为的情况下，股东也可以单独或共同向法院起诉，性质为不作为给付之诉，董事会没有诉讼当事人能力，应列公司为被告。①

2. 强化董事义务的法律规定

西方各国公司立法对董事的义务作了明确的规定，主要包括忠实义务和勤

---

① 孔祥俊：《民商法热点、难点及前沿问题》，人民法院出版社 1996 年版，第 251 页。

勉义务。

（1）忠实义务。董事的忠实义务，也称忠诚义务或诚信义务，是指董事在履行职责时，必须维护公司的利益，而不得使自己的利益与公司的利益发生冲突。董事与公司之间存在一种高度结合的依赖关系，股东购买公司股票原则上取决于对公司董事会的依赖与信心。因此，董事的首要义务是必须对公司忠诚。英美法系和大陆法系国家均在立法及司法判例中确定了董事对公司负有的该项义务。如美国《标准公司法》第 8.30 条和《日本公司法典》第 355 条。一般来说，董事违反忠实义务的情况有三种：

①与公司之间的抵触利益交易。所谓与公司之间的抵触利益交易是指一个公司做成的或打算要做成的交易，该公司的一个董事对于这件交易有抵触利益。其实质是公司利益与董事个人利益发生冲突二者不能两全时，董事把其个人（包括董事自己或其相关人）私利凌驾于公司利益之上，显然这是董事对公司不忠实的表现。因此，现代多国公司立法普遍对董事与公司间的交易规定了有条件的许可。即在经过批准之后，董事与公司之间的交易方为有效。各国的批准条件不尽一致，但概括起来，主要有以下两个方面：一是董事须及时披露其在该交易中的利益性质。如在日本，董事依法须及时就该交易的重要事实向董事会报告；根据美国《标准公司法》的相关规定，"他们（指董事会有资格的董事或董事会中被正当赋予权力的委员会的有资格的董事）对该交易的投票是在某有关董事向他们作了必要的呈报，就其呈报信息是他们所不知道的信息而言。"二是经过公司有权机关的批准。有权批准该交易的机关大多是董事会，如日本、英国。但对于董事与公司的实质性交易，须经股东会批准，如英国。

②与公司的竞争营业行为。所谓董事竞争营业，是指董事经营与其所任职公司具有竞争性质的业务。由于董事的竞业可能产生董事利用其地位与职权损害公司利益，以谋取私利的情况，因此各国公司立法大多对此予以禁止或限制，如德国《股份公司法》第 88 条规定：董事经监事会许可，可以从事竞业。禁止董事竞业之目的无非是为了保护公司的利益，相反，在有些情形下，如在公司需要产品或销售产品时，只要条件适当，董事的竞业反而会促使公司得到需要的产品或销售出公司的产品，在互利的基础上使公司获益。因此，只要公司经过判断，认为董事的竞业不会损害公司利益时，法律应允许公司有权决定董事的竞

业是否适宜。[1]为此，各国立法普遍规定董事违反竞业禁止义务的行为本身有效，但董事应对其行为向公司承担两方面的责任：首先，董事从事竞业行为的所得收入应当归公司所有，此即公司的归入权。如德国《股份公司法》第 88 条、日本《公司法典》第 12 条和第 356 条的规定；其次，公司可以要求董事赔偿因其违反竞业禁止义务而给公司带来的损失。

③篡夺公司机会。公司机会的基本理念是：如果认为某一商业机会是公司机会，那么公司的董事或控股股东等就不可为自己获取或抢夺这一机会。至于董事如何自己获取或通过第三独立人获取这一机会，都不是问题的要害。问题的关键在于：在公司与董事之间，机会属于公司。[2]因此，在商事实践中，如果董事为自己和亲友的利益而抢夺公司机会，不考虑公司的利益，实质上是把自己的私利凌驾于公司利益之上，就背弃了忠实义务。

（2）勤勉义务。又称注意义务、善管义务、谨慎义务，其基本含义是指董事必须以一个合理、谨慎的人在相似情形下所应表现的谨慎、勤勉和技能履行其职责。董事注意义务和判断标准充满了弹性，具有更多的主观色彩，所谓"合理""谨慎"是一个无法明确界定的词汇，具有很大的不确定性。

英美法系对董事注意义务的衡量标准见于其成文法及司法判例中，相对于大陆法系国家，较为明确具体，如在英国，董事的谨慎义务被归纳为三个方面：①董事不需要有极高的专业技能，他只要具有与其职位及身份相适应的合理的知识和经验即可；②一般董事不必对公司业务予以持续性的注意，他只需在定期董事会上履行其谨慎义务即可；③只要公司章程许可，董事可将其义务委托给别的职员，除非他有理由怀疑该职员承担该项义务的能力。

美国各州公司法对董事的谨慎义务采取了较为一致的标准。美国《标准公司法》第 8.30 条规定，"董事履行其职责时应当：怀有善意，或者以一个普通智者在类似情况下应有的谨慎去履行职责，或者依照他能合理地认为符合公司最大利益的方式履行其职责。"德国《股份公司法》第 93 条规定，董事对其管理的公司事务，应尽"通常正直而又严谨的业务领导者的注意"。

我国《公司法》对忠实义务与勤勉义务的规定较为抽象，只是在第 147 条中确立了董事的忠实义务与勤勉义务，但没有提出具体的要求。如果说忠诚义务只是一个普通人基于其内心最起码的良知和"受人之托忠人之事"的原始信念

---

① 徐燕：《公司法原理》，法律出版社 1997 年版，第 277 页。
② 梅慎实：《现代公司机关权力构造论》，中国政法大学出版社 1996 年版，第 218 页。

而产生的一种对公司的义务，带有很强的道德色彩和主观性。那么勤勉义务则是一个有一定专长的经营者对其经营事务所应履行的技能义务，是衡量其是否称职的一个客观的标准，很显然这是一个更高的要求。对于一个依靠经营决策来决定企业发展甚至是生死存亡的现代公司来说，勤勉义务就显得更为重要。

（三）董事行使职权的事后制衡机制

董事行使职权的事后制衡机制主要在于加重董事责任。董事责任是指董事违反其法定义务所应承担的一种法律后果。根据董事义务所指向对象的不同，可将董事责任划分为董事对公司的责任和董事对公司以外的第三人的责任。这里仅就董事对公司的责任，作以详叙。

董事对公司承担责任的主要情形包括以下五种：第一，参与董事会违法决议；第二，违反董事会决议；第三，超越法律和董事会赋予的职权；第四，违反忠实义务和注意义务；第五，违反公司法的其他规定给公司造成了损失。

众所周知，违法行为只有在惩罚的威慑下，才能有所收敛。义务只有在责任的警醒下，才有可能得到履行。董事如果不履行对公司的义务，则其必应对此承担相应的法律责任。这种法律责任不仅包括行政责任和刑事责任，而且还应包括民事责任。各国都对董事违反义务应对公司承担的责任作了明确的规定。如我国台湾地区相关立法规定，董事行使职权应当遵守法律法规、公司章程、股东会决议，应当以一个善良管理人的身份注意为之。如果怠忽此项任务导致公司受损时，应对公司负损害赔偿之责。德国《股份公司法》第93条第2款规定，"违反其义务的董事会成员应作为总债务人对由此而造成的损失向公司负责赔偿。"

我国《公司法》在第149条中规定，董事执行公司职务时违反法律、行政法规或者公司章程的规定，给公司造成损失的，应当承担赔偿责任。在第148条中规定：董事挪用公司资金；将公司资金以其个人名义或者以其他个人名义开立账户存储；违反公司章程的规定，未经股东会、股东大会或者董事会同意，将公司资金借贷给他人或者以公司财产为他人提供担保；违反公司章程的规定或者未经股东会、股东大会同意，与本公司订立合同或者进行交易；未经股东会或者股东大会同意，利用职务便利为自己或者他人谋取属于公司的商业机会，自营或者为他人经营与所任职公司同类的业务；接受他人与公司交易的佣金归为己有；擅自披露公司秘密；以及其他违反对公司忠实义务的行为。董事因实施上述行为所得的收入应当归公司所有。在《公司法》第112条中又规定：董事应当对董事会的决议承担责任。董事会的决议违反法律、行政法规或者公司章程、股东大会决议，致使公司遭受严重损失的，参与决议的董事对公司负赔偿责任。但经证明在表决时曾表明异议并记载于会议记录的，该董事可以免除责任。除此之外，《公司法》在第12章"法律责任"中还针对董事违反义务的具体形态，规定了董事应承担的具体行政和刑事责任。

针对近年来公司董事及其他高级职员侵犯公司和股东利益的现象十分普遍，却少有请求救济或获得救济的现实，我国《公司法》增加了"追究董事责任权利主张人的范围和主张权利的顺序"的规定：比如在第152条中规定，董事违反法律、行政法规或者公司章程的规定，损害股东利益的，股东可以向人民法院提起诉讼。又如在第151条中规定，董事有公司法第149条规定的情形的，有限责任公司的股东、股份有限公司连续180日以上单独或者合计持有公司1%以上股份的股东，可以书面请求监事会或者不设监事会的有限责任公司的监事向人民法院提起诉讼。监事会、不设监事会的有限责任公司的监事到前款规定的股东书面请求后拒绝提起诉讼，或者自收到请求之日起30日内未提起诉讼，或者情况紧急、不立即提起诉讼将会使公司利益受到难以弥补的损害的，前款规定的股东有权为了公司的利益以自己的名义直接向人民法院提起诉讼。

前述董事赔偿责任的承担，"发生原因系善管注意义务或遵守法令等义务的违反，并非公司法特别规定之责任原因。故此项责任，系因债务不履行所生之损害赔偿责任，并非侵权行为上赔偿责任，亦非公司法特别规定之赔偿责任。"[①]这种观点，是把董事对公司的赔偿责任放在董事与公司的委任关系的总体框架中去分析的，因而认定董事的赔偿责任实质是董事义务未履行所致。这是有道理的。但是，最近几年国外公司董事赔偿的新情况促使人们重新思考董事责任的性质问题。德国联邦最高法院在1989年6月12日的一个判决中确认了可能使公司蒙受损失的董事侵权责任的要件。这一判例已突破了仅依据委任关系判定董事赔偿责任的传统。董事致公司以损害并不限于受任人不履行职务这一种行为，有时，董事也可以因其侵权行为而使公司蒙受损失。这样董事赔偿责任的单一性质就被多元性质替代了。基于此，在认定董事对公司的赔偿责任时，不仅要依据公司的规定，而且要依据董事行为所涉及的民法规定，这样不仅可以进一

---

① 郭峰：《公司法修改应加强民事责任制度》，《法制日报》2000年6月28日。

步强化董事的义务，还可以根据董事的具体行为确定具体责任，有利于保护公司的利益。

综上所述，董事会作为公司的法定机关，其职权直接来源于法律的规定。鉴于董事职权越来越大，为防止董事滥用职权，笔者认为，公司法应以董事行使职权的全过程来综合考虑对董事职权进行制衡，如果建立了事前、事中和事后制衡机制，就可使董事行使职权既有空间亦有限度。

第三节　公司的财务会计制度

一、公司财务会计的含义

我国的公司作为企业的一种组织形式，其财务会计活动自应适用《中华人民共和国会计法》《企业财务通则》《企业会计准则》和《企业财务会计报告条例》等财务会计法律、法规和规章的一般规定。但由于公司与其他企业在许多方面仍然有其特殊性，因而各国公司法大都对公司的财务会计制度做了特别规定，并优先于一般财务会计法律、法规而适用。为了完善公司的经营管理制度，提高其经济效益，保护股东和债权人的合法权益，维护国家和社会公共利益，我国公司法也特设了"公司财务、会计"一章，对公司的财务会计制度做出了相应规定，并要求公司依照法律、行政法规和国务院财政主管部门的规定建立本公司的财务会计制度，从而使公司的财务会计制度成为我国公司基本法律制度的重要组成部分。

公司的财务会计是指利用货币价值形式，反映公司财务状况和经营成果，加强内部经营管理，提高经济效益的一项重要制度。从内容上讲，公司的财务会计制度是由公司的财务制度和会计制度两部分构成的。公司财务制度是运用财务手段处理货币资金的筹集、支配和使用活动的法律制度，而公司会计制度则是公司办理会计事务所应遵循的规则、方法和程序的总称。公司的财务会计制度虽然由两种制度构成，但它们在实质上是紧密结合在一起，甚至是融为一体的。公司是以资本为基础而建立起来的一个经营实体，任何一项经营活动都是和公司资产的运行相联系的，所以，公司的财务会计在公司的各项活动中是至关重要的。公司财务会计活动的主要作用，就在于采用价值形式，对公司的经营活动进行记录、核算、分析和管理，以期获得最佳经济效益，实现公司设立的目的。

二、商业账簿制度的基本问题

（一）商业账簿的概念与特征

商业账簿是商事实践的产物，与商事活动有着内在的必然联系。商事活动是以营利为目的的活动，商人们为了考核其营利状况与财产状况，必须借助商业账簿这一工具。

一般认为，商业账簿起源于欧洲 10 世纪的海商贸易。随着海商贸易的发展，商船主因运输及海事的需要而在商船上设立了专门的"书记"，对营业及相关事项作册记载，遂形成了商业账簿的最初形态。在繁荣的简单商品经济条件下，商业账簿虽有一定发展，但仅由商人自便采用，而法律尚无强制性要求。在资本主义时期，由于同业行会的诞生和商业联盟的拓展，商事管理日趋成熟和规范，商业账簿也随之完善和制度化。随着商事生活的日趋复杂，商人之间的联系日渐密切，这就在客观上要求商人编制商业账簿，借以维护自身利益和社会公共利益，确保商事交易的安全、有序。为了适应这一客观要求，各国立法逐渐确认和建立了商业账簿制度，对商业账簿的内容和编制规则予以规范，使之由商事习惯走上了法制化轨道，并形成了当代商法中一项十分重要的制度。

商业账簿是指商事主体依法造具的记载其营业及财产状况的书面簿册。按照商法理论，商业账簿有形式和实质之分。形式意义上的商业账簿，也称必备商业账簿，专指商事主体依照商事立法的规定必须置备的那些账簿；实质意义上的商业账簿，也称广备商业账簿，是指商事主体所置备的一切账簿，既包括法律规定必须置备的账簿，也包括自己依据需要额外设置备用的那些账簿。对形式意义上的商业账簿又有广义和狭义两种理解。广义的商业账簿是指按照商事立法所置备的各种账簿，而狭义的商业账簿则专指依照商业会计法及有关法规所置备的账簿。商法学中所称的商业账簿乃指广义的、形式意义上的商业账簿，即广义的必备商业账簿。

1. 商业账簿的置备者必须是商事主体

商业账簿的置备者只能是商事主体，而不是一般的民事主体，更不可能是政府或政府有关主管部门，这是由商业账簿的性质所决定的。但这并不意味着所有的商事主体都必须置备商业账簿，至于哪一种商事主体必须全部置备、部分置备或者不必置备，法律应根据商事主体的不同情况和实际需要，作出明确而又具体的规定。

我国《会计法》明确规定，企业必须依法设置会计账簿，并保证其真实性和完整性，《公司法》则明确要求公司必须制作会计报表。根据国家税务总局2006年发布2018年修订的《个体工商户建账管理暂行办法》的规定，凡从事生产、经营并有固定生产、经营场所的个体工商户，都应当按照法律、行政法规和本办法的规定设置、使用和保管账簿及凭证，并根据合法、有效凭证记账核算。税务机关应同时采取有效措施，巩固已有建账成果，积极引导个体工商户建立健全账簿，正确进行核算，如实申报纳税。

2. 商业账簿的置备必须依法进行

依法置备商业账簿是一项十分重要的商法制度，但各国立法对商业账簿所采取的立法主义则有所不同，归纳起来，大致有以下三种立法主义：（1）放任主义原则。亦称自由主义原则。即商业账簿是否置备，如何置备，纯粹是商事主体的自由，由其自己决定，法律并不直接规定、不加干涉。英美法系一般采用这种立法主义，如《美国统一商法典》中对商事主体是否设立账簿，就未作出强制性的规定，但由于不置备商业账簿，在诉讼或破产程序中，对其自身极为不利，所以，在商事实践中，商事主体几乎没有不置备商业账簿的情况发生。（2）干涉主义。亦称干预主义。即国家法律要求商事主体必须置备商业账簿，并对商业账簿的种类、内容和记载方法作出明确规定，甚至政府主管部门会随时派员监督检查商业账簿的置备情况，法国法系诸国多采用这种立法主义。如《法国商法典》对商业账簿作了详细规定，并要求商事主体必须履行在商业账簿方面的法定义务。（3）折衷主义。即法律仅规定商事主体有置备商业账簿的义务，而不规定商业账簿的内容和记载方法，并不受政府主管部门的干涉。德国法系诸国采用这种立法主义。随着市场经济的飞速发展，干涉主义的优点日益突出，而放任主义和折衷主义的弊端则日趋明显，于是，采用放任主义和折衷主义的国家则逐渐对立法作出修正，明确规定了商业账簿的内容和编制方法，以适应对日益社会化的商事主体加强监管的客观需要。

在我国商事主体置备商业账簿，必须严格按《公司法》《证券法》《会计法》《企业会计准则》和《企业财务通则》等法律、法规的规定进行。若法律、法规规定有关商事主体应当置备商业账簿，那么，有关商事主体就必须置备商业账簿。商事主体在置备商业账簿时，必须依照法定类型、内容、格式和方法进行，不得擅自而为，否则，就要承担相应的法律责任。依法置备商业账簿是商事主体的一项法定义务。法律之所以规定商事主体要置备商业账簿，就是为了确保会计资料和会计信息能够得到真实、准确、完整而又合法的反映。

3. 商业账簿的置备日趋准则化和国际化

为了加强对商业账簿的规范化和标准化管理，许多发达国家于 20 世纪 70 年代纷纷成立了会计职业团体，如英国于 1970 年成立了"会计标准筹划委员会"，荷兰于 1970 年成立了"三方会计准则委员会"（三方即雇主、雇员和会计师），美国于 1973 年成立了"财务会计准则委员会"等。这些组织成立后，制定了不少会计准则，这些准则一般由会计职业界的专家学者制定，从而具有很高的权威性，成为会计工作的指南。各国的会计准则一般具有法律约束力，德、日等国的会计准则由国家或政府颁发确认，具有强制的约束力。美国的会计准则虽由民间团体颁布，但它受到权威机构的支持，尤其是受到政府部门的支持，实质上也具有法律约束力。因为，在美国，凡按会计准则编制的会计报表才被认为是合法的报表，否则，就得不到注册会计师的签字认可。随着国际贸易的发展，特别是跨国公司的产生，使商事活动日益国际化，由于各国的合计准则存在一定的差异，这样便产生了制定国际会计准则的必要。1973 年 6 月在英国伦敦成立了"国际会计准则委员会"，该会自成立以来已颁布了 30 多项国际会计准则。该会已有 30 多个成员国，虽系民间组织，但其会计准则被不少国家所承认和接受。该会计准则的相关原则和经验也是可资我国借鉴与参考的。

（二）商业账簿的种类与内容

1. 国外商业账簿的种类与内容

根据会计原理，商业账簿是由账户构成的，账户是账簿的实质内容。账户既是会计科目在账簿中设置的具体户名，又是自身账页格式结构的体现。会计科目按资本运动的内容分为资产和负债两大类，其分类的依据就是会计核算和经营管理之需要。以会计科目的纵向相互关系为标准，会计科目又可分为总分类科目和明细科目。关于会计科目的设置，有的国家规定由企业根据需要自行设置，有的国家规定依照会计准则设置，有的国家则规定按中央财政部门或主管部门的统一要求设置。账户须设在账页上，账页格式则有一栏式、二栏式、三栏式和多栏式几种模式，一般由商事主体自由选定。下面分别就法国、德国和日本关于商业账簿的种类与内容予以扼要说明。

（1）法国商业账簿的种类与内容。根据《法国商法典》及其实施法令关于商人财会制度和商人账目的相关规定，每个商人必须设置日记账、总账和盘存账户以及年度账目。凡是涉及企业概况财产（资产与负债）的活动，商人均应逐项逐日记入日记账。每项财会记录均应载明每笔账目数据的来源、内容、入账科目及其依据的凭证。日记账记录的内容应记入总账，并按照会计纲要进行分类。日记账和总账详细划分商业交易所要求的相应数目的明细日记账和明细账簿。明细日记账和明细账簿的记载事项，至少每月一次汇总至日记账和总账。盘存账户是所有资产要素和负债要素，并据以记载每项要素在进行盘存之日的数量和价值的账户。任何具有商人身份的自然人或法人，应在会计年度终结时，根据会计记录和盘存表制定年度账目。年度账目是由资产负债表、损益账目和附件构成的一个不可分离的有机整体。年度账目必须符合规则，必须真实、准确地反映企业的概况财产状况、财务状况和盈亏情况。资产负债表分别记载企业的资产和负债的全部要素，并分开显示企业的自有资金状况。损益账目汇总记载本会计年度的产出和费用负担，但无须考虑这些产出与费用负担的入账或支付日期。产出和费用负担，应进行分类入账，采用图表或列单方式予以说明。账目的附件则要对资产负债和损益账目中提供的情况进行补充与说明。

（2）德国商业账簿的种类与内容。根据《德国商法典》第三编商业账簿的有关规定，商人应设置商业簿记、财产目录、资产负债表和损益表。商业簿记的设置应符合通常簿记的原则，并必须做到完整、正确、及时和有序。财产目录由商人在其营业开始时和每个会计年度终了时编制，记录其土地、债权和债务、现金的数额以及其他财产，并注明各项财产和债务的价值。资产负债表由商人在其营业开始和每个营业年度结束时编制，记载表现其财产和债务关系的决算情况。损益表是商人在每个营业年度结束时编制的该营业年度费用和收入的对照表。资产负债表和损益表共同构成商人的年度决算。

（3）日本商业账簿的种类与内容。根据《日本商法典》第一编总则中第五章商业账簿第 19 条的有关规定，日本的商业账簿主要是指会计账簿和资产负债表。商人制作会计账簿及资产负债表，应遵循普遍认可的公正妥当的会计惯例，真实反映其营业上的财产及损益状况。会计账簿应完整、明了地记载下列事项：①在开业时及每年定时一次的时期营业上的财产及其份额，关于公司，则是在其成立时及每决算期营业上的财产及其份额；②影响交易及营业财产的事项。资产负债表于开业时及每年定时一次时期，公司则于其成立时及每决算期依据会计账簿制作，应装订成册或记载于特设的账簿上，且制作人应在表上签名。

2. 我国商业账簿的种类与内容

商业账簿在诉讼上具有证据的法律效力。由于商业账簿是商事主体依法对其营业状况和财产状况的真实、全面而又系统的记载和反映，因此，商业账簿是具有法律效力的事实依据，是当事人在诉讼中最为有利的证据材料。从我国现行的法律、法规和有关规定来看，我国的商业账簿主要有会计凭证、会计账簿和财务会计报告三种类型：

（1）会计凭证。所谓会计凭证是指记录商事主体日常经营活动，明确经济责任，作为会计记账依据，具有法律效力的书面证明。商事主体进行各种经营业务，必须由经办人取得或填制会计凭证，并在会计凭证上签字、盖章，借以明确其经济责任或法律责任。没有会计凭证，就不能收支款项、动用资产，更不能进行财务处理。经审核无误的会计凭证才能作为制作会计账簿的依据。按其填制程序和用途的不同，会计凭证可分为原始凭证和记账凭证两种：①原始凭证。原始凭证又称单据，是在经营活动发生或者完成时取得或填制的，用来证明经营活动已经发生或者完成的情况，明确经济责任，并作为记账原始依据的一种书面凭证，它是进行会计核算的原始资料。原始凭证按其来源又可分为外来原始凭证和自制原始凭证两种。外来原始凭证是同外单位发生业务往来关系时，从外单位取得的原始凭证，如发票、收据、银行结算凭证等。而自制原始凭证则是由商事主体在营业活动发生或完成时自行编制的原始凭证，如收货单、发货单、领料单、产品入库单、现金收据等。②记账凭证。记账凭证是指根据审核无误的原始凭证或原始凭证汇总表，用来记载经营活动简要内容，确定会计分录，直接作为制作会计账簿依据的一种会计凭证。记账凭证按其所反映的经营业务内容的不同，可分为收款凭证、付款凭证和转账凭证。一般来讲，原始凭证记载的是经营信息，而记账凭证记载的则是会计信息，因此，从原始凭证到记账凭证是经营信息转化为会计信息的一个质的飞跃。由于原始凭证只表明经营业务的具体内容而不能反映其归类的会计科目和记账方向，且内容、格式不一，故不能直接入账。这就需要将原始凭证或原始凭证汇总表归类、整理，并编制成记账凭证。

为了保证会计凭证内容的真实性、合法性和正确性，充分发挥会计的监督职能，对会计凭证必须进行形式和实质上的审核。

（2）会计账簿。会计账簿是以会计凭证为依据，由具有专门格式并互有联系的账户所组成的，对商事主体的各项经营活动进行全面、系统、综合记录和反映的书面簿册。会计账簿全面、系统地提供了会计信息，归类总结了会计资料，是编制财务会计报告的主要依据，对于保障商事主体的财产安全和资金的合理使用具有十分重要的意义。按照性质和用途的不同，会计账簿可分为序时账簿、分类账簿和备查账簿三种类型：①序时账簿。序时账簿也称为日记账，是按照经营业务发生的先后顺序，逐日逐笔连续登记的账簿。序时账簿可以用来登记全部经营业务，也可以用以登记某一类经营业务。因此，根据其用途的不同，又可将其分为普通日记账和特种日记账两种。普通日记账又称为分录簿，是用来登记全部经营业务，按照时间先后和复式记账原理，列出账户名称和借贷金额的一种账簿。该账登记的工作量大，查阅也不太方便。特种日记账是用来登记某一类经营业务的增减变化及其结果，按照其时间先后登记的一种账簿，如现金日记账、银行存款日记账等。②分类账簿。分类账簿是按照会计科目对其经营业务进行分类登记的账簿。分类账按其反映内容的详细程度，可分为总分类账（总账）和明细分类账（明细账）两种。总分类账是包括全部账户，分类记载其经营业务总体情况的账簿。而明细分类账则是分户记载某一类经验业务的明细情况的账簿。③备查账簿。备查账簿又称为辅助账簿，它是对某些在日记账和分类账等主要账簿中不能记载或者记载不全的经营业务进行补充登记的一种账簿。备查账簿与其他主要账簿之间不存在严密的依存关系，但可以为某些经营业务活动的内容提供相应的参考。

（3）财务会计报告。财务会计报告是根据会计账簿的记录，按照规定的内容、格式和方法而编制的一种书面文件。本节第三部分将专门介绍，此处不再赘述。

（三）商业账簿的法律意义

1. 商业账簿是商事主体记载自身营业及财产状况的法定文件

依法制作商业账簿是商事主体的一项法定义务。法律之所以规定商事主体要置备商业账簿,就是为了确保会计资料和会计信息能够得到真实、准确、完整而又合法的反映。对于商事主体自身而言,通过置备的商业账簿,就可以全面知晓自己的经营状况和财产状况,计算盈亏、分配利润,也可以通过对其商业账簿的分析,及时制定和调整企业的经营方针、发展计划和决策战略。

2. 商业账簿是第三人选择交易对象和投资渠道的重要依据

对于商事主体以外的第三人来讲,通过商业账簿可以了解账簿设立人的经营状况、资信情况、经济实力和发展潜力,以便作出是否与其交易、是否向其投资的决定,从而维护第三人的利益和交易的安全。

3. 商业账簿是主管部门监督检查的主要依据

对于政府主管部门而言,无论是对商事主体进行营业的年度检验、物价的检查、财务的审计,还是对税款的征收和税务的稽查,无不依赖于商事主体依法编制的商业账簿。

4. 商业账簿在诉讼上具有证据的法律效力

由于商业账簿是商事主体依法对其营业状况和财产状况的真实、全面而又系统的记载和反映,因此,商业账簿是具有法律效力的事实依据,是当事人在诉讼中最为有利的证据材料。商业账簿的法律效力在各国立法中都得到充分的肯定。如《法国商法典》第 L123-23 条规定:"符合规定而编制的财务账目,准许作为商人之间商事行为的证据在法院提出。如账目编制不符合规定,编制该账目的人不得为自己的利益援用其作为证据。"《德国商法典》第 258 条规定:"在诉讼进行中,法院可以依申请或依职权命令提示当事人一方的商业账簿。"《日本商法典》第 19 条第 4 款也规定:"法院可以应申请或依职权,命令诉讼当事人提交商业账簿的全部或部分。"英美法系长期不承认商业账簿的法律效力,现在承认商业账簿具有证据效力,但要求必须具备以下三个条件:(1)由专门负有此项义务的人员进行记载;(2)必须按企业通常的会计方式记载;(3)记载要及时、正确。在我国,商业账簿如果依法制作且内容属实,则是具备证据效力的一种书证,而且比其他证据具有更强的证明力。商事账簿的证据效力意味着,当事人可以要求以商事账簿作为举证材料,法院也可以要求商事主体在诉讼过程中出示该商业账簿。

三、公司的财务会计报告

为了规范企业的财务会计报告，保证财务会计报告的真实、完整，根据《中华人民共和国会计法》，国务院于 2000 年 6 月 21 日颁发了《企业财务会计报告条例》。公司财务会计报告是指公司对外提供的反映公司某一特定日期财务状况和某一会计期间经营成果、现金流量的文件。公司的财务会计报告是根据会计账簿的记录，按照规定的内容、格式和方法而编制的反映商主体财务状况和经营成果等信息的书面文件。根据我国《公司法》第 164 条规定，公司的财务会计报告应当在每一会计年度终了时制作，并依法经会计师事务所审计。

（一）公司财务会计报告的构成

公司的财务会计报告由以下财务会计报表及附属明细表构成：资产负债表、损益表、财务状况变动表、财务情况说明书和利润分配表。

1. 资产负债表

资产负债表是反映公司在某一特定日期财务状况的报表。资产负债表应当按照资产、负债和所有者权益（或者股东权益，下同）分类分项列示。其中，资产是指过去的交易、事项形成并由企业拥有或者控制的资源，该资源预期会给公司带来经济利益。在资产负债表上，资产应当按照其流动性分类分项列示，包括流动资产、长期投资、固定资产、无形资产及其他资产。银行、保险公司和非银行金融机构的各项资产有特殊性的，按照其性质分类分项列示。负债是指过去的交易、事项形成的现时义务，履行该义务预期会导致经济利益流出企业。在资产负债表上，负债应当按照其流动性分类分项列示，包括流动负债、长期负债等。银行、保险公司和非银行金融机构的各项负债有特殊性的，按照其性质分类分项列示。而所有者权益则是指所有者在企业资产中享有的经济利益，其金额为资产减去负债后的余额。在资产负债表上，所有者权益应当按照实收资本（或者股本）、资本公积、盈余公积、未分配利润等项目分项列示。

2. 损益表

损益表又称为利润表，是反映公司在一定会计期间经营成果的报表。损益表应当按照各项收入、费用以及构成利润的各个项目分类分项列示。其中，收入是指公司在销售商品、提供劳务及让渡资产使用权等日常生活中所形成的经济利益的总流入。收入不包括为第三方或者客户代收的款项。在利润表上，收入应当按照其重要性分项列示。费用是指公司为销售商品、提供劳务等日常活动所发生的经济利益的流出。在利润表上，费用应当按照其性质分项列示。而利润则是指公司在一定会计期间的经营成果。在利润表上，利润应当按照营业利润、利润总额和净利润等利润的构成分类分项列示。

3. 财务状况变动表

财务状况变动表又称为资金表或资金来源与运用表，是综合反映公司一定会计期间内营运资金来源、运用及其增减变动情况的报表。该报表的项目分为营运资金来源和营运资金利用两个方面，其中，营运资金来源分为利润来源和其他来源，并分项列示。营运资金运用则分为利润分配和其他用途，并分项列示。财务状况变动表是沟通资产负债表和损益表的主要桥梁，它可以向人们提供公司在一定会计期间内财务状况变动的全貌，说明资金变化的原因，人们通过分析财务状况变动表，就可了解公司资金的流转情况，并判断公司经营管理水平的高低。

4. 财务情况说明书

财务情况说明书是对公司资产负债表、损益表、财务状况变动表等财务会计报表所列示的内容和未能列示的但对公司财务状况有重大影响的其他重要事项所作出的必要说明。财务情况说明书是人们了解公司财务状况、经营成果及会计情况的重要依据。财务情况说明书没有固定的格式，公司应当根据自己的实际情况予以制作。财务情况说明书主要是文字说明，必要时也可附以图表，它应全面详细、有理有据。财务情况说明书至少应当对下列情况作出说明：（1）企业生产经营的基本情况；（2）利润实现和分配情况；（3）资金增减和周转情况；（4）对企业财务状况、经营成果和现金流量有重大影响的其他事项。

5. 利润分配表

利润分配表是反映公司一定会计期间对实现净利润以及以前年度未分配利润的分配或者亏损弥补的报表。利润分配表应当按照利润分配各个项目分类分项列示。

6. 会计报表附注

会计报表附注是为便于会计报表使用者理解会计报表的内容而对会计报表的编制基础、编制依据、编制原则和方法及主要项目等所作的解释。会计报表附注至少应当包括下列内容：（1）不符合基本会计假设的说明；（2）重要会计政策和会计估计及其变动情况、变更原因及其对财务状况和经营成果的影响；（3）或有事项和资产负债表日后事项的说明；（4）关联方关系及其交易的说明；（5）重要资产转让及其出售情况；（6）公司合并、分立；（7）重大投资、融资活动；（8）会计报表中重要项目的明细资料；（9）有助于理解和分析会计报表需要说明的其他事项。

（二）公司财务会计报告的编制

1. 公司财务会计报告编制的负责人

财务会计报告的编制属于公司经营管理范畴的事项，而董事会是公司的经营管理机构，故董事会应是公司财务会计报告的编制者。董事会也可以依照公司法，授权公司经理直接负责公司财务会计报告的编制工作。依照国务院有关规定，公司负责人应对本公司财务会计报告的真实性、完整性负责。根据《公司法》第169条规定，公司聘用、解聘承办公司审计业务的会计师事务所，依照公司章程的规定，由股东会、股东大会或者董事会决定。公司股东会、股东大会或者董事会就解聘会计师事务所进行表决时，应当允许会计师事务所陈述意见。

2. 公司财务会计报告编制的原则

公司编制财务会计报告必须遵循真实性、完整性、规范性和及时性原则。公司编制财务会计报告，应当根据真实的交易、事项以及完整、准确的账簿记录等资料，并按照国家统一的会计制度规定的编制基础、编制依据、编制原则和方法进行。公司不得违反国家有关规定，随意改变财务会计报告的编制基础、编制依据、编制原则和方法。公司应当按照国家有关规定，对会计报表中各项会计要素进行合理的确认和计量，不得随意改变会计要素的确认和计量标准。我国《公司法》第171条规定，公司除法定的会计账簿外，不得另立会计账簿。对公司资产，不得以任何个人名义开立账户存储。公司会计账簿的设立与公司资产的存储必须严格依照《会计法》《公司法》等法律法规的要求进行。此外，《公司法》第170条还规定，公司应当向聘用的会计师事务所提供真实、完整的会计凭证、会计账簿、财务会计报告及其他会计资料，不得拒绝、隐匿、谎报。

3. 公司财务会计报告编制的时间

根据我国《公司法》第164条规定，公司应当在每一会计年度终了时编制年度财务会计报告。国家统一的会计制度规定公司应当编制半年度、季度和月度财务会计报告的，从其规定。这是因为每一会计年度终了时，公司必须进行决算，而其决算结果主要是通过财务会计报告反映出来的，所以，公司决算开始进行之日即为公司财务会计报告编制之时。

4. 公司财务会计报告的审核、确认和审查验证

由于"检查公司财务"是公司监事会的法定职权之一，所以公司财务会计报告在提交股东会确认之前，监事会应当对其予以审核。审核内容主要包括财务会计报告是否真实、是否遗漏重大事项、是否与会计账簿相一致，编制方法是否得当，编制内容是否违反国家有关规定或公司章程。监事会认为必要时，还可聘请中立的会计师对财务会计报告进行审核，费用由公司负担。公司财务会计报告经监事会审核后，董事会应将财务会计报告提交股东会予以确认。公司财务会计报告经股东会确认后，公司对其真实性、完整性和合法性负责。我国《公司法》第169条规定："公司聘用、解聘承办公司审计业务的会计师事务所，依照公司章程的规定，由股东会、股东大会或者董事会决定。公司股东会、股东大会或者董事会就解聘会计师事务所进行表决时，应当允许会计师事务所陈述意见。"由此可见，公司财务会计报告经股东会确认后，还应依法提交验证机构进行审查验证，即由依法成立的注册会计师、会计师事务所审计公司的财务会计报告，并由其出具验证报告，并对其出具的验资报告负责。

（三）公司财务会计报告的提供

编制公司财务会计报告的目的，主要是为了向有关人员和部门提供公司的财务会计信息，满足有关各方了解公司财务状况和经营成果的需要。财务会计报告的公开是指公司按照法定的要求，将公司的财务会计报告，向公司股东、公司债权人、政府有关部门及社会公众公开。

因此，公司财务会计报告编制好以后，还要及时提供给有关人员和部门：（1）有限责任公司应当按照公司章程规定的期限将公司财务会计报告送交各股东；（2）股份有限公司的财务会计报告应当在召开股东大会年会的20日以前置备于本公司，供股东查阅；（3）以募集设立方式成立的股份有限公司必须公告其财务会计报告；（4）公司应当依照法律、行政法规和国家统一的会计制度有关财务会计报告提供期限的规定，及时对外提供其财务会计报告。企业对外提供的财务会计报告应当依次编定页数，加具封面，装订成册，加盖公章；（5）公司对外提供的财务会计报告反映的会计信息应当真实、完整；（6）财务会计报告须经注册会计师审计的，公司应当将注册会计师及其会计师事务所出具的审计报告随同财务会计报告一并对外提供；（7）接受公司财务会计报告的组织或者个人，在公司财务会计报告未正式对外披露前，应当对其内容保密；（8）违反国家有关规定，要求公司提供部分或者全部财务会计报告及其有关数据的，公司有权拒绝。

四、公司的利润分配

（一）公司利润分配的含义

公司是以营利为目的的企业法人，人们之所以投资于公司，公司之所以从事生产经营活动，其最终目的都是为了获取一定的利润。获取利润是股东投资公司的直接目的，也是公司作为营利法人的本质要求。因此，利润分配请求权是股东的一项固有权利。由于公司当年税后利润的分配不仅关系到公司今后的经营和发展，而且关系到股东的切身利益。为了保护股东的合法权益，鼓励人们的投资热情，各国公司法大都明确规定，公司应将其经营获得的利润按一定原则、方式和顺序分配给各个股东，这就是公司的利润分配制度。

在我国，公司的利润分配是指由公司的董事会，根据公司法有关公司利润分配的规定，并结合本公司的财务状况和经营成果，制订出公司当年的税后利润分配方案，提交股东会或股东大会审议批准，并依法组织实施的公司基本法律制度。

（二）公司利润分配的原则

为了贯彻资本维持原则，巩固公司的财务基础，保护投资者和债权人的合法权益，维护交易安全和市场秩序，各国公司法均将"无盈不分，无利不分；多盈多分，少盈少分"作为公司利润分配的基本原则。根据我国公司法和国家有关规定，公司进行利润分配必须坚持以下五个原则。

1. 公司利润应依法纳税原则

无论是有限责任公司，还是股份有限公司，都是在中国境内设立的企业法人，对其经营所获得的利润，应首先依法向国家缴纳所得税。依法纳税是每一个公司应尽的法定义务。公司对其年度利润，一定要先向国家缴纳所得税，否则，便不能进行利润分配。

2. 公司利润应依法提取公积金原则

公司要对其利润进行分配，不但首先要依法纳税，而且在税后还应依法提取法定公积金。公司的公积金依法必须用于弥补公司亏损、扩大公司生产经营或者转为增加公司资本。需要说明的是，股份有限公司经股东大会决议将公积金转为增加公司资本时，按股东原有股份比例派送新股或者增加每股面值。但所留存的该项公积金不得少于转增前公司注册资本的25%。如果没有依法提取公积金，而进行利润分配的，必须将违法分配的利润退还公司。

3. 用当年利润弥补亏损原则

如果公司的公积金不足以弥补上一年度公司亏损的，在依法提取法定公积金之前，依法还应当先用当年利润弥补亏损。这是我国公司法的强行规定，如果股东会或者董事会擅自在公司弥补亏损之前分配利润的，也必须依法将违法分配的利润退还公司。

4. 无盈不分的原则

无盈不分是各国公司法的共同规定，也是我国公司利润分配的法定原则之一。拥有一定的利润是公司向股东分配股利的前提条件。公司当年无利润时，则不得给股东分配，禁止从公司资本中支付股利。如果允许无税后利润而分配股利，就会导致公司资本在实质上的减少，损害公司及公司债权人的利益，同时，也损害了股东的长远利益。所以，我国公司法规定，公司当年无利润时，不得分派股利。

5. 按比例分配的原则

公司弥补亏损和提取公积金后，对所余利润，有限责任公司除全体股东另有约定外，一般应按照股东的实缴出资比例分配，股份有限公司除公司章程另有规定外，一般则应按照股东持有的股份比例分配。公司分配利润时，必须遵守这一原则，否则，利润分配就失去其应有的法律约束力。

（三）公司利润分配的顺序

我国公司法虽然没有明确规定公司的利润分配顺序，但从其规定的内容来看，公司的利润分配顺序应当是：（1）弥补以前年度的公司亏损；（2）提取法定公积金；（3）提取任意公积金；（4）向股东支付股利。

1. 弥补以前年度的公司亏损

根据我国公司法的有关规定，公司的法定公积金不足以弥补上一年度的公司亏损的，在提取法定公积金之前，应当首先用当年利润弥补亏损。公司都是以营利为目的的，但在市场经济的激烈竞争中，有的可能成功，获得较高的利润，有的则可能失败，发生亏损。如果公司经营亏损，便不能向股东分配利润，也无法提取法定公积金。

如果公司在以往年度有亏损，则在进行当年利润分配前，应依法首先动用以前各年提取的公积金，弥补往年度的亏损；如果公司往年度的亏损无法用公积金进行弥补，则应动用当年利润弥补亏损；如果公司已经弥补了往年度的亏损，且本年度还有利润时，则可依法进行下一阶段的程序。

2. 提取法定公积金

公司为了弥补亏损，扩大经营规模，稳固公司资本，鼓励和奖励公司员工，依法须从税后利润中提取一定的资金，该资金就是公司法上所称的公积金。

所谓法定公积金就是公司在分配股利前，依法必须提取的、公司章程或股东会决议不得予以取消或予以少提的公积金。公积金的提取制度始于法国公司法的规定，现在大多数国家和地区的公司法都有这方面的规定。根据我国公司法的规定，公司分配当年税后利润时，应当提取利润的 10% 列入公司法定公积金，公司法定公积金累计额为公司注册资本的 50% 以上的，可不再提取。

3. 提取任意公积金

任意公积金是指公司按照公司章程的规定或者股东会决议在法定公积金之外自由提取的公积金。任意公积金来源于公司的税后利润，因而属于盈余公益金的范畴，但并非法律所强行规定，为别于法定公积金，学理上又称为特别盈余公积金。在国外，因提取的目的和用途不同，任意公积金又分为：以偿还公司债为目的的"公司债偿还公积金"，以平衡历年盈余分配为目的的"平衡公积金"，以资产折旧为目的的"折旧公积金"和不为专门用途而提取的"普通公积金"等。任意公积金的用途一经确定，即转为专用资金，非经股东会决议，不得挪作他用。根据我国公司法的规定，公司在从税后利润中提取法定公积金后，经股东会或股东大会决议，还可以提取任意公积金。任意公积金是否提取，提取多少都应由股东会作出决议。非经股东会决议变更或公司章程的修改，公司董事会无权予以变更。从我国公司法的规定来看，任意公积金与法定公积金的用途并无不同，但我们认为，既然任意公积金的提取不以法律的强行规定为前提，自应允许公司以特定目的而提取，并作为专用资金，专款专用。

4. 向股东支付股利

公司在弥补亏损和提取法定公积金后，对其所余利润，除全体股东另有约定或公司章程另有规定外，按照股东实缴的出资比例或者股东持有的股份比例进行分配。如果股东会或董事会违反规定，在公司弥补亏损和提取法定公积金之前向股东支付股利的，依法必须将违法分配的利润退还给公司。否则，公司就要承担一定的法律责任。

第六章
公司的设立、变更与终止

第一节　公司的设立

一、公司设立的含义

公司的设立是指发起人为了使公司得以成立并取得企业法人资格，依照法定条件和程序所进行的一系列法律行为的总称。公司的设立以公司的发起作为开端，没有公司的发起就没有公司的设立，人们要设立公司必须由发起人去发起和设立公司，因此，公司设立的主体是发起人，发起人就是先行出资、筹建公司，并对公司设立承担责任的自然人、法人和其他非法人组织等，发起人在公司设立过程中，对内执行公司设立业务，对外代表正在设立中的公司，不仅所处的地位重要，而且所起的作用也十分重大。公司设立是一种法律行为，只能根据公司法的规定而设立，发起人仅仅根据合同是不能成立公司的。当事人设立公司要严格履行法定的条件和程序，否则，就无法达到预期的法律后果。公司设立必须提供相应的申请和文件，采用书面形式，因而公司的设立又是一种要式法律行为。

公司的设立，因所设立公司的类型不同，公司设立的条件和程序也有所区别，一般来讲，有限责任公司的设立条件比较宽松、设立程序比较简单，而股份有限公司设立的条件则比较严格、设立程序也比较复杂。公司设立的目的是为了最终成立公司，并使公司具有权利能力和行为能力，能够独立承担法律责任，具有企业法人的资格，为股东创造更多的利润。公司的设立是一系列法律行为的总称，包括订立公司章程、确定公司股东、履行出资义务、确立公司的组织机构和进行登记注册等行为。

公司的设立同公司的成立是两个不同的法律概念，它们之间既有联系又有区别。公司的设立是公司成立的前提和法定必经程序，公司的成立则是公司设立的法律后果或直接目的。其区别主要在于：（1）性质不同。公司的设立是一种法律行为，而公司的成立则是公司设立行为所导致的法律后果，通常是指一种法律事实或状态。（2）所处阶段不同。公司设立行为存在于公司营业执照颁发之前，而公司的成立则开始于公司营业执照的签发之时。但设立行为并不必然导致公司的成立，公司设立如果不符合法定条件和程序，就不可能为法律所承认，公司也就无法成立。（3）效力不同。在公司设立阶段，公司还没有成立，发起人不能以公司名义对外从事经营活动，因设立行为所负费用和债务由发起人承担责任。公司一旦成立，就成了一个独立于其股东的企业法人，就能以公司名义从事生产经营活动和其他民事活动，其活动的后果也由公司承担。（4）参与主体不同。公司设立过程的参与主体主要是发起人，发起人之间属于平等商事法律关系，而公司成立则涉及发起人和公司登记机关，二者之间形成的是登记监督法律关系。（5）争议的性质及解决方式不同、发起人之间发生的争议属于民商事纠纷，当事人可根据民事诉讼程序解决，但若对公司成立与否发生争议，则由发起人提起行政诉讼予以解决。

归纳起来，公司设立的特征主要体现在四个方面：（1）发生在公司成立之前，也就是说公司设立发生在领取企业法人营业执照之前；（2）设立行为必须严格依照法律的规定，也就是说公司设立不仅设立的条件法定，而且设立的程序法定；（3）设立行为是一系列循序、连续的行为，也就是说公司设立行为是具有时间先后的、逻辑性强的步骤性行为；（4）公司的设立目的在于取得法人资格。

二、公司设立的性质

公司的设立是一种法律行为，这是毫无疑义的。但公司的设立到底属于什么性质的法律行为，在国内外法学界还有争议，主要有以下四种学说。

（一）契约说

该学说认为，公司的设立是一种契约行为。股东之间订立章程，决定公司种类、住所和名称，确定资本总额、出资方式，召开创立大会，选举董事，设立登记等皆为民法中的契约行为。因为这些学者认为，公司的设立是出于各股东的合意，从本质上讲，公司的设立就是一种契约行为。

（二）单独行为说

该学说认为，公司的设立行为实质上是一种股东以组织公司为目的的个别单独行为。这些个别的单独行为因集中于共同设立公司之目的而相互联合（联合单独行为说），或者因为偶然关系而集合在一起（偶合单独行为说）。

（三）合并行为说

此学说认为，设立公司是契约行为和单独行为的有机结合。即设立公司既有契约行为性质，又有单独行为性质，是一种混合性质的行为。

（四）共同行为说

这种学说认为，公司的设立行为是若干股东或发起人共同所为的法律行为。也就是说，公司的设立既不是一种契约行为，也不是一种单独行为，而是一种共同行为，是设立人为使公司得以成立并取得企业法人资格而共同所为的一种法律行为。该学说是大多数学者能够接受和认同的主张，也是我们赞成的观点。

三、外国的公司设立制度

在各国公司法中，公司设立制度占据十分重要的地位。各国公司法都把建立高效、安全的公司设立制度作为自己的基本使命，因为，公司在社会经济生活中作用的发挥是以公司的合法存在作为前提的。在不同的历史时期和在不同的国家和地区，西方各国的公司立法关于公司设立的基本制度是不相同的，概括起来，先由自由设立制度而至特许制度，转为核准制度，近代采用单纯准则制度，现代则采用严格准则制度。下面分别予以介绍。

（一）自由设立制度

自由设立制度，又称为放任制度，是指国家对公司的设立不加任何限制，公司是否设立，设立何种公司，怎样设立，完全由设立人自行决定，法律不加任何干预，无须办理任何手续，公司就可成立。在这种制度下，成立公司既无法定条件的要求，也无注册登记的要求。该制度盛行于欧洲中世纪末的自由贸易时代，当时的商事公司刚刚兴起，便采用了这一制度。在这种制度下，公司与合伙企业的界限难以分辨，很容易造成公司的滥设，不利于债权人利益的切实保护，也容易引起经济秩序的混乱。

（二）特许制度

由于自由设立制度对公司的设立听任自由、毫无限制，结果导致了投机者滥设公司，危害交易安全。为了维护正常的社会经济秩序，保护债权人的合法权益，便产生了特许制度。特许制度是指公司的设立要经过国家元首的特别许可（国家元首特许制度）或者要经过国家立法机关颁发特别的法令以示许可（法律特许制度）。前者如英国国王特别许可的"特许公司"，后者如英国国会颁发特别法令，授权设立的"制定法上的公司"。特许制度起源于13—15世纪，英国和荷兰等国家在17—18世纪也多采用这种制度。在特许制度下设立的公司通常被视为早期资本同绝对主义和极权主义王权相结合的产物，是国家权力的延伸。

（三）核准制度

特许制度虽然克服了自由设立制度过于放任的缺陷，但由于设立一个公司，要么经过国家元首颁布命令，要么由立法机关制定特别法令，手续繁杂、缓不济急，还不如由行政主管机关核准方便，于是产生了核准制度。核准制度，又称行政许可制度或审批制度，是指公司的设立除依据一般法律所规定的条件外，还须经过行政主管机关的审查批准才能成立。这种制度最初产生于法国路易十四颁发的《商事条例》，法、德等国在18世纪也曾采用过。

（四）单纯准则制度

由于在核准制度下，公司的设立必须一一经过行政主管机关的批准，往往旷日持久，在商品经济飞速发展的时代，也不足以适应实际生活的需要，于是单纯准则制度便应运而生。单纯准则制度最早是由1862年的英国公司法所创设，该公司法规定，股东仅以其承诺的出资额为限对公司债务承担责任。法律允许当事人通过契约方式设立公司。只要将其设立契约予以注册登记即可成立公司。19世纪西方各国普遍采用。单纯准则制度是指公司的设立只要符合国家公司立法所规定的条件，就可登记成立公司并取得法律上之独立人格。由于当时法律所规定的设立条件过于简单，故称为单纯准则制度。

（五）严格准则制度

由于单纯准则制度的实施，导致了公司滥设的严重后果，故 20 世纪以后，现代西方公司法便采用了严格准则制度。所谓严格准则制度，一是严格公司设立的法定条件，二是加重设立人的法律责任，三是加强司法机关、行政主管机关对公司的监督。严格准则制度之所以被现代西方公司法所采用，这是由它的本质属性及其社会效应决定的。因为严格准则制度，既无自由设立制度与单纯准则制度过于放任的缺陷，也无特许制度与核准制度过于烦琐的弊端。在国家监管与公司自治之间找到了平衡点，适应了现代公司的发展要求。需要说明的是，在严格准则制度之下设立程序的最后步骤，须在公司登记机关办理注册登记手续。在登记阶段，公司登记机关有权审查公司设立是否合乎法律所规定的准则，但如果符合公司法的条件和程序性规定，公司登记机关只能准其登记，而不能以政策上或其他理由，而拒绝登记，这是严格准则制度与核准制度的区别所在，否则，当事人有权提起行政诉讼。

四、我国的公司设立制度

伴随着从计划经济向市场经济的转轨以及市场经济的繁荣发展，我国的公司设立制度也经历了一个较为缓慢的演变过程。长期以来，我国在公司设立方面基本上适用的是主管机关审批和登记机关核准相结合的严格的行政审批制度，奉行的主要是核准制度。核准制度对于防止滥设公司曾起过积极作用，但随着经济体制改革的不断深入和市场经济改革取向的确立，其弊端越来越明显，已难以适应市场经济发展的客观需要。我国 1993 年《公司法》在总结我国公司设立实践的基础上，适当借鉴了国外成功的立法经验，对我国的公司设立制度进行了一定的改革。

我国 1993 年《公司法》第 8 条规定："设立有限责任公司、股份有限公司，必须符合本法规定的条件。符合本法规定的条件的，登记为有限责任公司或者股份有限公司；不符合本法规定的条件的，不得登记为有限责任公司或股份有限公司。""法律、行政法规对设立公司规定必须报经审批的，在公司登记前依法办理审批手续。"第 77 条又明确规定："股份有限公司的设立，必须经过国务院授权的部门或者省级人民政府批准。"

由此可见，我国 1993 年《公司法》规定的公司设立制度是严格准则制度和核准制度的结合。即对于部分有限责任公司的设立适用严格准则制度，对股份有限公司和部分有限责任公司的设立则适用核准制度。也就是说，设立有限责任公司，符合公司法规定条件的，一般适用严格准则制度，直接办理登记注册手续，但对于涉及国家安全、公共利益和关系国计民生等特定行业和项目，法律、行政法规规定需要审批的，则应当履行审批手续，适用核准制度。对于股份有限公司，考虑到其股份发行涉及社会资金流向和众多股票投资者的合法权益，加之其他有关法律还不配套，为避免引起混乱，1993 年《公司法》明确规定对于股份有限公司的设立，必须由国务院授权的部门或省级人民政府审查批准，一律适用核准制度。

随着我国市场经济的飞速发展，公司实践经验的丰富，核准制度的广泛使用已经成为公司发展的障碍。由于 1993 年《公司法》对股份有限公司与有限责任公司区别对待，实行不同的设立制度，既不符合国际惯例，也缺乏理论支撑。因此，我国 2005 年《公司法》删除了 1993 年《公司法》第 77 条的规定。

我国 2005 年《公司法》第 6 条规定：设立公司，应当依法向公司登记机关申请设立登记。符合本法规定的设立条件的，由公司登记机关分别登记为有限责任公司或者股份有限公司；不符合本法规定的设立条件的，不得登记为有限责任公司或者股份有限公司。法律、行政法规规定设立公司必须报经批准的，应当在公司登记前依法办理批准手续。公众可以向公司登记机关申请查询公司登记事项，公司登记机关应当提供查询服务。

因此，根据我国 2005 年《公司法》对有限责任公司和股份有限公司的设立，原则上均采用严格准则主义，对法律、行政法规要求必须报经批准的，才实行核准主义。但我们认为，在我国市场经济发展到一定程度，公司实践经验较为丰富时，则应全面采用国际通用的严格准则制度。

五、公司瑕疵设立的法律效力

（一）国外关于公司瑕疵设立的法律效力制度

公司瑕疵设立是指公司虽已成立并依法获取了设立证书，但公司设立行为并不完全具备公司法所规定的实质要件。该种设立行为所存在的问题称为公司设立瑕疵。

国外公司对公司设立瑕疵的法律态度主要有以下两种制度:（1）公司瑕疵设立有效制度。该制度规定，即公司设立存在瑕疵，所登记成立的公司也是完全有效的，无论是股东还是债权人都不得以公司设立存在瑕疵为由而向法院提起诉讼，要求法院宣告公司设立行为无效。该制度为英、美、日等国所实行。（2）公司瑕疵设立无效制度。该制度规定，如果公司设立存在瑕疵，则公司的设立行为是无效的，股东或董事等可以向法院提起公司设立无效诉讼。该制度为欧盟各国所实行。

（二）我国关于公司瑕疵设立的法律效力问题

我国公司法对公司瑕疵设立的法律效力没有明确规定。根据大多数学者的意见，我国应采取公司设立无效制度。[①]另外，我国也有学者认为，我国公司法应站在大多数人的利益维护角度去认定公司设立瑕疵的法律效力问题，即便公司设立存在瑕疵，也不应允许国家机关以外的任何人向法院提起无效诉讼。因为，公司瑕疵设立的效力问题实际上是一个公共政策的选择问题，它取决于两种利益的考量，即公司组织的维持和公司少数人利益的保护。[②]因此，我国公司法在事实上体现的公司维持原则有利于我国确立瑕疵设立有效制度。

---

① 王保树主编：《商事法论集》第 5 卷，法律出版社 2000 年版，第 13~14 页，第 36~37 页。
② 张民安：《公司瑕疵设立效力研究》，《比较法研究》2004 年第 4 期。

第二节　公司的变更

一、公司变更概说

公司变更,在德国被称为"公司改组",公司改组可采取合并、分立、财产移转和形式变更四种法定方式。[①]在我国,一般来讲,公司变更是指公司设立登记事项中某一项或某几项的改变。[②]具体来讲,公司变更是指公司依法成立后,在其存续期间,依照法律和行政法规的规定,改变其构成要素的法律行为。

公司是经国家市场管理部门核准登记成立的、以其全部法人财产、自主经营、自负盈亏的企业法人。在其生产经营过程中,随着自身条件和外部环境的变化,公司的诸方面情况都会发生一定程度的改变,特别是在市场经济的条件下,由于经济的飞速发展、竞争的日趋激烈和调节生产经营与销售市场之需要,公司的变更是不可避免的。因此,公司的变更是市场经济和社会化大生产发展的必然结果。

公司变更的主体只能是依照我国《公司法》所设立的有限责任公司和股份有限公司,而不能是非法设立的公司或依其他法律所设立的公司。公司变更是一种法律行为,必须严格按照我国《公司法》和《公司登记管理条例》所规定的条件和程序进行,否则,就无法达到其预期的法律后果。公司变更是依照法律对公司构成要素、有关情况的变化、更改,变化的内容主要包括公司的名称、住所、法定代表人、注册资本、经营范围、营业期限、股东的姓名或者名称等事项。

公司的变更依其变更内容重要程度的不同,可分为一般变更和重大变更两种情况。公司的一般变更是指公司名称、住所、法定代表人、注册资本、经营范围、营业期限和股东等情况的变更。而公司的重大变更则是指公司的合并、分立

---

① 参见德国《公司改组法》第1条。
② 王保树主编:《中国商事法》,人民法院出版社2001年版,第247页。

和组织形态的变更。

公司的变更依其条件的不同,可分为行政命令变更、司法裁决变更、市场迫使变更和公司主动变更四种类型。(1)行政命令变更,即国家行政机关因公司违反有关行政法规依其职权责令公司进行的变更,例如,当公司的劳动安全卫生设施不符合国家规定的标准、公司的生产经营造成严重的自然资源破坏和环境污染,或者公司的能源消耗不符合国家规定标准时,政府有关部门便可责令该公司进行变更。当国家调整产业结构时,政府有关部门也可以命令不符合国家产业政策的公司进行变更。(2)司法裁决变更,即人民法院对有关公司登记事项的争议作出裁决从而引起的公司变更,例如,公司因名称专用权、土地使用权等发生争议,经人民法院裁决后就可能引起相应的登记事项的变更。(3)市场迫使变更,即公司在市场竞争中遇到严重困难,如原材料、能源短缺、产品没有销路等而被迫进行的变更。(4)公司主动变更,即公司根据对市场发展情况的预测,主动适应市场变化的趋势而进行的变更。

公司的变更不仅关系到公司自身权利能力和行为能力的变化,而且还涉及有关当事人的合法权益,影响到市场供应和人民群众的生活,关系到国家对公司的监督、管理以至整个国民经济的综合平衡和宏观调控。因此,公司变更必须严格依照法律规定的程序进行。按照我国有关规定,公司变更应当向原公司登记机关申请变更登记,未经核准登记变更,公司不得擅自改变其登记事项。公司申请变更依法应当向公司登记机关提交公司法定代表人签署的变更登记申请书、依照公司法作出的变更决议以及公司登记机关要求提交的其他文件。公司变更涉及修改公司章程的,还应提交修改后的公司章程或者公司章程修正案。

公司依法办理了变更登记手续后,公司变更即产生相应的法律后果。归纳起来,公司的变更引起的法律后果主要是:新公司的设立、原公司的解散;公司组织结构的变动;公司权利能力和行为能力内容的变化;公司债权债务的主体、履行地点和方式的变化;公司财产结构及产权的变化;公司印章、开户银行和税务登记事项的变化。

二、公司的合并

（一）公司合并的含义

在现代社会里,由于经济的飞速发展和竞争的剧烈变化,公司之间的合并就成了一种不可避免的客观现象。一公司与他公司的合并,主要是为了增强公司实力,扩大其生产经营规模、拓宽市场占有率、提高经营管理水平和强化公司的市场竞争能力。因此,公司的合并,有利于促进社会化大生产的发展和市场经济的繁荣。但合并超过了一定限度,也可能在某些行业和领域形成垄断,妨碍市场的公平竞争,甚至影响或阻碍社会生产力的健康发展,所以,许多国家的反垄断法也对公司合并实施专门的调控。我国公司立法,对公司合并的法律问题也作了较为具体的规定。

所谓公司的合并是指两个或两个以上的公司为了生产经营管理之需要,依照公司法的规定,签订合并协议,归并为一个公司的法律行为。简言之,公司的合并就是两个或两个以上的公司变更为一个公司。公司合并是公司之间的合意行为,而不是股东之间的契约行为。公司合并发生法律效力后,参加合并的各方公司股东虽然取得了合并后公司股东的资格,但这只是公司合并的后果。因此,公司合并必须以两个或两个以上公司的存在为逻辑前提。公司合并是两个以上公司之间在平等自愿的基础上所进行的法律行为,任何合并一方均不得强迫、威胁另一方与自己进行合并。否则,该项合并就是无效的。公司合并既导致了合并前公司主体和权利的变更,也牵扯到与这些公司建立民商事关系的主体的利益。因此,公司合并必须严格依照公司法规定的条件和程序进行。

关于公司合并的种类限制问题,各国公司法的规定不一:(1)有的国家(如法国和意大利)立法规定,公司的合并不受公司种类的限制,即"种类不受限制主义"。所谓种类不受限制主义就是在公司合并时,法律不问合并的公司属于何种责任形式均可以合并。也就是说,同类型的公司可以合并,如有限责任公司与有责任限公司合并;不同类型的公司同样可以合并,如有限责任公司与股份有限公司合并。(2)有的国家(如德国和日本)的立法规定,公司的合并须受公司种类的限制,即"种类限制主义"。所谓种类限制主义是在公司合并时,法律只允许同种类的公司合并,或者虽允许性质相似的公司合并,但对合并后的公司种类却有限制,如有限责任公司只能和有限责任公司合并,股份有限公司只能和股份有限公司合并,或者有限责任公司虽可以与股份有限公司合并,但合并后存续或新设的公司则必须是股份有限公司。根据我国《公司法》的规定,有限责任公司和有限责任公司之间可以合并,股份有限公司和股份有限公司之间也可以合并,甚至有限责任公司还可以同股份有限公司合并。但合并后存续的公司类型却无明文规定,也就是说,合并后存续的公司无论是有限责任公司还是股份有限公司都可以。

关于公司合并的法律性质,主要有以下三种学说:(1)人格合一说。该学说认为,公司合并是两个以上的公司依照特殊契约合并形成了公司人格合一体,产生了权利义务概括承继和股东收容的法律效果。(2)实物出资说。该学说认为,公司合并的实质是以解散公司的全部资产、营业作为实物出资转移给存续公司或新设公司,使其资本增加或得以成立。(3)契约说。该学说认为,公司的合并是参与合并的各公司之间所订立的一种团体法上的契约行为。合并时不必经过清算程序,只需以契约为之即可。[1]人格合一说应为通说,因为它既揭示了公司合并的法律效果,又反映了公司合并的共同本质,即两个以上公司的法人资格合而为一的本质特征。

(二)公司合并的形式

我国有学者认为,合并是参加合并的各方公司均在合并过程中终止,而一个新的公司从合并中产生。[2]这种观点实际上只解释了新设合并,并不包含吸收合并。其实,我国和世界上大多数国家一样,都在公司法中确认了公司合并的两种法定形态,即吸收合并和新设合并。所不同的是,我国在公司法中独创性地直接对公司合并的形式作了明确界定,具有明显的理论意义和实践意义。因为法律概念是法律体系的基石,法律概念的严谨有助于推动整个法律体系的建立和完善。[3]

1. 吸收合并

吸收合并亦称为存续合并,是指两个或两个以上的公司合并时,其中一个公

---

① 张国键:《商事法论》,台湾三民书局 1980 年版,第 139 页。
② 江平主编:《新编公司法教程》,法律出版社 1998 年版,第 86 页。
③ 王长河、孟祥魁:《公司合并及其相关概念的比较》,《中国人民大学学报》1998 年第 6 期。

司继续存在（称为存续公司），而其余公司则归于解散（称为解散公司），即一个公司吸收其他公司，被吸收的公司解散。吸收合并的结果是，一个公司存续，但其内容发生了变化，主要是吸收了其他公司，而其余公司则归于解散，解散的公司则被存续公司所吸收。换句话说，吸收合并是指一个公司接纳一个或一个以上的公司加入本公司，加入方解散，失去法人资格，接纳方继续存在。从大多数国家公司合并的实践来看，吸收合并的形式较为普遍。

2. 新设合并

新设合并亦称创设合并，是指两个或两个以上的公司合并时，参加合并的各原有公司同归解散，而另外成立一个新公司。新设合并由于合并的各原有公司没有一个存续下来，均同时归于解散，失去法人资格，不复存在，而在此基础上，另行创立了一个新公司，故新设合并也称为创设合并。

除吸收合并和新设合并这两种传统的、典型的和较为普遍的合并方式外，国外还有简易合并、三角合并与反三角合并等合并类型。简易合并是采取简易程序的特定公司（大小公司、母子公司）之间一种特殊的吸收合并，主要省略了股东大会的决议程序，现已为美国、法国和德国立法所承认。三角合并与反三角合并是涉及三方公司介入的合并，是合并与收购的结合，它们均产生母公司实际收购目标公司的法律后果，是 20 世纪 60 年代首先在美国发展起来的一种新型合并方式，且已为美国立法所承认。[①]

（三）公司合并的程序

公司合并是公司变更的重要内容，关系到公司的前途和命运。为了使合并产生预期的法律效果，我国公司合并时必须履行以下法定步骤：

1. 拟订公司合并方案

这是公司合并时应履行的程序，也是公司合并的第一步。公司合并应先由公司董事会拟订公司合并方案。合并方案的内容主要有：合并的动因和目的；合并各方的基本情况；合并的方式和步骤；公司现有的债权债务；合并后公司的基本情况。

2. 作出合并决议

公司合并方案拟订后，由董事会提交股东会或股东大会决议，股东会作出的

---

① 陈丽洁：《公司合并法律问题研究》，法律出版社 2001 年版，第 27~29 页。

合并决议,依法必须经代表三分之二以上表决权的股东通过(《公司法》第43条);股东大会作出的合并决议,依法必须经出席会议的股东所持表决权的三分之二以上通过(《公司法》第103条)。只有股东会或股东大会作出了合并决议,公司与其他公司签订的合并协议才能生效。因此,作出合并决议这是公司合并的前提条件。同时,公司合并决议的内容和形式都必须合法,合并决议的内容和形式违背了法律,那么,合并决议也就没有法律效力。

3. 签订合并协议

公司作出合并决议后,即可据此与其他公司进行协商,在平等互利的基础上签订合并协议。合并协议应采用书面形式。一般来说,合并协议应主要包括下列内容:合并各方的名称、住所;合并后存续公司或新设公司的名称、住所;合并各方的资产状况及其处理办法;合并各方的债权债务状况及其处理办法;存续公司或新设公司因合并而增资所发行的股份总数、种类和数量;合并各方认为需要载明的其他事项。

4. 编制资产负债表及财产清单

为了明确公司合并时的财产状况,合并各公司必须编制资产负债表及财产清单。资产负债表是反映公司在某一特定日期财务状况的报表,资产负债表的项目,依法应当按资产、负债和所有者权益的类别分项列示。财产清单即财产目录,包括财产的名称、种类、数量及其价款等内容。

5. 通知及公告债权人

公司应当自作出合并决议之日起10日内通知债权人,并于30日内在报纸上公告。债权人自接到通知书之日起30日内,未接到通知书的自公告之日起45日内,可以要求公司清偿债务或者提供相应的担保。否则,公司依法不得合并。这一程序的目的主要是为了保护债权人的合法权益。

6. 办理登记手续

公司合并属于公司的变更事项之一,应当依法向公司登记机关办理变更、注销或设立登记。具体来说,因合并而存续的公司,依法应当办理公司变更登记;因合并而解散的公司,应当依法办理公司注销登记;因合并而新设的公司,则应当依法办理公司设立登记。

(四)公司合并的法律后果

公司的合并是一种法律行为,必然具有一定的法律效力,产生一定的法律后果。不具备法定条件和不履行法定程序的公司合并，可能导致损害股东、债权人及正常经济秩序的后果，因此，许多国家设置了合并无效制度，公司的股东、不愿合并的债权人、清算人均可向法院提起合并无效之诉。[①]依照法定条件和程序所进行的公司合并可产生以下法律后果：

1. 公司的解散

公司合并，不论其为吸收合并，还是新设合并，均有一个或一个以上之公司解散。这里的公司解散与一般的公司解散有所不同，一般的公司解散必须经过清算程序，但因合并而解散的公司则无须经过清算程序，其法人资格即归于终止。从形式上看，公司的合并，形成了原公司法人资格终止的原因，也产生了原公司法人终止的后果；从实质上讲，公司的合并，并不是指原公司的纯粹终止，而只是融合到一个新的公司之中而已。

2. 公司的变更

在吸收合并的情况下，存续的公司虽是原公司的继续存在，但因吸收了其他被合并的公司。所以，吸收合并导致了存续公司的变更，主要是股东人数、资本总额，乃至责任形式的变更等。为此，吸收合并后存续的公司必须修改其公司章程，以适应这种变更。

3. 公司的设立

在新设合并的情况下，原来参加合并的公司均已终止，但在此基础上，又重新设立了一个公司。所以新设合并也导致了新公司的设立。

4. 债权债务的概括承继

因合并而解散的公司，其债权债务，由合并后存续的公司或者新设立的公司当然地、概括地享有和承担。所谓"当然"就是不附加任何条件；所谓"概括"就是不仅要享有解散公司的债权，还要承担解散公司的所有债务，而不能有所选择或只承担一部分。据此我国《公司法》第174条规定，公司合并时，合并各方的债权、债务，应当由合并后存续的公司或者新设立的公司承继。

5. 股东资格的当然承继

合并前原公司的股东继续成为合并后存续公司或新设公司的股东。合并前原股东的股份按照合并协议转换成合并后公司的股份。

公司合并涉及合并各方及其股东、债权人、职工和市场竞争秩序，因此，各

---

① 石少侠主编：《公司法教程》，中国政法大学出版社1999年版，第249~250页。

国的公司法、证券法、劳动法和反垄断法都有关于公司合并的法律规制。其目的就在于保护公司合并过程中相关主体的合法权益，维护正常的市场竞争秩序。我国关于公司合并的立法在规范公司合并过程中发挥了积极的作用，但也存在一定的缺陷，亟须充实和完善。[1]

三、公司的分立

（一）公司分立的含义

大陆法系和英美法系本没有公司分立制度，公司分立是随着社会分工的不断细密而出现的一种法律现象，它的产生和普遍适用较公司合并要晚得多。一般认为，公司分立制度是法国在 1966 年的《商事公司法》中最先确立的。自欧共体理事会 1982 年 12 月 17 日关于公司分立的第 6 号公司法指令实施以来，大多数欧盟成员国承认了公司分立制度。[2]我国公司法为了规范公司的分立行为，也确立了公司分立制度。

公司的分立与公司的合并都是属于公司的变更范畴。不同的是，公司的分立与公司的合并正好相反。在市场经济的激烈竞争中，为了适应市场情况的变化，实行专业化经营，有效地占领市场，一个公司往往会分出一部分资本和人力，再重新设立一个或若干个公司，这些分出来的公司实行独立核算，具有独立的法人资格，有时一个公司往往也会将原有的公司分为两个或两个以上的公司，使其自主经营、自负盈亏，原有的公司则予以解体。公司分立导致公司组织结构和产品结构的调整，是公司能动地适应市场需求，在市场竞争中求得生存和发展的重要措施。随着公司环境的变化，公司的组织也需要作相应的调整。没有公司分立制度，公司往往只能依靠设立子公司或转让营业的方式来达到公司分立的效果，而这种迂回的方式需要支出更多的费用和代价。[3]

从以上情况的分析中可以看出，所谓公司分立就是一个公司为了生产经营和管理之需要，依照公司法的规定，将其分成两个或两个以上公司的法律行为。公司的分立是将原来存在的一个公司划分为两个或两个以上的独立公司，它既不同

---

① 陈丽洁：《公司合并法律问题研究》，法律出版社 2001 年版，第 208~233 页。
② 毛亚敏：《公司法比较研究》，中国法制出版社 2001 年版，第 320~321 页。
③ ［韩］李哲松：《韩国公司法》，吴日焕译，中国政法大学出版社 2000 年版，第 706 页。

于公司建立自己的分公司,也不同于划小核算单位,而是一种公司变更的法定形式。

关于公司分立的法律性质,国外学者认为,公司分立是公司营业的分离,它在将其与公司分立的主体即法人资格相区别的同时,把公司分立看作是与营业相对应,分离公司的股权关系的公司法上的法律事实。[①]因此,公司分立的实质是公司营业的分离,并非公司财产的移转。

（二）公司分立的形式

我国公司法对公司分立的形式没有明确规定,但根据国外的有关规定和公司分立的实践来看,公司的分立有分解分立和分支分立两种形式:(1)分解分立。分解分立又称新设分立,是指把一个原有公司分成两个或两个以上的新公司,原有的公司因此而解散,新分立的公司依法成为新的公司法人。(2)分支分立。分支分立又称派生分立,是指把一个原有公司的财产和业务分出一部分或若干部分,组成为新的公司,新组成的公司依法成为新的公司法人,原有的公司法人仍然存在,只是由于被分支出去一部分或若干部分而发生了变更。

（三）公司分立的程序

公司的分立,不仅涉及分立的公司本身,而且关系到债权人的合法权益,甚至对公司的经营管理者和其他雇员都会产生一定的影响。因此,公司的分立必须严格依照公司法所规定的程序进行。

一般来说,我国公司的分立必须经过以下法定程序:(1)作出公司分立的决议。公司的分立首先应由董事会拟订方案,然后报请公司的权力机构由其作出分立决议。有限责任公司的合并依法应由股东会作出决议,股东会作出的分立决议,必须经代表三分之二以上表决权的股东通过(《公司法》第43条)。股份有限公司的合并依法应由股东大会作出决议,股东大会作出的分立决议,必须经出席会议的股东所持表决权的三分之二以上通过(《公司法》第103条)。(2)分割公司财产。公司分立,无论是分解分立,还是分支分立,依法都要对其财产作相应的分割。(3)编制资产负债表及财产清单。为了明确公司分立时的财产状况,依法必须编制资产负债表及财产清单。(4)通知及公告债权人。这一程序同公司

---

① 　［韩］李哲松:《韩国公司法》,吴日焕译,中国政法大学出版社2000年版,第713页。

合并的通知及公告程序大体相同。（5）办理登记手续。公司的分立属于公司的变更事项之一,应当依法向公司登记机关办理变更登记、注销登记或设立登记。具体来说,因分支分立而存续之公司,依法应当办理变更登记;因分解分立而解散的公司,依法应当办理注销登记;因分解分立和分支分立而新设之公司,依法应当办理设立登记。

（四）公司分立的法律后果

公司的分立是一种法律行为,必然具有一定的法律效力,产生一定的法律后果。公司分立作为公司能动适应市场和在市场竞争中求得生存与发展的重要措施,其重要性已日渐凸现,但在公司分立中,公司股东与债权人的利益又往往因公司分立而受到影响或损害,因此,如果公司分立不具备法定条件和不履行法定程序,损害股东和债权人合法权益的,股东、债权人均可提起公司分立无效之诉。①

依照法定条件和程序所进行的公司分立可产生以下法律后果:（1）公司的变更。在分支分立的情况下,原有的公司虽然存续了下来,但因派生出了一个或者若干个新的公司,存续公司法人资格虽然存在,但其内容却发生了变更,主要是股东人数、资产总额、业务范围等的减少。因此,分支分立导致了存续公司的变更。（2）公司的解散。在分解分立的情况下,原有的公司失去其法人资格,归于终止,不复存在。所以,分解分立导致了原公司解散,但这里的解散与一般公司的解散有所不同,一般的公司解散必须经过清算程序,但因分解分立而解散的公司则无须经过清算程序,其法人资格即归于终止。（3）公司的设立。公司的分立,无论其为分解分立还是分支分立,均有一个或一个以上的公司设立。因此,分解分立和分支分立都导致了新公司的设立。（4）债权债务的承继。因分立而解散的公司的债权,由分立后新设或存续的公司按所达成的协议享有,因分立而解散的公司的债务,则按所达成的协议由分立后新设或存续的公司承担。

---

① 傅建奇:《公司分立中小股东保护的若干法律问题研究》,《法律科学》2001 年第 5 期。

四、公司的组织变更

（一）公司组织变更的含义

公司的组织变更,即公司组织形式或公司组织形态的变更,也即公司法定类型的变更,是指公司不中断其法人资格,依照公司法的规定,变更其组织形式,使其由某一种法定形态的公司变成另一种法定形态公司的法律行为。[①]

公司的组织变更制度简化了公司设立和终止的程序,方便了公司。如果法律没有关于公司组织变更的规定,某一种类的公司想变成另一种类的公司时,就必须将原公司先行解散,并进行债权债务的清算,再依法律规定的设立程序办理设立登记手续。在这种情况下,欲变更其组织形式,程序十分烦琐。正是为了避免这种迂回程序所造成的人、财、物的大量浪费,各国公司法大多规定了公司的组织变更制度。有了公司的组织变更制度,某一种类的公司欲变为其他种类的公司,就无须履行解散、清算等程序,只要办理变更登记手续就可以了。这样一来,既省时省力,又简化了程序,从而为公司的组织变更提供了更为便利的法律环境。

公司的组织变更制度减免了损失,维持了公司的生产经营。如果法律没有关于公司组织变更的规定,当某一种类的公司因某种原因而欠缺该种类公司之条件,但仍具备其他种类公司之条件而想变成其他种类公司时,不仅程序繁杂,而且也会使公司的业务中断,从而给公司、股东及债权人造成不必要的损失。正是为了减免这种损失,各国公司法才规定了公司的组织变更制度。有了公司的组织变更制度,公司不仅无须履行过多的程序,而且也减免了损失,维持了公司的生产经营。

（二）公司组织变更的方式

关于公司的组织变更,现代各国公司法多采取限制主义,即只允许性质相似公司间的变更,而不允许性质不同的公司间的变更。归纳起来,各国公司法关于公司组织变更的方式,大致有以下几种:（1）无限公司变更为两合公司;（2）两合

---

① 梁宇贤:《公司法》,台湾三民书局 1983 年版,第 126 页。

公司变更为无限公司;(3)有限责任公司变更为股份有限公司;(4)股份有限公司变更为有限责任公司;(5)股份有限公司变更为股份两合公司;(6)股份两合公司变更为股份有限公司。①

我国公司的法定种类只有有限责任公司和股份有限公司两种形式,我国1993年《公司法》只允许有限责任公司变更为股份有限公司,而不允许股份有限公司变更为有限责任公司。而根据现行《公司法》第9条的规定,我国法律既允许有限责任公司变更为股份有限公司,也允许股份有限公司变更为有限责任公司。

(三)公司组织变更的条件

根据我国《公司法》的有关规定,有限责任公司变更为股份有限公司,应当符合股份有限公司设立的条件:(1)发起人应当有2~200人;(2)修改公司章程;(3)建立符合股份有限公司要求的组织机构;(4)股份发行、筹办事项应符合法律规定;(5)有公司住所。

根据我国《公司法》的有关规定,股份有限公司变更为有限责任公司,应当符合有限责任公司设立的条件:(1)股东符合法定人数,即在50人以下;(2)修改公司章程;(3)有公司名称,建立符合有限责任公司要求的组织机构;(4)有公司住所。

(四)公司组织变更的程序

公司变更组织形式不仅应该具备一定的条件,而且也应履行一定的程序。

根据我国《公司法》的有关规定,主要应履行以下法定程序:(1)由董事会制订公司组织变更的方案。该方案主要包括变更的宗旨、必要性、可行性和基本步骤以及变更后公司的名称、股权结构与组织机构等内容。(2)由股东会、股东大会作出组织变更的决议。董事会将制订的组织变更方案必须提交股东会、股东大会决议。股东会作出公司组织变更的决议,依法必须经代表三分之二以上表决权的股东通过。(3)将公司净资产折合成股份。有限责任公司变更为股份有限公司时,折合的实收股本总额不得高于公司净资产额。需要增加资本而向社会公开募集股份时,应当依照《公司法》《证券法》的有关规定办理。也就是说公司应当向证监会报送募股申请和相关文件,经过核准后,向社会公告新股招股说明

---

① 详见德国《公司改组法》第3条、第191条、第214条和第226条的有关规定。

书和财务会计报告并制作任股书。与证券承销机构签订协议，并确定作价方案。（4）办理登记。公司组织变更时,其章程已经变更,其他登记事项也可能发生变更,因此,公司组织变更时须办理变更登记手续,但不必办理注销及设立登记。我国《公司法》规定,董事会应代表公司向公司登记机关办理变更登记,公司的组织变更因登记而发生法律效力。

（五）公司组织变更的法律后果

公司的组织变更是一种法律行为,必然具有一定的法律效力,产生一定的法律后果。由于有限责任公司变更为股份有限公司、股份有限公司变更为有限责任公司,股东对公司之责任并未因组织形式的变更而有所不同,并非另行设立新公司,其法人资格之存续,不受影响。故原有公司的债权、债务则由变更后的公司承继。

第三节 公司的终止与清算

一、公司的终止

（一）公司终止的法律界定

公司依法成立后,由于某种原因的出现,不仅会变更,而且也会终止。但公司毕竟是一种企业法人, 其法人资格的终止不可能像自然人那样。自然人的法律人格随自己身体的死亡而迅速丧失,自然人死亡后, 其生前未了事务按继承法的程序处理。而公司法人却不享有此种权利能力,公司的法人资格,只要按照一定的法律程序处理完其未了事务后, 方可丧失。因此, 公司的终止有其特殊的要求和程序。

在我国学术界, 对公司的"终止""解散"和"消灭"往往并不加以区别,甚至常常混用。其实，这三个概念相对于公司法人资格的丧失而言，其所表示的含义有其一致性，但严格来讲，其含义并不完全相同。"公司终止"是指公司生产经营活动的终结、停止，其法定原因包括解散、破产等，并非指公司法人资格的丧失；"公司解散"是指公司终止的原因或公司组织体解除、散伙的一种程序，也并非指公司法人资格的丧失；"公司消灭"则是公司法人资格的完全消失和灭亡，包括公司法人资格终止的全部过程和最终的法律后果。

公司解散是导致公司清算的法定原因，也是公司清算的前置性步骤，而公司清算是在公司解散后，处理其未了结事务，消灭其法人资格的法定程序。在清算期间，公司的法人资格并未消灭，只有在清算终结并办理了注销登记手续后，公司的法人资格才最终消灭。

因此，公司的终止是指公司由于法律或公司章程规定的事由发生而丧失其生产经营资格和法人资格的法律过程和法律后果。一般来讲，公司的终止分期满终止和提前终止两种情况。期满终止是指公司因章程规定的营业期限届满，又不愿延长期限继续经营而终止，提前终止则是公司在章程规定的营业期限届满以前停止经营而终止的情形。不论是期满终止，还是提前终止，都不是指暂时停止营业，也不是指公司名称或住所的变更，而是指公司丧失其生产经营资格和企业法人资格，向公司登记机关缴销其营业执照的法律过程。

根据公司意愿的不同，公司的终止还可以分为自愿终止和强制终止两种类型。自愿终止是指公司依照章程的规定或股东会的决议自动终止公司的法律行为，而强制终止则是政府或政府有关部门责令公司终止或者法院裁决公司终止的法律行为。因此，自愿终止完全基于公司本身的愿望进行，而强制终止则是完全基于行政命令或法院裁决而被迫进行，并不是基于公司本身的意愿。

（二）公司终止的事由

根据我国《公司法》和《公司登记管理条例》的有关规定，公司终止的事由主要有以下七个方面。

1. 公司章程规定的营业期限届满

根据我国《公司法》第 25 条、第 81 条和第 180 条的规定，公司营业期限不是公司章程绝对必要记载事项，而是公司章程的相对必要记载事项。如果公司章程规定了公司营业期限，即确定了公司的存续期间，营业期限届满后，公司又没有依法延长经营期限，公司就应依法解散。

2. 公司章程规定的解散事由出现

根据我国《公司法》第 81 条和第 180 条的规定,公司解散事由是股份有限公司章程的绝对必要记载事项,一旦章程规定的解散事由出现,公司就应自动解散,无须股东大会决议或经股东大会批准。公司章程规定的解散事由如公司设立的宗旨已经达到、公司经营的业务已经完成等,如果这些条件成就,公司就应当解散。

3. 股东会（股东大会）决议解散

股东会是公司的最高权力机构,有权根据本公司的实际情况,作出公司解散的决议。因公司种类的不同,决议解散的条件也不尽相同。根据我国《公司法》的规定,有限责任公司的解散,必须经代表三分之二以上表决权的股东通过方可作出决议;股份有限公司的解散,必须经出席股东大会会议的股东所持表决权的三分之二以上通过方可作出决议。

4. 公司因合并、分立而解散

公司合并有吸收合并和新设合并两种,一个公司吸收其他公司为吸收合并,被吸收的公司需要解散,两个以上公司合并设立一个新的公司为新设合并,原合并各公司需要解散。公司分立有分解分立和分支分立两种,在分解分立的情况下,一个公司被分成了两个或两个以上的新公司,原有的公司需要解散。在分支分立的情况下,原有的公司仍然存在,不需要解散。

5. 公司依法被吊销营业执照、责令关闭或被撤销而解散

公司被依法责令关闭是指公司在生产经营过程中因违反法律、行政法规的规定而被政府或政府有关部门强制关闭的情形。公司被依法责令关闭,就要终止。根据国家有关规定,公司有下列情形之一的,政府或政府有关部门应依法责令其关闭:办理公司登记时提交虚假证明文件或者采取其他欺诈手段隐瞒重要事实,情节严重的;公司成立后无正当理由超过 6 个月未开业或者开业后自行停业连续 6 个月以上的;公司伪造、涂改、出租、出售、转让营业执照、情节严重的;外国公司擅自在中国境内设立分支机构的。

6. 公司经营困难,股东请求解散的

我国《公司法》第 182 条规定,公司经营管理发生严重困难,继续存续会使股东利益受到重大损失,通过其他途径不能解决的,持有公司全部股东表决权 10% 以上的股东,可以请求人民法院解散公司。

7. 公司被依法宣告破产

公司被依法宣告破产,就要依照破产程序终止。公司只要不能清偿到期债务,就可依照《公司法》《民事诉讼法》和《企业破产法》有关规定,宣告其破产,而不问其不能清偿到期债务是否由公司经营管理不善而造成。

（三）公司终止的程序

1. 公司解散终止的程序

公司因解散而终止的程序归纳起来,大致分为以下三个步骤:一是进行清算,公司除因合并、分立解散外,其他形式的解散都应首先成立清算组,依法对公司资产、债权和债务进行清理结算;二是办理注销登记手续,公司自清算结束后,应向原公司登记机关申请注销登记,经公司登记机关核准注销登记,公司就要缴销营业执照;三是发布公告,公司应当在其注销登记被核准后的 30 日内发布注销登记公告,并应当自公告发布之日起 30 日内将发布的公告送公司登记机关备案。如果是因吊销《企业法人营业执照》而解散的,公告则由公司登记机关发布,至此,公司的生产经营和法人资格就正式终止了。

2. 公司破产终止的程序

破产是公司终止的一种特殊程序,与公司解散终止的程序相比,要复杂一些,公司破产终止必须按照国家相应的破产立法所规定的条件和程序进行,而解散终止则按公司立法的有关规定进行。需要注意的是 2006 年修订的《企业破产法》在破产程序中加入了"管理人制度"和"破产重整制度"。相应地,破产程序中必须有管理人的加入,也必须有破产重整阶段,这与解散终止程序有着根本的不同。

（四）公司终止的法律后果

公司终止一方面表明公司在经济上作为商品生产者和经营者资格的丧失,即公司终止后,公司的生产经营活动便永续停止了;另一方面也表明公司在法律上作为民商事主体资格的丧失,即公司终止后,公司的权利能力和行为能力便不复存在。公司的终止是公司生产经营资格和法人资格逐步丧失的法律过程。在公司终止的清算过程中,公司的权利能力和行为能力都受到了限制,除为清算的目的而暂时生产经营外,公司不得开展新的经营活动。公司的业务执行机构也随公司终止而丧失其权限,其地位由清算组代替,在公司清算期间,由清算组代表该公司起诉和应诉。公司终止后，其全体职工就成了失业人员，这就不可避免地在一定时期一定程度上会引起一系列社会问题，因此，国家应依法对职工的善后问题作出妥善安排。根据规定，国家应通过各种途径妥善安排公司终止后职工的重新就业，并保障他们重新就业的基本生活需要。

二、公司的清算

（一）公司清算的含义

公司无论是因解散（除因合并、分立而解散者外）而终止，还是因破产而终止，都必须依法进行清算，因此，公司清算是公司终止的法定程序。所谓公司清算就是指在公司解散或破产的终止过程中，了结公司现存业务，分配公司剩余财产，从而使公司的生产经营资格和独立的法人资格归于终止的法定程序。简言之，公司清算就是对公司即将终止时的财产、债权和债务所进行的清理、结算。只有通过清算，终结公司现存的法律关系，处理终止公司的剩余财产，才能使其完全丧失生产经营资格和法人资格。公司的清算不仅关系到公司、股东、职工的合法权益，而且涉及债权人、债务人的切身利益，因此，公司清算是一个十分重要的法律问题。

公司清算依据其方式的不同，可分为任意清算和法定清算两种。任意清算是指依照公司章程规定或股东会决议的方法所进行的清算，而法定清算则是指依照法律所规定的程序和方法所进行的清算。任意清算适用于无限公司和两合公司，而法定清算则主要适用于有限责任公司和股份有限公司。在我国大陆因没有无限公司和两合公司之种类，故我国公司法只确定了法定清算一种方式。

法定清算又可分为破产清算与解散清算两种情况。破产清算是依照我国有关破产的立法规定所进行的清算，而解散清算则是依照我国公司立法的规定所进行的清算。一般来说，这两种清算在清算的原因、清算组的组织者、清算的程序和剩余财产的处理等方面都有一定的区别。解散清算又有普通清算和特别清算两种形式。普通清算是在公司自愿解散的情况下所进行的清算，即在公司章程规定的营业期限届满或者公司章程规定的解散事由出现以及股东会决议解散时所适用的程序；特别清算则是在公司因违反法律和行政法规被依法责令关闭而解散时所进行的清算。这两种清算的区别主要在于，前者由公司从内部产生清算组，后者则由有关主管机关组织成立清算组。

（二）清算中公司的法律地位

关于清算中公司的法律地位，学术界认识不一，主要有以下四种观点：[①]（1）同一人格说。该学说认为，清算中的公司的法人资格并未间断，仍然存在，且与清算前的公司并无本质区别，只是权利能力的范围有所缩小，不能继续进行各种积极的民商事活动，但还能以原公司法人的名义对外享有债权和承担债务。所以，清算中的公司和清算前的公司具有同等人格。（2）人格终止说。该学说认为，公司一经解散进入清算程序，公司即为终止，公司的权利能力和行为能力也随之丧失，公司的财产则归股东共有。（3）人格抑制说。该学说认为，公司一经解散进入清算程序虽然已经丧失了法人资格，并不得从事生产经营活动，但由于法律的抑制，在清算范围内，公司仍应视为存在，仍然具有相应的权利能力和行为能力。（4）清算公司说。该学说认为，清算中的公司是专为清算目的而存在的公司，清算中的公司与正在营业中的公司只是目的的不同，其余并无差异。

上述观点，在阐述公司清算期间的地位时，各有其据，自成其理，均有其相应的合理性。但一般认为，同一人格说较为合理，各国立法也多采此说。我们认为，公司在清算期间，其法人资格并无任何变化，公司的人格在清算完结之后方才丧失，在清算完结之前，公司的法人资格一直存在。公司在清算期间法律地位问题的研究，是因为公司清算这一程序有其特殊性才产生的。但是，对清算中公司法律地位问题的研究不应因公司参与清算这种特殊的程序，并且因这种程序的特殊性法律要求为标准来进行，而应始终以公司的权利能力和行为能力的存在与否为标准来研究公司的法人资格问题。在清算程序开始之后，对公司来讲，公司只是参加了清算这一特殊的法律关系而已，公司的权利能力和行为能力只是因清算程序的开始，受这一特殊程序的法律要求而有所不同，并不涉及公司本身的法人资格的存续或变化问题。

---

① 罗玉珍：《民事主体论》，中国政法大学出版社1992年版，第255~256页。

（三）清算组的性质及职责

1. 清算组的成立

根据我国《公司法》的规定,公司因不能清偿到期债务,被依法宣告破产的,由人民法院依照有关破产立法的规定,组织股东、有关专业人员成立清算组。公司因公司章程规定的营业期限届满或者公司章程规定的其他解散事由出现;或者因股东会或者股东大会决议解散;或者因依法被吊销营业执照、责令关闭或者被撤销;抑或因人民法院基于利益受损股东申请解散的,应当在解散事由出现之日起 15 日内成立清算组,开始清算。有限责任公司的清算组由股东组成,股份有限公司的清算组由董事或者股东大会确定的人员组成。逾期不成立清算组进行清算的,债权人可以申请人民法院指定有关人员组成清算组进行清算。人民法院应当受理该申请,并及时组织清算组进行清算。有学者建议,用"清算机构"来取代现行公司法中的"清算组"这一称谓,并允许公司得以依实际情况来决定清算机构的规模,即允许清算机构仅由一名"清算人"或由两名以上"清算人"以"清算委员会"的形式构成。[①]

2. 清算组的性质

关于清算组织（在国外一般称为破产管理人）的性质,在国外大体上有职务说、代理说和代表说三种观点,其中,代理说有债权人代理说、债务人代理说和债权债务人代理说三种派别,代表说又有法院代表说、国家机关代表说、清算公司代表说和破产财团代表说四种派别。[②]各国的公司立法,大都根据本国的实际情况,采用一种或兼采几种学说为其立法根据。我国《公司法》以清算公司（即处于清算阶段的公司）代表说为其立法根据,规定清算组在清算期间代表公司参与民事诉讼活动。因此,我国的公司清算组在公司清算期间和清算范围内,对外代表清算公司,对内执行清算业务,是清算公司最为重要的法定代表机关。在公司清算阶段,公司的董事会已经不复存在,其权限也无从行使。清算组则成了取代董事会、接管公司的权力机构。

3. 清算组的职责

清算组的性质决定了它的职责范围。根据我国《公司法》第 184 条规定,清算组在清算期间负有下列职责:（1）清理公司财产,分别编制资产负债表和财产

---

① 张瓘:《我国公司解散与清算制度的不足及完善》,《华东政法学院学报》2001 年第 2 期。
② ［日］伊藤真:《破产法》,中国社会科学出版社 1995 年版,第 67~70 页。

清单。（2）通知或者公告债权人。为了确保债权人的合法权益,清算组必须依法将公司终止的事实通知或公告债权人,以便债权人申报债权。（3）处理与清算有关的公司未了结的业务。清算组成立后,应尽快处理与清算有关的公司未了结的业务,但不得开展新的经营活动。（4）清缴所欠税款。由于税款涉及国家财政收入,具有特殊的重要意义,因此,公司原来应当缴纳而未缴纳的税款由清算组缴纳,一并清缴纳税事宜。（5）清理债权、债务。如果公司享有债权,清算组应当要求债务人履行。清算组应当在公告申报债权期限届满后,清偿公司债务。在申报期限内,不得对任何债权人进行清偿。（6）处理公司清偿债务后的剩余财产。债务清偿后,清算组应当依照法定方式,将剩余财产分配给各个股东。（7）代表公司参与民事诉讼活动。在清算目的范围内,清算组有权以清算公司的名义,在法院起诉和应诉。清算组在涉讼时,可推选一人具体执行诉讼事宜。

4. 清算组成员的义务及责任

无论是由股东大会确定的清算组成员,还是由人民法院组织的清算组成员,都必须履行一定的义务,承担相应的法律责任。根据我国《公司法》第189条的规定,清算组成员的义务和责任主要有以下四个方面:（1）忠于职守,依法履行清算义务。（2）不得利用职权收受贿赂或其他非法收入。（3）不得侵占公司财产。（4）因故意或者重大过失给公司或者债权人造成损失的,应当承担赔偿责任。清算组成员利用职权徇私舞弊、谋取非法收入或者侵占公司财产的,由公司登记机关责令退还公司财产,没收违法所得,并可处以违法所得1倍以上5倍以下的罚款。构成犯罪的,依法追究其刑事责任。

（四）公司清算的程序

公司的清算是依时间先后依次进行的一系列活动的总称。为了使清算工作能够顺利达到预期的法律效果,提高公司清算的效率,使公司清算沿着规范化的方向健康地向前发展,公司清算必须依照法律规定的程序进行。

1. 公司解散的清算程序

公司解散的清算程序大致分为以下五个法定步骤:

（1）通知并公告。清算组自成立之日起10日内通知债权人,并于60日内在报纸上公告。债权人应当自接到通知书之日起30日内,未接到通知书的应当自公告之日起45日内,向清算组申报债权。债权人申报债权,应当说明债权的有关事项,并提供证明材料。清算组应当对债权进行登记。

（2）清理公司财产。清算组通知并公告债权人后,就应立即着手清理公司财产,调查公司的资产、债权和债务,并分别编制资产负债表和财产清单。资产负债表即反映公司在某一特定日期财务状况的报表,其项目应按资产、负债和所有者权益的类别分项列示。财产清单也叫财产目录,应分别记载公司财产的名称、种类、数量及其作价等内容。清算组在清理公司财产后,发现公司财产不足清偿债务的、应当立即向人民法院申请宣告破产。公司经人民法院裁定宣告破产后,清算组应当将清算事务移交给人民法院。

（3）制定清算方案。清算组在清理公司财产、编制资产负债表和财产清算单后,依法应当制定清算方案。清算方案是整个清算工作的依据,是对清算具体过程的部署安排和计划。主要应包括清算的工作程序、工作重点、清算的基本规则及费用支出等内容。清算方案制定出来后,应报股东会、股东大会或者人民法院确认。

（4）处理公司财产。公司财产能够清偿公司债务的,应分别支付清算费用、职工工资、社会保险费用和法定补偿金,缴纳所欠税款,清偿公司债务。公司财产按规定清偿后的剩余财产,公司章程有规定的按照规定,没有规定的,有限责任公司应按股东的出资比例分配,而股份有限公司则应按股东持有的股份比例分配。公司财产在未按规定清偿前,不得分配给股东。

（5）清算终结。经过清偿和分配剩余财产后,清算工作即告终结。公司解散的清算程序结束后,清算组应当制作清算报告,报股东会、股东大会或者人民法院确认,并报送公司登记机关,申请公司注销登记,公告公司终止情况。

2. 公司破产的清算程序

关于公司破产的清算程序,根据我国《企业破产法》的规定,一般应经过以下六个步骤:

（1）人民法院依法宣告债务人破产的,应当自裁定作出之日起5日内送达债务人和管理人,自裁定作出之日起10日内通知已知债权人,并予以公告。债务人被宣告破产后,债务人称为破产人,债务人财产称为破产财产,人民法院受理破产申请时对债务人享有的债权称为破产债权。

（2）拟订破产财产变价方案。管理人是人民法院指定的接管债务人财产的清算组或依法成立的律师事务所、会计师事务所等。在人民法院宣告债务人破产后,管理人应当及时拟订破产财产变价方案,提交债权人会议讨论并通过。

（3）变价出售破产财产。管理人应当按照债权人会议通过的破产财产变价方案，适时变价出售财产。变价出售破产财产应当通过拍卖进行。但是，债权人会议另有决议的除外。破产企业可以全部或者部分变价出售。企业变价出售时，可以将其中的无形资产和其他财产单独变价出售。按照国家规定不能拍卖或者限制转让的财产，应当按照国家规定的方式处理。

（4）拟定破产财产分配方案。在确定破产财产的总价值后，管理人应拟订破产财产分配方案，经过债权人会议通过后，由管理人将该方案提请人民法院裁定认可。人民法院裁定认可后，由管理人执行。

（5）分配破产财产。破产财产在优先清偿破产费用和共益债务后，依照下列顺序清偿：①破产人所欠职工的工资和医疗、伤残补助、抚恤费用，所欠的应当划入职工个人账户的基本养老保险、基本医疗保险费用，以及法律、行政法规规定应当支付给职工的补偿金；②破产人欠缴的除前项规定以外的社会保险费用和破产人所欠税款；③普通破产债权。破产财产不足以清偿同一顺序的清偿要求的，按照比例分配。破产企业的董事、监事和高级管理人员的工资按照该企业职工的平均工资计算。除债权人会议另有决议外，破产财产的分配应当以货币分配方式进行。

（6）破产清算的终结。破产人无财产可供分配的，管理人应当请求人民法院裁定终结破产程序。管理人在最后分配完结后，应当及时向人民法院提交破产财产分配报告，并提请人民法院裁定终结破产程序。人民法院应当自收到管理人终结破产程序的请求之日起15日内作出是否终结破产程序的裁定。裁定终结的，应当予以公告。管理人应当自破产程序终结之日起10日内，持人民法院终结破产程序的裁定，向破产人的原登记机关办理注销登记。至此公司的法人资格终止了。管理人除存在诉讼或者仲裁未决情况外，于办理注销登记完毕的次日终止执行职务。

第七章
有限责任公司法律制度

第一节　有限责任公司的法律界定

一、有限责任公司的概念与法律特征

从公司发展的历史长河来看，有限责任公司在所有公司形式中产生最晚，从1892年4月20日德国颁发《有限责任公司法》算起，至今才120多年。

有限责任公司是大陆法系国家的称谓，日本称为"有限会社"，美国称为"封闭式公司"（close corporation），英国称为"私人公司"（private company）。我国称"有限责任公司"，可以简称为"有限公司"。

根据我国《公司法》第3条的规定，有限责任公司是指股东以其所认缴的出资额为限对公司承担责任，公司法人则以其全部财产对公司债务承担责任的经济组织。

有限责任公司取无限公司和股份有限公司之所长，而舍其所短。它实行有限责任，股东风险较小，便于股本投资；股东人数有限，出资的转让有严格限制，股东相对稳定，又有利于股东间的合作。因而，有限责任公司在其产生后，发展很快，在商事主体中占据十分重要的地位。一般来讲，有限责任公司具有以下五个法律特征。

（一）责任的有限性

这是有限责任公司最为基本的特征。股东责任的有限性是指各个股东仅以各自认缴的出资额为限对公司经营活动及后果承担责任，而对公司所负债务则不承担无限连带清偿责任。

（二）闭锁性或封闭性

有限责任公司的封闭性主要表现在以下三个方面：（1）股东人数有限。我国大陆的有限责任公司依法应由 50 个以下股东出资设立。我国台湾地区"公司法"则规定股东为 21 人以下。 法国规定，有限责任公司的股东人数不得超过50 人，如果达到 50 人以上，则应在两年的期限内将公司转变为股份有限公司，否则，就要予以解散。将股东人数限制在一个相对狭小的范围内，这就为有限责任公司的封闭性奠定了基础。（2）有限责任公司在设立方式上只能采用发起设立，而不能采用募集设立，因而，它不能向社会公开募集股份、公开发行股票，而只能在少数甚至特定人中筹资，所以，公司在资本筹集上具有封锁性。（3）有限责任公司在经营管理方面也有封锁性，由于股东人数有限且相对稳定（出资转让较为困难），其经营状况不涉及社会公众的利益，因此，其财务状况也无须向社会公开，这就在客观上使公司经营管理处于相对封闭的状态。

（三）设立程序较为简便

由于有限责任公司只能采取发起设立，而不能采取募集设立，故其设立程序较为简便。在我国，有限责任公司一般实行准则登记制度，除从事特殊行业的经营，或国家法律、法规有特别规定者外，只要符合法定条件，均可直接予以注册，而没有烦琐的审查批准程序。同股份有限公司相比，发起人就避免了设立公司复杂而又严格的法律程序。

（四）组织机构的设置比较灵活

依照我国公司法的规定，在有限责任公司中，股东会、董事会、监事会这三种组织机构的设置不像股份有限公司那样必须设置，其设置往往具有一定的灵活性和选择性。如：国有独资公司只设董事会和监事会，而不设股东会，股东人数较少、规模较小的有限责任公司除设股东会外，还可只设执行董事、1~2 名监事，而不设董事会和监事会。

（五）人资两合性

有限责任公司是一种资本的联合，具有资合公司的特点，同时，它又是一种人的集合，也具有人合公司的特点。其资合性表现为：公司注册资本为全体股东认缴资本的总和；股东可以用货币出资，也可以用实物、知识产权、土地使用权等可以用货币估价并可以依法转让的非货币作价出资；股东仅以自己认缴的出资额为限对公司负责。其人合性表现在：各股东之间的相互关系具有人身因素，股东人数不多，相互较为熟悉，联系也较为密切，具有一定程度的信任感。股东间的合作建立在相互信任的基础上；股东出资额的转让应当经其他股东过半数同意；全体股东可以约定不按出资比例分取红利；公司章程也可以规定股东不按出资比例行使表决权；股东的个人条件、声誉和地位对公司的信用有一定的影响作用。

二、一人有限责任公司

（一）传统公司法关于公司的社团性理念

传统的公司法理认为，公司必须由两个或两个以上的股东共同设立，一个人不能设立公司，只能设立个人独资企业。归纳起来，其理论依据主要有：（1）公司社团法人论。传统公司法理论认为，公司是由复数股东共同出资所集合成的社团法人，具有"人合""资合"的双重属性，即公司既是人的联合，也是资本的联合。公司既是一个社团法人，其股东至少应为两人，这是公司作为社团法人的本质要求。（2）公司设立契约论。传统理论认为，公司的设立是出于各股东的合意，从本质上讲，公司的设立就是一种契约行为。既然是契约，就必须有 2 个以上的当事人。法国向来将公司设立行为视为股东之间的一种契约行为，并在其民法典第 1832 条作出明文规定。（3）集资功能论。公司制度诞生之初，单个投资者的资本能力较为有限，股东越多，公司筹集到的资本就越雄厚。因此，传统理论认为，公司要实现聚沙成塔的集资功能，就必须有复数股东，这就是"众人拾柴火焰高"的道理。（4）债权人保护论。传统理论认为，如承认一人公司，该一人股东在缺乏其他股东制约的情况下，极易滥用公司形态，损害债权人的利益。因此，坚持公司的社团性，也是为了保护债权人的利益。由于该理念的影响，在传统的公司法中，不仅要求公司在设立时发起人必须为两个或两个以上，而且均明确规定，在公司成立后运营的过程中，因某种原因（如股东死亡、股权转让等）而导致股东仅剩一个人时，该公司即应解散。

日本 1990 年以前的《有限公司法》第 69 条第一项第五款规定，"股东仅余一人"是有限公司之法定解散事由；日本 1938 年以前的《商法》第 22 条第三款规定，"股东未满 7 人"为股份有限公司之法定解散事由。

我国台湾地区 2001 年以前的"公司法"第 1 条规定，"本法所称公司，谓以营利为目的，依照本法组织、登记、成立之社团法人。"根据该法有关规定，有限公司的股东人数为 5 人以上（原为 2 人以上）21 人以下（原为 20 人以下），这主要是基于"公司大众化"的基本理念，以利于在表决时形成决议。股份有限公司应有七人以上为发起人。根据该法第 71 条、113 条和 315 条的有关规定，若公司的股东经变动后仅为一人，而未依法增加股东，即构成公司法定解散事由。

（二）一人公司的法律界定

西方国家所称的一人公司有"形式上的一人公司"和"实质上的一人公司"两种含义。"形式上的一人公司"是指股东仅为一人，全部资本由一人拥有的公司；"实质上的一人公司"则是指公司的真正股东只有一人，其余股东均为持有最低股份的挂名股东。除特别说明者外，本节所称一人公司是指"形式上的一人公司"。

一人公司（one-man company, one-member company）亦称独资公司、独股公司，是指由一名股东持有公司的全部资本，并由该一人股东承担有限责任的公司。其法律特征为：（1）股东的唯一性。该公司的股东仅为一人，这里的"一人"可以是自然人、法人，特殊情况下，还可以是国家。（2）资本的单一性。该公司的资本全部来源于一个股东，并非来自于复数股东之出资。（3）责任的有限性。该公司的股东仅以其出资额或持有的股份数对公司承担有限责任。这同个人独资企业不同。（4）地位的法人性。该公司虽由一人举办，但依然具有独立的法人资格，这同个人独资企业的非法人地位截然不同。

一人公司以不同的标准可以划分为不同的类型。

一人公司按股东性质可分为：（1）自然人一人公司；（2）法人一人公司；（3）国家一人公司。

一人公司按产生方式或形成时间可分为：（1）原生型一人公司（设立时）；（2）衍生型一人公司（成立后）。

一人公司按公司性质或法定类型可分为：（1）一人有限责任公司；（2）一人股份有限公司。

（三）一人公司合法化的理论依据与客观基础

学界认为，一人公司对传统的公司法理提出了三大挑战：（1）对传统公司社团性理论的挑战。一人公司对传统公司法人的"社团性"理论产生了强烈的冲击，使人们不得不考虑社团性是否是公司的本质属性。它宣告了社团性范式的危机，预示着公司理论面临变革。（2）对传统公司治理结构的挑战。传统公司法是以股东多元化为基础，来建立股东会、董事会和监事会"三权分立"的治理结构的，但一人公司使公司法许多关于治理结构的行为准则形同虚设、难以实施。（3）对传统公司有限责任的挑战。传统公司法认为，由多人举办的公司，其股东才能承担有限责任，由一人举办的个人独资企业的业主则要承担无限责任，而在现代公司法中，一人公司的股东承担的却是有限责任。

现代公司法之所以不再恪守公司社团性的规定，而允许设立一人公司，其理论依据主要有：（1）在有限责任的条件下，公司对债权人的责任与股东人数的多少无直接关系。在符合法定注册资本最低限额的基础上成立的一人公司，由于公司用以对债权人承担债务清偿责任的最低资本限额已事先确定，所以，公司的责任限度与公司的股东人数多少无关。社团公司并非不损害债权人利益，一人公司并非一定损害债权人利益。（2）以股东人数作为公司取得独立人格的法定条件，容易滋生发起人以虚设股东而规避法律的现象。公司法虽将两个以上的股东作为公司成立的基础，但为了勉强符合这一人数规定，在公司实务中，很可能导致"挂名股东"的出现，使股东名不符实。所以，与其让发起人以虚设股东的手段而规避法律，不如将发起人设立一人公司合法化更具实效性。（3）承认一人公司，赋予其独立的法人资格，并使其个人财产与公司财产分开，有利于激发人们单独投资创业的积极性，有利于刺激中小企业的发展，提升公司的决策效率和竞争能力，有利于扩大就业机会，繁荣市场经济。

无论各国公司法是否承认一人公司的合法地位，但现实经济生活中的一人公司却是广泛存在的。因为一人公司的产生有以下三个客观基础：（1）投资者为寻求有限责任的保护是一人公司产生的内在驱动力。随着市场经济关系越来越复杂和竞争机制越来越激烈，从事商事活动的风险越来越大，每一投资者都希望得到有限责任的保护，自然人更不例外。个人为避免因一次经营失败而可能导致的倾家荡产（个人独资企业的风险就是如此），强烈强求利用一人公司的形式，降低自己的投资风险。对于股东来说，一人公司最具诱惑力的地方就在于股东承担的是有限责任，并非无限责任。（2）传统社团公司的制度设计在实际运行中很容易使其嬗变为一人公司。传统公司法强调公司设立时必须有两个或两个以上的股东，但在公司实务中，很容易出现"挂名股东""虚设股东"充任公司的"傀儡"或"稻草人"的情况，产生实质上的一人公司。在传统公司法中，由于有股东死亡、股权转让等规定，公司在实际运行过程中，原来的社团公司很容易嬗变为形式上的一人公司。（3）单个投资者的资本越来越雄厚是一人公司产生的经济基础。在市场经济发展初期，单个资本家的投资能力较为有限，为了满足生产经营的巨大资本需求，单个资本家不得不联合起来将分散的资本集中起来，传统公司法的制度设计就是为了满足社团公司这种集资功能的实现。随着现代市场经济的飞速发展，资本高度集中，拥有巨额资本的单个投资者大量涌现，再加之"有限责任"原则的确立，许多实力雄厚的投资者（包括个人、公司或其他法人）为了谋求利益最大化，减少因多个股东投资公司而引起的纷争，提高经济效益，则可以不必采用"联合"的方式筹集巨额资本来办公司而是越来越倾向于办一人公司。如公司集团中的核心公司为了提高其自身抗风险能力，实现多行业投资组合、分散投资风险，通常采用独资的方式，设立一个或数个具有独立法人资格的全资子公司，并将其责任锁定在所投入的子公司财产上。

（四）一人公司合法化的发展历程

随着各国经济的发展和公司实践的丰富，特别是有关法人理论和制度的不断完善，现代西方公司法不再恪守公司的社团性，先是承认"实质上的一人公司"，尔后又允许设立"一人公司"。西方国家所称的一人公司有"形式上的一人公司"和"实质上的一人公司"两种含义。"形式上的一人公司"是指股东仅为一人，全部资本由一人拥有的公司；"实质上的一人公司"则是指公司的真正股东只有一人，其余股东均为持有最低股份的挂名股东。

以判例形式首先确认实质上一人公司的，是1897年英国衡平法院对萨洛蒙（Salomon）诉萨洛蒙有限公司一案的终审判决。[1]而以判例形式首先确认形式上一人公司的，则是新西兰最高法院对李诉李氏空中农业有限公司一案的终审判决。[2]1961年新西兰李诉李氏空中农业有限责任公司案（Lee v. Lee's Air Farming Ltd）。李为经营一种自空中向地面施肥和杀虫农业工程，成立了一家李

① ［英］R.E.G.佩林斯、A.杰弗里斯：《英国公司法》，上海翻译出版公司1984年版，第1~2页。
② 王天鸿：《一人公司制度比较研究》，法律出版社2003年版，第17页。

氏空中农业有限责任公司，他持有公司所有的股份，并且是唯一的董事，公司的业务完全由他经营管理。为了公司的业务，公司购买了一架飞机，他被公司任用为飞机飞行员，公司依照《1922 年新西兰劳工赔偿法》为其缴纳保险金。李于飞行中不幸失事死亡。李的遗孀向保险公司请求给付保险金额，保险公司拒绝支付而引发诉讼。初审法院认为李不是劳工赔偿法定义下的劳工，李妻不应向保险公司请求赔偿金，但上诉审法院却认为，李与其所成立的公司是分别独立的法律主体。虽然李是公司的唯一股东和唯一董事，但李担任飞行员工作并非自己雇佣自己，而是公司通过公司的董事李来任命李为飞行员的，李应被认为是劳工赔偿法定义下的劳工，所以其妻可以请求保险公司支付赔偿金。新西兰的这一终审判决标志着英美法系正式确认了"形式上的一人公司"的合法性和"形式上的一人公司"所具有的独立法人资格。

而率先以成文法的形式确认一人公司合法性的国家则是列支敦士登。列支敦士登于 1925 年 11 月 5 日制定并于 1926 年 1 月 20 日施行了《关于自然人与公司的法律》，该法明文规定，有限公司和股份有限公司均可由一人设立，并可由一个股东维持公司的存续，且股东对公司不承担个人责任。列支敦士登首开一人公司立法先河的创举具有深远的历史意义，它将有限责任原则由团体法引申到个人法。该法还对一人公司的资本、债权人保护、公司解散、公司管理都作了相应的规定。自此以后，许多国家和地区的公司法陆续确立了一人公司的合法地位。

一人公司最初以一种事实上的公司，而非法定公司形态出现，随着各国判例法、成文法对一人公司的肯定，承认一人公司的合法性和独立法人资格则成了现代公司立法的一个重大发展趋势，也是一个世界性潮流。从 20 世纪 50 年代开始，允许设立一人公司的国家日益增多。当前，美国、英国、德国、法国和日本等国家的立法大都承认一人公司的合法性。

1. 英美法系的一人公司立法现状

（1）美国。美国允许设立一人公司的先例首开于 20 世纪 30—50 年代的爱荷华（1936 年）、密执安（1949 年）、威斯康星（1951 年）、肯塔基（1954 年）等少数几个州。为了适应州公司立法的这种发展趋势，由美国律师协会的公司法委员会制定的《美国示范公司法》在 1962 年修订时，第 2.01 条明确规定："一个或一个以上之人可向州政府秘书递交公司章程，成为公司之发起人。"正式承认设立时形成的一人公司。对此各州陆续采纳，到 1970 年已有 28 个州对一人公司作出立法承认。在美国立法的影响下，加拿大安大略省的公司法也承认一人公司的合法性。

（2）英国。英国普通法自 1897 年萨洛蒙诉萨洛蒙有限公司一案的终审判决，率先承认了实质上的一人公司的合法性，但这一判决遭到了一些学者的反对，如弗伦德认为：这是一个不幸的后患无穷的判决。后来英国议会通过《1948年公司法》又否定了一人公司的法律地位。从而导致了英国在近一个世纪对一人公司采取了甚为保守的立法态度。

英国公司法理和公司立法一直坚持公司社团性的理念。根据 1992 年以前《英国公司法》第 1 条的明文规定，所有的公司皆须有两个以上的股东。但根据第 24 条的规定，对设立后形成的一人公司，虽不强制解散，但《公司法》以"法人人格否定"的立法化方式，使形式一人公司之单独股东就公司债务承担责任。英国作为欧洲联盟的成员国，依据 1989 年 12 月 21 日，欧共体（EC，1965年 4 月 8 日煤炭钢铁、原子能和经济三个共同体合并为欧洲共同体）公司法第12 条指令的要求，直到 1992 年才制定了（一人）有限责任公司条例，终于使一人公司的合法地位在英国得以正式确立。

2. 大陆法系的一人公司立法现状

作为大陆法系代表的德国、法国和日本，在英美法系和有关一人公司法理的影响下，也不再恪守公司社团性的规定，通过修订公司法，允许设立一人公司。

（1）德国。1972 年，德国有限公司法修正研究小组提出议案，建议修改现行公司法，允许设立一人有限公司，这一提案引起了广泛关注。经 1980 年修订，《德国有限责任公司法》第 1 条明确规定："有限责任公司可以依照本法规定，为了任何法律允许的目的，由一人或数人设立。"另外，德国在 1994 年修订《股份公司法》时也认可由唯一股东设立股份有限公司。

（2）法国。法国向来将公司设立行为视为股东之间的一种契约行为，并在其民法典第 1832 条作出明文规定，一人公司自然未被认可。但随着个人企业公司化的呼声越来越高，公司的社团理念逐步被抛弃。根据法国 1985 年 7 月 11 日第85-697 号法律的规定，《法国商事公司法》第 34 条被修改为：公司得在法律规定的情况下依照一人的意志而设立，有限责任公司可以由一人或若干人仅以其出资额为限承担损失而设立。当公司只有一人时，该人取名为"一人股东"，一人股东行使本章划归股东大会的权利。法国自 1994 年开始允许设立一人股份有限公司。

（3）日本。日本在昭和 13 年（1938 年）以前，不论设立时的一人公司还是设立后的一人公司，均不被承认和允许。日本在昭和 13 年为了顺应社会的发展和投资者的要求，从"便于中小个人投资者创设不愿他人入股的股份公司"和"便于现存企业创设全资子公司"的目的出发，删除了《商法典》第 221 条第 3款关于"股东未满 7 人构成股份公司解散事由"的规定，从而承认了设立后形成的一人股份有限公司的合法性。然而，只承认设立后一人公司而否定设立时一人公司，在理论上必然有首尾不一之嫌，再加之理论界、实务界的大声疾呼，日本最终于平成二年（1990 年）6 月 29 日通过修订《商法》第 165 条和《有限责任公司法》第 5 条，规定股份有限公司和有限责任公司无论在设立时或设立后均可由一人股东设立或存续。但为了防止一人公司之股东滥用公司人格，日本修订后的法律专门规定了一些配套措施，如导入最低资本金制度（股份公司为一千万日元，有限公司为三百万日元）、强化设立手续、扩大资本充实责任和会计制度公开化等。需要说明的是，日本的一人公司制度有其独特之处：①广泛性。日本对有限公司和股份有限公司均允许一人设立。而法国只允许设立一人有限公司，不允许设立一人股份有限公司。②彻底性。日本对设立后和设立时的一人公司均予以承认，而比利时（1987 年）仅承认一人有限公司的设立，不承认一人股份有限公司的初始设立。③间接性。日本是通过对公司发起人下限的废除和对公司解散条件的修正，间接承认一人公司的设立，而未明文直接规定一人可以设立公司。列支敦士登则是直接明文规定一人可设立有限公司和股份有限公司。

3. 欧盟关于一人公司的第 12 号公司法指令

欧盟为提高各成员国之企业素质，充分利用公司的有利形态，鼓励中、小企业的发展，顺应世界普遍承认一人公司之潮流，于 1989 年 12 月 21 日专就一人公司颁发了第 12 号公司法指令。要求各会员国在 1992 年 1 月 1 日以前按照该指令要求，配合修正其国内法，原则上以有限公司为适用对象，承认形式一人公司之存立。

欧盟第 12 号公司法指令共有 9 条，主要内容有：①适用范围原则上为有限公司和爱尔兰及英国之保证有限公司（private company limited by shares or by guarantee），但对于一人股份有限公司也有适用的余地。②公司设立时，股东仅有唯一一人。公司设立后，股份全归一人持有者，亦同一人公司。为了达到公示的目的，一人公司之唯一股东的身份证明必须登记于登记簿之中。③一人公司之唯一股东为法人时，该法人不得为其他一人公司的唯一股东，以避免产生连锁型的一人公司。当一人公司之唯一股东为法人时，该法人及该一人公司应负之责任，各成员国可作出以下选择：规定该公司应负无限责任或规定最低资本额。④各成员国可作出特别规定或处罚的情形：同一自然人为数个一人公司之唯一股东以及一人公司或其他法人为公司唯一股东均可。⑤一人公司之唯一股东同公司实施契约行为，必须采用书面形式并进行登记。⑥一人公司之唯一股东应行使股东会之职权，但作出的决定应作成书面记录。

（五）我国对一人公司的立法态度

我国 1993 年《公司法》对一人公司采取了"原则禁止，例外允许"的立法态度，即原则禁止法人、自然人设立一人公司，破例允许设立"国家一人公司"（《公司法》第 64 条）和"外商一人公司"（《外资企业法》第 2 条和第 8 条），原则禁止设立"法人一人公司"和"自然人一人公司"，同时也允许衍生型一人公司的存在，因为《公司法》第 180 条并没有规定股东仅剩一人是公司解散的法定事由之一。

我国 1993 年《公司法》只允许"国家一人公司"和"外商一人公司"的存在，实际造成了对其他市场主体的歧视，特别是对内资和外资的差别待遇，在我国加入 WTO 后，极易削弱民族资本同国外资本的竞争力。因此，为了公平对待每一类型的投资者、创造公平的竞争环境，我国 2005 年《公司法》赋予自然人、法人拥有像国家一样的设立一人公司的权利能力。既允许国家设立一人公司，也允许国内外的自然人、法人设立一人公司，但只允许设立一人有限责任公司，而不允许设立一人股份有限公司。

有人认为，允许自然人设立一人公司，很容易使其滥用公司的法人资格，损害债权人的利益，这其实是出于对个人的不信任。没有人能够证明一人公司就比社团公司更容易滥用法人人格。滥用法人人格应通过规范化管理和相应的制度来防范，而不是剥夺诚实守法的自然人应享有的平等投资权利。

我国《公司法》既顺应了世界公司立法的潮流和发展趋势，承认了一人有限公司的合法化，又借鉴了世界各国关于一人公司的立法经验，采取切实可行的防弊措施使我国一人公司的法律制度进一步规范化、合理化。

2006 年元旦是 2005 年修改的《公司法》正式实施的第一天，温州市工商局放弃休息，特事特办，为电脑租赁商王毅诚开通了绿色通道，办理公司设立登记。一个多小时后，王毅诚领到注册号为 3303002007781 的"一人公司"营业执照。该一人公司名称为"温州市温信电脑租赁有限公司"。温州因此诞生了全国首家"一人公司"。创业意识与进取精神是温州人精神的集中体现，国内第一家"一人公司"在温州诞生，有其特殊意义。事实上，20 多年前，中国第一家个体工商户章华妹也是于 1979 年 11 月 30 日在温州拿到营业执照的。

（六）我国公司法关于一人有限责任公司的规定

1. 一人有限责任公司的概念

所谓一人有限责任公司是指只有一个自然人股东或者一个法人股东的有限责任公司。一人有限责任公司的设立和组织机构，适用一人有限责任公司一节的专门规定；该节没有规定的，适用有限责任公司设立和组织机构一章第一节、第二节的规定。

2. 一人有限责任公司的设立

（1）设立一人有限责任公司和一人有限责任公司转投资的限制。为避免产生连锁型的一人公司，为防止滥用一人公司的独立人格和股东有限责任，将个人财产无限细分，设立若干个一人公司，减少对债权人担保的财产，《法国商事公司法》第 36 条第 2 款明确规定："同一自然人仅得为一家有限责任公司的唯一持股人。一人有限责任公司不得成为另一个由一人组成的有限责任公司的一人股东。违背前款规定，一切有关的人可要求解散非法组成的公司。"为此，我国《公司法》第 58 条明确规定，一个自然人只能投资设立一个一人有限责任公司。该一人有限责任公司不能投资设立新的一人有限责任公司。

（2）公司登记的标示规定。国外一些公司法确立了一人公司名称的特别标示制度，即依法登记成立的一人公司，必须在公司名称中标明"一人有限责任公司"或"一人股份有限公司"字样，以示与社团公司之区别。我国《公司法》第 59 条明确规定，一人有限责任公司应当在公司登记中注明自然人独资或者法人独资，并在公司营业执照中载明。

（3）公司章程的制定。我国《公司法》第 60 条明确规定，一人有限责任公司章程由股东制定。由于该公司只有一个股东，所以章程只能由股东制定。

3. 一人有限责任公司的监管

国外一些公司法确立了唯一股东与公司之间法律行为的书面记载制度，即为了厘清公司行为与股东行为之间的法律边界，提高一人公司决策行为的公信力，一人公司的唯一股东代表公司实施法律行为或同公司实施契约等法律行为，必须采取书面形式，且记载于公司议事录或制作成其他书面材料。我国《公司法》第61条明确规定，一人有限责任公司不设股东会。股东作出《公司法》第37条第1款所列决定时，应当采用书面形式，并由股东签字后置备于公司。另外，为了加强一人有限责任公司的财务会计监管，我国《公司法》第62条也明确规定，一人有限责任公司应当在每一会计年度终了时编制财务会计报告，并经会计师事务所审计。

4. 一人有限责任公司的人格否认

由于一人公司的规模大多较小，且控制权高度集中，股东的权力在公司内部失去了外在因素的制约，很容易为股东利用来作为规避法律义务的外壳，也容易导致公司的滥立。同时，也人为地造成法律适用上的障碍，使公司法许多调整股东与股东之间关系的行为准则形同虚设。因此，现代西方公司法一方面允许设立一人公司，另一方面又通过相应的制度和原则来弥补一人公司可能导致的不良后果。像美国的"揭穿公司法人面纱原则"、德国的"责任贯彻理论"和日本的"透视理论"，这些原则和理论在一定条件下适用，借以克服一人公司的缺陷，理论上统称为"公司人格否认论"。

一人公司的最大缺陷就在于公司与股东的人格、财产、组织、经营极易混同。为了实现公平、正义之价值目标，防止一人公司的股东滥用公司独立人格和股东有限责任原则，逃避债务，损害债权人的合法权益。我国《公司法》第63条对一人有限责任公司的人格否认作了明确规定，即一人有限责任公司的股东不能证明公司财产独立于股东自己财产的，应当对公司债务承担连带责任。因为股东对公司经营情况最为熟悉，由其承担相关举证责任较为合适。

三、国有独资公司

（一）国有独资公司的概念

根据我国《公司法》第64条的规定，国有独资公司是指国家单独出资、由国务院或者地方人民政府委托本级人民政府国有资产监督管理机构履行出资人职责的有限责任公司。

国有独资公司是我国在建立社会主义市场经济体制过程中，借鉴西方国家通行的现代公司制度，适应我国建立现代企业制度的需要，为国有企业进行公司制改革而专门创设的一种特殊形态的公司组织。

我国公司法虽然没有明确规定国有独资公司的适用范围，但设立国有独资公司必须考虑维护国家安全和国家利益，协调社会利益和经济利益，确保国民经济的健康运行。国有独资公司主要从事那些社会不能办而国家又不得不办的经营业务。

国有独资公司由国家单独出资设立，具体来讲，有两种设立方式，一是新建设立，即由国务院或者地方人民政府授权本级人民政府的国有资产监督管理机构代表国家单独出资设立；二是改建设立，即由具备法定条件、单一投资主体的国有大中型企业依照公司法的规定改建为国有独资公司。

国有独资公司的设立和组织机构，适用国有独资公司一节的专门规定；该节没有规定的，适用有限责任公司设立和组织机构一章第一节、第二节的规定。

（二）国有独资公司的性质

从法律规定来看，国有独资公司属于有限责任公司的范畴，并非独资企业，也不是一般性的国有企业。国有独资公司是一种特殊的有限责任公司，之所以特殊，不是说其法律地位比其他有限责任公司特殊，而是说这种公司的性质（一人公司）、股东（只有一个）、公司的组织机构（不设股东会）及其职权，较其他有限责任公司特殊。同时，由于其股东只有一个，故只能采取有限责任公司的组织形式，而不能采取股份有限公司形式。从法理来看，国有独资公司属于"一人公司"的范畴。"一人公司"（one man company）是仅由一个股东控制或掌握公司全部资本，且该股东只承担有限责任的公司。一人公司从股东身份来看，有"国家一人公司""法人一人公司""自然人一人公司"三种形态，而国有独资公司就属于"国家一人公司"的范畴。

（三）国有独资公司的特征

1. 股东的单一性

国有独资公司是由国家单独出资设立的，因此，它的投资者即股东只有一个，即国家。

2. 出资人的授权性

国家虽是国有独资公司的唯一股东，但国家是一个特殊的主体，不可能以其名义并以一个出资人的身份经营管理公司，而应授权特定的机构代表国家履行出资人的职责。为此，我国公司法明确规定，由国务院或者地方人民政府授权本级人民政府国有资产监督管理部门履行出资人的职责。

3. 责任的有限性

国有独资公司的资产是国家作为出资者单独投资的，国有独资公司一旦宣告成立，国家对公司的出资就转为公司所有，国家作为出资者的身份就变成了股东，国家也因此获得了股权；公司则拥有了自己独立的财产、独立的人格和独立的权利。因此，作为股东的国家对公司只承担有限责任，即仅以其认缴的出资额为限对公司承担责任，对公司的债务并不承担无限责任。

4. 经营的自主性

国有独资公司虽然带有"国有"二字，但毕竟不是一般的国有企业，而是一种现代企业制度。在遵守公司章程的情况下，国有独资公司享有完全的法人财产权，在生产经营活动中拥有独立的自主权。

5. 章程制定的特殊性

国有独资公司章程的制定有两种方式，一是由国有资产监督管理机构制定，二是由董事会制订报国有资产监督管理机构批准。

（四）国有独资公司治理的特别规定

1. 国有独资公司不设股东会

国有资产监督管理机构行使股东会的职权。国有资产监督管理机构可以授权公司董事会行使股东会的部分职权，决定公司的重大事项，但公司的合并、分立、解散、增减注册资本和发行公司债券，必须由国有资产监督管理机构决定；其中，重要的国有独资公司合并、分立、解散、申请破产的，应当由国有资产监督管理机构审核后，报本级人民政府批准。关于重要的国有独资公司的范围，按照国务院的规定确定。

2. 国有独资公司设立董事会

董事会依照《公司法》第 46 条、第 66 条的规定行使职权。董事每届任期不得超过三年。董事会成员中应当有公司职工代表。董事会成员由国有资产监督管理机构委派，但是，董事会成员中的职工代表由公司职工代表大会选举产生。

董事会设董事长一人，可以设副董事长。董事长、副董事长由国有资产监督管理机构从董事会成员中指定。

3. 国有独资公司设经理

经理由董事会聘任或者解聘。经理依照《公司法》第 49 条规定行使职权。经国有资产监督管理机构同意，董事会成员可以兼任经理。

4. 国有独资公司的兼职限制

国有独资公司的董事长、副董事长、董事、高级管理人员，未经国有资产监督管理机构同意，不得在其他有限责任公司、股份有限公司或者其他经济组织兼职。

5. 国有独资公司设立监事会

监事会的成员不得少于五人，其中职工代表的比例不得低于三分之一，具体比例由公司章程规定。监事会成员由国有资产监督管理机构委派，但是，监事会中的职工代表由公司职工代表大会选举产生。监事会主席由国有资产监督管理机构从监事会成员中指定。监事会行使《公司法》第 53 条第 1 项至第 3 项规定的职权和国务院规定的其他职权。

第二节　有限责任公司的设立

一、有限责任公司的设立条件

有限责任公司的设立是有限责任公司取得法人资格，能够高效、科学运行的第一关。有限责任公司的设立条件是指《公司法》规定的有限责任公司要获准公司登记机关的登记注册，取得企业法人资格所必须具备的法定条件。有限责任公司设立的条件实质上是法律为有限责任公司进入市场所设定的门槛，其目的是为了维护市场信用、保障社会的交易安全、保证公司管理机关对公司进行必要的监督与管理。

所以，各国的公司立法大都对有限责任公司的设立条件，做了严格规定，根据有限责任公司的企业法人资格和它自身的基本特征以及我国长期以来在设立公司方面的经验教训，我国《公司法》第 23 条明确规定："设立有限责任公司，应当具备下列条件：（一）股东符合法定人数；（二）有符合公司章程规定的全体股东认缴的出资额；（三）股东共同制定公司章程；（四）有公司名称，建立符合有限责任公司要求的组织机构；（五）有公司住所。"与之相关的《公司法》第二章第一节的相关条款则对每个条件予以了具体化，使之易于操作和把握。因此，设立有限责任公司的法定条件有以下五个。

（一）股东符合法定人数

这是关于股东人数条件的规定。根据我国《公司法》第 24 条的规定，有限责任公司的股东必须为 50 个以下，就是我国公司法关于股东法定人数的规定。因此，有限责任公司的股东人数没有底线限制，最少可以是 1 个股东，而最多不能超过 50 个股东。这是由有限责任公司所突显出的"人合性"所决定的，股东之间的合作与信任对有限责任公司的运作具有重要意义。因此为了防止过多股东人数而导致协商成本增加，公司立法以一个技术性条款要求有限责任公司的"人"的条件——股东不超过 50 人。如果超过了 50 人，则要么不能成立有限责任公司，要么在合理期限内变更公司的形式将其改为股份有限公司。具体而言，有限责任公司的股东可以是自然人股东，也可以是法人股东，还可以是国家股东（由国务院或者地方人民政府授权本级人民政府国有资产监督管理机构作为代表）。

（二）有符合公司章程规定的全体股东认缴的出资额

这是关于资本条件的规定。资本是公司赖以生存的"血液"，是公司运营的物质基础，也是对公司债务的担保。因此，资本是设立公司又一必不可少的法定条件。这里所讲的"出资额"就是指公司的注册资本，根据我国《公司法》第 26 条的规定，有限责任公司的注册资本就是在公司登记机关登记的全体股东认缴的出资额。我国 2005 年《公司法》第 26 条曾经规定，公司全体股东的首次出资额不得低于注册资本的 20%，也不得低于法定的注册资本最低限额，其余部分由股东自公司成立之日起两年内缴足；其中，投资公司可以在五年内缴足。有限责任公司注册资本的最低限额为人民币 3 万元。这里需要强调的是，我国

2013 年《公司法》虽然废除了 2005 年《公司法》关于有限责任公司最低资本限额、首次出资额和货币出资金额的规定，但设立有限责任公司仍须有符合公司章程规定的全体股东认缴的出资额。另外，法律、行政法规以及国务院决定对有限责任公司注册资本最低限额另有规定的，则从其规定。如《中华人民共和国商业银行法》规定设立商业银行的注册资本的最低限额为 10 亿元人民币，城市合作商业银行注册资本的最低资本限额为 1 亿元人民币，农村合作商业银行的注册资本最低限额为 5000 万元人民币，并且其注册资本是实缴资本。又如《中华人民共和国保险法》规定，设立国有独资保险公司，其注册资本最低限额为人民币 2 亿元。关于公司注册资本出资额的规定，是公司资本确定原则的具体要求，这对于保证公司生产经营规模和对外清偿债务能够达到起码的限度，保护公司及债权人的合法权益有着十分重要的意义。

（三）股东共同制定公司章程

这是关于章程条件的规定。公司法之所以将公司章程作为公司成立的必备条件，这是由公司章程的性质及其法制意义所决定的。公司章程是公司的宪章，是公司组织和行为的纲领性文件，也是处理公司内外部关系的基本依据，同时，也是公司登记机关所要审查的重要文件，因此，它是公司设立时的核心文件。一个公司没有章程，就像一个国家没有宪法一样不可想象，所以，各国公司法都将公司章程作为公司设立的法定必备条件。由于有限责任公司章程是公司的重要文件，直接关系到公司的发展，涉及股东的切身利益，何况股东人数并不很多，因此，公司章程应当由全体股东共同制定。依照《公司法》第 25 条的规定，有限责任公司章程应载明下列事项：公司名称和住所；公司经营范围；公司注册资本；股东的姓名或者名称；股东的出资方式、出资额和出资时间；公司的机构及其产生办法、职权、议事规则；公司法定代表人；股东会会议认为需要规定的其他事项。每个股东均在公司章程上签名、盖章，否则公司就无法设立。有限责任公司的章程对公司、股东、董事、监事、高级管理人员具有约束力。

（四）有公司名称，建立符合有限责任公司要求的组织机构

这是关于组织条件的规定。这一条件有两个方面：（1）有公司名称。公司的名称是一个公司区别于其他公司的专用文字标志，也是公司在运行过程中借以实现权利和义务的名义，是有限责任公司独立人格的重要标志，因此，大多数国

家的公司立法都把公司名称作为设立公司的一个必备条件。有限责任公司的名称一般应有公司所在行政区域、商号（字号）、所在行业或经营特点、"有限责任公司或有限公司"字样，并且不得含国家禁止使用的内容和文字。（2）建立符合有限责任公司要求的组织机构。公司的组织机构是公司法人的机关，是公司借以形成法人意志，表示法人意志，代表法人从事各种活动的重要组成部分，因此，设立公司必须依照《公司法》建立符合有限责任公司要求的组织机构。

（五）有公司住所

这是关于住所条件的规定。公司如果没有住所，就无法从事生产经营活动，他人也无法同公司进行业务往来，同时，公司如果没有住所，也就失去了赖以存在的基础，因此，有公司住所也是公司设立时必须具备的法定条件。

二、有限责任公司的设立方式

我国《公司法》第24条规定："有限责任公司由50个以下股东出资设立。"同时，第57条第2款规定："一人有限责任公司是指只有一个自然人股东或者一个法人股东的有限责任公司。"此外，第64条第2款规定："本法所称国有独资公司，是指国家单独出资、由国务院或者地方人民政府授权本级人民政府国有资产监督管理机构履行出资人职责的有限责任公司。"这就是我国关于有限责任公司设立方式的法律规定。

由此可见，有限责任公司有共同出资设立和单独出资设立两种方式。普通有限责任公司由2人以上50人以下的股东共同出资设立。一人有限责任公司由一个自然人股东或者一个法人股东单独出资设立，国有独资公司则由国家单独出资设立。这几种设立方式，从法理上讲，都属于发起设立方式，前者属于多个股东发起设立，后者属于一个股东发起设立。

三、有限责任公司的设立程序

根据我国《公司法》的规定，设立有限责任公司一般应履行下列5个法定程序。

（一）制定公司章程

公司章程是"公司的宪法""公司的宪章"，国有国法，家有家规，公司则必须要有自己的章程。因此，制定公司章程不仅是公司设立的法定条件，也是公司设立的必经程序。除国有独资公司和一人有限责任公司外，公司章程由全体股东共同制定，即只有经全体股东一致同意，公司章程方能成立。对国有独资公司来说，公司章程的制定方式有两种，可以选择其中一种，一是由国有资产监督管理机构制定，二是由董事会制定报国有资产监督管理机构批准；对一人有限责任公司来说，公司章程则由该一人股东制定。

制定公司章程必须符合下列基本要求：（1）公司章程的条款要齐备，即必须载明公司法所要求的事项，一共是八项事项。根据我国《公司法》第25条的规定，有限责任公司章程应当载明的八项事项为：公司名称和住所；公司经营范围；公司注册资本；股东的姓名或者名称；股东的出资方式、出资额和出资时间；公司的机构及其产生办法、职权、议事规则；公司法定代表人；股东会会议认为需要规定的其他事项。（2）公司章程的内容必须真实。即公司章程记载的事项必须与实际情况相一致，并且是真实意思的表示，而不得有虚假内容。例如，注册资本必须同各股东的实际出资相吻合，而不能以少报多。（3）公司章程的内容必须合法。即各个记载事项都必须符合国家法律、法规的规定，如名称要规范，资本要达到法定资本最低限额，法定代表人必须具备法定任职资格，经营范围要合法等。（4）公司章程的形式要合法。公司章程不仅要采取书面形式，凡有格式章程的，则应采用格式章程的标准制定，而且，股东还应当在公司章程上签名、盖章，当股东为法人时，还须有其法定代表人的签名。否则，章程无效。

（二）缴纳出资

缴纳出资是设立人履行公司章程中规定的出资义务的行为。设立人应按公司章程规定的出资时间及出资形式履行其出资义务。

在股东的出资方式方面，《公司法》第27条规定："股东可以用货币出资，也可以用实物、知识产权、土地使用权等可以用货币估价并可以依法转让的非货币财产作价出资；但是，法律、行政法规规定不得作为出资的财产除外。对作为出资的非货币财产应当评估作价，核实财产，不得高估或者低估作价。法律、行政法规对评估作价有规定的，从其规定。"也就是说，在出资方式上除了货币出资，股东还可以选择采用一切具有价值上的确定性和财产上的可转让性特征的实物或者无形财产进行投资。借助资产评估制度，通过专业中介服务机构对实物、无形资产进行价值评定并将其合理折合为一定的人民币数额，作为股东的出资额。这种概括加列举的立法方式在很大程度上拓宽了投资人的投资资格、鼓励了无形财产方面的创新，具有积极意义。同时，《公司登记管理条例》第 14 条还规定："股东不得以劳务、信用、自然人姓名、商誉、特许经营权或者设定担保的财产等作价出资。"

需要注意的是，我国 2013 年《公司法》确定了"认缴资本制"，并且确定了"公司章程在缴纳出资上进行自主约定"的制度，即公司章程应载明股东的出资方式、出资额和出资时间。也就是说，有限责任公司的设立过程中，股东缴纳出资的依据是公司的章程。股东应当按期足额缴纳公司章程中规定的各自所认缴的出资额。股东以货币出资的，应当将货币出资足额存入有限责任公司在银行开设的账户；以非货币财产出资的，应当依法办理其财产权的转移手续。股东不按照公司章程的规定缴纳出资的，除应当向公司足额缴纳外，还应当向已按期足额缴纳出资的股东承担违约责任。

（三）审批

凡法律、行政法规规定设立公司必须报经批准的，在公司登记前依法还必须办理批准手续。由此可见，审批并非设立有限责任公司的法定必经程序，只有必要时才履行这一程序。需要审批的有限责任公司主要有：（1）外贸专业公司；（2）金融性公司；（3）高新技术公司；（4）法律要求必须经过批准的其他有限责任公司。

（四）申请设立登记

设立有限责任公司，应当由全体股东指定的代表或者共同委托的代理人向公司登记机关申请设立登记。设立国有独资公司，应当由国务院或者地方人民政府授权的本级人民政府国有资产监督管理机构作为申请人，申请设立登记。法律、行政法规或者国务院决定规定设立有限责任公司必须报经批准的，应当自批准之日起 90 日内向公司登记机关申请设立登记。逾期申请设立登记的，申请人应当报批准机关确认原批准文件的效力或者另行报批。

申请设立有限责任公司，应当向公司登记机关提交下列文件：（1）公司法定代表人签署的设立登记申请书；（2）全体股东指定代表或者共同委托代理人的证明；（3）公司章程；（4）股东的主体资格证明或者自然人身份证明；（5）载明公司董事、监事、经理的姓名、住所的文件以及有关委派、选举或者聘用的证明；（6）公司法定代表人任职文件和身份证明；（7）公司住所证明；（8）国家公司登记机关要求提交的其他文件。法律、行政法规或者国务院决定规定设立有限责任公司必须报经批准的，还应当提交有关批准文件。

（五）登记发照

当公司登记机关收到申请人提交的符合法律规定的全部文件后，依照公司法和有关规定进行审查，凡符合法律、法规规定条件的，由公司登记机关发给《企业法人营业执照》。公司营业执照签发日期为公司成立日期。公司凭公司登记机关核发的《企业法人营业执照》刻制印章，开立银行账户，申请纳税登记。公司自成立之日起取得法人资格，可以以公司的名义对外营业。在审查的过程中，发现公司章程有违反法律、行政法规的内容的，公司登记机关有权要求公司作相应修改。对不符合法律规定条件的公司，公司登记机关可以不予登记。作为救济手段，申请人如果对登记机关不予登记的决定不服的，可以依法提起行政诉讼。

另外，设立有限责任公司同时设立分公司的，应当由全体股东指定的代表或者共同委托的代理人就拟设立的分公司向该分公司所在地的公司登记机关申请登记，领取《营业执照》，并且应当自分公司登记之日起 30 日内，持分公司的《营业执照》到总公司所在地的公司登记机关办理备案；如果有限责任公司成立后设立分公司的，则应由公司的法定代表人向拟设立的分公司所在地的公司登记机关申请登记，领取《营业执照》并在 30 日内在总公司所在地的公司登记机关备案。

第三节 有限责任公司的股东

一、有限责任公司股东的界定

（一）有限责任公司股东的概念

我国传统的理论认为，出资人与股东是同一个概念，股东就是有限责任公司的出资人，出资人就是有限责任公司的股东。

根据我国《公司法》的规定，并结合国外有关立法规定，我们认为，有限责任公司的股东就是因向公司直接出资或继受取得股权并对公司享有权利、承担义务的自然人、法人和国家。

（二）有限责任公司股东的界定

根据我国公司法的有关规定，凡符合下列条件者可界定为有限责任公司的股东：（1）发起公司，并在公司章程上签名、盖章者，在公司成立后，即成为公司的当然股东。（2）合法拥有公司出具的"出资证明书"者，"出资证明书"是股东享有股权的法定凭证。有限责任公司成立后，应当向股东签发出资证明书。出资证明书应当载明下列事项：公司名称；公司成立日期；公司注册资本；股东的姓名或者名称、缴纳的出资额和出资日期；出资证明书的编号和核发日期。出资证明书应由公司盖章。（3）其名称、姓名被登记于"股东名册"者，虽持有"出资证明书"但未办理过户手续者，不得界定为股东。

（三）有限责任公司股东的主体资格

根据我国《公司法》的规定，享有股东资格的主体主要是：（1）中国的公民个人。除法律、行政法规以及国家政策禁止和限制的以外，中国的公民个人有资格成为有限责任公司的股东。党政干部、国家公务员以及无行为能力、限制行为能力的公民个人依法不得成为股东。（2）中国的法人，包括中国的企业法人等，但党政机关、社会团体法人不能成为股东。（3）外商投资者，即外国的公司、企业、其他经济组织和自然人，依照我国《外商投资法》的规定，可以成为有限责任公司的股东。（4）国务院或者地方人民政府委托本级人民政府国有资产监督管理机构履行出资人职责，依法可以成为国有独资公司股东的代表。

二、有限责任公司股东的权利和义务

（一）股东的权利

1. 股东会的出席权

股东会由全体股东组成，是公司的权力机构。因此，参加股东会是每一个股东的权利，公司不能限制（如以出资多少）或剥夺这种法定权利。

2. 股东表决权

股东表决权又称股东议决权，是股东基于其股东地位而享有的，就股东会议案作出一定意思表示的权利。（1）固有性。表决权是基于股东身份而拥有的一种固有权利，除非依法，不容公司章程或股东会决议予以剥夺或限制。（2）共益性。它是股东为了公司整体利益或全体股东利益而行使的权利。（3）表决权属于单独的股东权。我国《公司法》第42条规定，股东有权在股东会会议上按照出资比例行使表决权，但是，公司章程另有规定的除外。

3. 选举权和被选举权

股东在股东会上有权选举和更换非由职工代表担任的董事、监事，并决定有关董事、监事的报酬事项，股东如果是自然人还依法享有被选举为董事和监事的权利。

4. 股东会首次会议的召集和主持权

根据《公司法》第38条规定，出资最多的股东有权负责召集和主持股东会的首次会议。

5. 知情权

股东有权查阅、复制公司章程、股东会会议记录、董事会会议决议、监事会会议决议和财务会计报告。

6. 红利分取权

股东有权按照实缴的出资比例分取红利，但是，全体股东约定不按照出资比例分取红利的除外。

7. 优先认缴出资权

公司新增资本时，股东有权优先按照实缴的出资比例认缴出资。但是，全体股东约定不按照出资比例优先认缴出资的除外。

8. 股权转让权

股东之间可以相互转让其全部或部分股权。股东向股东以外的人转让股权，应当经其他股东过半数同意。股东应就其股权转让事项书面通知其他股东征求同意，其他股东自接到书面通知之日起满三十日未答复的，视为同意转让。其他股东半数以上不同意转让的，不同意的股东应当购买该转让的股权；不购买的，视为同意转让。但公司章程另有规定的，则从其规定。

9. 对其他股东转让股权的优先购买权

经股东同意转让的股权，在同等条件下，其他股东有优先购买权。两个以上股东主张行使优先购买权的，协商确定各自的购买比例；协商不成的，按照转让时各自的出资比例行使优先购买权。但公司章程另有规定的，则从其规定。

10. 股东临时会议的提议召开权

代表十分之一以上表决权的股东可以提议召开股东临时会议。

11. 剩余财产的分配请求权

公司财产在分别支付清算费用、职工的工资、社会保险费用和法定补偿金，缴纳所欠税款，清偿公司债务后的剩余财产，股东有权请求按照出资比例进行分配。

12. 股东会、董事会决议无效或撤销的请求权

公司股东会、董事会的决议内容违反法律、行政法规的无效。股东会、董事会的会议召集程序、表决方式违反法律、行政法规或者公司章程，或者决议内容违反公司章程的，股东可以自决议作出之日起六十日内，请求人民法院撤销。股东依照相关规定提起诉讼的，人民法院可以应公司的请求，要求股东提供相应担保。公司根据股东会、董事会决议已办理变更登记的，人民法院宣告该决议无效或者撤销该决议后，公司应当向公司登记机关申请撤销变更登记。

13. 查阅公司会计账簿的请求权

股东可以要求查阅公司会计账簿。股东要求查阅公司会计账簿的，应当向公司提出书面请求，说明目的。公司有合理根据认为股东查阅会计账簿有不正当目的，可能损害公司合法利益的，可以拒绝提供查阅，并应当自股东提出书面请求之日起十五日内书面答复股东并说明理由。公司拒绝提供查阅的，股东可以请求人民法院要求公司提供查阅。

14. 股权回购的请求权

有下列情形之一的，对股东会该项决议投反对票的股东可以请求公司按照合理的价格收购其股权：（1）公司连续五年不向股东分配利润，而公司该五年连续盈利，并且符合本法规定的分配利润条件的；（2）公司合并、分立、转让主要财产的；（3）公司章程规定的营业期限届满或者章程规定的其他解散事由出现，股东会会议通过决议修改章程使公司存续的。自股东会会议决议通过之日起60日内，股东与公司不能达成股权收购协议的，股东可以自股东会会议决议通过之日起90日内向人民法院提起诉讼。

15. 对公司负责人的起诉权

董事、高级管理人员违反法律、行政法规或者公司章程的规定，损害股东利益的，股东可以向人民法院提起诉讼。

16. 股东代表诉讼权

我国《公司法》第149条规定，董事、监事、高级管理人员执行公司职务时违反法律、行政法规或者公司章程的规定，给公司造成损失的，应当承担赔偿责任。董事、高级管理人员有《公司法》第149条规定的情形的，股东可以书面请求监事会或者监事向人民法院提起诉讼；监事有《公司法》第149条规定的情形的，股东可以书面请求董事会或者执行董事向人民法院提起诉讼。监事会、监事，或者董事会、执行董事收到股东书面请求后拒绝提起诉讼，或者自收到请求之日起30日内未提起诉讼，或者情况紧急、不立即提起诉讼将会使公司利益受到难以弥补的损害的，股东有权为了公司的利益以自己的名义直接向人民法院提起诉讼。

17. 公司解散的请求权

公司经营管理发生严重困难，继续存续会使股东利益受到重大损失，通过其他途径不能解决的，持有公司全部股东表决权10%以上的股东，可以请求人民法院解散公司。

18. 其他权利

其他权利是指其他法律、行政法规或者公司章程赋予股东的权利。

（二）股东的义务

1. 遵守公司章程的义务

公司章程是由全体股东共同制定的，既是公司组织和行为的基本准则，也是股东行为的准则，因此，公司章程对每一个股东都有法律约束力。股东必须履行守章义务。

2. 按期足额缴纳出资的义务

股东应当按期足额缴纳公司章程中规定的各自认缴的出资额。股东不按规定缴纳出资的，除应当向公司足额缴纳外，还应当向已按期足额缴纳出资的股东承担违约责任。

3. 出资填补的义务

有限责任公司成立后，发现作为设立公司出资的非货币财产的实际价额显著低于公司章程所定价额的，应当由交付该出资的股东补足其差额；公司设立时的其他股东承担连带责任。

4. 不得抽逃出资的义务

公司成立后，股东不得抽逃出资。股东在公司登记后，不得抽回出资。这是由有限责任公司人资两合的性质和公司资本的法定原则所决定的。如允许股东抽回出资，就可能造成公司法定资本不足，达不到法定资本最低要求，也可能造成股东人数低于法定最低人数，从而使公司不具备或不完全具备法定的设立条件。股东抽回出资，即"拿钱走人不干了"，就会使有限公司的"人合"性失去存在的基础。

5. 不得滥用股东权利的义务

股东应依法行使股东权利，不得滥用股东权利损害公司、其他股东或债权人的利益。否则，应当依法承担赔偿责任。

6. 股东以其认缴的出资额为限对公司承担责任

当公司发生债务时，股东并不直接对债权人负责，而是由公司以自己的全部财产对公司债务承担责任，而股东对公司的债务所承担的责任，体现为股东对公司的出资，股东须以其认缴的全部出资，也仅以该出资额为限，对公司债务承担责任。

7. 其他义务

其他义务是指其他法律、行政法规及公司章程规定的股东义务。

三、有限责任公司的股东名册

股东名册，又称股东名簿，是有限责任公司成立后，依照公司法的规定置备的用以记载股东及其出资事项的法律文件。

根据我国《公司法》的规定，有限责任公司依法应当置备股东名册，记载下列事项：股东的姓名或者名称及住所；股东的出资额；出资证明书编号。记载于股东名册的股东，可以依股东名册主张行使股东权利。另外，公司还应当将股东的姓名或者名称及其出资额向公司登记机关登记；登记事项发生变更的，应当办理变更登记。未经登记或者变更登记的，不得对抗第三人。

第四节　有限责任公司的资本

一、有限责任公司资本的含义

在实务中，公司资本主要有以下四种含义：（1）公司的总投资。公司的资本＝注册资本＋借入资本。（2）公司的实缴资本。即股东向公司实际缴纳的出资额的总和。（3）公司的认缴资本。即股东向公司认缴的出资额的总和。（4）公司的注册资本，又称额面资本或核定资本，是公司在登记机关登记的资本。

根据我国《公司法》的规定，有限责任公司的资本即指注册资本，它是在公司登记机关登记的全体股东认缴的出资额，即注册资本等于股东认缴出资额的总和。有限责任公司注册资本的法律特征：（1）是公司章程的法定必载事项。（2）是股东对于公司的永久性投资。（3）是在公司登记机关登记的资本。（4）是全体股东认缴出资额的总和。（5）是公司对债权人最低限度的担保。

二、有限责任公司的出资

（一）有限责任公司出资的含义

股东的出资是有限责任公司成立的前提条件和基础。所谓有限责任公司的出资就是股东依法定方式和程序向公司投入的资本份额。股东的出资是构成公司资本的基础，没有股东的出资，公司的资本就成了无源之水、无本之木。

在我国不少学者，常常把有限责任公司的"出资"与股份有限公司的"股份"等同使用，有的甚至把"出资"也称为"股份"，这种认识是不符合我国法律规定和传统公司法理论的。这两者虽然都是对股东投资的表述，但它们仍有以下三点区别。

1. **适用的情况不同**

在我国《公司法》中，"出资"和"股份"适用的情况是不同的。"出资"专指有限责任公司股东的投资，而"股份"则专门适用于股份有限公司股东的投资。我国大陆和台湾地区公司立法对两者适用的情况都作了明确规定。

2. **表现形式不同**

在我国《公司法》中，"出资"的表现形式为"出资证明书"，而股份的表现形式则是"股票"。股票与出资证明书都是股权的凭证，但二者也不完全相同：（1）出资证明书一律记名，而股票有的记名，有的不记名；（2）出资证明书不是流通证券，不能在证券市场上进行流通转让，更不能上市交易，而股票则是流通性证券，可以上柜交易，还可以上市交易。

3. **转让的难易程度不同**

出资转让的条件严格、复杂，而股份的转让则十分方便和自由。

（二）有限责任公司的出资方式

根据我国《公司法》第 27 条的规定，股东可以用货币出资，也可以用实物、知识产权、土地使用权等可以用货币估价并可以依法转让的非货币财产作价出资，但是，法律、行政法规规定不得作为出资的财产除外。

1. **货币出资**

货币出资是一种最为普遍的方式。成立有限公司必须要有一定数量的货币投入，因为公司成立初期，并不会立即创造出利润，而在生产经营和管理过程中，则必须支付职工的工资、购置有关设备，采购原料、燃料和能源等物资，这就需要一定数量的货币。如果公司的资本中没有足够的货币投资，公司的生产经营活动就无法进行，其章程规定的目标也难以实现。

2. 实物出资

实物包括建筑物、厂房、机器设备或者其他物料，它是一种有形资产。而有形资产在法律上又有动产与不动产的区别，所谓动产就是可以移动并不因此而破坏其价值或形态的财产，如原材料、辅料、配件、机器设备等，不动产则是不能移动或一旦移动就会破坏其价值或形态的资产，如建筑物、厂房等。无论动产还是不动产，只要经全体发起人同意，且为有限公司生产经营所必须，就可作为实物出资。实物出资由有关资产评估机构依据公平合理的原则进行实事求是地评估，不能高估作价，也不能低估作价。

3. 知识产权出资

根据世界知识产权组织公约的有关规定，知识产权的范围十分广泛。在我国，人们普遍认为，知识产权主要包括工业产权和著作权。根据我国加入的《保护工业产权巴黎公约》的规定，工业产权是指可用于工业、商业、农业、服务业等行业的、能够提高经营者竞争力并能给企业带来经济利益的知识产权，如发明、实用新型、外观设计、商品商标、商号、货源标记和原产地名称等。从我国的知识产权立法来看，我们这儿讲的工业产权主要是指专利权和商标权。依照法定程序获得的专利权和商标权是一种无形资产，因其能够在产业经营中运用，并能为权利人带来一定的经济利益，所以，也可以用于出资。另外，非专利技术也是一种知识产权。非专利技术，俗称技术诀窍、专有技术或秘密技术，是指没有获得专利法保护的技术。这种技术可能是专利法不予保护的，也可能是权利人未去申请专利的，还可能是权利人已申请了专利但尚未获准的。非专利技术同工业产权一样，都是一种知识产权，都会给企业带来经济效益，所以，非专利技术也可以作为出资方式。著作权是知识产权的重要组成部分，当然能够用来出资，如计算机软件等。

4. 土地使用权出资

根据我国《宪法》和《土地管理法》的规定，我国实行土地的社会主义公有制，即土地只能属于国家或劳动群众集体所有，其中城市的土地属于国家所有，农村的土地则属于农村的劳动群众集体所有。因此，土地在我国是不能作为出资方式的，但土地使用权依法则可以用来出资。以土地使用权作为出资的前提条件是，公司发起人须对用作出资的土地拥有使用权。否则，公司只能通过与政府土地管理部门签订"土地使用权出让合同"，并根据合同的规定以缴纳土地使用权出让金的方式获得土地使用权。以土地使用权作价出资，必须符合国家规划所确定的土地用途，并不得超过土地使用权年限的限制。土地使用权出让的最高年限，按土地用途的不同确定，如居住用地70年，工业用地50年，商业、旅游、娱乐用地40年，综合或其他用地50年。一般来说，发起人以土地使用权作价出资，其作价应与取得同类土地使用权应缴纳的出让金相同。土地使用权出让金，由政府或政府有关主管部门根据该土地的用途、地理环境条件、征地拆迁安置费用和公司企业对基础设施的要求等因素加以合理确定。因此，土地使用权的评估作价，只能依据法律、行政法规的规定办理，而不能随意作价。

5. 其他非货币财产

股东不仅可以用实物、知识产权、土地使用权作价出资，而且也可以用其他非货币财产作价出资。但必须符合下列条件：（1）可以用货币估价；（2）可以依法转让；（3）不为法律、法规所禁止。为保障公司资本的确定性，防止以价值不确定的财产向公司出资可能带来的风险，法律、行政法规明确规定了不得作为出资的财产范围。如我国《公司登记管理条例》第14条规定："股东不得以劳务、信用、自然人姓名、商誉、特许经营权或者设定担保的财产等作价出资。"

根据我国新《公司法》第27条的规定，对作为出资的非货币财产应当评估作价，核实财产，不得高估或者低估作价。法律、行政法规对评估作价有规定的，从其规定。对于作为出资的实物、知识产权、土地使用权和其他非货币财产，必须依法进行评估作价，核实财产，而不得高估或低估作价，其理由有三：（1）便于计算公司的注册资本。公司的注册资本必须以货币形式表现出来，因此，非货币形式的出资必须评估作价。（2）便于明确各股东权利义务的基本依据。出资比例是各股东行使权利和承担义务的法律基础，对非货币形式客观作价，有利于确立股东之间的出资比例。（3）有利于防止股东的欺诈行为，切实保护债权人的合法权益。

（三）有限责任公司的出资证明书

根据我国《公司法》第31条的规定，有限责任公司成立后，应当向股东签发出资证明书。出资证明书依法应记载下列事项：（1）公司名称；（2）公司成立日期；（3）公司注册资本；（4）股东的姓名或名称、缴纳的出资额和出资日期；（5）出资证明书的编号和核发日期。同时，出资证明书依法应由公司盖章，否则，就不具有法律效力。

有限责任公司只能采取发起设立方式，而不能采取募集设立方式。因此，公司成立后，向股东签发的不是股票，而是出资证明书。有的国家称"股单""股权证"，我国台湾地区的公司法称"股单"。关于出资证明书的性质，学术界有不同的看法。有的认为是资本证券，有的认为是证明证券，有的认为是证明文件。我们认为，出资证明书是有限责任公司依法向股东签发的股权凭证，因此，出资证明书应是股东出资的凭证，具有股权凭证的性质。

一般来讲，出资证明书主要有以下法律特征：（1）它是股东享有股权的法定凭证，出资证明书在证明股东对公司享有股权上，与股份有限公司的股票具有同样的性质。（2）它是非设权凭证。即股东所享有的股权并非由出资证明书所创设，而是来源于股东的出资行为。因为，出资证明书只是记载和反映股东出资情况的凭证，并非设定权利的设权凭证。（3）它必须采用记名方式。由于有限责任公司的股东人数一般不多，并且相对稳定，因此出资证明书一律为记名式，这同股票既可记名又可不记名形成鲜明对照。（4）标准的法定性。出资证明书的签发主体、制作和记载事项都要按照法定方式和标准进行，否则无效。（5）它是在有限责任公司成立后由公司向股东签发的法定文件，而不能在公司成立之前签发。

三、有限责任公司注册资本增减的法律规定

注册资本是公司注册登记的重要事项，一旦经公司登记机关核准，即成为反映公司经营能力及对外承担责任能力的重要依据，因此，我国公司法规定，注册资本不得随意变更。公司增加资本，虽然对债权人有利，但对股东可能带来不利影响，因为资本过剩，势必造成闲置、停滞和浪费，势必会降低股票、红利；公司资本的减少，无疑对债权人不利，不仅减少了对债权人的清偿限度，而且影响了公司的经营能力。

（一）注册资本增加的法律规定
由于增加注册资本只涉及股东利益和公司资本的增多，不会对债权人利益

造成损害，因此，公司法关于增资的程序规定较减资的程序规定更为简便。主要应履行以下四个程序：（1）董事会制订公司增加注册资本的方案。（2）股东会对公司增加注册资本作出决议。根据我国《公司法》第43条的规定，股东会会议作出增加的决议，必须经代表三分之二以上表决权的股东通过。但国有独资公司增加注册资本则必须由国有资产监督管理机构决定。（3）增加注册资本。根据《公司法》第178条的规定，有限责任公司增加注册资本时，股东认缴新增资本的出资，依照公司法设立有限责任公司缴纳出资的有关规定执行。（4）变更登记。公司增加注册资本，应当自足额缴纳出资之日起30日内申请变更登记。申请变更登记时应当提交依法设立的验资机构出具的验资证明、变更登记申请书（公司法定代表人签署）、增资决议或决定、公司章程修正案以及其他文件。

（二）注册资本减少的法律规定

由于减资直接关系到公司的发展前景，关系到公司的偿债能力，影响到广大股东和债权人的利益，因此，公司减资必须要有资本过剩或亏损严重的事实存在。同时，公司减资还必须履行以下法定程序：（1）董事会制订公司减少注册资本的方案。（2）作出减资的决议或决定。根据我国《公司法》第43条的规定，股东会会议作出减少注册资本的决议，必须经代表三分之二以上表决权的股东通过。但国有独资公司增加注册资本则必须由国有资产监督管理机构决定。（3）编制资产负债表及财产清单。公司需要减少注册资本时，必须依法编制资产负债表及财产清单。（4）通知和公告债权人。公司应当自作出减少注册资本决议之日起10日内通知债权人，并于30日内在报纸上公告。债权人自接到通知书之日起30日内，未接到通知书的自公告之日起45日内，有权要求公司清偿债务或者提供相应的担保。（5）办理变更登记手续。公司减少注册资本的，应当自公告之日起45日后申请变更登记，并应当提交公司在报纸上登载公司减少注册资本公告的有关证明和公司债务清偿或者债务担保情况的说明。

第五节　有限责任公司的组织机构

一、股东会

有限责任公司的股东会由全体股东组成。股东会是公司的权力机构，决定公司的重大决策事项。

依照我国《公司法》第 37 条的规定，股东会行使下列职权：（1）决定公司的经营方针和投资计划；（2）选举和更换非由职工代表担任的董事、监事，决定有关董事、监事的报酬事项；（3）审议批准董事会的报告；（4）审议批准监事会或者监事的报告；（5）审议批准公司的年度财务预算方案、决算方案；（6）审议批准公司的利润分配方案和弥补亏损方案；（7）对公司增加或者减少注册资本作出决议；（8）对发行公司债券作出决议；（9）对公司合并、分立、解散、清算或者变更公司形式作出决议；（10）修改公司章程；（11）公司章程规定的其他职权。

对上述所列事项股东以书面形式一致表示同意的，可以不召开股东会会议，直接作出决定，并由全体股东在决定文件上签名、盖章。

股东会会议分为定期会议和临时会议两种。定期会议是指公司章程规定的定期召开的股东会议。定期会议应当依照公司章程的规定按时召开。代表十分之一以上表决权的股东，三分之一以上的董事，监事会或者不设监事会的公司的监事提议召开临时会议的，应当召开临时会议。

首次股东会会议由出资最多的股东召集和主持，依照本法规定行使职权。有限责任公司设立董事会的，股东会会议由董事会召集，董事长主持；董事长不能履行职务或者不履行职务的，由副董事长主持；副董事长不能履行职务或者不履行职务的，由半数以上董事共同推举一名董事主持。有限责任公司不设董事会的，股东会会议由执行董事召集和主持。

董事会或者执行董事不能履行或者不履行召集股东会会议职责的，由监事会或者不设监事会的公司的监事召集和主持；监事会或者监事不召集和主持的，代表十分之一以上表决权的股东可以自行召集和主持。召开股东会会议，应当于会议召开 15 日前通知全体股东，但是，公司章程另有规定或者全体股东另有约定的除外。股东会会议由股东按照出资比例行使表决权，但是，公司章程另有规定的除外。股东会的议事方式和表决程序，除公司法有规定的外，由公司章程规定。

股东会会议作出修改公司章程、增加或者减少注册资本的决议，以及公司合并、分立、解散或者变更公司形式的决议，必须经代表三分之二以上表决权的股东通过。股东会应当对所议事项的决定作成会议记录，出席会议的股东应当在会议记录上签名。

二、董事会

有限责任公司设董事会作为其业务执行机构，其成员为 3 人至 13 人；另外，根据《公司法》第 50 条的规定，股东人数较少或者规模较小的有限责任公司，可以设一名执行董事，不设董事会。执行董事可以兼任公司经理。执行董事的职权由公司章程规定。

两个以上的国有企业或者两个以上的其他国有投资主体投资设立的有限责任公司，其董事会成员中应当有公司职工代表；其他有限责任公司董事会成员中可以有公司职工代表。董事会中的职工代表由公司职工通过职工代表大会、职工大会或者其他形式民主选举产生。

董事会设董事长一人，可以设副董事长。董事长、副董事长的产生办法由公司章程规定。董事任期由公司章程规定，但每届任期不得超过三年。董事任期届满，连选可以连任。董事任期届满未及时改选，或者董事在任期内辞职导致董事会成员低于法定人数的，在改选出的董事就任前，原董事仍应当依照法律、行政法规和公司章程的规定，履行董事职务。

董事会对股东会负责，行使下列职权：（1）召集股东会会议，并向股东会报告工作；（2）执行股东会的决议；（3）决定公司的经营计划和投资方案；（4）制订公司的年度财务预算方案、决算方案；（5）制订公司的利润分配方案和弥补亏损方案；（6）制订公司增加或者减少注册资本以及发行公司债券的方案；（7）制订公司合并、分立、解散或者变更公司形式的方案；（8）决定公司内部管理机构的设置；（9）决定聘任或者解聘公司经理及其报酬事项，并根据经理的提名决定聘任或者解聘公司副经理、财务负责人及其报酬事项；（10）制定公司的基本管理制度；（11）公司章程规定的其他职权。

董事会的职权是通过召集董事会会议的方式实现的。董事会会议由董事长召集和主持；董事长不能履行职务或者不履行职务的，由副董事长召集和主持；副董事长不能履行职务或者不履行职务的，由半数以上董事共同推举一名董事召集和主持。董事会的议事方式和表决程序，除公司法有规定的外，由公司章程规定；董事会决议的表决，实行一人一票。董事会应当对所议事项的决定作成会议记录，出席会议的董事应当在会议记录上签名。

三、经理

根据我国《公司法》49 条的规定，有限责任公司可以设经理，作为其常设辅助业务执行机关。经理是辅助董事会执行业务并隶属于董事会的机关，负责公司的日常管理事务。

经理由董事会决定聘任或者解聘。经理对董事会负责，行使下列职权：（1）主持公司的生产经营管理工作，组织实施董事会决议；（2）组织实施公司年度经营计划和投资方案；（3）拟订公司内部管理机构设置方案；（4）拟订公司的基本管理制度；（5）制定公司的具体规章；（6）提请聘任或者解聘公司副经理、财务负责人；（7）决定聘任或者解聘除应由董事会决定聘任或者解聘以外的负责管理人员；（8）董事会授予的其他职权。公司章程对经理职权另有规定的，从其规定。

经理可以由公司的股东担任，也可以由非股东担任，经理列席董事会会议。

四、监事会

监事会是对董事及经理执行业务活动进行监督检查的机构。监事会作为公司的监督机关，其职责是对董事及经理的活动实行监督。其内容包括一般业务上的监督，也包括会计事务上的监督，一般不参与公司的业务决策和管理。

有限责任公司设监事会，其成员不得少于 3 人。股东人数较少或者规模较小的有限责任公司，可以设 1 至 2 名监事，不设监事会。

监事会应当包括股东代表和适当比例的公司职工代表，其中职工代表的比例不得低于三分之一，具体比例由公司章程规定。监事会中的职工代表由公司职工通过职工代表大会、职工大会或者其他形式民主选举产生。董事、高级管理人员不得兼任监事。

监事会设主席 1 人，由全体监事过半数选举产生。监事会主席召集和主持监事会会议；监事会主席不能履行职务或者不履行职务的，由半数以上监事共同推举 1 名监事召集和主持监事会会议。

监事的任期每届为 3 年。监事任期届满，连选可以连任。监事任期届满未及时改选，或者监事在任期内辞职导致监事会成员低于法定人数的，在改选出的监事就任前，原监事仍应当依照法律、行政法规和公司章程的规定，履行监事职务。

监事会、不设监事会的公司的监事行使下列职权：（1）检查公司财务；（2）对董事、高级管理人员执行公司职务的行为进行监督，对违反法律、行政法规、公司章程或者股东会决议的董事、高级管理人员提出罢免的建议；（3）当董事、高级管理人员的行为损害公司的利益时，要求董事、高级管理人员予以纠正；（4）提议召开临时股东会会议，在董事会不履行本法规定的召集和主持股东会会议职责时召集和主持股东会会议；（5）向股东会会议提出提案；（6）依照《公司法》第 151 条的规定，对董事、高级管理人员提起诉讼；（7）公司章程规定的其他职权。

监事可以列席董事会会议，并对董事会决议事项提出质询或者建议。监事会、不设监事会的公司的监事发现公司经营情况异常，可以进行调查；必要时，可以聘请会计师事务所等协助其工作，费用由公司承担。监事会每年度至少召开一次会议，监事可以提议召开临时监事会会议。监事会的议事方式和表决程序，除公司法有规定的外，由公司章程规定。监事会决议应当经半数以上监事通过。监事会应当对所议事项的决定作成会议记录，出席会议的监事应当在会议记录上签名。监事会、不设监事会的公司的监事行使职权所必需的费用，由公司承担。董事、经理及财务负责人不得兼任公司的监事。

第八章
股份有限公司法律制度

第一节　股份有限公司的法律界定

一、股份有限公司的概念与特征

自 17 世纪初叶形成以来，股份有限公司在西方各国得到了迅猛的发展。由于它适应了社会化大生产的客观需要，加速了社会资本的集中，确立了一套科学的、行之有效的经营管理模式，创造了人类经济发展的奇迹，对国民经济的腾飞和工商业的繁荣起到了决定性的作用。所以，在现代西方各国中，股份有限公司成了一种最为普遍、最为重要和规模最大、占据主导地位的公司组织形式。

在不同的国家，股份有限公司的称谓也不尽相同，以法、德为代表的大陆法系国家大都称为股份有限公司，在日本称为"株式会社"，在英国称为"公众公司"或"上市公司"，在美国则称为"开放式公司"。

根据我国《公司法》第 3 条和第 125 条的规定，股份有限公司是指注册资本由等额股份构成、股东以其认购的股份为限对公司承担责任，公司则以其全部财产对公司的债务承担责任的企业法人。一般来讲，股份有限公司具有以下四个法律特征。

（一）信用基础的资合性

股份有限公司以资本的结合作为公司对外经营活动的信用基础，也就是说，股份有限公司是典型的资合公司，它的信用基础在于其资本，而不在于股东个人。债权人与股份有限公司发生业务往来关系，看重的是公司拥有的雄厚资本，而不注重公司股东的个人信用和条件。由此可见，股份有限公司的资本不仅是公司对外活动的信用基础，而且是公司对债权人的基本担保。

（二）资本结构的股份性

股份有限公司的资本必须划分为股份，且股份的每股金额也应相等，这是股份有限公司与其他类型的公司最为明显的区别。公司的注册资本由等额的股份构成，这是世界各国公司立法对股份有限公司资本构成普遍采用的形式。将公司资本均分为股份，不仅适应了股份有限公司发行股票、向社会筹集资金的客观需要，而且便于实行一股一权、数股数权、股权平等、同股同利、利益共享、风险共担的原则，同时，也便于计算股东的股息和红利。

（三）股东责任的有限性

公司的债务超过其全部财产的，其超过部分不予清偿。公司的股东以其所认购的股份对公司承担有限责任，除此之外，对公司和债权人不负任何财产责任，公司也不得以章程或决议扩大股东的责任范围。这种股东的责任的有限性是股份有限公司作为独立法人的集中体现。

（四）资金来源的广泛性

凡认购了该公司发行的股票，都是该公司的股东，因此，股东的人数自然众多。由于人数的众多，资金的来源也十分广泛，这样，公司就可以把社会闲散的资金都集中起来，形成公司自己的注册资本。所以，我们说，股份有限公司的资本雄厚、规模宏大，是大型企业较为理想的组织形式。

二、上市公司与非上市公司

根据股份有限公司的股票能否在证券交易所上市交易，可以将股份有限公司分为上市公司和非上市公司。根据我国《公司法》第 120 条规定，上市公司是指其股票在证券交易所上市交易的股份有限公司。非上市公司则是指其股票不在证券交易所上市交易的股份有限公司，主要适用公司法关于普通股份有限公司的相关规定。

由于上市公司存在着众多的公众股东，法律更加注重其交易安全。因此，上市公司的股票交易须遵守特别的交易规则，并由专门的有关证券法律、行政法规和证券交易规则进行规范。我国公司法主要就上市公司的有关组织机构问题进行了特别的规定，包括上市公司购买、出售重大资产或者担保金额超过公司资产总额的决议表决、上市公司的独立董事与董事会秘书的设置、董事对关联关系表决的回避等。因此，我们主要就上市公司的相关规定作些阐释。

（一）上市公司的特别决议

上市公司规模一般都比较大，一般需要决议的事项关系重大，被置为重大的特别决议事项，必须得到绝对多数同意才能通过。《公司法》第 121 条规定，上市公司在一年内购买、出售重大资产或者担保金额超过公司资产总额百分之三十的，应当由股东大会作出决议，并经出席会议的股东所持表决权的三分之二以上通过。通常情况下，公司购买、出售重大资产或者对外提供担保金额属于公司业务经营事项，一般由公司董事会来作出决定。但是，若公司购买、出售重大资产或者对外提供担保金额超过公司资产总额百分之三十的，则应当由股东大会作出决议，并经出席会议的股东所持表决权的三分之二以上通过。因为这样的交易有可能对公司构成重大的影响，从而使得资本结构发生根本变化。出于这方面原因，公司法对上述交易作了程序上的限制，以此保障公司的利益。

（二）独立董事与董事会秘书的设置

独立董事是指不在上市公司担任除董事之外的其他职务，并与其受聘的公司及其主要股东之间不存在可能妨碍其进行独立客观判断的利益关系的董事。我国《公司法》第 122 条规定，上市公司设立独立董事，具体办法由国务院规定。设立独立董事，有利于改善在公司治理结构中形成有效的制衡机制，防范和遏制内部人控制问题；有利于完善董事会的素质结构，提高董事会决策的科学化和民主化；有利于维护公众投资者的利益，实现公司价值与股东利益的最大化，等等。

我国《公司法》第 123 条的规定，上市公司设董事会秘书，负责公司股东大会和董事会会议的筹备、文件保管以及公司股东资料的管理，办理信息披露事务等事宜。由于董事会职权范围比较大，上市公司董事会工作更为繁重，所以有必要设置秘书来协助工作。

（三）董事对关联关系表决的回避

关联关系是指公司控股股东、实际控制人、董事、监事、高级管理人员与其直接或者间接控制的企业之间的关系，以及可能导致公司利益转移的其他关系。我国《公司法》第 124 条规定，上市公司董事与董事会会议决议事项所涉及的企业有关联关系的，不得对该项决议行使表决权，也不得代理其他董事行使表决权。该董事会会议由过半数的无关联关系董事出席即可举行，董事会会议所作决议须经无关联关系董事过半数通过。出席董事会的无关联关系董事人数不足三人的，应将该事项提交上市公司股东大会审议。由于不公平的关联关系所引起的行为严重威胁到公司的独立性和资产的完整性，损害债权人的利益，因此，公司法作出了上述限制性规定。

第二节　股份有限公司的设立

一、股份有限公司的设立条件

股份有限公司的设立，从本质上讲，与其他公司一样，都是指设立人为使公司成立并取得企业法人资格而依照法律规定的程序依次所进行的一系列法律行为的总称。股份有限公司的设立主要包括发起人制订章程、股份的发行、审查批准和设立登记等内容。股份有限公司只有经过设立的法定程序，才能使公司成立，获得从事生产经营的资格和独立的法人资格。根据我国《公司法》第76条的规定，设立股份有限公司必须具备以下6个法定条件。

（一）发起人符合法定人数

股份有限公司的组织机构，同其他公司相比比较复杂，设立过程也比较烦琐，因此，必须有符合法定人数的发起人。发起人就是股份有限公司的设立人、筹建人或创办人，也就是说，发起人是集合资本、先行筹建公司，并对公司设立承担法定责任的人。由此可见，发起人在公司设立中不仅所处的地位重要，而且所起的作用也十分重大。我国《公司法》第78条规定："设立股份有限公司，应当有二人以上二百人以下为发起人，其中须有半数以上的发起人在中国境内有住所。"由此可见，在我国要设立一个股份有限公司，至少必须要有2人以上

200 人以下的发起人，而且这些发起人中还须有一半以上的人在中国境内有住所，这就是我国法定的发起人的人数限制。如果发起人未达到或超过这一法定人数要求，发起人所制订的公司章程就无法律效力，股份有限公司也无法成立。

（二）有符合公司章程规定的全体发起人认购的股本总额或者募集的实收股本总额

股份有限公司是典型的资合公司，股东的出资总和构成了公司的股本，即注册资本，这是公司的权利能力和行为能力以及责任能力的基础。公司责任能力的大小直接取决于公司股本的多少，因此，确定公司的股本总额，主要是为了确保公司的责任能力范围，体现股份有限公司的资合性，保证公司大规模经营的顺利开展和切实保护债权人的利益。我国 2005 年《公司法》第 81 条规定：股份有限公司采取发起设立方式设立的，注册资本为在公司登记机关登记的全体发起人认购的股本总额。公司全体发起人的首次出资额不得低于注册资本的 20%，其余部分由发起人自公司成立之日起两年内缴足；其中，投资公司可以在五年内缴足。在缴足前，不得向他人募集股份。股份有限公司采取募集方式设立的，注册资本为在公司登记机关登记的实收股本总额。股份有限公司注册资本的最低限额为人民币五百万元。法律、行政法规对股份有限公司注册资本的最低限额有较高规定的，从其规定。这里需要特别注意的是，我国 2013 年《公司法》已废除了股份有限公司最低资本限额、首次出资额和分期缴纳出资的规定，但设立股份有限公司仍须有符合公司章程规定的全体发起人认购的股本总额或者募集的实收股本总额。法律、行政法规以及国务院决定对股份有限公司注册资本实缴、注册资本最低限额另有规定的，从其规定。同时，我国《公司法》第 84 条规定：以募集设立方式设立股份有限公司的，发起人认购的股份不得少于公司股份总数的 35%；但是，法律、行政法规另有规定的，从其规定。从本质上讲，要求公司章程确定公司股本总额的规定，实质上是资本确定原则的具体的要求，如果没有符合公司章程规定的股本总额，就不能设立股份有限公司。

（三）股份发行、筹办事项符合法律规定

股份发行是股份有限公司区别于其他公司型企业的重要标志，因此，这一条件是股份有限公司特有的条件。从理论上讲，该条件既是实质性条件，也是程序性条件。股份有限公司的股份发行、筹办事项必须符合法律规定，这些规定主要

表现在我国《公司法》第 4 章的第 1 节和第 5 章的第 1 节，涉及的条款比较多，概括起来，在实体方面主要有股份的发行原则、发行价格等规定，在程序方面主要有招股、股票的交付等内容。

（四）发起人制订公司章程，采用募集方式设立的经创立大会通过

股份有限公司系聚集多数人之资金以形成巨额资本的公司形式，公司的股东人数众多，无法让每一股东均参与公司章程的制订，因此，各国公司立法大都明确规定公司的章程只能由发起人在协商的基础上共同制订。但由于发起人的人数有一定的局限性，不能够充分代表全体股东的利益，因而为了保护除发起人之外的股东的利益，如果是采用募集方式设立的公司，还要经创立大会通过。所谓公司章程是指经发起人全体同意并依法定程序制定的规定公司的宗旨、组织原则以及经营管理方式等事项的必备法律文件，是公司组织和行为的根本准则，是审批机关在批准设立时必须审查的重要文件，也是社会公众了解股份有限公司的主要书面文件。因此，有人称公司章程是"公司宪法"。根据我国《公司法》第 81 条的规定，股份有限公司章程应当载明的事项为：（1）公司名称和住所；（2）公司经营范围；（3）公司设立方式；（4）公司股份总数、每股金额和注册资本；（5）发起人的姓名或者名称、认购的股份数、出资方式和出资时间；（6）董事会的组成、职权和议事规则；（7）公司法定代表人；（8）监事会的组成、职权和议事规则；（9）公司利润分配办法；（10）公司的解散事由与清算办法；（11）公司的通知和公告办法；（12）股东大会会议认为需要规定的其他事项。公司的章程一经创立大会通过和依法登记，不仅对发起人有约束力，而且对公司、股东、董事、监事和经理等均有法律约束力。如果变更、修改公司章程则必须履行法定的变更登记手续。总之，公司章程的制订，是公司设立的必要条件，公司没有章程就失去了活动的依据，也无法正式成立。

（五）有公司名称，建立符合股份有限公司要求的组织机构

股份有限公司的名称是股份有限公司与其他公司、企业的区别性标志。股份有限公司的名称依法应由商号（字号）、所在行业或经营特点以及组织形式三个要素构成。其中《公司法》明确规定，依法设立的股份有限公司必须在其名称中标明"股份有限公司"或者"股份公司"字样。公司名称核准登记后，就有了法律上的效力和名称专用权。公司有了自己的名称，才能以自己的名义从事生产

经营活动，才能独立承担各种法律责任。因此，《公司法》规定，股份有限公司在设立时必须要有自己的名称。股份有限公司作为典型的法人，必须建立符合法律要求的组织机构，因为法人是不具备自然人思维和行为的实体，只有通过其组织机构才能表示自己的意思，代表公司为一定的行为，为公司设定相应的权利和义务，公司才能真正地运转起来，因此，设立股份有限公司必须建立符合法律要求的组织机构。股份有限公司的组织机构包括作为权力机构的股东大会、作为经营管理机构的董事会和作为监督检查机构的监事会。

（六）有公司住所

与自然人相同，公司也有住所。公司以其主要办事机构所在地为住所。设立公司必须具备住所条件有利于确认诉讼管辖及司法文书的送达，有利于确认登记、税收及其他管理关系，有利于确认合同的履行地和确认准据法等。公司如果没有固定的生产经营场所，公司就无法存在，无法从事生产经营活动，也无法实现其经营的宗旨和目标。因此，设立股份有限公司必须要有业务活动和经营活动的处所，这也是为了防止"四无公司"出现的根本措施和基本法则。

二、股份有限公司的设立方式

从世界各国的公司立法来看，股份有限公司有发起设立和募集设立两种方式。我国《公司法》第77条也规定："股份有限公司的设立，可以采取发起设立或者募集设立的方式。"

（一）发起设立

我国《公司法》第77条第2款明确规定："发起设立，是指由发起人认购公司应发行的全部股份而设立公司。"由此可见，在发起设立时，发起人认购公司发行的全部股份并按照章程约定期限缴纳出资，公司即可登记成立。

（二）募集设立

我国《公司法》第77条第3款将募集设立定义为："是指由发起人认购公司应发行股份的一部分，其余股份向社会公开募集或者向特定对象募集而设立公司。"由此可见，募集设立是指由发起人认购公司应发行股份的一部分（发起人依法认购的股份不得少于公司股份总数的35%），其余的部分则向社会公开招募或者向特定对象募集，并须召开创立大会，公司方可登记成立。

三、股份有限公司的设立程序

（一）发起设立股份有限公司的程序

根据我国《公司法》及有关法规的规定，发起设立股份有限公司必须履行以下主要程序。

1. 签订发起人协议

我国《公司法》第79条规定："股份有限公司发起人承担公司筹办事务。发起人应当签订发起人协议，明确各自在公司设立过程中的权利和义务。"因此，发起人签订发起人协议是股份有限公司设立的法定程序，如果没有发起人协议，则不符合公司成立的程序要件。发起人协议确定了发起人在设立公司中的相互关系，确定了发起人的范围、发起人认购股份的数量、各发起人出资的方式及各发起人在设立中的分工。我们所称的发起人是指在发起人协议上签名的负责公司筹办事务的人。如果股份有限公司设立成功，该协议履行完毕，因设立所生的权利义务由该股份有限公司承担；如果设立不成，如因设立对外负有债务，则应当依照发起人协议由相应发起人对第三人承担责任，其他在发起人协议上签名的发起人承担连带责任。

2. 认足股份

采用发起设立方式设立股份有限公司首先必须由发起人以书面形式认足公司章程规定发行的股份。公司的股份总数、每股金额和注册资本是公司章程的绝对必要记载事项，公司发起人必须认足公司章程规定发行的股份。为了确保公司设立行为真实和公司设立基础之稳固，这种认购必须以书面形式作出承诺，而不能以口头方式作出。

3. 缴纳股款

以发起设立方式设立股份有限公司的，发起人应当以书面形式认足公司章程规定其认购的股份，并按照公司章程的规定缴纳出资；一次缴纳的，应当缴纳全部出资；分期缴纳的，应缴纳首期出资。以实物、知识产权、土地使用权等可以用货币估价并可以依法转让的非货币财产出资的，应当依法办理其财产权的转移手续。股款的缴纳，一般表现为货币，但以非货币形态抵作股款的，则应及时办理转移财产权的法定手续。若发起人不依照法律规定缴纳出资的，应当按照发起人协议承担违约责任。

4. 选举董事会和监事会

董事会是股份有限公司的业务执行机关，而监事会则是股份有限公司的常设监督机构。为了使公司组织起来，发起人必须在交付法定出资后，依照法律和公司章程的规定选举董事会和监事会。

5. 必要时进行行政审批

原则上，设立公司不需要办理行政审批手续。但这一原则也有一个例外，即《公司法》第 6 条第 2 款规定，法律、行政法规规定设立公司必须报经批准的，应当在公司登记前依法办理批准手续。

6. 设立登记

发起人依法缴纳出资后，选举出的董事会应及时向公司登记机关申请设立登记，公司登记机关收到申请人提交的符合法定的全部文件后，发给《公司登记受理通知书》，公司登记机关自发出《公司登记受理通知书》后在法定的期限内，作出核准登记或不予登记的决定。公司登记机关核准登记的，应当及时通知申请人，发给《企业法人营业执照》。公司的《企业法人营业执照》签发之日，即为股份有限公司的成立之日。

（二）募集设立股份有限公司的程序

根据我国《公司法》及有关行政法规的规定，募集设立股份有限公司必须严格履行以下主要程序。

1. 发起人认购法定股份

根据我国《公司法》第 84 条的规定，以募集设立方式设立股份有限公司的，发起人必须先认购占公司应发行股份总额 35% 以上的股份。由于发起人在募集设立过程中的特殊地位和作用。各国的公司法大都要求在募集设立时，发起人必须首先认购公司的部分股份，大多数国家规定为 25%。而我国规定为 35%，是公司法对发起人严格要求的体现。

2. 发起人募集股份

发起人认购法定股份后，其余股份则要依照法定程序向社会公开募集或者向特定对象募集。发起人募集股份一般应按以下步骤进行：

（1）募股的申请。发起人向社会公开募集股份时，应当向国务院证券管理部门递交募股申请，申请募股时，依法应报送的主要文件为：①公司章程；②发起人协议；③发起人姓名或者名称，发起人认购的股份数、出资种类及验资证明；④招股说明书；⑤代收股款银行的名称及地址；⑥承销机构名称及有关的协议。依照法律规定聘请保荐人的，还应当报送保荐人出具的发行保荐书。法律、行政法规规定设立公司必须报经批准的，还应当提交相应的批准文件。

（2）公告招股说明书。发起人在其募股申请被国务院证券管理部门批准后，即可向社会公告其招股说明书。招股说明书亦称招股章程，是募集设立的股份有限公司为了招募股份，而由发起人制定的书面法律文件。制定招股说明书的目的在于使社会公众了解公司的实际情况，保护认股人的利益，防止发起人或公司以不正当手段招募股份。简言之，它只是发起人向社会公众发出的一种要约。招股说明书应当附有发起人制订的公司章程，并载明法定事项：①发起人认购的股份数；②每股的票面金额和发行价格；③无记名股票的发行总数；④募集资金的用途；⑤认股人的权利和义务；⑥本次募股的起止期限及逾期未募足时认股人可撤回所认股份的说明。招股说明书应在证券管理部门认可的有关全国性报刊上公告，也可在地方报刊上同时公告。

（3）发起人制作认股书。发起人向社会公开募集股份，不仅要公告招股说明书，而且要制作认股书。认股书是由发起人制作的、供认股人填写之用的书面法律文件。从本质上讲，它是一种格式合同。

（4）委托证券公司承销。发起人向社会公开募集股份，应当由依法设立的证券公司承销，签订承销协议。

3. 认股人认股

认股人决定认股时，依法应在发起人备妥的认股书上，填写所认股数、金额、住所，并签名、盖章。从法律意义上讲，认股人的认股行为是对发起人募股要约的承诺。认股人一旦填写了认股书，就有按所认股数缴纳股款的义务。

4. 缴纳股款

认股人依法填写了认股书后，必须按照所认股数缴纳股款。认股人缴纳股款应向代收股款的银行缴纳，并有权要求代收股款的银行出具收款单据。认股人未能及时缴纳股款，发起人有权催告认股人在一定期限内缴纳，如果在规定期限内仍没有按时缴纳，认股人即丧失其认股权，其所认的股份可由发起人另行募集。如果因此而给公司造成了损失，还应承担相应的法律责任。此外，发起人发行的股份超过招股说明书规定的截止日期尚未募足的，或者发行股份的股款缴足后，发起人在 30 日内未召开创立大会的，认股人有权按照所缴股款并加算银行同期存款利息，要求发起人返还。发起人、认股人缴纳股款或者交付抵作股款的出资后，除未按期募足股份、发起人未按期召开创立大会或者创立大会决议不设立公司的情形外，不得抽回其股本。

5. 银行代收股款

发起人应委托银行代其收缴认股人股款。《公司法》第 88 条规定，发起人向社会公开募集股份，应当同银行签订代收股款协议。代收股款的银行应当按照协议代收和保存股款，向缴纳股款的认股人出具收款单据，并负有向有关部门出具收款证明的义务。

6. 召开创立大会

发行股份的股款全部缴足后，必须经法定的验资机构验资并出具证明。法定的验资机构主要是指会计师事务所和审计事务所等有关机构。发起人应当自股款缴足之日起 30 日内主持召开公司创立大会。创立大会是由发起人、认股人组成的设立股份有限公司的决议机关。按照有关规定，发起人应当在创立大会召开 15 日前将会议日期通知各认股人或者予以公告。创立大会应有代表股份总数过半数的发起人、认股人出席，方可举行。创立大会行使的职权为：（1）审议发起人关于公司筹办情况的报告；（2）通过公司章程；（3）选举董事会成员；（4）选举监事会成员；（5）对公司的设立费用进行审核；（6）对发起人用于抵作股款的财产的作价进行审核；（7）发生不可抗力或者经营条件发生重大变化直接影响公司设立的，可以作出不设立公司的决议。创立大会对上述事项作出决议必须经出席会议的认股人所持表决权的过半数通过。

7. 设立登记

董事会应当于创立大会结束后 30 日内向公司登记机关申请设立登记。申请设立登记时应提交的文件为：（1）公司董事长签署的设立登记申请书；（2）国务院证券管理部门对公开募集股份的批准文件；（3）创立大会的会议记录；（4）公司章程；（5）筹办公司的财务审计报告；（6）具有法定资格的验资机构出具的验资证明；（7）发起人的法人资格证明或者自然人身份证明；（8）载明公司董事、监事、经理姓名、住所的文件以及有关委派、选举或者聘用的证明；（9）公司法定代表人任职文件和身份证明；（10）公司住所证明。公司登记机关自接到股份有限公司设立登记申请应及时作出是否予以登记的决定。对符合公司法规定的条件的，予以登记，发给《企业法人营业执照》，对不符合公司法规定条件的不予登记。《企业法人营业执照》的签发日期，为公司成立日期。

8. 上报备案

股份有限公司登记成立后，依法还应当将募集股份情况报国务院证券管理部门备案。

四、股份有限公司的设立责任

根据我国《公司法》第94条的规定，股份有限公司的发起人对设立行为应当承担一定的法律责任。

（一）对债务和费用的连带责任

当公司不能成立时，发起人对设立行为所产生的债务和费用负连带责任。正在设立中的公司没有权利能力，当公司未能成立时发起人作为正在设立公司的负责人，自应对其设立行为所产生的债务和费用负连带责任。

（二）对返还股款加息的连带责任

当公司不能成立时，发起人对认股人已缴纳的股款，负返还股款并加算银行同期存款利息的连带责任。认股人在发起人制作的认股书上填写有关法定内容后即同发起人之间建立了一种合同关系，如公司不能成立，对认股人已经缴纳的股款，自应负连带责任，即负返还股款并加算银行同期存款利息的连带责任。

（三）对公司的损害赔偿责任

当公司依法成立后，如果经查实，发起人在公司设立过程中因其过失行为，对公司造成经济损害的，依法则应对公司承担赔偿责任。发起人是设立中公司的执行机关，又有适当的报酬，故依法应对设立公司尽"善良管理人之注意义务"。若因其疏忽致使公司遭受经济损失的，理应承担损害赔偿责任。

第三节　股份有限公司的股东

一、股份有限公司股东的法律界定

根据我国《公司法》第 137 条的规定，并结合国外的有关公司立法规定，股份有限公司的股东就是股份有限公司的股份持有人。股东是依法认购股份、履行出资义务的自然人或法人，是公司最高权力机构股东大会的构成分子。股东是股份有限公司存在的基础，没有股东，股份有限公司就无法存在。股东是股份有限公司的股份持有人，是公司的投资人，并不是公司的债权人。

股东与发起人、认股人既有联系，也有区别。发起人、认股人和股东都是公司股份的认购人，这是他们的相同之处。但发起人是在公司正式成立之前参加公司设立活动的人，认购公司股份是其发起行为的一个重要组成内容，在公司成立之前，发起人仅是公司筹备的负责人，只有到公司成立后，发起人才能转成公司股东。认股人是在公司发起人募集股份时依法认购所发行股份的人，在公司成立之前，认股人虽然已缴清了全部所认股份，仍不能成为股东，只有当公司正式成立后，认股人才真正成为公司的股东。

股东依其所持股份性质之不同，可分为普通股东和特别股东。普通股东就是指持有公司所发行的无任何差别待遇的普通股份的股东，而特别股东则是指持有公司所发行的具有一定优先权利的优先股份的股东。

股东依其所持股票记名与否，可将股东分为记名股东和无记名股东。记名股东就是指持有的股票上记载着持有人姓名或名称的股东，而无记名股东则是持有的股票上不记载持有人姓名或名称的股东。

股东依据其持有的股份的多寡，可分为大股东和小股东。大股东是指持有公司股份数较多的股东，而小股东则是指持有公司股份数较少的股东。一般来说，大股东对公司的支配权较大，而小股东对公司并无多大的影响。

股东根据其持有股份目的的不同，可分为投资股东和投机股东。所谓投资股东就是为了获得公司的股息和红利而持有公司股份的股东，该类股东注重所投资公司的经济效益和分配制度，而投机股东则是为了从股票交易价格涨跌中获取差价收益而持有公司股份的股东，该类股东看重的是股票的投机性和价格的涨跌幅度，以便从炒股中获利。

二、股份有限公司股东的权利和义务

股份有限公司是股东共同组织的营利法人，股东与公司之间的关系和股东在法律上的地位集中表现为股东所享有的权利和承担的义务。

（一）股东的权利

股东的权利是股东基于其股东资格，依其所认股份而对公司拥有的权利。股东权利的内容较为广泛。

根据我国《公司法》的有关规定，股份有限公司的股东享有的权利主要有：（1）出席或委托代理人出席股东大会的权利。股东有权亲自出席股东大会，也可以委托代理人出席股东大会会议。（2）行使或委托代理人表决的权利。股东有权按照所持股份行使表决权。但是，公司持有的本公司股份没有表决权。股东也有权委托代理人行使表决权，但委托代理人表决时，代理人则应向公司提交股东授权委托书，并在授权范围内行使表决权。（3）累积投票权。股东大会选举董事、监事，可以依照公司章程的规定或者股东大会的决议，实行累积投票制。所谓累积投票制，是指股东大会选举董事或者监事时，每一股份拥有与应选董事或者监事人数相同的表决权，股东拥有的表决权可以集中使用。（4）临时股东大会的请求召开权。单独或合计持有公司百分之十以上股份的股东有请求召开临时股东大会的权利。（5）自行召集和主持股东大会的权利。董事会不能履行或者不履行召集股东大会会议职责的，监事会应当及时召集和主持；监事会不召集和主持的，连续九十日以上单独或者合计持有公司百分之十以上股份的股东可以自行召集和主持。（6）股息、红利分配权。股东有权按照持有的股份比例分配股息、红利，但公司章程规定不按持股比例分配的除外。（7）查阅权。股东有权查阅公司章程、股东名册、公司债券存根、股东大会会议记录、董事会会议决议、监事会会议决议和财务会计报告。（8）建议、质询权。股东有权对公司的经营提出建议或者质询。（9）对所持有的股份有依法转让的权利。股东持有的股份有权在依法设立的证券交易场所进行转让或者按照国务院规定的其他方式进行转让。（10）异议股东的股份回购请求权。根据《公司法》第 142 条的规定，股东因对股东大会作出的公司合并、分立决议持异议，可以要求公司收购其股份。但公司依照股东要求收购本公司股份后，应当在六个月内转让或者注销。（11）对公司剩余财产的分配权。公司财产在分别支付清算费用、职工的工资、社会保险费用和法定补偿金，缴纳所欠税款，清偿公司债务后的剩余财产，股东有权按照持有的股份比例分配。（12）临时提案权。单独或者合计持有公司百分之三以上股份的股东，可以在股东大会召开十日前提出临时提案并书面提交董事会；董事会应当在收到提案后二日内通知其他股东，并将该临时提案提交股东大会审议。临时提案的内容应当属于股东大会职权范围，并有明确议题和具体决议事项。（13）记名股票被盗、遗失或者灭失时，股东有权依照《民事诉讼法》规定的公示催告程序，请求人民法院宣告该股票失效。人民法院宣告股票失效后，股东可以向公司申请补发股票。（14）对公司负责人的提起诉讼权。董事、高级管理人员违反法律、行政法规或者公司章程的规定，损害股东利益的，股东可以向人民法院提起诉讼。（15）提起代表诉讼的权利。根据我国《公司法》第 151 条的规定，董事、监事、高级管理人员执行公司职务时违反法律、行政法规或者公司章程的规定，给公司造成损失，应当承担赔偿责任的。连续一百八十日以上单独或者合计持有公司百分之一以上股份的股东，可以书面请求监事会或董事会向人民法院提起诉讼；监事会，或者董事会收到前款规定的股东书面请求后拒绝提起诉讼，或者自收到请求之日起三十日内未提起诉讼，或者情况紧急、不立即提起诉讼将会使公司利益受到难以弥补的损害的，前款规定的股东有权为了公司的利益以自己的名义直接向人民法院提起诉讼；他人侵犯公司合法权益，给公司造成损失的，本条第一款规定的股东可以依照前两款的规定向人民法院提起诉讼。（16）请求人民法院解散公司的权利。公司经营管理发生严重困难，继续存续会使股东利益受到重大损失，通过其他途径不能解决的，持有公司全部股东表决权百分之十以上的股东，可以请求人民法院解散公司。（17）公司章程规定的其他权利。

（二）股东的义务

股东的义务是股东基于其股东资格，依其所认股份对公司所应承担的责任。根据我国公司法的有关规定，股份有限公司股东应履行的主要义务有：（1）遵守国家法律和行政法规的义务；（2）遵守公司章程的义务；（3）依其所认股份履行出资的义务；（4）无记名股票股东出席股东大会的，应当于会议召开五日前至股东大会闭会时将股票交存于公司；（5）公司正式成立后不得退股；（6）以其所持股份为限对公司承担责任；（7）公司章程规定的其他义务。

三、股份有限公司的股东名册

股东名册，亦称股东名簿，是指股份有限公司依据公司法的规定必须置备的用以记载股东及其所持股份事宜的簿册。我国《公司法》第130条规定，公司发行记名股票的，应当置备股东名册，并记载以下事项：（1）股东的姓名或者名称及住所；（2）各股东所持股份数；（3）各股东所持股票的编号；（4）各股东取得其股票的日期。发行无记名股票的，公司应当记载其股票数量、编号及发行日期。

股东名册是股份有限公司依法必须置备的法定文件，对保障股东权益有着十分重要的意义。根据公司立法的规定，记名股票的转让，不仅要由持有人背书，而且还要过户，即变更股东名册，只有这样，记名股票的转让才能对抗公司，才算正式生效。如果未变更股东名册，即使持股人发生了变化，法律也推定股东名册上的股东为真正的股东。

第四节　股份有限公司的资本

一、股份有限公司注册资本的法律含义

我国《公司法》第80条规定：股份有限公司采取发起设立方式设立的，注册资本为在公司登记机关登记的全体发起人认购的股本总额。在发起人认购的股份缴足前，不得向他人募集股份。股份有限公司采取募集方式设立的，注册资本为在公司登记机关登记的实收股本总额。法律、行政法规以及国务院决定对股份有限公司注册资本实缴、注册资本最低限额另有规定的，从其规定。这一规定表明，对于向社会公开募集股份的股份有限公司来说，依据《公司法》第80条第2款关于"注册资本为在公司登记机关登记的实收股本总额"的规定看，法律是不允许其注册资本分期形成的，即仍然实行严格的法定资本制。

二、股份有限公司的出资方式

根据我国《公司法》第27条的规定，股份有限公司的股东和有限责任公司的股东一样，均可以用货币出资，也可以用实物、知识产权、土地使用权等可以用货币估价并可以依法转让的非货币财产作价出资；但是，法律、行政法规规定不得作为出资的财产除外。

因此，股东不仅可以用实物、知识产权、土地使用权作价出资，而且也可以用其他非货币财产作价出资。但必须符合下列条件：（1）可以用货币估价；（2）可以依法转让；（3）不为法律、法规所禁止。为保障公司资本的确定性，防止以价值不确定的财产向公司出资可能带来的风险，法律、行政法规明确规定了不得作为出资的财产范围。如我国《公司登记管理条例》第14条规定："股东不得以劳务、信用、自然人姓名、商誉、特许经营权或者设定担保的财产等作价

出资。"

三、股份有限公司注册资本的变更

股份有限公司必须遵守资本确定、资本维持和资本不变的法律原则，但这并不是说注册资本一成不变。事实上，随着公司生产规模、经营范围和社会需求的变化，公司的注册资本在客观上也会相应地增加或减少。因此，各国的公司立法大都对股份有限公司注册资本变更的方式、条件和程序做了明确规定，如果不具备法定条件，不履行法定程序，其注册资本的变更无效。

（一）注册资本的增加

所谓注册资本的增加简称增资，是指股份有限公司为了扩大经营规模，依照法定条件和程序增加公司注册资本的法律行为。注册资本的增加主要有发行新股和将公司债券转换成股票以及股票增值三种方式。发行新股是增加注册资本的主要方式，但它同授权资本制所实行的授权董事会发行新股不同，前者是在注册资本总额外发行，属于注册资本的增加，而后者则是在注册资本总额内发行，不属于注册资本的增加。上市公司依法发行的可转换为股票的公司债券，应当按其转换办法将债券转换为公司股票以增加公司的注册资本。股票增值是指公司在不改变原股份总数情况下增加每一股份的金额。[①]通过这种方式可以达到增资的目的。如法定公积金，应分配股利留存，以及股东新缴纳的股款，均可以记入每一股份中，从而使其票面价值增加。

增加注册资本牵涉到股东的利益和公司登记事项的变更，因此必须严格履行注册资本增加的法定程序，主要包括作出决议、变更公司章程，并办理必要的变更登记手续。《公司法》第178条规定，股份有限公司为增加注册资本发行新股时，股东认购新股，依照本法设立股份有限公司缴纳股款的有关规定执行。同时，《公司法》第179条还规定，公司增加或者减少注册资本，应当依法向公司登记机关办理变更登记。

---

① 施天涛：《商法学》，法律出版社2006年版，第267页。

（二）注册资本的减少

所谓注册资本的减少简称减资，是指股份有限公司在资本过剩或严重亏损的情况下，依照法定条件和程序，削减公司注册资本的法律行为。注册资本的减少有实质性减少和形式上减少之别，所谓实质性减少是由于资本过剩而免除股东缴款义务或发还股东股款，而形式上减少则是指由于弥补亏损而销除股份或注销股份部分金额。

注册资本的减少，从理论上讲，有减少股份总数、减少每股金额和既减少股份总数，又减少每股金额三种方式。减少股份总数，即每股金额并不减少，而只是减少股份总数，其具体方法又有注销股份和合并股份两种情况，注销股份是指依照法定程序销除一部分或特定的股份，而合并股份则是指合并二股或二股以上的股份为一股。减少每股金额，即不改变股份总数，只减少每股的金额。既减少股份总数，又减少每股金额，即同时采用上述两种方式。这三种减资方式，可由公司根据自身的实际情况选用。

我国公司法规定，股份有限公司可以通过收购本公司股票的方式减少公司的注册资本，但要求在收购本公司的股票后，必须在 10 日内注销该部分股份，并依照法律、行政法规办理变更登记手续，进行公告。

注册资本的减少，由于缩小了公司对外信用基础，直接影响到公司债权人的利益，所以，必须具备法律规定的条件，否则，便不能减少。一般来说，减少注册资本的法定条件为：（1）必须有资本过剩或亏损严重的事实存在。根据资本不变原则，公司的注册资本是不能随意减少的，但如果有资本过剩或亏损事实存在，则可以减少。因为，资本过剩，会造成公司资本的闲置，不利于充分发挥资本的增值效用，而严重亏损，则会造成公司注册资本同实有资本的差距，公司的注册资本也就失去了其应有的表明其信用状况的法制意义，同时，股东也无法分配到股利。为了反映公司的实际状况，可以依法减少公司的注册资本。（2）公司需要减少注册资本时，必须编制资产负债表和财产清单。所谓资产负债表是反映公司在某一特定日期财务状况的报表，其项目应按资产、负债和所有者权益的类别分项列示。财产清单即财产目录，包括财产的名称、种类、数量及其价款等内容。

注册资本的减少事关重大，不仅涉及股东的股权，而且涉及债权人利益的保护，为此，我国公司法规定了注册资本减少的法定程序：（1）制订公司减少注册资本的方案；（2）作出公司减少注册资本的决议；（3）编制资产负债表及财产清单，通知和公告债权人；（4）实施减资，办理变更登记；（5）发布公告。

第五节　股份有限公司的组织机构

一、股东大会

（一）股东大会的性质

我国《公司法》第 98 条明确规定："股份有限公司股东大会由全体股东组成。股东大会是公司的权力机构，依照本法行使职权。"由此可见，股东大会是股份有限公司的权力机构，这就是股东大会的性质或法律地位。股东大会是公司法规定的股份有限公司必须设置的组织机构，作为法制意义上的股份有限公司不能没有股东大会。股东大会虽是法定必设机构，但不是常设机构，这同董事会有明显的区别。因为股东大会由众多股东组成，每一股东居住分散，不易召集，而且股东大会只在公司遇到有关重大问题时才行使职权，故股东大会无常设之必要。股东大会行使法定职权时必须以会议的方式进行，不召开由全体股东组成的股东大会，便无法行使其职权。股东大会是公司的权力机构，有权决定公司的法定重大问题。对股东大会形成的合法决议，董事会必须执行。董事会和监事会都是由股东大会选举产生的，必须对股东大会负责，并报告工作。股东大会只是一个意思表示机关，通过全体股东开会依法形成决议，并不直接执行业务，对外也不代表公司，但它却是股份有限公司的最高权力机构，没有它，也就没有其他机构的产生。

（二）股东大会的职权

股东大会作为股份有限公司的权力机构，其行使的职权皆系公司最为重大问题的决定权、批准权、决议权和选举权等。根据我国《公司法》第 99 条的规定，股东大会拥有的职权有：（1）决定公司的经营方针和投资计划；（2）选举和更换非由职工代表担任的董事、监事，决定有关董事、监事的报酬事项；（3）审议批准董事会的报告；（4）审议批准监事会或者监事的报告；（5）审议批准公司的年度财务预算方案、决算方案；（6）审议批准公司的利润分配方案和弥补亏损方案；（7）对公司增加或者减少注册资本作出决议；（8）对发行公司债券作出决议；（9）对公司合并、分立、解散、清算或者变更公司形式作出决议；（10）修改公司章程；（11）公司章程规定的其他职权。

（三）股东大会的种类

我国《公司法》第 100 条规定，股东大会可分为股东大会年会和临时股东大会两种类型。股东大会年会是指依照公司法的规定每年应召开一次的股东大会，股东大会年会一般在每个会计年度结束后的一定时期内举行，主要是由董事会和监事会向股东大会报告工作，并由股东大会对有关重大问题进行决议。股东大会年会每年举行一次。临时股东大会则是由于法定事由的出现而临时召开的不定期的股东大会。我国《公司法》第 100 条和第 104 条规定，出现以下法定事由时，应当在 2 个月内召开临时股东大会，包括：（1）董事人数不足本法规定人数或者公司章程所定人数的三分之二时；（2）公司未弥补的亏损达实收股本总额三分之一时；（3）单独或者合计持有公司百分之十以上股份的股东请求时；（4）董事会认为必要时；（5）监事会提议召开时；（6）公司章程规定的其他情形；（7）公司法或公司章程规定公司转让、受让重大资产或者对外提供担保等事项必须经股东大会作出决议的。

（四）股东大会的召开

股东大会系会议体之组织机构，欲行使其法定权限，必须召开由股东组成的股东大会会议，否则，其权限便无法行使。我国公司法规定，股东大会会议由董事会负责召集。召开股东大会，应当将会议召开的时间、地点和审议的事项于会议召开 20 日前通知各股东；临时股东大会应当于会议召开 15 日前通知各股东；发行无记名股票的，应当于会议召开 30 日以前将要审议的事项作出公告。股东大会会议由董事长主持，董事长不能履行职务或者不履行职务的，由副董事长主持；副董事长不能履行职务或者不履行职务的，由半数以上董事共同推举一名董事主持。董事会不能履行或者不履行召集股东大会会议职责的，监事会应当及时召集和主持；监事会不召集和主持的，连续九十日以上单独或者合计持有公司百分之十以上股份的股东可以自行召集和主持。出席股东大会，股东既可亲自出席，也可委托代理人出席，代理人出席时，应当向公司提交股东授权委托书，并在授权范围内行使表决权，无记名股票持有人出席股东大会时，还应于会议召开 5 日以前至股东大会闭会时止将股票交存于公司。

（五）股东大会的议事规则

股东大会决议事项依法采取表决的方式。股东的表决权以其所持有的股份为标准，所持每一股份有一表决权，即所谓"一股一票制"，这是世界各国公司立法的共同规定。但在有些国家和地区却对股东"一股一票制"做了某些限制，如我国台湾地区的"公司法"规定，一个股东持有已发行股份总数 3% 以上的股份时，应依章程限制其表决权。我国大陆《公司法》规定公司持有本公司股份没有表决权。

股份有限公司因股东人数众多，且各股东只负间接责任，因此，其议事规则采取少数服从多数的表决原则，而不必采取一致通过表决的原则，只是因所决议事项的重要程度不同，其表决通过的比例也有所不同。各国公司立法大都把股东大会的决议分为普通决议和特别决议两种，这是根据决议的事项和决议的比例而进行区分的。普通决议，也称通常决议，是适用于一般决议事项，以简单多数即可通过的决议。这里的一般决议事项是指除依公司法应以特别决议通过事项以外的所有决议事项。简单多数通过，即是指由出席股东大会的股东所持表决权的过半数通过。特别决议则是适用于公司法规定的特别决议事项，以绝对多数方能通过的决议。特别决议事项依照我国公司法的规定，主要是指增加或减少注册资本、变更公司形式、公司的合并、分立、解散和公司章程的修改事项。绝对多数通过，在不同的国家，对不同的决议事项都有不同的规定，有的规定为三分之二，有的规定为四分之三。我国公司法规定的绝对多数通过是指必须经出席股东大会的股东所持表决权的三分之二以上通过。

我国现行《公司法》在董事、监事的选举中引入了累积投票制。累积投票制是股东大会选举董事或者监事时，每一股份拥有与应选董事或者监事人数相同的表决权，股东拥有的表决权可以集中使用。适用累积投票制的前提是公司章程中有规定，或者经股东大会决议适用累积投票制。累积投票制与普通投票制的区别主要在于，前者使得公司股东可以把自己拥有的表决权集中使用于待选董事或监事中的一人或多人。所以累积投票制的功能就在于提高中小股东选出自己信任的董事或者监事的可能性，从而在一定程度上平衡大小股东的利益。

（六）股东大会的会议记录

股东大会的会议记录，在我国台湾地区的"公司法"中称为"议事录"，股东大会的决议事项，应作成会议记录。我国《公司法》第107条规定，股东大会应当对所议事项的决定作成会议记录，主持人、出席会议的董事应当在会议记录上签名。会议记录应当与出席股东的签名册及代理出席委托书一并保存。法律之所以这样规定，主要是为了方便股东、债权人和有关人员查阅，有利于公司完整地保存档案材料，也便于分清各自的责任界限和范围。

二、董事会、经理

（一）董事会的性质

股份有限公司必设董事会，董事会是由全体董事组成的会议体业务执行机构或经营决策机构。董事会对于有限责任公司来说并非必须设置，股东人数较多、规模较大的才须设董事会，股东人数较少、规模较小的则只设执行董事，而不设董事会，但股份有限公司的董事会则是必须设置的组织机构之一。董事会是股份有限公司的法定机构，其性质、组成、职权和议事规则等事项公司法都做了具体而明确的规定，不能任意设置。与股东大会不同，董事会自公司成立之日起即是一个常设的机构，它是作为稳定的机构而存在的，其成员可以更换，但董事会本身则不能撤销，也不能停止活动。董事会只能由全体董事组成，虽然各国公司立法对董事的人数规定不一，但董事都是董事会的构成人员，都享有同等的权利，并承担相应的义务。董事会从体制上讲，是一种会议体机构，必须以会议的方式来行使法定职权，离开了会议这种方式，其职权就无法行使。从职权方面来看。董事会是股份有限公司的业务执行机构或经营决策机构，因为董事会一方面是由股东大会选举产生的，要向股东大会负责并报告工作，还要执行股东大会的决议；另一方面法律又明确规定公司的经营计划和投资方案由董事会决定。

（二）董事会的职权

根据我国《公司法》第108条的规定，董事会依法享有的职权有：（1）召集股东会会议，并向股东会报告工作；（2）执行股东会的决议；（3）决定公司的经营计划和投资方案；（4）制订公司的年度财务预算方案、决算方案；（5）制订公司的利润分配方案和弥补亏损方案；（6）制订公司增加或者减少注册资本以及发行公司债券的方案；（7）制订公司合并、分立、解散或者变更公司形式的方案；（8）决定公司内部管理机构的设置；（9）决定聘任或者解聘公司经理及其报酬事项，并根据经理的提名决定聘任或者解聘公司副经理、财务负责人及其报酬事项；（10）制定公司的基本管理制度；（11）公司章程规定的其他职权。

（三）董事会的组成

股份有限公司的董事会是由股东大会选举产生的董事组成的。关于董事会成员的人数，我国《公司法》第108条明确规定，董事会成员为5人至19人，至于单数还是双数法无明文规定，但由于董事会系会议体机构，故董事之人数以单数为宜。关于董事会的成员，可分为董事长、副董事长和董事三种类型。董事会依法设董事长1人，可以设副董事长。董事长和副董事长以全体董事的过半数选举产生。董事的任期由公司章程规定，但每届任期不得超过3年，董事任期届满，连选可以连任，董事在任职期满未及时改选，或者董事在任期内辞职导致董事会成员低于法定人数的，在改选出的董事就任前，原董事仍应当依照法律、行政法规和公司章程的规定，履行董事职务。

董事长的职权为：（1）主持股东大会和召集、主持董事会会议；（2）检查董事会决议的实施情况。副董事长协助董事长工作，董事长不能履行职务或者不履行职务的，由副董事长履行职务；副董事长不能履行职务或者不履行职务的，由半数以上董事共同推举一名董事履行职务。

（四）董事会会议

董事会为会议体机构，要行使其职权，必须举行会议。董事会会议由董事长召集和主持。董事会会议根据会期之不同，可分为定期董事会会议和临时董事会会议。所谓定期董事会会议依法每年度至少召开2次，而临时董事会会议则是根据需要而临时召开的董事会会议。定期董事会会议依法应当于会议召开 10 日以前通知全体董事和监事，代表十分之一以上表决权的股东、三分之一以上董事或者监事会，可以提议召开董事会临时会议。董事会召开临时会议，可以另定召集董事会的通知方式和通知期限。关于董事会会议的举行条件，法律规定有过半数的董事出席方可举行，董事会会议应由董事本人出席，董事因故不能出席时，可以书面委托其他董事代为出席，委托书应载明授权范围。董事会会议依法应由董事长主持召开，董事会成员无论是董事长、副董事长，还是一般董事，都享有平等的表决权，即每一位董事只有一票表决权，其表决权同董事所持股份多寡没有任何关系。关于董事会的议事规则，我国《公司法》规定，董事会决议必须经全体董事的过半数通过。董事会的决议如果违反法律、行政法规或者公司章程、股东大会决议，致使公司遭受严重损失的，参与决议的董事应负赔偿责任。但经证明在表决时曾表明异议并记载于会议记录的，该董事可以免除责任。

（五）经理

根据我国《公司法》的规定，经理是股份有限公司必设的主持公司生产经营和管理工作的辅助业务执行机构。经理依法由董事会决定聘任或者解聘，同股份有限公司之间的关系属于一种特殊的委任关系，这种委任是有报酬的，其报酬待遇应由董事会决定。因此，经理应对董事会负责，行使职权时不得变更董事会的决议或超越授权范围。

经理依法行使的职权为：（1）主持公司的生产经营管理工作，组织实施董事会决议；（2）组织实施公司年度经营计划和投资方案；（3）拟订公司内部管理机构设置方案；（4）拟订公司的基本管理制度；（5）制订公司的具体规章；（6）提请聘任或者解聘公司副经理、财务负责人；（7）决定聘任或者解聘除应由董事会决定聘任或者解聘以外的负责管理人员；（8）董事会授予的其他职权。公司章程对经理职权另有规定的，从其规定。经理依法应列席董事会会议。

三、监事会

（一）监事会的性质

随着股份有限公司董事会权力的不断扩大，为了防止它滥用职权，损害公司、股东和其他人的利益，我国《公司法》从第117条到119条对股份有限公司监事会作了专节规定。监事会是股份有限公司依法必须设置的对公司经营状况和财务状况进行监督检查的组织机构。监事会是股份有限公司必备的机构，必须设置。监事会依照公司法的规定设立并行使职权，具有法定性。监事会是由监事组成的常设机构，要随时对公司的业务和财务状况进行监督检查。监事会是股份有限公司的自治监督机构，依法享有对董事、经理执行公司职务行为的监督检查权。

（二）监事会的职权

作为公司监督检查机构的监事会。依法享有下列职权：（1）检查公司的财务；（2）对董事、高级管理人员执行公司职务的行为进行监督，对违反法律、行政法规、公司章程或者股东会决议的董事、高级管理人员提出罢免的建议；（3）当董事、高级管理人员的行为损害公司的利益时，要求董事、高级管理人员予以纠正；（4）提议召开临时股东会会议，在董事会不履行本法规定的召集和主持股东会会议职责时召集和主持股东会会议；（5）向股东会会议提出提案；（6）依照《公司法》第151条关于股东代表诉讼的规定，对董事、高级管理人员提起诉讼；（7）公司章程规定的其他职权。监事可以列席董事会会议，并对董事会决议事项提出质询或者建议。监事会的监事发现公司经营情况异常，可以进行调查；必要时，可以聘请会计师事务所等协助其工作，费用由公司承担。

（三）监事会的组成

根据我国《公司法》第117条的规定，股份有限公司设监事会，其成员不得少于三人。监事会应当包括股东代表和适当比例的公司职工代表，其中职工代表的比例不得低于三分之一，具体比例由公司章程规定。监事会中的职工代表由公司职工通过职工代表大会、职工大会或者其他形式民主选举产生。监事会设主席一人，可以设副主席。监事会主席和副主席由全体监事过半数选举产生。监事会主席召集和主持监事会会议；监事会主席不能履行职务或者不履行职务的，由监事会副主席召集和主持监事会会议；监事会副主席不能履行职务或者不履行职务的，由半数以上监事共同推举一名监事召集和主持监事会会议。由于监事会是公司的监督机构，依法要行使对董事和经理以及公司财务负责人的监督职责，所以公司法明确规定，董事、高级管理人员不得兼任监事。

（四）监事的任期

根据《公司法》第 117 条第 5 款的规定，监事的任期每届为三年。监事任期届满，连选可以连任。监事任期届满未及时改选，或者监事在任期内辞职导致监事会成员低于法定人数的，在改选出的监事就任前，原监事仍应当依照法律、行政法规和公司章程的规定，履行监事职务。

（五）监事会的议事方式和表决程序

根据《公司法》第 119 条的规定，股份有限公司的监事会每六个月至少召开一次会议。监事可以提议召开临时监事会会议。监事会的议事方式和表决程序，除本法有规定的外，由公司章程规定。监事会决议应当经半数以上监事通过。监事会应当对所议事项的决定作成会议记录，出席会议的监事应当在会议记录上签名。

第六节　股份有限公司的股份

一、股份有限公司股份的概念与法律特征

（一）股份有限公司股份的概念

关于股份有限公司股份的概念，国内外均有不同的理解。有的从公司资本的角度出发，认为股份是股份有限公司资本的一部分或组成单位，即股份是划分股份有限公司资本的均等单位；有的从股东资格的角度入手，认为股份是指股东权的依据和基础，即股东在公司中享受权利和承担义务的基本依据；有的则从股票的角度分析，认为股份是股票的价值之所在，即股份之股数及每股之金额都是通过股票记载和表示的，没有股份之存在，股票就失去了存在的前提和条件。

因此，人们在习惯上往往把股份与股票视为一体，混同使用。但事实上股份与股票并非同一。综合起来，所谓股份就是以股票为表现形式的、均等划分股份有限公司资本的、表示股东享有权利和承担义务的基本计量单位。

（二）股份有限公司股份的法律特征

股份有限公司的股份，从本质上讲是股东出资份额，但与其他公司的出资份额却有明显的区别。具体来讲，股份有限公司的股份具有以下五个法律特征。

1. **金额性**

股份是构成股份有限公司资本的基本单位，从我国公司法的规定来看，我国股份有限公司的股份具有金额性，即每一股份均需用一定的货币金额表示，而不能用该股份占公司资本总额的比例或份数来表示。

2. **平等性**

股份不仅是划分股份有限公司资本的基本单位，而且每一股份所代表的资

本都应一律平等。从我国公司法的规定来看，是指每一股份的金额相等，对于国外发行的无面额股份来说，则是指每一股份在公司资本中所占比例相等。作为股东权基本依据的股份，其所包含的权利义务也应一律平等，即股份有限公司的股份依法必须做到同股同权、同权同利和同股同价。我国《公司法》关于股份平等的规定，是为了体现"一股一权"的公平原则。

3. 不可分割性

股份既可归一人所有，也可由数人共有，股份为数人共有时，其共有人应推定一人行使股东权。由于股份是构成公司资本的基本单位，因此，每一股份虽可由数人共有，但其股份却不能分割，如二人共有一股份，不能将其分割为各二分之一，从而破坏其单位的完整性。

4. 可转让性

股份有限公司属于典型的资合公司，公司的信用基础是资本，而不是股东，股东之间的关系甚为松散，因此，股份有限公司的股份具有可转让性。但股东转让其股份必须在法律规定的场所，依照法定方式和程序进行，否则，其转让无效。

5. 证券性

股份有限公司的股份依法必须采取股票的形式，股票是股份有限公司签发的证明股东所持股份的凭证。股票记载的事项由法律规定，主要记载每一股份的金额及所代表的股份数，因此，股份具有证券性，这与有限责任公司股东的出资采用非证券性质的出资证明书形式有着显著的区别。股份和股票之间的关系就是内容和形式的关系，即股票是股份的证券化形式，而股份则是股票的实质内容。股份之所以采取证券化的形式，是为了证明股东的股份持有权，便于股东行使其股东权，也便于股份的自由转让和流通。

二、股份有限公司股份的种类

股份有限公司的资本依法应全部划分为股份，这是股份有限公司之显著特征，股份因其所依据的标准不同而有不同的划分，从而形成了不同的种类。

（一）金额股与比例股

金额股，亦称面额股，是指用一定货币金额表示的股份；比例股，亦称无面额股，是指不用一定金额表示，而用一定比例或分数表示的股份。我国《公司法》不承认比例股，只有关于金额股的规定，而且每一股份的金额也要相等。

（二）普通股与优先股

依据股份所表现的股东权利内容的不同，股份可分为普通股和优先股两种，这也是国际上惯用的股份分类方法。普通股是股份有限公司通常发行的股东权利均属平等、无差别待遇的股份。简言之，普通股是构成股份有限公司资本的基础，是当前世界上发行的股份当中最为普遍、报酬最高和风险最大的股份。它的最大特点是红利随着发行公司利润的变化而变化。持有普通股的股东享有参与经营管理权、优先认股权、红利分享权和剩余财产分配权。而优先股则是普通股的对称，它是股份有限公司发行的其股东比普通股份的股东享有一定优先权的股份。公司发行优先股的目的主要在于吸引保守的投资者，因为优先股预定的优先股息一般高于公司债券的利率，有高收益的特征。同时，在公司终止时对剩余财产也有优先分配权，有安全性。因此，它的最大特点是股息具有固定性和优先支付性以及相对保险性。优先股又可划分为累积优先股与非累积优先股、参与优先股与非参与优先股、可转换优先股与不可转换优先股等形式。持有优先股的股东享有股东大会的参加权、股息的优先取得权和剩余财产的优先分配权。

（三）有表决权股与无表决权股

依据股东表决权的不同，股份可划分为有表决权股和无表决权股。有表决权股又可分为普通表决权股（一股享有一个表决权的股份）、多数表决权股（即一股享有若干个表决权的股份）和限制表决权股（即股东表决权受一定限制的股份）。无表决权股则是股东对公司一切事务均无表决权的股份，一般情况下，无表决权股即指优先股。

（四）国家股、法人股与个人股

根据股份投资主体的不同，我国的股份可以划分为国家股、法人股、个人股。国家股是有权代表国家投资的部门或机构以国有资产投入公司所形成的股份，国家股一般应为普通股；法人股是企业法人以其依法可支配的资产投入公司所形成的股份，或者具有法人资格的事业单位以国家允许用于经营的资产向公司投资所形成的股份；个人股是社会公众或本公司内部职工以个人合法财产投入公司形成的股份。

（五）旧股与新股

依据股份发行时间的不同，可把股份划分为旧股和新股。旧股即股份有限公司在成立时所发行的股份，而新股则是股份有限公司成立后在存续发展过程中所发行的股份。

三、股份有限公司的新股发行

新股发行就是指股份有限公司在成立之后的存续发展过程中再次发行股份的法律行为。依据是否增加公司资本，可将新股发行划分为非增资的新股发行和增资的新股份发行。非增资的新股发行是指在股份依法可分期分次发行的情况下，除公司设立时首次发行股份外，其后所进行的股份发行。它并未增加公司的资本总额，只是将章程所定的未发行部分的股份，补充发行而已。增资的新股发行则是指在公司增加资本的情况下所进行的再次股份发行，即公司章程所定的股本总额已全部发行完毕后，为增加公司资本而再次发行股份。需要说明的是，在实行"法定资本制"的国家，所谓的新股发行只是指增资的新股发行，而实行"授权资本制"的国家，其所谓新股发行则属于非增资的新股发行。新股发行不仅关系到公司的发展，而且也直接涉及新老股东利益和社会公共利益，法律必须对此进行规范。发行新股的公司必须履行相应的程序。

（一）作出新股发行的决议

《公司法》第 133 条规定，公司发行新股，股东大会应当对下列事项作出决议：（1）新股种类及数额；（2）新股发行价格；（3）新股发行的起止日期；（4）向原有股东发行新股的种类及数额。

（二）履行必要的核准程序

《公司法》第 134 条第 1 款规定，公司经国务院证券监督管理机构核准公开发行新股时，必须公告新股招股说明书和财务会计报告，并制作认股书。

（三）签订承销协议和代收股款协议

《公司法》第 134 条第 2 款规定，发起人向社会公开募集股份，应当由依法设立的证券经营机构承销，签订承销协议；还应当与银行签订代收股款协议。

（四）变更登记

《公司法》第 136 条规定，公司发行新股募足股款后，必须向公司登记机关办理变更登记，并公告。

四、股份有限公司的股份转让

股份有限公司的股东在公司存续期间依法是不能退股的，这是世界各国公司法的一致规定。但股东持有的股份依法却是可以转让的。所谓股份转让，从经济学的观点来看，是股东收回其投资的一种方式；从法律的角度来看，股份转让则是指股东依照法定的方式和程序将所持股份转移给受让人的法律行为。股份的转让，意味着股东权的转让，即股东将其基于股东资格对公司享有的股东权转让于受让人，由受让人继受取得股东权而成为公司之新股东。

（一）股份转让的原则

股东转让自己的股份，必须遵守法律规定的原则。一般来说，转让股份应该坚持以自由转让为主、限制转让为辅的法制原则。

以自由转让为主是指股东对其持有的股份除法律另有规定者外均可依法自由转让，公司不得以章程禁止或限制。法律之所以要规定以自由转让为主，这是由股份有限公司的特点和证券交易的客观要求所决定的。股份有限公司是通过向社会公众发行股票而建立起来的，其资本来源广泛，经营规模宏大，股东人数众多，公司对股东的个人条件并不注重。因此，作为表现股东权的股份，原则上也不具有个人特性，所以，股东所持股份的自由转让，并不会影响公司的对外信用。为了确保投资者收回投资，立法上也有保障股份自由转让之必要。证券交易市场的建立和完善，也为股份自由转让提出了客观要求，如果股份不允许自由转让，证券交易市场也就失去了存在的前提和基础。基于上述理由，我国《公司法》确立了股份以自由转让为主的法制原则。根据这一原则，股东就可按照自己对公司生产经营情况的分析判断和预测，并根据证券交易的市场行情，随时将其所持有的股份转让，以收回其投资，从而避免可能遇到的风险和损失。

以限制转让为辅是指为了保护社会公众投资者和债权人的合法权益，法律对某些股东转让其股份做了限制性规定。我国《公司法》对股份转让的限制性规定主要有以下四种情形。

1. 对发起人股份转让的限制

我国《公司法》第 141 条第 1 款规定："发起人持有的本公司股份，自公司成立之日起 1 年内不得转让。"我国法律之所以对发起人转让其股份进行限制，这是因为，发起人是公司最为重要的股东，为确保公司的健全和信誉，再加之发起人依法负有重大的设立责任，为了使公司及第三人能从发起人持有的股份中获得损害赔偿，于是法律限制发起人之股份，公司成立后 1 年内不得转让。违反这一限制规定而为之股份转让应为无效行为。

2. 新股发行前股份转让的限制

我国《公司法》第 141 条第 1 款规定："公司公开发行股份前已发行的股份，自公司股票在证券交易所上市交易之日起一年内不得转让。"这同样是为了保护其他投资者的利益，防止公司原有股东借股份有限公司上市牟利，而不关心公司的经营，以增强公司上市前的持有公司股份股东的责任感。

3. 对董事、监事和高级管理人员股份转让的限制

我国《公司法》第 141 条第 2 款规定：公司董事、监事、高级管理人员应当向公司申报所持有的本公司的股份及其变动情况，在任职期间每年转让的股份不得超过其所持有本公司股份总数的百分之二十五；所持本公司股份自公司股票上市交易之日起一年内不得转让。上述人员离职后半年内，不得转让其所持有的本公司股份。公司章程可以对公司董事、监事、高级管理人员转让其所持有的本公司股份作出其他限制性规定。董事、监事和高级管理人员都是公司的内幕人员，为了防止董事、监事和高级管理人员利用职务之便，获取内幕信息，从事内幕交易，从而损害广大投资者的利益，置公司利益于不顾，所以我国《公司法》作出以上规定来限制他们转让其所持有的股份。

4. 公司股份回购和质押的限制

股份回购是公司依法或者公司章程的规定从公司股东手中买回自己股份的行为。我国《公司法》第 142 条规定，公司不得收购本公司股份。因为通常公司

股份回购容易导致公司资本减少，违反公司资本维持的基本原则，同时扰乱了证券市场的交易秩序，损害投资者的利益，而且公司成为自己股份的持有人，会造成股东权利主体的混乱。同时，我国《公司法》第142条也规定，公司不得接受本公司的股票作为质押权的标的。因为公司作为本公司股票的质押权人，很可能导致公司持有本公司的股份，这将是一种变相的股份回购。

根据我国2018年修改的《公司法》第142条的规定，公司不得收购本公司股份。但是，有下列情形之一的除外：（一）减少公司注册资本；（二）与持有本公司股份的其他公司合并；（三）将股份用于员工持股计划或者股权激励；（四）股东因对股东大会作出的公司合并、分立决议持异议，要求公司收购其股份；（五）将股份用于转换上市公司发行的可转换为股票的公司债券；（六）上市公司为维护公司价值及股东权益所必需。

公司因上述第（一）项、第（二）项规定的情形收购本公司股份的，应当经股东大会决议；公司因上述第（三）项、第（五）项、第（六）项规定的情形收购本公司股份的，可以依照公司章程的规定或者股东大会的授权，经三分之二以上董事出席的董事会会议决议。

公司依法收购本公司股份后，属于第（一）项情形的，应当自收购之日起十日内注销；属于第（二）项、第（四）项情形的，应当在六个月内转让或者注销；属于第（三）项、第（五）项、第（六）项情形的，公司合计持有的本公司股份数不得超过本公司已发行股份总额的百分之十，并应当在三年内转让或者注销。

上市公司收购本公司股份的，应当依照《中华人民共和国证券法》的规定履行信息披露义务。上市公司因上述第（三）项、第（五）项、第（六）项规定的情形收购本公司股份的，应当通过公开的集中交易方式进行。

（二）股份转让的方式

股份的转让是通过股票转让而实现的。因此，股份的转让方式因股票的记名与否而有所不同，记名股票就是票面上记载股东姓名或名称的股票，它的转让由股东以背书方式或者法律、行政法规规定的其他方式转让。记名股票转让后，由公司将受让人的姓名或名称及住所记载于股东名册，但股东大会召开前20日内或者公司决定分配股利的基准日前5日内，不得进行股东名册的变更登记。也就是说，记名股票一经背书交付，在转让人与受让人之间即发生转让的效力，并可以以其转让对抗第三人。但只有将受让人姓名或者名称及住所记载于股东名册，才能以其转让对抗公司。无记名股票因票面上没有记载股东姓名或名称，也没有股东名册的设置，因此，无记名股票的转让比较方便和自由。无记名股票的转让，由股东将该股票交付给受让人后发生转让的效力。也就是说，无记名股票通常以交付股票的方式而转让，当事人之间一经交付，转让即告完成，即既可以以其转让对抗第三人，也可以以其转让对抗公司，但必须是在依法设立的证券交易场所进行，否则，转让也无效。

第九章
合伙企业法律制度

第一节 合伙企业的法律界说

一、合伙企业与公司的法律界限

由于公司是在合伙企业的基础上逐步发展演变而来，所以，合伙企业与公司既有十分密切的联系，又有非常显著的区别。

（一）法律地位不同

公司与合伙企业都属于企业的范畴，但其法律地位却截然不同。公司是一种典型的企业法人，而合伙企业则是一种非法人式企业。

（二）成立基础不同

公司与合伙企业都是依法成立的企业，但其成立的基础却完全不同。公司成立的基础是公司章程，而合伙企业成立的基础则是合伙协议。

（三）出资人的称谓不同

公司与合伙企业都是由出资者缔造的，但出资者的法律称谓却不相同。公司的出资人在法律上称为"股东"，而合伙企业的出资人在法律上则称为"合伙人"。

（四）财产结构不同

公司与合伙企业都有一定的财产，但其财产结构却迥然不同。公司的财产属于独立型，归公司所有，而合伙企业的财产则属于共有型，归全体合伙人共有。

（五）资本要求不同

公司与合伙企业都应有一定的资本作为其运营的物质基础，但我国法律对二者的资本规制却有明显的差异。设立一般公司没有法定资本最低限额的要求，但法律、行政法规以及国务院决定对相关公司的最低资本限额另有规定的，则设立这类公司必须符合国家规定的法定资本最低限额，而设立合伙企业则完全没有法定资本最低限额的要求。

（六）责任形式不同

股东和合伙人都要对其出资兴办的公司和合伙企业承担法律责任，但它们承担责任的形式则有所不同，股东对公司只承担有限责任，而普通合伙人对合伙企业要承担无限连带责任，有限合伙人仅以其认缴的出资额为限对合伙企业承担责任。

（七）表决办法不同

公司和合伙企业都要对法定重大事项作出决策，但决策的表决办法却不尽相同。公司的股东会除公司章程另有规定外，按照出资比例行使表决权，而公司的股东大会只能采用"一股一票"的表决办法，而不能采用"一人一票"的表决办法。但合伙企业决定重大问题时，合伙协议未约定或者约定不明确，则实行"一人一票"的表决办法。

（八）业务执行主体不同

公司与合伙企业的业务都必须执行，但其执行的主体却有明显的差异。公司的业务由董事会执行，而合伙企业的业务则由合伙人执行。

（九）利润分配办法不同

公司与合伙企业从事生产经营的目的都是为了获取利润，但二者对利润的分配办法却不尽相同。有限责任公司除全体股东约定外，公司的利润按照股东实缴的出资比例分取红利，股份有限公司除公司章程另有规定外，公司的利润由股东按其持有的股份比例进行分配，而合伙企业的利润在合伙协议未约定或者约定不明确的，由合伙人协商决定；协商不成的，由合伙人按照实缴出资比例分配；无法确定出资比例的，则由合伙人平均分配。

（十）清算者的法定形式不同

公司与合伙企业解散时依法都要进行清算，但清算者的法定形式并不相同。公司的清算者为清算组，而合伙企业的清算者则为清算人。

二、合伙企业的法律地位

（一）国外合伙企业的法律地位

关于合伙企业的法律地位，集中表现为合伙企业是不是一种独立的法律主体。这包括两层含义：一是合伙企业是否是与自然人、法人并列的一种法律主体；二是合伙企业是否是独立于合伙人之外而存在的一种法律主体。在西方国家的立法中，关于合伙企业的法律地位主要有"法人"模式和"非法人团体"模式。

1804 年的《法国民法典》并未明文确认合伙企业为法人，但由于合伙企业几乎适用有关法人的一切规定，因此学理解释早就认定合伙企业为法人，并且这种解释一再为法院判例所肯定。1978 年重新修订的《法国民法典》第 1842 条规定，除本编第三章规定的隐名合伙外，合伙自登记之日起享有法人资格。与此同时，法国立法上又特别强调合伙的无限连带责任，如果合伙人在合伙协议中违反这一规定，不仅合伙协议无效，对第三人也自始无效。由此可见，法国关于合伙企业法律地位的规定，既确立其法人资格又将其与典型的法人企业区别开来。

根据美国的《统一合伙法》和《统一有限合伙法》的有关规定，合伙企业能够以自己的名义拥有和转移财产；合伙人仅在名义上保留对合伙财产的所有权，而不得对合伙企业财产特定部分主张排他性权利；合伙人死亡时，合伙人的出资并不因此成为合伙人遗产的一部分；合伙企业解散时，合伙人在合伙财产清偿债务后，才能对剩余财产要求分割；合伙企业可以以自己的名义（商号）在法院起诉和应诉。因此，美国实际上是把合伙企业作为一种独立的法律主体来对待的，但美国的立法并不认为合伙企业是一个独立的法人。按照美国的规定，合伙企业的财产为共有型，而法人企业的财产则为独立型；合伙企业不是税法规定的独立的纳税主体，合伙人则要根据各自的年收益缴纳个人所得税，只有法人才是一个独立的纳税主体。所以，美国是把合伙企业确立为法人之外的另一种独立的法律主体，即认为合伙企业是一种"非法人团体"的法律关系主体。在美国，合伙企业与法人企业的根本区别主要是两个：一是产生的基础不同。合伙企业是合伙契约的产物，而法人企业则是制定法的产物。设立合伙企业主要依照合伙契约，而设立法人企业则必须依照法定条件、方式和程序。二是承担的责任不同。企业法人的责任不涉及法人的成员，但在合伙企业中，合伙企业的责任与合伙人的责任是不可分离的，合伙人既要共同承担责任，又要分别承担责任，而且合伙人的责任范围涉及普通合伙人（有限合伙人例外）的全部个人财产。所以，合伙企业与法人企业在美国都是法律主体，但又不是同一类别、同一层次的法律主体。

（二）我国合伙企业的法律地位

从西方国家的立法规定来看，合伙企业要么居于法人的地位，要么居于非法人独立法律主体的地位。根据我国现有的立法规定，并结合市场竞争机制的客观需要，我们认为，合伙企业在我国应处于非法人企业的地位，也就是说，合伙企业虽然不是法人，但它却是与法人并列的另一种独立的法律主体。

为了充分体现合伙企业的本质属性和法制要求，进一步发挥合伙企业在我国市场经济中的积极作用，并对其进行规范和保护，法律赋予合伙企业与自然人、法人并列的另一类独立的法律主体资格，其理由主要体现在以下三个方面。

1. 合伙企业有相对独立的人格

合伙企业一经依法成立，就有自己的商号、银行账户和固定的经营场所，执行合伙企业事务的合伙人就能对外代表合伙企业与第三人发生业务往来关系，而且能以自己的名义在法院起诉和应诉。

2. 合伙企业有相对独立的财产

合伙企业存续期间，合伙人的出资和所有以合伙企业名义取得的收益均为合伙企业财产。合伙企业财产虽由各合伙人共有，但合伙企业财产与合伙人的个人财产还是相对分离的，即在合伙企业进行清算前，合伙人一般不能请求分割合伙企业财产，这就排除了合伙人任意支配、自由处分其出资财产的可能，从而使合伙企业财产具有相对的独立性。

3. 合伙企业有相对独立的责任能力

这主要表现为补充连带责任的立法规定，即合伙企业因合同行为或侵权行为而产生的债务，其性质为合伙企业债务，虽然对债权人的担保范围是合伙企业财产和每个普通合伙人的个人财产，但由于合伙企业和合伙人之间具有人格、财产相对独立的关系，所以，对合伙企业债务首先应以合伙企业财产进行清偿。只有合伙企业财产不足清偿时，才由普通合伙人按照合伙协议约定的比例或法定比例，用其在合伙企业出资以外的财产承担无限连带清偿责任。

三、合伙企业的法定类型

（一）国外合伙企业的法定类型

大陆法系中有些国家的立法把合伙划分为民事合伙和商事合伙。民事合伙，即非营利性合伙，凡是具备合伙的一般特征，而没有采取企业形式，不以营利为目的的合伙，均为民事合伙；商事合伙，即营利性合伙，凡有自己的商号或独立的名义，并以此进行设立登记，采用企业形式，以营利为目的的合伙，均为商事合伙。合伙企业属于商事合伙的范畴。

普通法系的英国和美国的立法把合伙企业划分为普通合伙企业和有限合伙企业两种类型。普通合伙企业是指两个或两个以上的普通合伙人，依照合伙协议共同组建的、由全体合伙人对合伙债务承担无限连带责任的合伙企业。普通合伙企业是合伙企业的普遍形式，它主要有以下一些特征：一是全体合伙人可以依照合伙协议的约定，向合伙企业投入一定的资本作为自己的出资，合伙人按其出资比例分享权益、分担风险；二是全体合伙人在企业经营管理方面享有同等的权利，每一个合伙人都有权代表合伙企业，参与合伙事务的管理。经协议，全体合伙人也可委任一名或数名合伙人为合伙事务执行人，甚至可以在数名合伙事务执行人中确定一人为合伙企业负责人；三是全体合伙人对合伙企业债务承担无限连带责任。每个合伙人必须以个人所有的全部财产对合伙企业债务承担无限责任，如果其中一个或几个合伙人无力清偿，其他合伙人则应负连带清偿责任。

有限合伙企业则是指由至少一名普通合伙人和至少一名有限合伙人共同组

成的合伙企业，它是合伙企业的一种特殊形式，同普通合伙企业相比，它有两种合伙人，二者的区别主要表现在：首先，在出资要求方面，有限合伙人必须以现金或实物等方式作为出资并实际缴给合伙企业作为其入伙的资本，而普通合伙人认缴出资时，则不须把其财产直接交给合伙企业支配；其次，在法律地位方面，有限合伙人既不参与合伙企业的事务管理，也不对合伙企业的债权人承担个人责任，而普通合伙人依法则有权负责合伙企业的经营管理并可以对外代表合伙企业执行合伙事务；再次，在收益分配方面，有限合伙人的收益可在合伙协议中事先约定，在企业获利的前提下，其收益则相对稳定，而普通合伙人的收益则是根据企业的利润情况确定的，具有不固定性；最后，在责任限度方面，有限合伙人对企业债务负有限责任，即仅以其出资额为限，而普通合伙人则对企业债务负无限责任，且要对其他合伙人承担连带责任。

在西方国家的立法中，还有一种隐名合伙企业，根据法国有关规定，所谓隐名合伙企业是指由至少一位出名营业人和至少一位隐名合伙人共同组成的合伙企业。出名营业人和隐名合伙人之间要签订协议，以规范各方的权责关系。合伙企业由出名营业人负责经营管理，对外代表合伙企业与第三人发生业务往来关系，对企业债务承担无限连带责任，隐名合伙人是为合伙企业出资但却不出名的当事一方。因此他只负出资义务，按其出资额获取收益，且只以其出资为限对企业负有限责任，并不负责企业的经营管理，但也有相应的权利，如对企业账簿的查阅权、对企业经营管理的建议和质询权等。需要明确的是，隐名合伙企业与两合公司相似，但二者又有明显的区别，两合公司的财产属于有限股东和无限股东共有，两种股东都出名，而隐名合伙企业的财产则只属于出名营业人所有，因为隐名合伙人不出名。

（二）我国合伙企业的法定类型

根据我国原《合伙企业法》第 2 条、第 8 条、第 9 条和第 13 条等条款的规定，我国合伙企业法规范的合伙企业属于普通合伙企业，而不包括有限合伙和隐名合伙。1996 年 10 月全国人大财经委员会提交第八届全国人民代表大会常务委员会第二十二次会议初审的《合伙企业法（草案）》中曾有关于有限合伙的规定，1997 年 2 月全国人大法律委员会在对该草案的审议结果报告中以有限合伙是合伙企业的特殊形式，问题较为复杂，国外一般对有限合伙这种企业形式单独立法，考虑到我国目前尚无有限合伙企业的登记，还缺乏这方面的经验为由，取消了第八章对有限合伙的规定。由于隐名合伙实质上是隐名合伙人与出名营业人之间的一种契约关系，而我国合伙企业法定位于主体立法模式，故隐名合伙不是我国合伙企业法规范的对象。

而我国 2006 年 8 月 27 日修订的《合伙企业法》第 2 条规定：本法所称合伙企业，是指自然人、法人和其他组织依照本法在中国境内设立的普通合伙企业和有限合伙企业。普通合伙企业由普通合伙人组成，合伙人对合伙企业债务承担无限连带责任。有限合伙企业由普通合伙人和有限合伙人组成，普通合伙人对合伙企业债务承担无限连带责任，有限合伙人以其认缴的出资额为限对合伙企业债务承担责任。由此，我国现行法律规定，合伙企业包括两种类型：一是普通合伙企业（它还包含特殊的普通合伙企业），二是有限合伙企业。

第二节　合伙企业的设立

合伙企业的设立不同于合伙企业的成立。合伙企业的设立是合伙企业成立的必经程序，而合伙企业的成立则是合伙企业设立的法律后果。一般来讲，合伙企业的设立就是指合伙人为了使合伙企业得以成立并取得生产经营资格，依照法定条件和程序所进行的一系列法律行为的总称。合伙企业的设立人即从事合伙企业创设活动的人，也就是合伙企业的合伙人。合伙企业的设立目的是最终成立合伙企业，并使其取得生产经营资格，成为一个独立的法律主体。设立合伙企业，必须提供相应的申请和文件，采用书面形式，因而，是一种要式法律行为。设立合伙企业，必须严格按法律规定的条件和程序进行，否则，就无法达到预期的法律后果。

一、合伙企业的设立条件

为了维持合伙企业的实体，强化合伙企业的功能，确保交易安全，维护债权人的合法权益，我国《合伙企业法》规定设立合伙企业应当具备下列五个条件。

（一）合伙人符合法定人数

这是关于合伙人条件的规定，依据国家法律规定，合伙企业必须有 2 个以上合伙人。合伙人为自然人的，应当具有完全民事行为能力。即合伙人必须为 2 个或 2 个以上。也就是说设立合伙企业至少应为二人，若为一人，则无合伙可言。至于合伙人的上限人数，我国合伙企业法并未明确规定，而是由合伙人自主决定。由于合伙企业是典型的人合企业，合伙人之间相互熟悉、相互信任，一般来讲，合伙企业中的合伙人数也不会过多。从世界各国的合伙企业立法规定来看，大陆法系诸国一般只规定合伙人的下限而不规定合伙人的上限，英美法系诸国一般则有上限的规定，如英国规定，一般不得超过 20 人，从事银行业务的不得超过 10 人。澳大利亚规定，生产贸易型的合伙人数以 20 人为限。我国香港特别行政区也规定非专业性合伙企业的人数不能超过 20 人。另外，《合伙企业法》第 3 条规定，国有独资公司、国有企业、上市公司以及公益性的事业单位、社会团体不得成为普通合伙人。对于有限合伙企业则应由 2 个以上 50 个以下合伙人设立。但是，法律另有规定的除外。有限合伙企业至少应当有一个普通合伙人。

（二）有书面合伙协议

这是关于合伙协议条件的规定，主要包括以下两个方面的内容：一是合伙协议是设立合伙企业的必备文件。合伙协议是约定合伙人之间权利义务关系和合伙企业运作的基本文件。在申请设立时，必须提交予企业登记机关，否则，就不具备设立合伙企业的实质要件，就无法设立合伙企业。二是合伙协议必须采用书面形式。关于合伙协议的形式各国立法规定并不一样。法国规定，合伙协议必须采用书面形式，而不能采用口头形式，美国则规定合伙协议既可以采用书面形式，也可以采用口头约定。按照我国《合伙企业法》第 4 条的规定，合伙协议应当依法由全体合伙人协商一致，以书面形式订立，而不能采用口头形式。合伙协议采用书面形式有利于合伙人正确界定各自的权利和义务并妥善处理合伙企业的内部事务，以免产生纠纷时空口无凭。订立合伙协议、设立合伙企业，应当遵循自愿、平等、公平、诚实信用原则。

（三）有各合伙人认缴或者实际缴付的出资

这是关于合伙人出资条件的规定，主要包括以下三个方面的内容。

1. 合伙人的出资方式必须符合法律规定

合伙人依法既可以用货币、实物、土地使用权、知识产权或者其他财产权利出资，经全体合伙人协商一致，也可以用劳务出资。

（1）货币出资。货币出资是指合伙人以一定数额的货币作为向合伙企业的出资，它是合伙人最为普遍的出资方式。当合伙人以一定数额的货币出资时，从其实际缴付之日起，货币即成为合伙企业财产的一部分。

（2）实物出资。实物出资是指合伙人以厂房、建筑物、机器设备或其他物料作为向合伙企业的出资。当合伙人以实物的所有权出资时，则直接构成合伙企业的共有财产，如果仅以使用权、收益权等他物权作为出资，则不构成合伙企业的共有财产，而是由全体合伙人共用。

（3）土地使用权出资。土地使用权出资是指合伙人以其合法拥有的土地使用权作为向合伙企业的出资。当合伙人以土地使用权作为出资标的时，应当将其使用权证交合伙企业留存。

（4）知识产权出资。知识产权出资是指合伙人以其适于合伙企业使用的专利权、商标权、著作权和非专利技术等知识产权作为向合伙企业的出资。合伙人以知识产权出资时，应当明确其投入的是知识产权的所有权还是许可使用权。如投入的是所有权，则该项知识产权为全体合伙人共有，合伙人依法不得将该项知识产权再行投资，再行转让。如投入的是许可使用权，则出资方保留所有权，在合法条件下，该合伙人可将该项知识产权再投资、再转让，所获收益归其个人，其他合伙人不得干涉。

（5）劳务出资。劳务出资是指合伙人以其智力上和体力上付出的能够给合伙企业带来利益的经营性劳动作为向合伙企业的出资。由于合伙企业债务最终要由普通合伙人以自己所有的全部财产承担清偿责任，并不以合伙企业财产为限，因此，经全体合伙人协商一致，合伙人也可以用劳务出资，这是合伙企业与公司在出资方式上的一个区别。合伙人以劳务出资时，要注意将其与合伙企业的雇工区别开来。表面上看，他们都向合伙企业提供现实的劳动服务，但二者却有明显的区别：第一，以劳务出资的合伙人和其他合伙人之间是合伙合同关系，而合伙企业的雇工同合伙企业之间则是雇佣劳动关系；第二，以劳务出资的合伙人对合伙企业的经营事务有表决权，而雇工则无此权利；第三，以劳务出资的合伙人和其他合伙人之间适用相互代理原则，而合伙企业的雇工和合伙人之间则不适用该原则；第四，以劳务出资的合伙人对合伙企业积累的财产享有共有权，并对企业债务承担无限连带责任，而合伙企业的雇工则无此项权利和责任，他只能从企业获得工资收入。

（6）其他财产权利。其他财产权利，如汇票、本票、支票、存款单、债券、可转让的股票、债权以及原有的商号等，只要合伙人协商一致，均可以用作对合伙企业的出资。

2. 合伙人应确保其出资的合法性

作为出资的实物，合伙人必须承担权利的瑕疵担保责任，保证出资实物的合法性和稳定性，当他人向出资物提出权利主张时，出资人应负责抗辩。以不动产实物的所有权出资时，还应履行一定的法律手续。例如，某合伙人以其自有房屋的所有权出资，就应到房地产管理部门履行房屋的产权登记手续，将房屋转由全体合伙人共有。作为出资的土地使用权必须是合伙人依照法定程序取得了土地使用权，作为出资的知识产权，合伙人必须拥有合法凭证，并确保其未超过法律的保护期限。作为出资的其他财产权利也必须是合伙人本人所享有的合法权利，否则，不能作为出资。

3. 对合伙企业的出资可以认缴也可以实缴

根据我国《合伙企业法》第14条第3款的规定，各合伙人应有认缴或者实际缴付的出资。合伙人应当按照合伙协议约定的出资方式、数额和缴付期限，履行出资义务。以非货币财产出资的，依照法律、行政法规的规定，需要办理财产权转移手续的，应当依法办理。此外，针对有限合伙企业的特点，我国《合伙企业法》特别规定"有限合伙人"不得以劳务作为出资。由于合伙企业属于人合企业，其信用基础在于各个合伙人，而不在于企业资本的多寡，各合伙人对合伙企业的债务最终要承担无限连带责任，依照国际立法惯例，我国对合伙企业的出资没有最低限额的规定。

（四）有合伙企业的名称

这是关于企业名称条件的规定，主要包括以下三个方面的内容：（1）合伙企业只准有一个名称。合伙人在设立合伙企业时，必须确定合伙企业的名称，这是合伙企业对外交往的需要，也是合伙企业相对独立人格的体现。合伙企业只准拥有一个名称，而不能拥有多个名称，且不能同辖区内已经登记的同行业的其他企业名称相同或者近似。（2）合伙企业的名称应由法定要素构成。根据我国有关企业名称的规定，一个规范的合伙企业名称一般应依次由所在行政区域、字号或商号、所在行业或经营特点和组织形式四部分构成。根据《合伙企业法》第15、第56条和第62条的规定，合伙企业应当载明"普通合伙""特殊普通合伙"或者"有限合伙"字样。（3）合伙企业名称中不得含有国家禁止使用的内容和文字。合伙企业未在其名称中标明"普通合伙""特殊普通合伙"或者"有限合伙"字样的，由登记机关责令限期改正，处以2000元以上10000元以下的罚款。

（五）有经营场所和从事合伙经营的必要条件

这是关于经营场所和必要条件的规定，主要包括以下两个方面的内容：一是要有经营场所。经营场所是合伙企业从事生产经营活动的空间范围。合伙企业要连续不断地从事经营活动，就必须有一定的经营场所，否则，就不成其为企业。二是要有从事合伙经营的必要条件。所谓必要条件就是除经营场所之外，合伙企业根据其合伙目的和经营范围，开展正常的营业活动所必须具备的条件和设施。如办公条件、设备条件、卫生条件、技术条件、交通条件和从业人员等。

二、合伙企业的设立程序

根据我国《合伙企业法》的规定，设立合伙企业大体要经过以下三个程序、步骤。

（一）订立合伙协议

合伙人要设立合伙企业，就必须在协商一致的基础上，以书面形式订立合伙协议，这既是设立合伙企业的实质要件，也是设立合伙企业的第一个步骤。

合伙人订立合伙协议，应当遵循自愿、平等、公平和诚实信用的原则。按照自愿原则，各合伙人在订立合伙协议时，应当充分尊重彼此之间的真实意愿，在协商的基础上订立合伙协议，而不能采用欺诈、胁迫等手段迫使对方订立合伙协议。按照平等原则，各合伙人在订立合伙协议时，彼此之间的法律地位都是平等的，决不允许在适用法律上的差别待遇。按照公平原则，各合伙人在订立合伙协议时，其约定的权利和义务必须对等，而不能显失公平。按照诚实信用原则，各合伙人在订立合伙协议时，必须真诚相待、恪守信用，尊重公认的商业道德，而不能滥用权利，损人利己。

合伙人订立合伙协议依法应当载明下列事项：（1）合伙企业的名称和主要经营场所的地点；（2）合伙目的和合伙企业的经营范围；（3）合伙人的姓名或者名称、住所；（4）合伙人出资的方式、数额和缴付期限；（5）利润分配和亏损分担方式；（6）合伙企业事务的执行；（7）入伙与退伙；（8）争议解决办法；（9）合伙企业的解散与清算；（10）违约责任。

此外，如果是有限合伙企业，合伙协议除应具备以上事项之外，还应载明：（1）普通合伙人和有限合伙人的姓名或者名称、住所；（2）执行事务合伙人应具备的条件和选择程序；（3）执行事务合伙人权限与违约处理办法；（4）执行事务合伙人的除名条件和更换程序；（5）有限合伙人入伙、退伙的条件、程序以及相关责任；（6）有限合伙人和普通合伙人相互转变程序。

合伙协议经全体合伙人签名、盖章后生效。合伙人按照合伙协议享有权利，履行义务。修改或者补充合伙协议，应当经全体合伙人一致同意。但是，合伙协议另有约定的除外。合伙协议未约定或者约定不明确的事项，由合伙人协商决定。协商不成的，依照《合伙企业法》和其他有关法律、行政法规的规定处理。

（二）依约履行出资义务

合伙人订立合伙协议后，就应依约履行出资义务。合伙人履行出资义务，应当按照合伙协议约定的出资方式、数额和缴付出资的期限进行。各合伙人按照合伙协议认缴或者实际缴付的出资，为对合伙企业的出资。合伙人如果违反合伙协议，不履行出资义务或迟延履行出资义务，应当依法承担违约责任。

（三）设立登记

申请设立合伙企业，应当向企业登记机关提交登记申请书、合伙协议书、合伙人身份证明等文件。合伙企业的经营范围中有属于法律、行政法规规定在登记前须经批准的项目的，该项经营业务应当依法经过批准，并在登记时提交批准文件。申请人提交的登记申请材料齐全、符合法定形式，企业登记机关能够当场登记的，应予当场登记，发给营业执照。除前款规定情形外，企业登记机关应当自受理申请之日起 20 日内，作出是否登记的决定。予以登记的，发给营业执照。不予登记的，应当给予书面答复，并说明理由。

合伙企业的营业执照签发日期，为合伙企业成立日期。合伙企业领取营业执照前，合伙人不得以合伙企业名义从事合伙业务。合伙企业设立分支机构，应当向分支机构所在地的企业登记机关申请登记，领取营业执照。合伙企业登记事项发生变更的，执行合伙事务的合伙人应当自作出变更决定或者发生变更事由之日起 15 日内，向原企业登记机关申请办理变更登记。

第三节　合伙企业的内部关系

一、合伙企业的财产

（一）合伙企业财产的构成

我国《合伙企业法》第 20 条规定："合伙人的出资、以合伙企业名义取得的收益和依法取得的其他财产，均为合伙企业的财产。"因此，从来源来看，合伙企业财产由合伙人的出资和合伙企业的收益两部分构成。

1. 合伙人的出资

合伙人的出资是合伙人在设立合伙企业时，向合伙企业认缴或实际缴付的财产。向合伙企业出资是合伙人最基本的义务，也是合伙企业得以成立的基础性条件。合伙人的出资是合伙企业财产最原始的构成部分，但并非合伙人的所有出资都可成为合伙企业的财产，如劳务虽经全体合伙人协商一致可用来出资，也可在合伙企业存续期间创造价值，但因其具有"行为性"便不能成为合伙企业的财产。另外，合伙企业存续期间，合伙人依照合伙协议的约定或者经全体合伙人决定，可以增加对合伙企业的出资，用于扩大经营规模或者弥补亏损。

2. 合伙企业的收益

合伙企业的收益是指合伙企业成立后以合伙企业名义取得的营业收益或其他收益。它是合伙企业在生产经营过程中所取得的增值财产，主要包括以下内容：合伙企业购置的资产；合伙企业的营业收入；合伙企业受赠的财产；合伙企业获得的赔偿；以合伙企业名义获得的其他收益。

（二）合伙企业财产的性质

合伙企业在其存续期间，合伙人的出资和所有以合伙企业名义取得的收益在法律上均为合伙企业财产，但因合伙企业本身不具有独立的法人资格，无法对其财产拥有所有权，故合伙人并没有丧失对合伙企业出资的所有权，合伙企业的财产仍归全体合伙人共有。这是世界各国对合伙企业财产性质的法律界定。在简单商品经济条件下，罗马法将合伙企业的财产界定为按份共有，即各合伙人按照其出资份额享有所有权。到了近现代，大多数国家的立法则规定合伙企业财产为共同共有，即合伙人对合伙企业的全部财产不分份额地、平等地享有所有权。我国合伙企业法虽未明文规定合伙企业财产的共有性质，但从其立法条文所体现的精神实质来看，我国合伙企业财产的共有性质是不容置疑的。我们认为，合伙企业财产应由全体合伙人共同共有，即合伙人对合伙企业财产应不分份额地、平等地行使所有权。这既符合国际立法的发展趋势，又有利于维护合伙企业的组织实体。需要明确的是，合伙企业财产虽不像公司财产那样具有完全的独立性，但却具有相对的独立性。因此，在合伙企业进行清算前，合伙人除退伙者外不得请求分割合伙企业财产，但是合伙企业法另有规定的除外。

（三）合伙人财产份额的转让

合伙企业以合伙人之间的人身信任关系为基础，具有很强的人合色彩。为了确保合伙人的相对稳定，我国合伙企业法对合伙人的财产份额的转让，作了限制性规定。

1. 合伙人财产份额的对外转让

除合伙协议另有约定的外，合伙企业存续期间，合伙人向合伙人以外的人转让其在合伙企业中的全部或者部分财产份额时，依法须经其他合伙人的一致同意。由于合伙人向合伙人以外的人转让其财产份额，将导致合伙人的变化或增加。影响到合伙人之间的人身信任关系和合伙企业的成立基础，关系到合伙企业的存续和发展，属于合伙企业的重大事务，所以，合伙人财产份额的对外转让依法必须得到其他合伙人的一致同意。在对外转让的情况下，若合伙人转让的是其全部财产份额，则发生受让人入伙，成为新合伙人，转让人退伙，丧失其合伙人资格的法律后果，若合伙人转让的是其部分财产份额，则发生受让人入伙，成为新的合伙人，转让人并不退伙的法律后果。无论是全部转让，还是部分转让，只要经全体合伙人同意，合伙人以外的人依法受让合伙企业财产份额的，经修改合伙协议即成为合伙企业的合伙人，依照修改的合伙协议享有权利，承担责任。

2. 合伙人财产份额的内部转让

合伙企业存续期间，合伙人之间转让其在合伙企业中的全部或者部分财产份额时，应当通知其他合伙人。由于合伙人向其他合伙人转让其财产份额，虽导致了合伙人内部相互之间财产份额的变化，但并没有增加新的合伙人，合伙人之间的关系仍是稳定的，所以，合伙人财产份额的内部转让，依法只要通知其他合伙人即可，无须经其他合伙人一致同意。

3. 优先受让权

合伙人向合伙人以外的人转让其财产份额的，在同等条件下，其他合伙人享有优先受让的权利。此即法理上所称之"优先受让权"或"优先购买权"，它是指合伙人向合伙人以外的第三人转让其财产份额时，其他合伙人享有受让顺序上的优先权。合伙人享有的优先受让权具有下列特点：（1）有意受让人中既有其他合伙人，又有合伙人之外的第三人。（2）优先受让必须是在同等条件下。所谓"同等条件"主要是指受让的价格。如果其他合伙人提供的条件低于第三人，则不能主张优先受让权。（3）优先受让是指在受让顺序上的优先。这既是其他合伙人的法定权利，也是转让财产份额的合伙人的法定义务。如果转让人剥夺了其他合伙人的优先受让权，则该对外转让行为无效。

（四）合伙人财产份额的出质

合伙人以其在合伙企业中的财产份额出质的，依法必须经其他合伙人的一致同意。只要有一个人反对，就不能出质。如果合伙人将其财产份额作为质物，与他人签订质押合同，用以债权的担保，必然影响到合伙企业和其他合伙人的利益。基于合伙企业的人合性质，我国《合伙企业法》第25条规定，合伙人出质其财产份额时，必须经过其他合伙人的一致同意。这是对普通合伙企业合伙人的要求。依照《合伙企业法》第72条规定，有限合伙人可以将其在有限合伙企业中的财产份额出质。但是，合伙协议另有约定的除外。因此，在有限合伙企业中的有限合伙人在财产份额的出质上法律给出的空间比较自由。

未经其他合伙人一致同意，合伙人以其在合伙企业中的财产份额擅自出质的，其行为无效，由此给善意第三人造成损失的，由行为人依法承担赔偿责任。

二、合伙企业的内部权力配置结构

合伙企业是一种典型的人合企业，合伙人之间形成的财产共有关系、合伙经营关系和连带责任关系，决定了合伙企业的权利能力和行为能力都没有完全与合伙人分离。因此，合伙企业不像公司那样，设有专门的法人机关，并将内部权力分别在这些机关之间进行配置，从而形成以法人机关为本位的内部权力配置结构。鉴于合伙企业本身没有独立的法人资格，没有相应的组织机构，法律便赋予每个合伙人平等地参与合伙企业事务管理的权利，从而形成了合伙企业独特的以个人为本位的内部权力配置结构。

（一）合伙企业内部的决策权

在瞬息万变、日趋激烈的市场竞争中，决策的正确与否，直接关系到企业的前途命运、盛衰成败。因此，决策是企业经营管理的首要问题，也是企业一项经常性的重大课题。由于合伙企业没有专门的意思表示机关，合伙企业内部的决策权依法只能配置给全体合伙人共同行使。

从一般意义上讲，决策就是决定策略或办法的意思。而合伙企业的决策则是各合伙人通过决议方式对合伙企业事务所作出的决定。合伙人共同行使决策权的依据有两个，一是合伙企业法的规定，二是合伙协议的约定。合伙企业法对决策权的行使有明文规定的，合伙人必须严格依法办事，如果法无明文规定或是授权合伙协议约定的，则可依合伙协议行使决策权。合伙人对合伙企业事务作出决议，除合伙企业法另有规定或者合伙协议另有约定外，经全体合伙人决定也可以实行"一人一票"的表决办法。在合伙企业中，每个合伙人的出资份额可能不一，但依法均要对合伙企业债务承担无限连带责任，为了体现合伙企业的人合性质，切实保护出资份额较少的合伙人的利益，我国《合伙企业法》明确规定，对合伙企业有关事务作出决议时，经全体合伙人决定可以实行"一人一票"的表决办法。这就意味着，每个合伙人无论出资多少，均有一个表决权，同《公司法》中"一股一票"的表决办法截然不同。关于合伙企业的议事规则，我国《合伙企业法》使用了"协商一致""协商决定""决定""同意""一致同意"

"过半数同意"六种表述方法。这些用语的差异之处非常细微，相互间仅一两字之差，适用的情形和表示的含义尽管有所不同，但从法理上分析，都可归结为"一致通过"原则和"少数服从多数"原则。

1. "一致通过"原则

合伙企业是一种人的联合，是合伙人个人权力的结合，但绝非是合伙人个人权力的合一。在合伙企业内部，每一个合伙人始终保持着独立的主体资格。因此，对关系合伙企业生死存亡、涉及合伙人根本利益的重大事务作出决议时，依法必须经全体合伙人一致通过，即每一个合伙人在决议合伙企业重大事务时，均拥有否决权，只要有一个合伙人反对，就不能形成决议。这是法律尊重合伙人的独立意志和人格，保护合伙人共同利益的具体体现。根据我国《合伙企业法》第31条的规定，除合伙协议另有约定外，对合伙企业的下列重大事务作出决议时，必须经全体合伙人一致通过：（1）改变合伙企业的名称；（2）改变合伙企业的经营范围、主要经营场所的地点；（3）处分合伙企业的不动产；（4）转让或者处分合伙企业的知识产权和其他财产权利；（5）以合伙企业名义为他人提供担保；（6）聘任合伙人以外的人担任合伙企业的经营管理人员。此外，《合伙企业法》第82条规定，在有限合伙企业中，除合伙协议另有约定外，普通合伙人转变为有限合伙人，或者有限合伙人转变为普通合伙人，应当经全体合伙人一致同意。

2. "少数服从多数"原则

合伙企业虽是独立合伙人的利益共同体，但相互独立平等的合伙人在一起共同经营企业，难免发生分歧与争执，合伙人之间也不可能对每一项事务都能达成完全一致的意见。另外，合伙企业一旦成立，就成了相对独立的经济实体，在对合伙企业事务决策时，也不能不考虑合伙企业的整体意志，合伙人的个人意志也应受到一定的制约，否则，合伙企业事务就会因某一合伙人的反对而无法及时作出决策。因此，为了体现合伙企业相对独立的人格，适应合伙企业决策的实际操作需要，除法定重大事务须经全体合伙人一致通过外，对其他有关事务作出决议，就可采用少数服从多数的原则。究竟是采取简单多数（即一半以上）通过，还是采取绝对多数（即三分之二以上）通过，除法律有明文规定外，由合伙协议约定或全体合伙人决定。

（二）合伙企业内部的执行权

合伙企业事务决策后，就需要付诸实施。由于合伙企业没有专门的经营管理机构，其业务执行权依法只能配置给合伙人来行使。根据我国《合伙企业法》的规定，并结合合伙企业业务执行活动的发展需要，合伙企业成立后，合伙人拥有的对合伙企业事务的执行权，主要通过以下四种方式实现。

1. 共同执行

从法理上讲，合伙企业是相互熟悉、相互信任的合伙人共同设立的非法人式企业，在企业中，每个合伙人的地位都是相互独立和平等的。为了实现共同的利益，各合伙人对合伙企业事务都有同等的执行权。因此，实务中，合伙企业可以由全体合伙人共同执行。在共同执行的情况下，每个合伙人都有权执行合伙企业事务，其执行的法律后果，直接归合伙企业及全体合伙人承担。由全体合伙人执行合伙企业事务，有利于发挥各合伙人的聪明才干和集体智慧，维护合伙人的共同利益，确保合伙企业事务的谨慎执行。共同执行一般适用于合伙人数较少、经营规模不大的合伙企业。

2. 委托执行

共同执行的立意虽佳，但在实际操作上往往会给合伙企业事务的执行带来许多不便。对执行合伙企业事务，每个合伙人并非都能胜任、都有这种主观愿望。因此，对于那些合伙人数较多、经营规模较大的合伙企业，则可采取委托执行的方式。所谓委托执行即由合伙协议约定或者全体合伙人决定，委托一名或数名合伙人执行合伙企业事务。在委托执行的情况下，只有被委托执行的合伙人才能执行合伙企业事务，其他合伙人依法则不能执行合伙企业事务。被委托执行合伙企业事务的合伙人，因执行合伙企业事务所产生的收益归全体合伙人，所产生的亏损或者责任，由全体合伙人承担。如果不具有事务执行权的合伙人，擅自执行合伙企业事务，给合伙企业或者其他合伙人造成损失的，则要依法承担赔偿责任。

3. 分别执行

在经营企业方面，各合伙人由于社会角色不同、实践经验不一，对合伙企业事务的执行也可能存有较大的差异。为了发挥各合伙人的特长，适应合伙企业经营活动专业化分工的需要，由合伙协议约定或者全体合伙人决定，对合伙企业事务也可以采取分别执行的方式。所谓分别执行即各合伙人在分工协作的基础上各自负责执行其职责范围内的合伙企业事务。在分别执行的情况下，一部分合伙人执行此种事务，另一部分合伙人则执行彼种事务。比如，有的合伙人负责原材料采购业务的执行，有的合伙人负责生产业务的执行，有的合伙人负责销售业务的执行，有的合伙人则负责售后服务业务的执行。

4. 授权执行

在现代社会化大生产和科学技术迅猛发展以及市场竞争日趋激烈的条件下，迫切需要合伙企业的业务执行者具有专门的技能和丰富的管理经验。如果合伙企业的执行事务涉及的专业性很强，而合伙人不能完全胜任时，则可授权他人执行。所谓授权执行是指经全体合伙人一致同意，聘任合伙人以外的人担任合伙企业的经营管理人员，由被聘任的经营管理人员在合伙企业授权范围内，执行合伙企业日常事务。如果被聘任的经营管理人员，超越授权范围从事业务执行活动，或者因故意、重大过失给合伙企业造成损失的，依法则应承担赔偿责任。采用授权方式执行合伙企业事务，有利于充分利用科学的经营管理经验，较好地协调合伙企业内部的事务关系，进一步提高管理水平和经济效益。

（三）合伙企业内部的监督权

国家权力失去制衡，必然出现腐败，合伙企业内部权力缺乏制约机制也会导致执行权的滥用。由于合伙企业没有专门的监督机构，其内部监督权依法只能配置给合伙人来行使。赋予合伙人以监督权，有利于确保合伙企业事务执行的正常进行，防止合伙人利用执行事务之机为自己谋取私利，从而使合伙企业事务的执行符合全体合伙人的共同利益。根据我国《合伙企业法》的规定，并结合合伙企业制约机制的实际需要，合伙人拥有的监督权可通过以下五种方式实现。

1. 检查执行情况

在委托执行的情况下，其他合伙人不再执行合伙企业事务。但其他合伙人作为合伙企业财产的共有者和合伙企业管理事务平等权的享有者，仍有权知晓和检查合伙企业事务的执行活动。由于合伙企业是合伙人之间基于相互信任而组建的人合企业，合伙人之间无经营秘密可言。所以，我国《合伙企业法》第27条第2款规定，不执行合伙事务的合伙人有权监督执行事务合伙人执行合伙事务的情况。这就为防止执行合伙事务的合伙人独断专行，进一步维护其他合伙人的利益提供了法律保障。

2. 审议报告

根据《合伙企业法》第 28 条第 1 款规定，由一个或者数个合伙人执行合伙事务的，执行事务合伙人应当定期向其他合伙人报告事务执行情况以及合伙企业的经营和财务状况，其执行合伙事务所产生的收益归合伙企业，所产生的费用和亏损由合伙企业承担。因此，定期向不执行事务的合伙人提供报告，这是执行事务合伙人的一项法定义务。与此相适应，不参与执行事务的合伙人既有权要求执行事务的合伙人提供有关业务执行情况以及合伙企业经营状况和财务状况的报告，也有权在审议该报告的基础上，提出质询或建议。这对于维护正常的制约机制、确保不执行事务合伙人的合法权益有着十分重要的积极作用。

3. 查阅账簿

合伙企业中的各合伙人休戚相关、利害与共，为了确保合伙企业的健康发展，实现共同的经营目标，合伙人为了解合伙企业的经营状况和财务状况，有权查阅账簿。所谓账簿即记录和反映企业各项生产经营业务的会计账册。合伙人通过查阅日记账、分类账和备查账等账簿，就可以掌握合伙企业的经营状况和财务状况，从而作出正确的决策。但合伙人在查阅账簿时，不应影响合伙企业财务会计活动的正常进行。

4. 提出异议

合伙人在分别执行合伙企业事务时，难免发生考虑不周或执行不当的情况，个别合伙人也可能违背诚实信用原则，从事损害合伙企业利益的活动。因此，在分别执行的情况下，每个合伙人既可以对他人执行合伙企业事务的情况进行监督，也有义务接受其他合伙人对自己执行合伙企业事务情况的监督。为了实现分别执行事务合伙人之间的相互监督机制，我国《合伙企业法》明确规定，合伙人有权对其他合伙人执行的事务提出异议。合伙人一旦提出异议，其他执行事务的合伙人依法就应暂时停止该项事务的执行。这就为防止执行事务的合伙人对异议置之不理，从而避免因执行不当给合伙企业造成重大损害，奠定了坚实的法律基础。如果执行合伙企业事务的合伙人和提出异议的合伙人之间对是否应当停止该项事务的执行发生争议，则可依照合伙协议约定的表决办法办理。约定不明或者没有约定的，实行合伙人一人一票并经全体合伙人过半数通过而进行表决。

5. 撤销委托

在委托执行的情况下，被委托执行事务的合伙人既有权利执行合伙企业事务，又有义务按照合伙协议或全体合伙人决定的规则执行合伙企业事务。如果被委托执行合伙企业事务的合伙人不按照合伙协议或者全体合伙人的决定执行事务的，其他合伙人就可以决定撤销该委托。这对于约束被委托执行合伙企业事务的合伙人，确保其在授权范围内忠实地履行执行职责，维持合伙人之间的人身信任关系有着十分重要的意义。

三、合伙人与合伙企业的关系

（一）合伙人对合伙企业的忠实义务

合伙人与合伙企业之间的利益既有一致性又有冲突性，为了防止合伙人利用其在合伙企业中的特殊地位和职权为自己谋取私利，各国合伙企业立法便为合伙人设定了忠实义务。按照忠实义务的要求，合伙人在执行合伙企业事务时，其自身利益与公司利益一旦存在矛盾和冲突，合伙人依法必须忠实于合伙企业和全体合伙人的共同利益，而不能将其自身利益置于合伙企业利益之上。根据我国《合伙企业法》的规定，合伙人对合伙企业的忠实义务包括以下三个方面。

1. 竞业禁止义务

根据我国《合伙企业法》第 32 条第 1 款的规定，合伙人的竞业禁止义务是指合伙人不得自营或者同他人合作经营与本合伙企业相竞争的业务。合伙人之间无秘密可言，合伙人对合伙企业的情况十分熟悉，很容易利用自己的有利地位而损害合伙企业的利益。为了维护合伙企业的整体利益，确保合伙企业营业活动的正常开展，法律禁止合伙人自营或者同他人合作经营与本合伙企业相竞争的业务。所谓"与本合伙企业相竞争的业务"，一般是指与本合伙企业经营业务相同或相关的业务。如果合伙人违反竞业禁止义务，给合伙企业或者其他合伙人造成损失的，依法应承担赔偿责任。但是根据《合伙企业法》第 71 条的规定，在有限合伙企业中，除合伙协议另有约定的外，有限合伙人可以自营或者同他人合作经营与本有限合伙企业相竞争的业务。也就是说，有限合伙人的竞业禁止义务较轻，如果合伙协议没有约定，他是可以自营或同他人合作经营与本合伙企业相竞争的业务。

2. 自我交易禁止义务

根据我国《合伙企业法》第 32 条第 2 款的规定，合伙人的交易禁止义务是指除合伙协议另有约定或者经全体合伙人同意外，合伙人不得同本合伙企业进行交易。因此，我国为合伙人设定的交易禁止义务，并非绝对，而是相对的，如经合伙协议约定或者经全体合伙人同意，即可免除该项义务。一般来说，合伙人在同合伙企业进行交易时，很难做到最大限度地维护合伙企业的利益，很可能利用自己的地位或职权以牺牲合伙企业的利益来满足自己的私利。所以，合伙人原则上不得同本合伙企业进行交易，但在对合伙企业有利的情况下，经合伙协议约定或全体合伙人同意，合伙人也可同本合伙企业进行交易。但是在有限合伙企业中，除合伙协议另有约定的外，有限合伙人可以同本有限合伙企业进行交易。由此可见，在有限合伙企业中，自我交易并非绝对禁止。

3. 损害禁止义务

为了切实维护合伙企业和全体合伙人的共同利益，促使合伙人齐心协力，共同办好合伙企业，我国《合伙企业法》规定了合伙人的损害禁止义务，即合伙人不得从事损害本合伙企业利益的活动。这就是说，我国法律既明文规定了竞业禁止和交易禁止，也严格禁止可能损害合伙企业利益的其他各种活动。按照损害禁止义务的要求，凡损害合伙企业利益的活动，例如玩忽职守、提供虚假财务会计报表、与第三人恶意串通、泄漏企业秘密、在执行事务中为自己谋取私利等，都是法律严加禁止的行为。合伙人违反损害禁止义务，侵占合伙企业利益或者合伙企业财产的，应当承担返还和损害赔偿的责任，构成犯罪的，还要依法追究其刑事责任。

（二）合伙企业的利润分配和亏损分担

合伙人设立合伙企业和合伙企业从事生产经营活动的目的都是为了营利，即获得一定的利润，但合伙企业经营的结果既可能取得了利润，也可能造成了亏损。因此，合伙企业的利润分配和亏损分担是合伙企业内部关系的重要组成部分。

1. 国外的立法规定

由于合伙人内部的利润分配和亏损分担直接关系到各个合伙人的切身利益，因此，国外法律一般规定由合伙人在合伙协议中约定。

但在合伙人没有约定时，各国的立法规定却不大相同。概括起来，主要有三种立法主义：一是按份主义。即按各合伙人的出资份额确定，如法国、日本。二是平均主义。即不问各合伙人的出资多少，一律按人平均确定。如英国、美国、瑞士。三是折衷主义。即首先将年度盈余或亏损的一部分（如 60%）以各合伙人的出资比例分配或分担，再对剩余部分按合伙人数平均分配或分担，如德国。

另外，相关国家和地区的法律一般对以劳务出资的合伙人参与合伙企业利润分配予以充分肯定，但对其是否分担亏损及如何分担亏损却有不同的规定，概括起来，主要有三种立法体例：一是以劳务为出资的合伙人，除协议另有约定外，不承担亏损的分担责任，如我国台湾地区。其理由为，以劳务出资的合伙人，其劳务于合伙企业解散时，无法请求返还，亦即无出资请求返还权，故以不使之负担亏损为宜。二是以劳务出资的合伙人，其分担亏损的比例应与出资最少的合伙人的比例相同，如法国。三是合伙协议未约定的，不论出资种类和数额，由各合伙人平均分担，如德国。

2. 我国的立法规定

我国《合伙企业法》第 33 条规定：（1）合伙协议有比例约定的，从其约定。依照我国《合伙企业法》的规定，利润分配和亏损分担办法是合伙协议应当载明的法定事项。合伙企业的利润和亏损，由合伙人依照合伙协议约定的比例分配和分担。在合伙协议中，合伙人既可以约定按照出资比例分配利润和分担亏损，也可以约定按照人数平均分配利润和分担亏损，甚至还可以约定一部分按出资比例，而另一部分则按平均比例。如果合伙人在合伙协议中仅就利润分配或亏损分担比例作了约定，则该比例被视为利润分配和亏损分担的共同比例。总之，如果合伙人在合伙协议中约定了利润分配或亏损分担的比例，则从其约定。将利润分配和亏损分担的比例完全交给合伙人自由决定，充分尊重了合伙人之间的意思自治，切实保障了合伙人之间的人身信任关系。（2）合伙协议无比例约定的，平均处理。如果合伙人在利润分配和亏损分担办法中未约定利润分配和亏损分担比例的，依法则由各合伙人平均分配和分担。这就意味着，无论出资多少、贡献大小，一律按合伙人数平均分配利润和分担亏损。我国法律之所以这样规定，是由合伙企业的人合本质所决定的。这既增加了合伙人的选择余地，又避免了因合伙协议未约定或约定无效时可能产生的纷争和法律空缺。（3）合伙协议的无效约定。共享收益、共担风险是合伙企业的重要特征，各合伙人无论出资种类、出资多少，都有参加利润分配的权利，也有承担亏损的义务。合伙企业既不能把某一部分合伙人排除在利润分配之外，也不能把某一部分合伙人排除在分担亏损之外。因此，我国《合伙企业法》明文规定，合伙协议不得约定将全部利润分配给部分合伙人或者由部分合伙人承担全部亏损。因为这样的约定严重违反了公平和诚信原则，与合伙企业的人合本质不符，人为地造成了合伙人之间的不平等状态。需要注意的是，我国《合伙企业法》第 69 条又规定，有限合伙企业中除合伙协议另有约定的外，不得将全部利润分配给部分合伙人。也就是说，在有限合伙企业中如果合伙协议约定将全部利润分配给部分合伙人，法律是不禁止的。

第四节　合伙企业的外部关系

一、合伙企业的对外代表

合伙企业作为一个法律主体，能以自己的名义与第三人发生业务往来，参与法律关系，并在其中享有权利和承担义务。但它作为一个人合企业，要对外发生业务往来，参与一定的法律关系，必须依赖于它的对外代表。

从法理上讲，每一个合伙人都有平等地参与合伙企业经营管理活动的权利，因而，每个合伙人都有合伙企业的对外代表权。但因事务执行的方式不同，合伙企业的对外代表也不同：共同执行时，每个合伙人都有权对外代表合伙企业；委托执行时，执行合伙企业事务的合伙人，对外代表合伙企业，不执行合伙企业事务的合伙人则不能对外代表合伙企业；分别执行时，每个合伙人都有权在其职责范围内代表合伙企业；授权执行时，被聘任的经营管理人员在授权范围内也可以代表合伙企业。以上是指普通合伙企业的对外代表情形。在有限合伙企业中，有限合伙人不执行合伙事务，不能对外代表有限合伙企业。因此，只有对有限合伙企业债务承担无限责任的合伙人或者受聘的经营管理人员可以对外代表有限合伙企业。

二、合伙企业与善意第三人的关系

善意第三人在商法上专指特定法律关系当事人以外的其他任何人，而善意第三人则是促成无权交易因不知情而支付了相应对价的人。

我国《合伙企业法》在调整合伙企业与第三人的关系时，着重强调的是对善意第三人的保护。其立法依据主要基于以下两点考虑：（1）为了交易的安全与便利。保护善意第三人实质上就是合伙企业与善意第三人之间的利益权衡问题。从法律上讲，保护合伙企业的财产权利，对于维护正常的社会秩序固然重要，但对于相对交易方的第三人来说，要在交易过程中确定合伙人执行合伙企业事务及代表权限的合法性并用以指导自己的行为，是一件很不容易的事情。如果法律要求第三人必须承受因别人无权代表、执行及处分行为而带来的风险，势必会使交易过程变得复杂、反复而漫长，使第三人失去公平交易的法制环境。因此，为了保护交易的安全及便利，我国法律确立了对善意第三人的保护制度。（2）符合"以手护手"的法制原则。早在日耳曼法上，就有著名的"以手护手"的原则。根据该原则的要求，物之交付人仅得向其相对人请求返还，而不能对第三人请求返还。[1]根据这一要求，延伸到善意第三人的取得中，为合伙企业"不得对抗善意第三人，只能向无权处分人请求损害赔偿"找到了最直接、最贴切的立法依据。

我国《合伙企业法》第 37 条规定，合伙企业对合伙人执行合伙企业事务以及对外代表合伙企业权利可以进行限制，但不得以此对抗不知情的善意第三人。另外第 21 条第 2 款还规定，合伙人在合伙企业清算前私自转移或者处分合伙企业财产的，合伙企业不得以此对抗不知情的善意第三人。从这两条规定来看，保护善意第三人是有严格界限的：（1）合伙人与第三人无权交易。合伙人与第三人交易时没有执行、代表及转移、处分的权利，合伙企业对其有限制。（2）第三人与合伙人交易时是善意的。首先，第三人与合伙人交易时主观上不知道，也不必知道合伙人为无权人，第三人与合伙人之间的交易是自主的、公开的。其次，第三人善意取得合伙企业财产是有偿的，支付了相应的对价。即要符合等价有偿原则，如以低廉价格取得，无价取得，就不能说成善意，而只能算作"恶意"。（3）合伙企业不能因合伙人无权行使而否定该交易的法律效力，请求第三人返还。他只能请求无权行使的合伙人赔偿因此而给合伙企业和其他合伙人造成的损失。（4）善意第三人与合伙人之间的交易行为应为有效，他可据此而受让交易标的，成为其合法所有者。此外，针对有限合伙企业，《合伙企业法》第 76

---

[1]　史尚宽：《物权法论》，台湾荣泰印书馆股份有限公司 1957 年版，第 505 页。

条规定：第三人有理由相信有限合伙人为普通合伙人并与其交易的，该有限合伙人对该笔交易承担与普通合伙人同样的责任。有限合伙人未经授权以有限合伙企业名义与他人进行交易，给有限合伙企业或者其他合伙人造成损失的，该有限合伙人应当承担赔偿责任。这也是对善意第三人倾斜性的保护性规定。

三、合伙企业与债权人的关系

合伙企业与债权人的关系主要涉及"企业债务的清偿责任的分担""债务清偿的顺序"以及"企业债务与个人债务在清偿顺序上的划分"三个方面的问题。

（一）合伙企业债务的清偿责任

合伙企业债务产生于合伙企业存续期间，债务产生的原因是合伙企业对第三人的合同行为或侵权行为。由于合伙企业没有独立的财产和法人资格，故其债务最终须由普通合伙人承担清偿责任。从世界各国的立法规定来看，合伙人应对合伙企业的债务承担无限清偿责任，即合伙人要以自己所有的全部财产来履行对合伙企业债务的清偿责任。至于合伙人是否有义务以个人财产代替其他合伙人清偿合伙企业债务，则存在着两种立法体例：第一，无限分担主义。采用无限分担主义的国家主要是日本和法国。按照无限分担主义的规定，合伙人仅以其出资比例或损益分配比例对合伙企业债务承担无限清偿责任，对超过自己分担部分则不承担清偿责任。这就意味着，合伙企业的债权人只能按合伙人的出资比例或损益分配比例向各合伙人分别求偿债权。第二，无限连带主义。采用无限连带主义的国家主要是德国、瑞士、美国。按照无限连带主义的规定，合伙人之间相互负有以个人财产代替他人偿还债务的责任，这就意味着，债权人可以向合伙人中的任何一人或数人请求清偿合伙企业的全部债务，该合伙人不能以有其他合伙人为由而主张仅按其应分担部分承担清偿责任。

"在安排我们事务时，应尽可能多地运用自发的社会力量，而尽可能少地借助于强制。"[1]由于无限分担主义弊多利少，特别是不利于保护债权人的债权，无限连带主义则最能保护债权人的债权，有利于确保交易秩序、维护交易安全。

---

[1] [英]弗雷德里希·奥古斯特冯·哈耶克：《通往奴役之路》，王明毅、冯兴元等译，中国社会科学出版社 1997 年版，第44 页。

因此，我国《合伙企业法》第 39 条采用了"无限连带主义"这一立法体例，即对合伙企业债务由各合伙人依照分担亏损的比例，用其在合伙企业出资以外的财产承担无限清偿责任，对无力承担清偿责任的合伙人，其他合伙人应负连带责任，即代其偿还的责任。合伙人由于承担连带责任，所清偿数额超过其应当承担的数额时，该合伙人有权向其他合伙人追偿。我国《合伙企业法》第 57、58 条规定，在特殊的普通合伙企业中，一个合伙人或者数个合伙人在执业活动中因故意或者重大过失造成合伙企业债务的，应当承担无限责任或者无限连带责任，其他合伙人以其在合伙企业中的财产份额为限承担责任。合伙人在执业活动中非因故意或者重大过失造成的合伙企业债务以及合伙企业的其他债务，由全体合伙人承担无限连带责任。合伙人执业活动中因故意或者重大过失造成的合伙企业债务，以合伙企业财产对外承担责任后，该合伙人应当按照合伙协议的约定对给合伙企业造成的损失承担赔偿责任。同时，为了适应我国市场经济多元化、纵深化发展的需要，我国《合伙企业法》又规定并承认了有限合伙人的法律地位。有限合伙人仅对有限合伙企业的债务承担以其出资额为限的责任。但是，无论是普通合伙企业还是有限合伙企业，都必须有合伙人对企业债务承担无限连带责任。

（二）合伙企业债务的清偿顺序

由于合伙人的出资和以合伙企业名义取得的收益形成了合伙企业的财产。因此，在清偿合伙企业债务时，还存在着用合伙企业财产和合伙人个人财产清偿合伙企业债务的顺序问题。各国法律对这一问题的解决，规定了两种不同的原则：第一，并存主义。采用并存主义的国家主要是德国和瑞士。按照并存主义的规定，对合伙企业债务，由合伙企业财产和合伙人个人财产负担连带清偿责任，债权人可就合伙企业财产和合伙人个人财产，选择其中之一请求清偿，两者之间不存在先后次序之分。第二，补充连带主义。采用补充连带主义的国家主要是巴西和我国的台湾地区。按照补充连带主义的规定，对合伙企业债务，应首先用合伙企业财产清偿，合伙企业财产不足清偿时，再由各合伙人就不足部分承担连带清偿责任。

由于并存主义对合伙人的要求过于苛刻，忽视了合伙企业的相对独立的人格和相对独立的财产这一本质属性，补充连带主义则充分体现了合伙企业的团体性，正确反映了合伙企业财产和合伙人个人财产的相对分离性，既合理地解决了合伙人的债务承担问题，又保护了债权人的债权。因此，我国《合伙企业法》采用了补充连带主义这一立法原则，即合伙企业对其债务，应先以其全部财产进行清偿，债权人不能直接向合伙人索要，只有合伙企业财产不足清偿到期债务时，才能由依照合伙协议应当承担无限连带责任的合伙人承担清偿责任。

（三）合伙企业债务与合伙人个人债务的清偿顺序

在实践中，合伙企业与合伙人个人债务同时存在的情况是不可避免的。在两种债务同时存在的情况下，如果合伙企业的债权人和合伙人个人的债权人都请求以合伙人的个人财产及其在合伙企业中的财产份额来满足自己的债权，就产生了两种债务的清偿顺序问题。关于合伙企业债务与合伙人个人债务的清偿顺序问题，大陆法系诸国立法大多无明文规定，而英美等国的合伙法大都确立了"双重优先权原则"。所谓"双重优先权原则"是指合伙企业的债权人优先于合伙人个人的债权人从合伙企业财产中受偿，而合伙人个人的债权人则优先于合伙企业的债权人从合伙人的个人财产中受偿。即合伙企业的债权人立足于合伙企业的财产，合伙人的债权人立足于合伙人的个人财产，这就是说，合伙企业财产优先用于清偿合伙企业债务，合伙人的个人财产优先用于清偿合伙人个人债务。双重优先权原则，把合伙企业债务与合伙人个人债务置于平等的清偿顺序，同时维护了合伙企业债权人和合伙人个人债权人双方的利益，使两者都有均等的机会从合伙企业财产和合伙人个人财产中得到清偿，体现了公平合理的价值取向。

我国合伙企业立法并未直接对合伙企业债务与合伙人个人债务的清偿顺序作出明确规定，但根据《合伙企业法》第38条和第42条规定的精神实质，我国法律仍然体现了"双重优先权原则"，即合伙企业财产首先用来偿还合伙企业债务，还债后如有剩余，再分配给各个合伙人，由各合伙人用来偿还自己的个人债务。合伙人的个人财产则首先用来偿还自己的个人债务，还债后如有剩余，再用来清偿合伙企业的债务。此外，针对有限合伙企业，我国《合伙企业法》第74条规定，有限合伙人的自有财产不足清偿其与合伙企业无关的债务的，该合伙人可以以其从有限合伙企业中分取的收益用于清偿；债权人也可以依法请求人民法院强制执行该合伙人在有限合伙企业中的财产份额用于清偿。

四、合伙企业与合伙人的债权人的关系

由于合伙人在合伙企业中拥有财产利益，合伙人的债权人在合伙人的个人财产不能满足其债权要求时，就会追索合伙人在合伙企业中的利益。为了调整合伙企业与合伙人的债权人之间的关系，我国合伙企业法为合伙人的债权人设置了如下规则。

（一）不得对合伙企业行使抵销权

合伙企业是由合伙人共同组建的营利性组织，一旦成立就相对独立于合伙人，同合伙人并非同一主体。合伙人与第三人的债权债务和合伙企业与第三人的债权债务是两个不同的法律关系，决不能混淆。因此，我国《合伙企业法》第41条规定，合伙人发生与合伙企业无关的债务，相关债权人不得以其债权抵销其对合伙企业的债务。这对于切实保障合伙企业的整体利益，维护合伙企业的实体，促进合伙企业的健康发展有着十分重要的现实意义。

（二）不得代位行使合伙人在合伙企业中的权利

合伙企业是典型的人合企业，合伙人之间相互熟悉、彼此信任是合伙企业存续和发展的基础，合伙人的债权人并无合伙人的资格和身份，故不得插手合伙企业事务。因此，我国《合伙企业法》第41条规定，合伙人发生与合伙企业无关的债务，相关债权人不得代位行使合伙人在合伙企业中的权利。这对于稳定合伙人之间的人身信任关系、确保合伙企业的正常运营、防止合伙人的债权人随意干涉合伙企业事务有着积极的作用。

（三）可以请求强制执行合伙人在合伙企业中的财产份额

为了维护合伙人的债权人和合伙企业及其全体合伙人的共同利益，我国《合伙企业法》第42条规定，合伙人的自有财产不足清偿其与合伙企业无关的债务的，该合伙人可以以其从合伙企业中分取的收益用于清偿。债权人也可以依法请求人民法院强制执行该合伙人在合伙企业中的财产份额用于清偿。人民法院强制执行合伙人的财产份额时，应当通知全体合伙人，其他合伙人有优先购买

权。其他合伙人未购买，又不同意将该财产份额转让给他人的，可为该合伙人办理退伙结算，或者办理削减该合伙人相应财产份额的结算。关于这一规定，在实务中应注意以下四点：（1）合伙人的个人债务应先以合伙人的个人财产清偿。合伙人从合伙企业中分取的收益，属于合伙人的个人财产，合伙人可以用来清偿个人债务。（2）只有合伙人的个人财产不足以清偿合伙人所负债务时，债权人才可以请求强制执行合伙人在合伙企业中的财产份额用于清偿。（3）债权人的请求应依《民事诉讼法》关于强制执行的程序提出，而不能自行接管合伙人在合伙企业中的财产份额，更不能取得合伙人的地位。（4）对该合伙人的财产份额强制执行时，其他合伙人有优先受让的权利。

第五节　合伙企业的变更、解散与清算

一、合伙企业的变更

合伙企业的变更与每一个合伙人、债权人都有着切身的利害关系。它发生在合伙企业成立之后解散之前，主要包括入伙和退伙等事项。入伙、退伙涉及合伙企业的生死存亡，各国立法对其都有强制性规定，并要求在合伙协议中载明，下面仅就我国《合伙企业法》关于入伙和退伙的法律规定予以阐述。

（一）入伙的法律规定

1. 入伙的条件和程序

入伙是指在合伙企业存续期间，原来不具有合伙人身份的人加入合伙企业，从而取得合伙人身份的法律行为。按照传统民法，新合伙人入伙的性质属于旧合伙解散和新合伙成立。现代商法则认为，新合伙人入伙为合伙企业的变更，只需修改合伙协议的相应条款以及办理变更登记手续即可。根据我国《合伙企业法》的规定，新合伙人入伙应当符合下列条件和程序。

（1）除合伙协议另有约定外，应当经全体合伙人同意。这是入伙的实质性要件。由于合伙企业接纳一个新合伙人需要重新核定出资比例、盈余分配和债务分担，必将导致合伙企业和合伙协议的重大变更。因此，新合伙人入伙除非事前有约定，应当经全体合伙人的一致同意，只要有一个合伙人反对入伙，该入伙就不能成立。合伙企业是一个人合企业，是合伙人在相互熟悉、相互信任的基础上共同组建的企业，所以，合伙企业中的任何一个合伙人对自己缺乏了解、缺乏信任的第三人入伙都有拒绝的权利。

（2）依法订立书面入伙协议。新合伙人入伙时，依法应同原合伙人订立入伙协议，以便明确新入伙人的入伙条件和程序以及入伙后的权利义务等问题。入伙协议依法应采用书面形式，而不能采用口头形式。订立入伙协议时，原合伙人应当向新合伙人告知原合伙企业的经营状况和财务状况，以便新合伙人在充分了解合伙企业现状的基础上自主决定是否入伙。

（3）办理变更登记手续。合伙企业应当于作出接纳他人入伙决定之日起 15 日内，向企业登记机关办理变更登记手续，否则，入伙就不能产生相应的法律约束力。

2. 入伙的法律效力

入伙的法律效力就是新合伙人加入合伙企业后所引起的法律后果，即新入伙的合伙人对合伙企业享有哪些权利，对合伙企业原有债务是否承担责任以及承担何种责任。根据我国《合伙企业法》的规定，入伙具有以下法律效力。

（1）除入伙协议另有约定外，入伙的新合伙人与原合伙人享有同等权利，承担同等责任。新合伙人入伙后，与原合伙人原则上应处于同等的地位，享有同等的权利，承担同等的责任，但入伙协议另有约定的，则从其约定。

（2）新合伙人对入伙前合伙企业债务应承担连带责任。新合伙人入伙后，就成了合伙企业的合伙人，不仅要对入伙后合伙企业债务承担连带责任，而且要对入伙前合伙企业债务承担连带责任。这种规定体现了权利与义务相一致的原则，有利于稳定现有的合伙企业，最大限度地保护债权人的合法权益。此外，在有限合伙企业中，根据《合伙企业法》第 77 条规定，新入伙的有限合伙人对入伙前有限合伙企业的债务，以其认缴的出资额为限承担责任。

（二）退伙的法律规定

1. 退伙的方式

退伙是指在合伙企业存续期间，原已取得合伙人身份的人因某种情形而丧失其合伙人身份的法律行为。按照传统民法，合伙人退伙意味着合伙组织的解体。现代商法则认为，合伙人退伙属合伙企业的变更事项。根据我国《合伙企业法》的规定，退伙可分为声明退伙、当然退伙和除名退伙三种方式。

（1）声明退伙。声明退伙，亦称自愿退伙，是合伙人基于自愿的意思表示而退伙，它是一种单方法律行为。它与入伙不同的是，入伙需要申请入伙人与全体合伙人双方一致的意思表示才能成立，而声明退伙则是合伙人以声明方式单方退伙的法律行为，不需要经过任何合伙人的同意。关于声明退伙的时间，有的国家法律允许随时退伙，也就是自由退伙，有的国家法律只允许在企业会计年度终结前的一定时期内才能声明退伙。在我国，声明退伙又分为协议退伙和通知退伙两种类型：第一，协议退伙。合伙协议约定合伙企业的经营期限的，有下列情形之一时，合伙人依协议而退伙：合伙协议约定的退伙事由出现；经全体合伙人一致同意；发生合伙人难以继续参加合伙的事由；其他合伙人严重违反合伙协议约定的义务。第二，通知退伙。通知退伙依法必须具备的条件为：合伙协议未约定合伙企业的经营期限；合伙人退伙在客观上不会给合伙企业事务执行造成不利影响；应当提前 30 日通知其他合伙人。合伙人违反声明退伙的有关规定，擅自退伙的，依法应当赔偿由此给其他合伙人造成的损失。

（2）当然退伙。亦称法定退伙，是合伙人依法因某种客观情况的出现，并非基于合伙人的自愿而退伙。合伙人有下列情形之一的，当然退伙：作为合伙人的自然人死亡或者被依法宣告死亡；个人丧失偿债能力；作为合伙人的法人或者其他组织依法被吊销营业执照、责令关闭撤销，或者被宣告破产；法律规定或者合伙协议约定合伙人必须具有相关资格而丧失该资格；合伙人在合伙企业中的全部财产份额被人民法院强制执行。鉴于有限合伙企业中有限合伙人只是承担有限责任，并且不参与合伙事务。因此，如果合伙人被依法认定为无民事行为能力人或者限制民事行为能力人，经其他合伙人一致同意，可以依法转为有限合伙人，普通合伙企业依法转为有限合伙企业。其他合伙人未能一致同意的，该无民事行为能力或者限制民事行为能力的合伙人退伙，并且，作为有限合伙人的自然人在有限合伙企业存续期间丧失民事行为能力的，其他合伙人不得因此要求其退伙。作为有限合伙人的自然人死亡、被依法宣告死亡或者作为有限合伙人的法人及其他组织终止时，其继承人或者权利承受人可以依法取得该有限合伙人在有限合伙企业中的资格。需要注意的是，当然退伙以实际发生之日为退伙生效日。

（3）除名退伙。除名退伙是指经其他合伙人一致同意，将某一合伙人从合伙企业中除名而使其退伙的法律行为。将合伙人除名的事由为：未履行出资义务；因故意或重大过失给合伙企业造成损失；执行合伙企业事务时有不正当行为；合伙协议约定的其他事由。对合伙人予以除名的法定程序为：第一，必须经其他合伙人一致同意。因为，除名实质上是其他合伙人一致要求与除名者解除合伙协议的行为。第二，作出书面除名决议，并载明除名事由。第三，将除名决议书面通知被除名人。被除名人自接到除名通知之日起，除名生效，被除名人退伙。第四，对除名决议的起诉。被除名人对除名决议有异议的，可以在接到除名通知之日起30日内，向人民法院起诉，请求司法保护。

2. 退伙的法律效力

退伙的结果使得原合伙人与其他合伙人脱离由原合伙协议约定的一切权利义务关系。对于退伙人来说，退伙导致了其合伙人身份的消灭。对于合伙企业来说，退伙将导致部分财产的减少和盈余额的减少。对合伙企业的债权人来说，合伙人退伙会减少债务担保人和可资担保的财产。归纳起来，退伙的法律效力主要体现在以下三个方面。

（1）财产份额或合伙人资格的继承。这是在合伙人因死亡或者被宣告死亡而退伙时所发生的法律效力。根据我国《合伙企业法》第50条的规定，合伙人死亡或者被依法宣告死亡的，对该合伙人在合伙企业中的财产份额享有合法继承权的继承人，按照合伙协议的约定或者经全体合伙人一致同意，从继承开始之日起，取得该合伙企业的合伙人资格。如果有继承人不愿意成为合伙人的，或者法律规定、合伙协议约定合伙人必须具有相关资格而该继承人未取得该资格的，或者合伙协议约定不能成为合伙人的其他情形的，合伙企业应当向合伙人的继承人退还被继承合伙人的财产份额。合伙人的继承人为无民事行为能力人或者限制民事行为能力人的，经全体合伙人一致同意，可以依法成为有限合伙人，普通合伙企业依法转为有限合伙企业。全体合伙人未能一致同意的，合伙企业应当将被继承合伙人的财产份额退还该继承人。此外，我国《合伙企业法》第80条还规定，作为有限合伙人的自然人死亡、被依法宣告死亡或者作为有限合伙人的法人及其他组织终止时，其继承人或者权利承受人可以依法取得该有限合伙人在有限合伙企业中的资格。

（2）退伙结算，退还财产份额。根据我国《合伙企业法》第51、52条规定，除死亡退伙外，其他合伙人都应与该退伙人进行退伙结算，退还退伙人的财产份额。第一，退伙结算应以退伙时合伙企业的财产状况为依据。第二，退伙时有未了结的合伙企业事务的，待了结后再进行结算。第三，退还财产份额的办法，由合伙协议约定或者由全体合伙人决定，可以退还货币，也可以退还实物。

（3）承担连带责任，分担亏损。根据我国《合伙企业法》第53条规定，退伙人对其退伙前已发生的合伙企业债务，与其他合伙人承担连带责任。退伙人退伙时，合伙企业财产少于合伙企业债务的，退伙人应当按照合伙协议的约定办理。合伙协议未约定或者约定不明确的，由合伙人协商决定；协商不成的，由合伙人按照实缴出资比例分配、分担。此外，《合伙企业法》第81条规定，有限合伙人退伙后，对基于其退伙前的原因发生的有限合伙企业债务，以其退伙时从有限合伙企业中取回的财产承担责任。合伙企业发生合伙人退伙的情形时，应当于退伙发生之日起15日内，向企业登记机关办理变更登记手续。

二、合伙企业的解散与清算

合伙企业的解散是指合伙企业因某种法律事实的发生而使其法律主体资格归于消灭的行为。根据我国《合伙企业法》第85条的规定，合伙企业出现下列情形之一的，应当解散：合伙协议约定的经营期限届满，合伙人决定不再经营的；合伙协议约定的解散事由出现；全体合伙人决定解散；合伙人已不具备法定人数满30天；合伙协议约定的合伙目的已经实现或者无法实现；合伙企业被依法吊销营业执照、责令关闭或者被撤销；出现法律、行政法规规定的合伙企业解散的其他原因。需要注意的是，只要具备了以上情形之一的，合伙企业就应当解散。

合伙企业具备解散情形，在其退出市场前，应当依法进行清算。所谓清算，指依法对宣布解散的合伙企业的财产进行清理，收回债权，清偿债务，并最后分配所剩财产和分担债务的行为。也就是说，合伙企业从宣布解散到最终消灭，都需要一个清算的过程。《合伙企业法》第86条规定："合伙企业解散，由清算人进行清算。"

关于清算人的确定问题，我国法律要求：合伙企业解散，清算人由全体合伙人担任。未能由全体合伙人担任清算人的，经全体合伙人过半数同意，可以自合伙企业解散事由出现后15日内指定一名或数名合伙人，或者委托第三人，担任清算人。自合伙企业解散事由出现之日起15日内未确定清算人的，合伙人或者其他利害关系人可以申请人民法院指定清算人。清算人一旦确定，其在清算期间执行的事务为：（1）清理合伙企业财产，分别编制资产负债表和财产清单；（2）处理与清算有关的合伙企业未了结的事务；（3）清缴所欠税款；（4）清理债权、债务；（5）处理合伙企业清偿债务后的剩余财产；（6）代表合伙企业参与诉讼或者仲裁活动。

清算人自被确定之日起10日内将合伙企业解散事项通知债权人，并于60日内在报纸上公告。债权人应当自接到通知书之日起30日内，未接到通知书的自公告之日起45日内，向清算人申报债权。债权人申报债权，应当说明债权的有关事项，并提供证明材料。清算人应当对债权进行登记。清算期间，合伙企业存续，但不得开展与清算无关的经营活动。

合伙企业财产在支付清算费用后，按下列顺序清偿：首先，合伙企业所欠招用的职工工资、社会保险费用、法定补偿金；其次，合伙企业所欠税款；再次，合伙企业的债务；最后，将合伙企业剩余财产分配给合伙人。合伙企业财产按法定顺序清偿后仍有剩余的，由清算人按照合伙协议约定的比例分配。合伙协议未约定比例的，依法应由各合伙人进行协商。协商不成的，由合伙人按照实缴出资比例分配、分担。无法确定出资比例的，由合伙人平均分配、分担。这是关于合伙企业剩余财产分配的一个基本原则。

合伙企业清算时，其全部财产不足清偿其债务的，其不足的部分由各合伙人按照合伙协议约定的比例，用其在合伙企业以外的财产承担清偿责任。合伙协议未约定比例的，依法应由各合伙人进行协商。协商不成的，由合伙人按照实缴出资比例分配、分担。无法确定出资比例的，由合伙人平均分配、分担。合伙人对合伙企业的债务承担连带责任，债权人有权向其中任意一合伙人主张其全部债权。该合伙人所清偿数额超过其应当承担的数额时，有权向其他合伙人追偿。

清算结束，清算人应当编制清算报告，经全体合伙人签名、盖章后，在15日内向企业登记机关报送清算报告，申请办理合伙企业注销登记。至此，合伙企业的生产经营资格就彻底消灭了。清算人未依照规定向企业登记机关报送清算报告，或者报送清算报告隐瞒重要事实，或者有重大遗漏的，由企业登记机关责令改正，由此产生的费用和损失，由清算人承担和赔偿。

特别需要注意的是，合伙企业注销后，原普通合伙人对合伙企业存续期间的债务仍然应当承担无限责任，债权人可以依法向人民法院提出破产申请，也可以要求普通合伙人清偿。合伙企业被依法宣告破产的，普通合伙人对合伙企业的债务仍应承担无限连带责任。

第十章
个人独资企业法律制度

第一节 个人独资企业的法律界说

一、个人独资企业的利弊分析

（一）个人独资企业的优越性

个人独资企业作为企业的初始形态，由一人出资并经营，可谓规模小、经济力量单薄，但为什么能在激烈竞争的市场经济条件下仍保持较强的生命活力而不被淘汰呢？这主要是由它的优越性所决定的。一般来讲，个人独资企业同其他形式的企业相比主要有以下五个方面的优越性。

1. 利润独享，有充足的动力源泉

个人独资企业由一人出资设立，企业属于一人所有，企业经营的利润也完全归投资者一人所得，不必与他人分享。利润独享是个人独资企业活力之所在、动力之源泉。也就是说，投资者独享利润造就了企业极为有效的发展动力机制。

2. 经营完全自主，制约因素少

业主集所有权与经营权于一身，在经营上完全自主，所受的制约因素远远少于其他企业形式。因而，个人独资企业具有决策快、效率高的明显优势。

3. 设立简便，解散容易

由于奉行个人资信原则，再加之规模不大、机构简单、经营业务并不复杂，所以，个人独资企业不仅设立简便，而且解散起来也很容易。这有利于投资者抓住机遇，在复杂多变的环境中及时进入或退出市场。

4. 易于保守商业秘密

个人独资企业除了在所得税表格中需要填写的项目外，其他内容都无须对外公开，这就有利于个人独资企业在激烈的市场竞争中保守自己的商业秘密，以便增强其竞争力。

5. 企业目标和个人目标完全一致

个人独资企业完全按投资者个人的意愿进行经营，企业成败全系业主一人，企业的成功实际上就是业主个人的成功。因此，企业追求的目标和业主本人的目标是完全一致的。这既可促使业主对企业经营全力以赴，又可增强企业自我发展和约束机制。

（二）个人独资企业的局限性

个人独资企业之所以在社会经济生活中不再占据支配地位，在一定意义上讲也是由它的局限性所决定的。一般来讲，个人独资企业的局限性主要表现在以下四个方面。

1. 投资者的经营风险大

当个人独资企业财产不足以清偿到期债务时，投资者须单独以其全部个人财产对企业债务承担无限清偿责任，既不像公司的股东那样只承担有限责任，也不像合伙企业那样由各合伙人分担风险。因此，个人独资企业投资者的经营风险大于其他企业形式的投资者。

2. 容易出现决策失误

个人独资企业的决策权全在投资者一人之手，决策正确与否完全依赖于投资者个人所固有的素质和掌握的经营信息。由于个人的智慧有限，决策就难免出现失误。

3. 经营规模有限

个人独资企业只有一个投资者，资金来源单一，一个人尽管会腰缠万贯，但却无法像其他企业那样通过集资而获得巨额资本。因此，个人独资企业的经营规模有限，难以发展成为大企业。

4. 企业寿命不长

个人独资企业的存续完全取决于投资者，投资者的死亡、破产、失踪、因犯罪被关押或其他重大变化，往往会导致企业的终止。因此，个人独资企业的寿命不长。正如经济学家描述的"今日开办明日关门——其平均寿命仅为 6 年"[1]。

---

① [美]保罗·A.萨缪尔森、威廉·D.诺德豪斯：《经济学》，高鸿业等译，中国发展出版社 1992 年版，第 710~711 页。

二、个人独资企业与公司的法律界限

个人独资企业与公司都是现代企业的一种组织形式，根据我国相关法律法规，两者具有明显的区别。

（一）法律依据不同

公司是依据《中华人民共和国公司法》设立的，而个人独资企业则是依据《中华人民共和国个人独资企业法》设立的。

（二）法律地位不同

公司是典型的企业法人，具有法人资格，而个人独资企业则是非公司型企业，属于非法人组织，不具有法人资格。

（三）责任形式不同

公司的股东对公司承担的都是有限责任，在一般情况下，股东不对公司的债权人直接承担责任，而个人独资企业的投资人则要以自己的全部财产对个人独资企业的债务承担无限责任。

（四）财产结构不同

公司由于具有独立的法人资格，公司的财产与股东的财产就须彼此独立，相互分离、严格区分，个人独资企业由于没有独立的法人资格，个人独资企业的财产也不具有独立性，它与业主个人的财产并没有严格的界限。

（五）设立标准不同

设立公司必须按照公司法所规定的条件、程序进行，不仅条件严格，而且程序较多。设立个人独资企业则要按照个人独资企业法所规定的条件、程序进行，不仅条件宽松，而且程序更为简便。

（六）组织机构不同

公司是典型的法人，是以法人的机关为本位的企业，必须依法设置权力机构、业务执行机构和监督检查机构从事经营管理活动，而个人独资企业则是以个人为本位的企业，从事经营管理活动无须设立相应的组织机构。

（七）投资人的性质不同

公司的投资人即股东，既可以是自然人，也可以是法人，甚至还可以是国家，既可以是具有中国国籍的投资者，也可以是具有外国国籍的投资者，而个人独资企业的投资人则必须是具有中国国籍的投资者，而且只能是一个自然人。

（八）资本要求不同

设立一般公司没有法定资本最低限额的要求，但法律、行政法规以及国务院决定对相关公司的最低资本限额另有规定的，则设立这类公司必须符合国家规定的法定资本最低限额，而设立个人独资企业依法虽要有投资人申报的出资，但法律、行政法规并没有关于个人独资企业最低资本限额的任何规定。

三、个人独资企业与个体工商户的法律界限

个人独资企业与个体工商户在我国商法理论中都被视为"商个人"的范畴，二者的投资人都是不被法律、行政法规禁止从事经营活动的自然人。并且都是既可以个人经营又可以家庭经营。个人经营的，以个人全部财产承担责任。家庭经营的,以家庭全部财产承担责任。个人独资企业与个体工商户的责任承担方式相同,此外二者都没有最低资本限制的要求,只要求投资额与其经营范围和生产规模相适应即可。但是二者依然具有鲜明的不同之处。

（一）设立的法律依据不同

个人独资企业是依据《中华人民共和国个人独资企业法》成立和运行的。而个体工商户是依据国务院颁布的《个体工商户条例》成立和运行的。

（二）设立的条件不同

在设立的条件上，首先，个人独资企业必须具有合法的企业名称，而且应由以下部分依次组成：企业所在地行政区划名称+字号（或者商号）+行业或者经营

特点+组织形式。企业名称要与其责任形式及从事的营业相符合，不得使用"有限""有限责任"或者"公司"字样。而个体工商户依法则可以使用名称，也可以不使用名称，如果使用名称的，名称才作为设立的登记事项。个体工商户使用名称与否，完全由经营者自主决定，法律、法规无特别要求。其次，个人独资企业依法必须具有固定的生产经营场所和必要的生产经营条件以及必要的从业人员。而个体工商户则只要求具有经营场所并没有其他方面的相应要求。

（三）登记事项不同

申请设立个人独资企业，应当由投资人或者其委托的代理人向个人独资企业所在地的登记机关提交设立申请书、投资人身份证明、生产经营场所使用证明等文件。委托代理人申请设立登记时，应当出具投资人的委托书和代理人的合法证明。个人独资企业设立申请书应当载明事项为企业的名称和住所、投资人的姓名和居所、投资人的出资额和出资方式以及经营范围。申请登记为个体工商户，则应当向经营场所所在地登记机关申请注册登记。申请人应当提交登记申请书、身份证明和经营场所证明。个体工商户登记事项包括经营者姓名和住所、组成形式、经营范围、经营场所。个体工商户使用名称的，名称作为登记事项。

（四）是否可以设立分支机构

个人独资企业依法可以设立分支机构，由投资人或者其委托的代理人向分支机构所在地的工商行政管理机关申请登记，领取营业执照，分支机构的民事责任由设立该分支机构的个人独资企业承担。而个体工商户依法则没有设立分支机构的权利。

（五）享有的权利有所不同

个人独资企业享有广泛的经营自主权，包括工资决定权、用工权、申请贷款权、取得土地使用权、涉外经营权和工业产权等。而个体工商户享有的经营自主权则没有个人独资企业那么广泛，其在土地使用、涉外经营和广告发布等方面受到相应的限制。

（六）经营管理的模式不同

个人独资企业的投资人可以自行管理企业事务，也可以委托或者聘用其他具有民事行为能力的人负责企业事务的管理。委托人或者被聘用的人员应当履行诚信、勤勉义务，按照与投资人签订的合同负责个人独资企业的事务管理，不得侵占企业财产及损害投资人的利益。而个体工商户则必须亲自从事经营活动。个体工商户变更经营者的，应当在办理注销登记后，由新的经营者重新申请办理注册登记。家庭经营的个体工商户在家庭成员间变更经营者的，也要依照规定办理相关变更手续。未经登记，不得擅自改变经营者。

（七）核发营业执照的期限不同

市场监管机关在收到设立个人独资企业申请文件之日起 15 日内，对符合法定条件的予以登记，发给营业执照。对不符合法定条件的不予登记，并应当给予书面答复，说明理由。而市场监管机关在收到个体工商户申请文件时，如果申请材料齐全、符合法定形式的，当场予以登记；申请材料不齐全或者不符合法定形式要求的，当场告知申请人需要补正的全部内容；如果需要对申请材料的实质性内容进行核实的，依法进行核查，并自受理申请之日起 15 日内作出是否予以登记的决定。符合个体工商户登记条件的，登记机关应当自登记之日起 10 日内发给营业执照，不符合个体工商户登记条件的，不予登记并书面告知申请人，说明理由，告知申请人有权依法申请行政复议、提起行政诉讼。

（八）是否履行清算程序

个人独资企业解散，由投资人自行清算或者由债权人申请人民法院指定清算人进行清算。投资人自行清算的，应当在清算前 15 日内书面通知债权人，无法通知的，应当予以公告。债权人应当在接到通知之日起 30 日内，未接到通知的应当在公告之日起 60 日内，向投资人申报其债权。个人独资企业清算结束后，投资人或者人民法院指定的清算人应当编制清算报告，并于 15 日内到登记机关办理注销登记。而个体工商户不再从事经营活动的，应当直接到登记机关办理注销登记手续，缴销营业执照，无须履行清算程序。

（九）承担的行政责任不同

个人独资企业申请者，提交虚假文件或采取其他欺骗手段，取得企业登记的，责令改正，处以 5000 元以下的罚款；情节严重的，并处吊销营业执照。个人独资企业擅自改变登记事项的，由登记机关限期改正。逾期不办理的，处以 2000 元以下罚款。而个体工商户提交虚假材料骗取注册登记，或者伪造、涂改、出租、出借、转让营业执照的，由登记机关责令改正，处 4000 元以下的罚款；情节严重的，撤销注册登记或者吊销营业执照。个体工商户登记事项变更，未办理变更登记的，由登记机关责令改正，处 1500 元以下的罚款；情节严重的，吊销营业执照。

（十）承担的民事责任不同

个人独资企业解散后，原投资人对企业存续期间的债务仍应承担偿还责任，但债权人在 5 年内未向债务人提出偿债请求的，该责任消灭。个人独资企业应当承担民事赔偿责任和缴纳罚款、罚金，其财产不足以支付的，应当先承担民事赔偿责任。而个体工商户偿还债务的时效期间及承担责任的先后顺序无特别规定，应适用《民法典》中有关 3 年诉讼时效的规定。

第二节　个人独资企业的权利义务与事务管理

一、个人独资企业的权利

由于个人独资企业没有独立的法人资格，是自然人企业，这就形成了个人独资企业的权利义务与企业主权利义务的一体化，即个人独资企业的权利义务也就是企业主个人的权利义务。但个人独资企业毕竟是一种商事组织，因而又享有和承担着某些不为一般自然人所享有和承担的权利义务。因此，个人独资企业的权利和义务，既是投资者最为关心的问题，又是个人独资企业赖以生存和发展的法律基础。为了鼓励和引导个人独资企业的健康发展，我国立法赋予了个人独资企业一系列权利。

根据国家有关规定，个人独资企业在生产经营管理活动中主要享有以下十项权利：（1）名称专用权。名称是个人独资企业存在的重要标志，个人独资企业对其经核准登记的名称在规定的范围内享有专有使用权。（2）用工权。企业有权决定招聘或者辞退职工，其中包括自主确定职工数量、招用条件和考核办法，对职工进行裁员性辞退或处罚性辞退。（3）工资决定权。企业有权在遵守国家最低工资规定的前提下，自主决定工资标准和工资形式。（4）定价权。企业有权按照国家价格管理的规定，制定企业的商品价格和服务收费标准。（5）签约权。企业有权以自己的名义对外签订合同，以采购物资、出售产品。（6）申请贷款权。企业有权向商业银行申请贷款，用以企业生产经营。（7）土地使用权。企业可依法取得土地使用权。（8）涉外经营权。企业有权同外商在中国境内共同举办中外合资经营企业和中外合作经营企业，可以依法承揽来料加工、来件装配、来样加工和从事补偿贸易。（9）工业产权。企业有权向国家专利、商标管理机关申请专利和注册商标，经核准后依法享有专利权和商标专用权。（10）拒绝摊派权。任何单位和个人不得违反法律、行政法规的规定，以任何方式强制个人独资企业提供财力、物力、人力。对于违法强制提供财力、物力、人力的行为，个人独资企业有权拒绝。

二、个人独资企业的义务

为了规范个人独资企业的行为，就必须在法律上赋予个人独资企业一定的义务，因为国家对个人独资企业的宏观调控、监督管理，是通过法律规定的个人独资企业的义务而实现的。如果法律不规定个人独资企业一定的义务，那么，个人独资企业的生产经营活动就不会沿着规范化、法制化的轨道健康地向前发展，国家也失去了对个人独资企业进行监管的法律依据。

根据我国有关规定，个人独资企业在生产经营管理活动中必须履行以下七个方面的义务：（1）依法从事经营活动的义务。个人独资企业从事经营活动必须遵守法律、行政法规和国家相关规定，不得损害社会公共利益。个人独资企业不得从事法律、行政法规禁止经营的业务。（2）依法纳税的义务。在我国个人独资企业虽没有企业法人资格，但却具有纳税人的主体资格。因此，依法纳税是个人独资企业应尽的义务。个人独资企业应依法办理税务登记，及时纳税。不得偷税、漏税，更不得骗税和抗税。《国务院关于个人独资企业和合伙企业征收所得税问题的通知》（国发〔2000〕16号）规定：为公平税负，支持和鼓励个人投资兴办企业，促进国民经济持续、快速、健康发展，国务院决定，自2000年1月1日起，对个人独资企业和合伙企业停止征收企业所得税，其投资者的生产经营所得，比照个体工商户的生产、经营所得征收个人所得税。据此，个人独资企业应根据其应税所得额的多少，缴纳个人所得税。具体而言，个人独资企业的业主可比照个体工商户的生产、经营所得，适用五级超额累进税率缴纳个人所得税。（3）依法设置会计账簿的义务。个人独资企业应当依法设置会计账簿，进行会计核算。（4）保障职工劳动权益的义务。个人独资企业应当依法招用职工，保障职工的劳动权益。个人独资企业招用职工的，应当依法与职工签订劳动合同，保障职工的劳动安全，按时、足额发放职工工资。（5）参加社会保险的义务。个人独资企业依法应当按照国家规定参加社会保险，为职工缴纳社会保险费。（6）变更登记义务。个人独资企业存续期间登记事项发生变更的，依法应当在作出变更决定之日起的15日内向登记机关申请办理变更登记。（7）承担分支机构民事责任的义务。分支机构经核准登记后，应将登记情况报该分支机构隶属的个人独资企业的登记机关备案。个人独资企业依法应承担其分支机构的民事责任。

总之，依照我国《个人独资企业法》第2条的规定，个人独资企业是指"依照本法在中国境内设立，由一个自然人投资，财产为投资人个人所有，投资人以其个人财产对企业债务承担无限责任的经营实体"，第17条又强调指出"个人独资企业投资人对本企业的财产依法享有所有权"。这与公司对其财产享有法人财产权、合伙企业的财产由合伙人共同管理和使用，合伙人对执行合伙事务享有同等权利的规定不同，独资企业本身并不拥有任何财产，其财产均归投资人所有，或者说是投资人财产的有机组成部分。因此，个人独资企业仅指在我国境内由一个中国自然人投资设立的企业，而不适用于外商独资企业、非公司形态的国有独资企业、集体独资企业及有店面的个体工商户。从它自身的财产状况以及投资者对其债务的承担方式来看，它属于"商自然人"的范畴。从个人独资企业的权利与义务来看，个人独资企业有自己的财产，但企业财产与投资者个人、家庭的财产不是截然独立的。投资人用以设立个人独资企业的出资数量的多少，对投资人的利益而言在法律上没有本质区别,出资数额不多并不意味着其责任减少,出资数额多并不意味着其今后不再承担责任,一切取决于其财产运用的方便、个人的财产实力和今后企业的经营状况。也就是说,个人独资企业的业主对个人独资企业的债务依法要承担无限责任,业主必须以其全部个人财产对企业债务承担清偿责任,直到无力清偿为止。

三、个人独资企业的事务管理

个人独资企业的投资人及事务管理是一个问题的两个方面。因为在个人独资企业中所有权与经营管理权是不分离的。投资人的资格、权利以及责任形式的确定与个人独资企业的事务管理密切相关。

我国《个人独资企业法》对个人独资企业的投资人的主体资格没有严格的限制。一般而言,除法律、行政法规禁止从事营利性活动的人外,公民个人均可作为投资人申请设立个人独资企业。投资人对个人独资企业的财产依法享有所有权,其有关权利可以依法进行转让和继承。投资人对个人独资企业享有经营决策权,有权在登记的范围内自行制订生产经营计划,并组织实施。投资人有权委托或者聘用管理者,有权自主决定企业的组织机构设置,其他任何机关、组织和个人均不得强行要求其设立某种机构。

"允许人们追求个人利益,逻辑地意味着他人利益、社会利益的存在。"[1]关于个人独资企业的投资人之责任形式,投资人依法需要以其个人财产对企业债务承担无限责任。即个人投资企业财产不足以清偿债务的,投资者应当以其个人的其他财产予以清偿。但在实际生活中,有相当一部分个人独资企业是以其家庭财产出资的,而且企业收入也用于家庭支出,这些个人独资企业投资人的个人财产与其家庭财产很难划分清楚。为了保护债权人的利益,我国法律明确规定,投资人在申请个人独资企业设立登记时明确以其家庭共有财产作为个人出资的,应当依法以家庭共有财产对企业债务承担无限责任。

关于个人独资企业的事务管理模式,一直是一个在安全与效率两个价值之间寻求平衡的问题。个人独资企业是投资人个人出资设立的,投资人有权自行决定企业内部的事务管理模式。在实务中,个人独资企业的管理模式也是多种

---

[1]　王存河:《治道变革与法精神转型》,法律出版社 2005 年版,第 54 页。

多样的，个人独资企业事务一般由投资者自行管理，但由于多方面的原因，如企业规模较大、投资人事务繁忙、管理经验不足等，有的投资者需要委托或聘用他人负责企业的事务管理。因此，我国法律规定，个人独资企业投资人可以自行管理企业事务，也可以委托或者聘用其他具有民事行为能力的人负责企业的事务管理。投资人委托或者聘用他人管理个人独资企业事务，应当与受托人或者被聘用的人签订书面合同，明确委托的具体内容和授予的权利范围。也就是说我国关于个人独资企业的事务管理有两种管理模式：一是自己管理；二是委托或者聘用他人管理。对于自己管理其中涉及的法律关系较为简单。而在个人独资企业中委托或者聘用他人管理则涉及投资人（委托人）、受聘人（受托人）以及个人独资企业的交易相对人三方的关系，涉及的法律关系相对复杂一些。

对于委托或者聘用他人管理的：首先，受托人条件是必须具有完全民事行为能力；其次，委托关系的建立以及相关代理权限的确定必须有书面合同，委托人应当与受托人或者被聘用的人签订书面合同，明确委托的具体内容和授予的权利范围；再次，受托人或者被聘用的人员应当履行诚信、勤勉义务，按照与投资人签订的合同负责个人独资企业的事务管理；最后，在委托或者聘用关系中适用表见代理，即投资人对受托人或者被聘用的人员职权的限制，只能作为当事人之间的协议，不得对抗善意第三人。

我国《个人独资企业法》第 19 条原则性地规定了受托人或受聘人的法定义务，即经营管理人员应当履行诚信、勤勉义务。为了防止受托人滥用权利，损害企业利益，《个人独资企业法》第 20 条还明确要求，投资人委托或者聘用的管理个人独资企业事务的人员不得有下列行为：（1）利用职务上的便利，索取或者收受贿赂；（2）利用职务或者工作上的便利侵占企业财产；（3）挪用企业的资金归个人使用或者借贷给他人；（4）擅自将企业资金以个人名义或者以他人名义开立账户储存；（5）擅自以企业财产提供担保；（6）未经投资人同意，从事与本企业相竞争的业务；（7）未经投资人同意，同本企业订立合同或者进行交易；（8）未经投资人同意，擅自将企业商标或者其他知识产权转让给他人使用；（9）泄露本企业的商业秘密；（10）法律、行政法规禁止的其他行为。

第三节　个人独资企业的设立、变更与终止

一、个人独资企业的设立

（一）个人独资企业的设立条件

为了鼓励公民个人投资设立独资企业，我国《个人独资企业法》适当放宽了独资企业的设立条件。这是因为我国是一个发展中国家，资源与资金有限，劳动力过剩，鼓励一部分先富裕起来的人以独资企业的形式，把资金投入生产经营，有利于推动国民经济和各项社会事业的发展。

个人独资企业尽管不是法人式企业，但按照市场经济的一般要求，也必须具备作为企业的最基本条件。一般来讲，设立个人独资企业应具备以下五个条件。

1. 投资人为一个自然人

设立个人独资企业的投资人必须是一个人，不能是两个或两个以上的人。这里的"人"仅指自然人，不能是法人、非法人组织或国家。

2. 有符合规定的企业名称

个人独资企业的名称一般应由所在行政区域、商号（字号）、经营特点和组织形式四部分构成。但不得含有国家禁止使用的文字和内容。个人独资企业的名称应当与其责任形式及从事的营业相符合。不得使用"有限"或"有限责任"字样，以免使人将其误认为是公司。

3. 有投资人申报的出资

出资是企业进行生产经营活动的物质基础，设立个人独资企业应有与其生产经营规模相适应的营运资本，这对于确保企业成立后经营活动的顺利进行和保障第三人的合法权益都是十分必要的。需要注意的是，这里仅要求投资人有自己申报的出资，没有规定最低资本限额。这是因为独资企业只有一个投资人，

是一种比较简单的企业组织形式，而且投资人要以个人的全部财产对企业债务承担无限责任。法律不规定独资企业的最低资本限额，既体现了设立简便的原则，又解决了企业交易相对人的利益保护问题，有利于促进个人独资企业的迅速发展，符合我国现阶段经济发展的实际。同时，法律规定设立个人独资企业须有投资人申报的出资，并对投资者虚假出资，损害他人利益的行为作了必要的处罚性规定。这不仅能防止投资人无资金或虚报资金设立企业，又可以避免片面强调出资额，限制和影响资金不足的投资者投资的积极性。

我国《个人独资企业法》对于投资者的出资方式没有明确的限定，仅要求投资者在设立申请书中载明其出资方式即可。鉴于合伙企业与个人独资企业在法律性质、投资者承担责任的形式等方面的相似性，我们可根据《合伙企业法》的规定对此加以分析。《合伙企业法》第16条规定："合伙人可以用货币、实物、知识产权、土地使用权或者其他财产权利出资，也可以用劳务出资。合伙人以实物、知识产权、土地使用权或者其他财产权利出资，需要评估作价的，可以由全体合伙人协商确定，也可以由全体合伙人委托法定评估机构评估。合伙人以劳务出资的，其评估办法由全体合伙人协商确定，并在合伙协议中载明。"由此看来，法律对合伙企业投资者的出资方式的规定相当宽松与自由，完全取决于投资者的个人意愿。因此，投资者的出资方式既可以是货币，也可以是实物、知识产权或者其他财产权利，还可以是劳务。当然，鉴于"设立申请书"是表明投资人设立独资企业的具有法律意义的文件，一旦载明其出资额与出资方式后，投资人即应负有如实出资的义务（其义务相对人既包括企业登记机关，也包括信赖该文件的交易相对人）。《个人独资企业法》第33条，"违反本法规定，提供虚假文件或采取其他欺骗手段，取得企业登记的，责令改正，处以5000元以下罚款；情节严重的，并处吊销营业执照"。

4. 有固定的生产经营场所和必要的生产经营条件

经营场所是个人独资企业作为经营实体从事生产经营活动的所在地。经营场所应包括企业据以进行生产经营活动的地点及其设施。这种场所是确定企业住所的主要因素，因而在一定期限内应固定不变，并且已由投资者依法取得了合法使用权。设立个人独资企业也必须要有一定的生产经营条件，如原材料条件、能源条件、交通运输条件和技术条件等，这是设立企业的物质基础。

5. 有必要的从业人员

设立个人独资企业除具备必要的生产经营条件外，还必须有相应的从业人员。

（二）个人独资企业的设立程序

设立个人独资企业，应由投资者本人或其委托的代理人向个人独资企业所在地的登记机关提交申请书、投资人身份证明、生产经营场所使用证明等文件。委托代理人申请设立登记时，应当出具投资人的委托书和代理人的合法证明。

个人独资企业不得从事法律、行政法规禁止经营的业务。从事法律、行政法规规定须报经有关部门审批的业务，应当在申请设立登记时提交有关部门的批准文件。

个人独资企业设立申请书应当载明以下法定事项：（1）企业名称和住所；（2）投资人的姓名和居所；（3）投资人的出资额和出资方式；（4）经营范围。

登记机关应当在收到设立申请文件之日起 15 日内，对符合法定条件的，予以登记，发给营业执照。对不符合法定条件的，不予登记，并应当给予书面答复，说明理由。

登记机关对不符合法定条件的个人独资企业予以登记，或者对符合法定条件的个人独资企业不予登记的，对直接责任人员依法给予行政处分。构成犯罪的，依法追究刑事责任。登记机关的上级部门的有关主管人员强令登记机关对不符合法定条件的个人独资企业予以登记，或者对符合法定条件的个人独资企业不予登记的，或者对登记机关的违法登记行为进行包庇的，对直接责任人员依法给予行政处分。构成犯罪的，依法追究刑事责任。

登记机关对符合法定条件的申请不予登记或者超过法定时限不予答复的，当事人可依法申请行政复议或提起行政诉讼。

个人独资企业的营业执照签发日期，为个人独资企业的成立日期。在领取个人独资企业营业执照前，投资人不得以个人独资企业的名义从事经营活动。违者责令停止经营活动，处以 3000 元以下的罚款。

个人独资企业设立分支机构，应当由投资者或者其委托的代理人向分支机构所在地的登记机关申请登记，领取营业执照。分支机构经核准登记后，应将登记情况报该分支机构隶属的个人独资企业的登记机关备案。分支机构的民事责任由设立该分支机构的个人独资企业承担。

总之，设立一家个人独资企业的步骤一般是：（1）申请登记。（2）对登记申请审核：登记机关应当在收到设立申请文件之日起 15 日内，对符合本法规定条件的，予以登记，发给营业执照。对不符合本法规定条件的，不予登记，并应当给予书面答复，说明理由。（3）符合条件的准予成立：个人独资企业的营业执照的签发日期，为个人独资企业成立日期。在领取个人独资企业营业执照前，投资人不得以个人独资企业名义从事经营活动。

二、个人独资企业的变更

个人独资企业的变更就是指个人独资企业在成立后运营过程中因特定原因而使个人独资企业的登记注册事项发生变化。个人独资企业可能变更的事项主要包括企业的名称和住所、投资人的姓名和居所、投资人的出资额和出资方式以及经营范围等方面。

个人独资企业在存续期间登记事项发生变更的，应当在作出变更决定之日起的 15 日内依法向登记机关申请办理变更登记。个人独资企业登记事项发生变更时，未按法律规定办理有关变更登记的，责令限期办理变更登记；逾期不办理的，处以 2000 元以下的罚款。

三、个人独资企业的终止

个人独资企业的终止即个人独资企业的解散。根据我国《个人独资企业法》第 26 条的规定，个人独资企业有下列情形之一时，应当解散：（1）投资人决定解散；（2）投资人死亡或者被宣告死亡，无继承人或者继承人决定放弃继承；（3）被依法吊销营业执照；（4）法律、行政法规规定的其他情形。

个人独资企业解散时必须进行清算，清算的方式包括由投资人自行清算或者由债权人申请人民法院指定清算人进行清算。换句话说，清算人的确定，要么由投资人自己担任，要么由债权人申请人民法院指定清算人担任。

投资人自行清算的，应当在清算前 15 日内书面通知债权人，无法通知的，应当予以公告。债权人应当在接到通知之日起 30 日内，未接到通知的应当在公告之日起 60 日内，向投资人申报其债权。

清算期间，个人独资企业不得开展与清算目的无关的经营活动。在按法定顺序清偿债务前，投资人不得转移、隐匿财产。这是法定的清算期间个人独资企业和投资人的消极义务。如果违反，则应当承担相应的法律责任：在清算前或清算期间投资人隐匿或转移财产、逃避债务的，依法追回其财产，并按照有关规定予以处罚，构成犯罪的，依法追究刑事责任。

个人独资企业解散的，财产应当按照下列顺序清偿：第一，所欠职工工资和社会保险费用；第二，所欠税款；第三，其他债务。企业财产不足以清偿债务的，投资人应当以其个人的其他财产予以清偿。投资人在申请企业设立登记时明确以其家庭共有财产作为个人出资的，应当以家庭共有财产予以清偿。由此可见，个人独资企业未清偿债务的承担是无限连带责任。因此，个人独资企业解散后，原投资人负有持续偿债责任，即投资人对个人独资企业存续期间的债务仍应承担偿还责任。债务清偿责任的消灭只有以下特例：债权人在5年内未向债务人提出偿债请求的，该责任消灭。

个人独资企业清算结束后，还必须进行注销登记：该个人独资企业的投资人或人民法院指定的清算人应当编制清算报告，并于清算结束之日起15日内到登记机关办理注销登记。个人独资企业申请注销登记，应当向登记机关提交下列文件：（1）投资人或者清算人签署的注销登记申请书；（2）投资人或者清算人签署的清算报告；（3）国家登记机关规定需要提交的其他文件。

登记机关应当在收到按规定提交的全部文件之日起15日内，作出核准登记或者不予登记的决定。予以核准的，发给核准通知书。不予核准的，发给企业登记驳回书。经登记机关注销登记，个人独资企业终止。个人独资企业办理注销登记时，登记机关应当缴回营业执照。

参考文献

[1] 周林彬、龙著华:《民法总则制定中的民商法问题》,知识产权出版社2016年版。

[2] 张新宝:《〈中华人民共和国民法总则〉释义》,中国人民大学出版社2017年版。

[3] 邹海林:《民法总则》,法律出版社2018年版。

[4] 赵旭东:《商法学》(第三版),高等教育出版社2015年版。

[5] 覃有土:《商法学》(第四版),高等教育出版社2017年版。

[6] 范健:《商法学》,高等教育出版社2019年版。

[7] 施天涛:《商法学》,法律出版社2006年版。

[8] 王保树:《商法总论》,清华大学出版社2007年版。

[9] 赵中孚:《商法总论》,中国人民大学出版社1999年版。

[10] 范健、王建文:《商法总论》,法律出版社2011年版。

[11] 刘诚、刘沂江:《商法总论》,贵州大学出版社2013年版。

[12] 朱慈蕴:《公司法人格否认法理研究》,法律出版社1998年版。

[13] 赵旭东:《企业与公司法纵论》,法律出版社2003年版。

[14] 王文宇:《新公司与企业法》,中国政法大学出版社2003年版。

[15] 廖大颖:《公司法原论》,台湾三民书局股份有限公司2006年版。

[16] 范健:《公司法论》,南京大学出版社1997年版。

[17] 曾宛如:《公司之经营者、股东与债权人》,台湾元照出版有限公司2008年版。

[18] 叶林:《公司法研究》,中国人民大学出版社2008年版。

[19] 周友苏等:《公司法学理与判例研究》,法律出版社2008年版。

[20] 郑曙光:《中国企业组织法:理论评析与制度构建》,中国检察出版

社 2008 年版。

［21］蒋大兴：《企业法的观念与解释》（全三册），法律出版社 2009 年版。

［22］郭富青：《中国非公司企业法研究》，法律出版社 2009 年版。

［23］楼建波、甘培忠主编：《企业社会责任专论》，北京大学出版社 2009 年版。

［24］刘俊海：《现代公司法》（第二版），法律出版社 2011 年版。

［25］黄辉：《现代公司法比较研究——国际经验及对中国的启示》，清华大学出版社 2011 年版。

［26］施天涛：《公司法论》（第三版），法律出版社 2014 年版。

［27］王保树主编：《商事法论集》（第 5 卷），法律出版社 2000 年版。

［28］李建伟：《公司法学》（第三版），中国人民大学出版社 2014 年版。

［29］石少侠：《公司法学》（第四版），中国政法大学出版社 2015 年版。

［30］张士元：《企业法》（第四版），法律出版社 2015 年版。

［31］赵旭东：《公司法学》（第四版），高等教育出版社 2015 年版。

［32］范健、王建文：《公司法》（第五版），法律出版社 2018 年版。

［33］石少侠主编：《公司法教程》，中国政法大学出版社 1999 年版。

［34］赵秉志总编：《澳门商法典》，中国人民大学出版社 1999 年版。

［35］吴建斌、刘惠明、李涛译：《日本公司法典》，中国法制出版社 2006 年版。

［36］葛伟军译：《英国 2006 年公司法》，法律出版社 2008 年版。

［37］杜景林、卢谌译：《德国商法典》，法律出版社 2010 年版。

［38］［日］落合诚一：《公司法概论》，吴婷等译，法律出版社 2011 年版。

［39］刘成杰译注：《日本最新商法典译注》，中国政法大学出版社 2012 年版。

［40］［美］莱纳·克拉克曼、［美］亨利·汉斯曼等：《公司法剖析：比较与功能的视角》，罗培新译，法律出版社 2012 年版。

［41］毛亚敏：《公司法比较研究》，中国法制出版社 2001 年版。

［42］［韩］李哲松：《韩国公司法》，吴日焕译，中国政法大学出版社 2000 年版。

［43］［挪威］马德斯·安登斯、［英］弗兰克·伍尔德里奇：《欧洲比较公司法》，汪丽丽等译，法律出版社 2014 年版。

［44］罗结珍译：《法国商法典》（上中下册），北京大学出版社2015年版。

［45］［澳］斯蒂芬·波特姆利：《公司宪治论——重新审视公司治理》，李建伟译，法律出版社2019年版。

［46］张文显：《法哲学范畴研究》，中国政法大学出版社2001年版。

［47］张军：《神秘王国的透视——现代公司的理论与经验》，上海译文出版社1994年版。

［48］柯武刚、史漫飞：《制度经济学》，商务印书馆2000年版。

［49］范健、王建文：《商法的价值、源流及本体》，中国人民大学出版社2004年版。

［50］蒋大兴：《公司法的展开与评判——方法、判例、制度》，法律出版社2001年版。

［51］张俊浩：《民法学原理》，中国政法大学出版社1997年版。

［52］［法］伊夫·居荣：《法国商法》，罗结珍、赵海峰译，法律出版社2004年版。

［53］［德］C.W.卡纳里斯：《德国商法》，杨继译，法律出版社2006年版。

［54］王保树：《商事法的理念与理念上的商事法》，《商事法论集》第1卷。

［55］范健、王建文：《商法基础理论专题研究》，高等教育出版社2005年版。

［56］郑立、王益英：《企业法通论》，中国人民大学出版社1993年版。

［57］［美］R.科斯：《财产权利与制度变迁》，上海三联书店1991年版。

［58］马俊驹：《现代企业法律制度研究》，法律出版社2000年版。

［59］林毅夫：《充分信息与国有企业改革》，上海人民出版社，上海三联书店1997年版。

［60］江平主编：《新编公司法教程》，法律出版社2003年版。

［61］沈四宝编译：《最新标准公司法》，法律出版社2007年版。

［62］王红一：《公司法功能与结构法社会学分析——公司立法问题研究》，北京大学出版社2002年版。

［63］黄文艺：《全球结构与法律发展》，法律出版社2006年版。

［64］雷兴虎主编：《公司法学（第二版）》，北京大学出版社2012年版。

［65］张维迎：《企业的企业家——契约理论》，上海人民出版社，上海三联书店1995年版。

［66］赵旭东主编：《公司法评论》（第3辑），人民法院出版社2005年版。

［67］刘俊海：《股东权法律保护概论》，人民法院出版社1995年版。

［68］［英］R.E.G.佩林斯等：《英国公司法》，上海翻译出版社公司1984年版。

［69］王天鸿：《一人公司制度比较研究》，法律出版社2003年版。

［70］王保树主编：《中国商事法》，人民法院出版社2001年版。

［71］梁慧星：《民商法论丛（第2卷）》，法律出版社1994年版。

［72］［美］理查德·T.德·乔治：《经济伦理学》，北京大学出版社2002年版。

［73］王保树：《竞争与发展：公司法改革面临的主题》，《月旦民商法研究——公司法发展之走向》，清华大学出版社2004年版。

［74］王保树：《中国公司法修改草案建议稿》，社会科学文献出版社2004年版。

［75］［古希腊］亚里士多德：《政治学》，吴寿彭译，商务印书馆1965年版。

［76］［英］保罗·戴维斯：《英国法精要》，樊云慧译，法律出版社2007年版。

［77］罗玉珍主编：《民事主体论》，中国政法大学出版社1992年版。

［78］［美］保罗·A.萨缪尔森、威廉·D.诺德豪斯：《经济学》，高鸿业等译，中国发展出版社1992年版。

［79］王存河：《治道变革与法精神转型》，法律出版社2005年版。

［80］［日］参见LEC.东京法思株式会社：《怎样避开商海中的陷阱——商法活用》，复旦大学出版社1995年版。

［81］夏征农主编：《辞海》（缩印本），上海辞书出版社2000年版。

［82］李长兵：《商法理念研究》，法律出版社2015年版。

［83］吴敬琏：《现代公司与企业改革》，天津人民出版社1994年版。

［84］张维迎：《企业理论与中国企业改革》，北京大学出版社1999年版。

［85］司马迁：《史记》，北方联合出版传媒（集团）股份有限公司、万卷出版公司2016年版。

［86］梁慧星：《民法总论》（第四版），法律出版社 2011 年版。

［87］王保树：《中国商法年刊（2009）》，知识产权出版社 2010 年版。

［88］刘连煜：《公司治理与公司社会责任》，中国政法大学出版社 2001 年版。

［89］卢代富：《企业社会责任的经济学和法学分析》，法律出版社 2002 年版。

［90］刘俊海：《公司的社会责任》，法律出版社 1999 年版。

［91］刘俊海：《新公司法的制度创新：立法争论点与解释难点》，法律出版社 2006 年版。

［92］沈四宝：《新公司法修改热点问题讲座》，中国法制出版社 2005 年版。

［93］沈洪涛、沈艺峰：《公司社会责任思想起源的演变》，上海人民出版社 2007 年版。

［94］张穹：《新公司法修订研究报告》（中），中国法制出版社 2005 年版。

［95］孔祥俊主编：《民商法热点、难点及前沿问题》，人民法院出版社 1996 年版。

［96］王利明：《国家所有权研究》，中国人民大学出版社 1991 年版。

［97］［英］梅因：《古代法》，沈景一译，商务印书馆 1959 年版。

［98］史尚宽：《债法各论》，中国政法大学出版社 2000 年版。

［99］张国键：《商事法论》，台湾三民书局 1980 年版。

［100］徐燕：《公司法原理》，法律出版社 1997 年版。

［101］郑玉波：《民商法问题研究》（一），台湾三民书局 1980 年版。

［102］梁宇贤：《公司法论》，台湾三民书局 1980 年版。

［103］高言、孙强：《公司法理解适用与案例评析》，人民法院出版社 1996 年版。

［104］欧阳经宇：《民法债编各论》，台湾汉林出版社 1978 年版。

［105］汤欣：《公司治理与上市公司收购》，中国人民大学出版社 2001 年版。

［106］波斯纳：《法律的经济分析》（下），蒋兆康译，中国大百科全书出版社 1997 年版。

［107］刘澄清：《公司并购法律实务》，法律出版社 1998 年版。

［108］王韬光、胡海峰：《企业兼并》，上海出版社 1995 年版。

［109］［奥］庞巴维克著：《资本实证论》，陈端译，商务印书馆 1995 年版。

［110］［英］弗雷德里希·奥古斯特冯·哈耶克：《通往奴役之路》，王明毅、冯兴元等译，中国社会科学院出版社 1997 年版。

［111］［苏］雷金娜：《经济学说史》，中国政法大学出版社 1987 年版。

［112］［英］亚当·斯密：《国民财富的性质和原因的研究（上卷）》，郭大力、王亚南译，商务印书馆 1972 年版。

［113］马克思：《资本论》，商务印书馆 1972 年版。

［114］宋承宪：《西方经济学名著提要》，江西出版社 1998 年版。

［115］［美］萨缪尔森等：《经济学》（第十四版），首都经济贸易大学出版社 1996 年版。

［116］胡果威：《美国公司法》，法律出版社 1999 年版。

［117］梅慎实：《现代公司治理结构规范运作论》，中国法制出版社 2002 年版。

［118］［澳］斯蒂芬·波特姆利著：《公司宪治论——重新审视公司治理》，李建伟译，法律出版社 2019 年版。

［119］赵旭东：《境外公司法专题概览》，人民法院出版社 2005 年版。

［120］李明辉：《公司治理全球趋同研究》，东北财经大学出版社 2006 年版。

［121］［意］阿尔贝特·桑塔·马里雅著：《欧盟商法》，单文华、蔡从燕译，北京大学出版社 2007 年版。

［122］孟德斯鸠：《论法的精神》（上册），商务印书馆 1961 年版。

［123］［美］达尔·尼夫：《知识经济》，珠海出版社 1998 年版。

［124］张开平：《英美公司董事法律制度研究》，法律出版社 1998 年版。

［125］王文杰：《国有企业公司改制之法律分析》，中国政法大学出版社 1999 年版。

［126］江平、赖源河主编：《两岸公司法研讨》，中国政法大学出版社 2003 年版。

［127］梅慎实：《现代公司机关权力构造论》，中国政法大学出版社 1996 年版。

［128］陈丽洁：《公司合并法律问题研究》，法律出版社 2001 年版。

［129］金惠敏：《从主体性到主体间性——对西方哲学发展史的一个后现代性考察》，《陕西师范大学学报》（哲学社会科学版）2005 年第 1 期。

［130］钱颖一：《企业的治理结构改革和融资结构改革》，《经济研究》1995 年。

［131］赵旭东：《从资本信用到资产信用》，《法学研究》2003 年第 5 期。

［132］王长河、孟祥魁：《公司合并及其相关概念的比较》，《中国人民大学学报》1998 年第 6 期。

［133］傅建奇：《公司分立中小股东保护的若干法律问题研究》，《法律科学》2001 年第 5 期。

［134］张瓒：《我国公司解散与清算制度的不足及完善》，《华东政法学院学报》2001 年第 2 期。

［135］雷兴虎、蔡晔：《论我国的商事信用调节机制》，《法商研究》2003 年第 5 期。

［136］龙翼飞、何尧德：《我国公司法最新修订评析》，《法学杂志》2006 年第 2 期。

［137］崔之元：《美国二十九个州公司法变革的理论背景》，《经济研究》1996 年第 4 期。

［138］梅君：《上市公司收购与股东大会制度》，《法学评论》2001 年第 1 期。

［139］叶卫平：《英美董事义务与目标公司反收购》，《当代法学》2002 年第 1 期。

［140］郭富青：《论公司要约收购与反收购中少数股东利益的保护》，《法商研究》2000 年第 4 期。

［141］沈艺峰：《公司控制权市场理论的现代演变》，《中国经济问题》2000 年第 2 期。

［142］宋养琰：《论公司法人制度和公司法人财产权》，《学术界》1996 年第 11 期。

［143］江平、孔祥俊：《论股权》，《中国法学》1994 年第 1 期。

［144］陈国奇：《论法人格否认法理中的"不当劳动行为"》，《政治与法律》2007 年第 2 期。

［145］张民安：《公司瑕疵设立效力研究》，《比较法研究》2004 年第 4 期。

［146］金剑锋：《公司人格否认理论及其在我国的实践》，《中国法学》2005 年第 2 期。

［147］王利明：《论股份制企业所有权的两重结构》，《中国法学》1989 年第 1 期。

［148］刘少军：《论法主体的地位与本质属性》，《社会科学论坛（学术研究卷）》2006 年第 4 期。

［149］薛刚凌：《行政主体之再思考》，《中国法学》2001 年第 2 期。

［150］杨继：《商法通则统一立法的必要性和可行性》，《法学》2006 年第 2 期。

［151］薛波主编：《元照英美法词典》，北京大学出版社 2014 年版。

［152］叶林：《企业的商法意义及"企业进入商法"的新趋势》，《中国法学》2012 年第 4 期。

［153］黄辉：《中国公司法人格否认制度实证研究》，《法学研究》2012 年第 1 期。

［154］胡改蓉：《"资本显著不足"情形下公司法人格否认制度的适用》，《法学评论》2015 年第 3 期。

［155］蒋大兴：《商人，抑或企业？——制定商法通则的前提性疑问》，《清华法学》2008 年第 4 期。

［156］雷兴虎：《我国公司内部权力结构现状及重新配置的法律思考》，《法商研究》1996 年第 6 期。

［157］施天涛：《新公司法是非评说：八、二分功过》，《月旦民商法杂志》2006 年总第 11 期。

［158］彭真明、陆剑：《德国公司治理立法的最新进展及其借鉴》，《法商研究》2007 年第 3 期。

［159］彭真明、常建：《盲目照搬还是尊重国情——对当前〈公司法〉修改中几个问题的反思》，《法商研究》2005 年第 4 期。

［160］罗培新：《公司法强制性与任意性边界之厘定：一个法理分析框架》，《中国法学》2007 年第 4 期。

［161］王青松、赵万一：《股份公司内部权利配置的结构性变革——以股东

'同质化'假定到'异质化'现实的演进为视角》,《现代法学》2011 年第
3 期。

　　［162］朱弈锟:《欧盟公司法创新与"准法"》,《法学论坛》2003 年第
2 期。

　　［163］彭真明、江华:《论利益相关者理论与我国公司治理结构的完善》,
《甘肃政法学院学报》2007 年第 1 期。

　　［164］雷兴虎、刘斌:《拓宽公司法人格否认诉求主体之范围——强化公司
社会责任的最佳途径》,《西南政法大学学报》2010 年第 5 期。

　　［165］张新宝:《从〈民法通则〉到〈民法总则〉:基于功能主义的法人分
类》,《比较法研究》2017 年第 4 期。

　　［166］罗昆:《我国民法典法人基本类型模式选择》,《法学研究》2016 年
第 4 期。

　　［167］谭启平、黄家镇:《民法总则中的法人分类》,《法学家》2016 年第
5 期。

　　［168］张鸣起:《〈中华人民共和国民法总则〉的制定》,《中国法学》2017
年第 2 期。

　　［169］梁慧星:《中国民法总则的制定》,《北方法学》2017 年第 1 期。

　　［170］王文宇:《揭开法人的神秘面纱——兼论民事主体的法典化》,《清华
法学》2016 年第 5 期。

　　［171］史际春、胡丽文:《论法人》,《法学家》2018 年第 3 期。

　　［172］雷兴虎、薛波:《〈民法总则〉包容商事关系模式研究》,《甘肃政法
学院学报》2017 年第 1 期。

　　［173］蒋大兴:《论民法典〈民法总则〉对商行为之调整——透视法观念、
法技术与商行为之特殊性》,《比较法研究》2015 年第 4 期。

　　［174］蒋大兴:《〈民法总则〉的商法意义——以法人类型区分及规范构造
为中心》,《比较法研究》2017 年第 4 期。

　　［175］谭启平:《中国民法典法人分类和非法人组织的立法构建》,《现代
法学》2017 第 1 期。

　　［176］郑景元:《商事营利性理论的新发展——从传统到现代》,《比较法研
究》2013 年第 1 期。

　　［177］荣国权、王学芳:《对我国反不正当竞争法中经营者概念的探析》,

《北方工业大学学报》2007 年第 4 期。

［178］周友苏、宁全红：《公司社会责任本土资源考察》，《北方法学》
2010 年第 1 期。

［179］郑曙光：《企业社会责任：商法视野的考察分析》，《西南民族大学
学报》2010 年第 1 期。

［180］李建伟：《个人独资企业法律制度的完善与商个人体系的重构》，
《政法论坛》2012 年第 5 期。

［181］赵莉：《论企业社会责任原则对商法的扩展》，《法学杂志》2013 年
第 9 期。

［182］张国平：《公司社会责任的渊源和发展》，《江苏社会科学》2007 年
第 5 期。

［183］葛伟军：《析英国新公司法中关于公司社会责任的规定》，《政治与
法律》2008 年第 4 期。

［184］李考新、姜伟：《印度企业社会责任立法之启示》，《国际工程与劳
务》2013 年第 6 期。

［185］唐新华、邱房贵：《论印度尼西亚矿业投资环境及其相关法律制
度》，《东南亚纵横》2015 年第 3 期。

［186］朱慈蕴：《论公司法人格否认法理的适用要件》，《中国法学》1998
年第 5 期。

［187］郭峰：《股份制企业所有权问题的探讨》，《中国法学》1988 年第
3 期。

［188］储育明：《论股权的性质及其对我国企业产权理论的影响》，《安徽大
学学报》1989 年第 3 期。